JN029427

2024年

法学検定試験問題集

ベーシック
〈基礎〉コース

法学検定試験委員会 編

商事法務

『2024年法学検定試験問題集』の刊行にあたって

　「法学検定試験」は、法学に関する学力水準を客観的に測る全国規模の検定試験として、法学検定試験委員会（主催：公益財団法人日弁連法務研究財団・公益社団法人商事法務研究会）が2000年から実施しています。大学等で修得した法学的素養がどのようなレベルにあるかを客観的に証明するツールとして、法学部在学・出身か否かを問わず、毎年多くの皆様に受験していただいています。法科大学院制度の定着を受けて、2012年の試験から試験制度を変更しました。

　法学検定試験「ベーシック〈基礎〉コース」（かつての4級）は、法学入門・憲法・民法・刑法といった基本法についての基礎的知識・能力を測る試験、同「スタンダード〈中級〉コース」（かつての3級）は、法学一般・憲法・民法・刑法の必須科目に加え、将来の進路や学習の進捗状況等に応じて民事訴訟法・刑事訴訟法・商法・行政法、および基本法総合（内容は憲法・民法・刑法）の5科目から受験者が自ら選択する1科目を試験科目とし、これらについての、基本的な条文の解釈や重要判例の理解度を測る試験です。合格をすれば、ベーシック〈基礎〉コースは大学法学部で各試験科目の基礎を身につけている程度、スタンダード〈中級〉コースは同じく各科目を履修・修得した程度の標準的な法的素養を有していることを証明するものとなっています。

　本問題集は、2024年に実施する法学検定試験受験者のために、2023年10月1日施行までの法改正を踏まえ、新たに刊行するものです。
　ベーシック〈基礎〉コース・スタンダード〈中級〉コースでは、それぞれコースに対応して刊行される、この『法学検定試験問題集』（商事法務）の当該年度版から試験問題の6〜7割程度が出題されますので、合格のための具体的な努力目標として本書を活用することができます（ただし、問題集に掲載されている問題そのものが出題されるとは限りません）。
　また、本書は、実際に問題を解きながら、各科目の重要論点を網羅的に学習できるように編集されていますので、その科目全般にわたる知識・能力を無理なく身につけることもできますし、各種資格試験や採用試験の腕試し、あるいは法律学の知識・能力の到達度測定手段としてご利用いただくことも可能です。

　2024年の法学検定試験は、各コースとも11月24日（日）に実施します。
　本書が、「法学検定試験」にチャレンジされる方をはじめ、法律学を学び、それを活用しようとされる多くの方々のご参考となれば幸いです。

　2024年2月

法学検定試験委員会

目　次

Ⅰ 法学入門

Ⅱ 憲　法

Ⅲ 民　法

巻末付録 Study Planner、達成シート

凡　例

(1) 法令名の略記（50音順）

　関係法令名の略記については以下のとおりとし、その他は概ね有斐閣版「六法全書」巻末の「法令名略語」に基づいている。

会社	→	会社法	自治	→	地方自治法
刑	→	刑法	商	→	商法
刑訴	→	刑事訴訟法	地公	→	地方公務員法
憲	→	日本国憲法	道交	→	道路交通法
検審	→	検察審査会法	内	→	内閣法
公選	→	公職選挙法	不登	→	不動産登記法
国会	→	国会法	弁護	→	弁護士法
国公	→	国家公務員法	民	→	民法
裁	→	裁判所法	民訴	→	民事訴訟法
裁判員	→	裁判員の参加する刑事裁判に関する法律	明憲	→	大日本帝国憲法

(2) 判例の表示

　最判昭58・10・11民集37・8・1221

　（最高裁判所昭和58年10月11日判決、最高裁判所民事判例集37巻8号1221頁）

(3) 判例集・判例諸誌の略称

〈大審院時代〉

民　録	→	大審院民事判決録	刑　集	→	大審院刑事判例集
刑　録	→	大審院刑事判決録	新　聞	→	法律新聞
民　集	→	大審院民事判例集			

〈最高裁判所時代〉

民　集	→	最高裁判所民事判例集	裁　時	→	裁判所時報
刑　集	→	最高裁判所刑事判例集	裁判集民	→	最高裁判所裁判集民事
下民集	→	下級裁判所民事裁判例集	裁判集刑	→	最高裁判所裁判集刑事
下刑集	→	下級裁判所刑事裁判例集	判　特	→	高等裁判所刑事判決特報
高刑集	→	高等裁判所刑事判例集	判　時	→	判例時報
刑　月	→	刑事裁判月報	判　タ	→	判例タイムズ

(4) その他

　本書は、原則として2023（令和5）年10月1日現在施行している法律を基準としている。

学習の進め方のアイディア

● Study Planner を活用して

○ StudyPlanner を巻末付録として掲載いたします！

　①毎日の目標を見える化して、コツコツ進める習慣をつける
　②進捗を確認し、間違えた問題、復習すべき問題を書き出すことで整理する
　③教科書等で復習すべき箇所を明確にする
　④何度もやることでしっかりと定着する

＊巻末頁をコピーするか法学検定試験公式ウェブサイトでフォーマットをダウンロードしてご利用ください
　使用例を大きくして見たい方もウェブページをご参照ください

問題集をコツコツすすめる計画のおともに Study Planner ＊を活用してみて下さい！

【Study Planner 使用例】 （使用例の問題 No. は現在刊行しているものと対応しているとは限りません）

◇今週の目標・テーマ
スタートダッシュは少し多めに頑張る！！　毎日の朝活1時間のなかで問題集を解く！

◇今週の計画

Subject	Goal / Topic	To Do
法学入門	今週中に10問	□ わからない言葉は調べる！
憲　法	今週中に15問	□ 出てきた判例はできるだけ百選も読む □
民　法	今週中に20問	□ 条文が出てきたら必ず六法で引く □
刑　法	今週中に15問	□ 間違えたところは教科書を読む □

Plan	MON	TUE	WED	THI	FRI	SAT	SUN	Total
法学入門	5		5					10
憲　法		5		5		5		15
民　法	5		5		5		5	20
刑　法		5		5		5		15

◇今週の実行

	今週やったNo	間違えたNo	復習したい・正解でも理解だったNo
法学入門	1〜10	2、3、4、5、7	5、8、9
憲　法	1〜15	3、7、10	5、6、9、12、14、15
民　法	1〜18	3、9、18	7、8、9、17、18
刑　法	1〜15	3、7、8、15	7、8

◇今週の達成率
目標 60 問 → 結果 58 問

評価 ★★★★☆

▷Review Page
〜復習すべき点や苦手だと思う点を書き留めておこう〜

問題集No	復習	Check	My Text
法学5	「リベラリズム」（自由主義）	内容が今ひとつわからない・・・	
憲5・6	国民主権	3つの「主権」の意味を整理する	
憲9	憲法9条	教科書で条文の意味を調べる。 憲法9条に関連した自衛隊の判例をしっかりと理解する。	芦部●ページ
憲15	外国人の人権	外国人の人権に関する判例をよく読む	芦部●ページ
民8・9	成年後見制度	成年後見制度の趣旨を理解する	芦部●ページ
刑5・6	罪刑法定主義	罪刑法定主義をしっかりと理解する	山口●ページ

▷よく読んでおくべき判例

問題集No	重要判例	My Text
憲9	砂川事件（最大判昭34・12・16刑集13・13・3225）	百選●巻
憲14	マクリーン事件（最大判昭53・10・4民集32・7・1223）	百選●巻
憲15	森川キャサリーン事件（最判平4・11・16裁判民166・575）	百選●巻

▷来週の目標と計画
民法が達成できなかった。1周目はよくわからなかったところが多かったが、解説をよく読んで進みたい。

●付箋で学習

【問題集を中心に】

たとえば……

①付箋を付けながら問題集を一通り解いてみる

  一応正解はしたものの自信がない問題 → 緑色の付箋

  間違えたが解説を読んで理解できた問題 → 黄色の付箋

  解説を読んでもよくわからない問題 → 赤い付箋

②全問を解き終わったら緑色の付箋と黄色の付箋の問題について問題・解説を再度読む

 それが一通り済んだら緑色と黄色の付箋の問題を再度解く

 不安が残る問題には印を付けておく

③赤い付箋の解説をよく読み、わかりづらいキーワードは教科書等で調べる

④赤い付箋をもう一度解いてみる

⑤再度問題を最初から解いていく（付箋のない問題は飛ばしても OK。２周・３周と繰り返せば、より合格に近づく）

●授業の復習教材として

【授業を中心に】

たとえば……

①授業で出てきたキーワードをもとに問題集を復習テキストとして使う

 ex.　民法の授業で「未成年」「保佐」「補助」というところをやった

   →ベーシック問題集の下の方にあるキーワードの

    「行為能力」「未成年者の行為能力」「成年後見」「保佐・補助」の問題を解いてみる

②問題集で間違えたところや理解があいまいだった部分を教科書で確認

 →キーワードをもとに目次や事項索引で該当箇所を探して復習

 →あいまいな部分の要点をノートに書きだすなどして確認する

● 【公式】X（旧 Twitter）

 ベーシックとスタンダードの問題を利用した正誤問題を月曜から金曜に毎日１問ずつ配信しています

・日々の学習のペースメーカーに！ X @houken_since00

・練習問題で力試し！

・ときどき時事ネタや中の人のつぶやきなども（？）

「法学検定試験」の概要

・・

「法学検定試験」とは

　「法学検定試験」は、公益財団法人日弁連法務研究財団と公益社団法人商事法務研究会が共同で組織した法学検定試験委員会が実施している、法学全般に関するわが国唯一の検定試験です。

　法学検定試験4級・3級を2000年から、2級を翌2001年から実施していましたが、法科大学院が定着したことを受けて、2012年から新制度で実施することとなり、現在はベーシック〈基礎〉コース・スタンダード〈中級〉コース・アドバンスト〈上級〉コースの3つのコースを実施しています。これらの試験は、法学に関する学力を客観的に評価するわが国唯一の試験として、大学での単位認定、企業の入社・配属時の参考資料等、さまざまな場面で利用されております。

　なお、「法学既修者試験」は、法学既修者であることを証明する資料として、各法科大学院の「既修者コース（2年コース）」を目指す受験者のために2003年から実施していましたが、2017年度より当面の間、実施を見送ることといたしました。

法学検定試験5つの特徴

1．法学全般に関するわが国唯一の検定試験

　全国規模で実施され、毎年、法学部在学・出身か否かを問わず、多くの学生や社会人等がチャレンジしています。

2．学習レベルにあった法的知識・能力が身につく（ベーシック〈基礎〉コース・スタンダード〈中級〉コース）

　法学検定試験ベーシック〈基礎〉コース・スタンダード〈中級〉コースは、各科目の重要論点を網羅的にとりあげている『法学検定試験問題集』（商事法務）の当該年度版から試験問題の6～7割程度が出題されます（問題集の問題そのものが出題されるとは限りません）。問題集に沿って学習することにより、無理なく各科目全般に関する知識・能力を身につけられ、実際に試験で学習の成果を測ることができます。

3．レベル・進路にあわせコースを選択できる

　ベーシック〈基礎〉コース（法学の初学者がまずはおさえておくべき基礎的なレベル）は、「法学入門」「憲法」「民法」「刑法」といった基本法についての基礎的知識・能力を測る試験ですので、日常の学習のまとめや目安として活用できます。

　スタンダード〈中級〉コース（法学を学習する者が到達すべきレベル）は、「法学一般」「憲法」「民法」「刑法」の必須科目に加えて、将来の進路や学習の度合い等に応じて5科目（民事訴訟法・刑事訴訟法・商法・行政法および憲法・民法・刑法をその内容とする基本法総合）から1科目を選択でき、基本的な条文の解釈や重要判例の理解度を測れます。各種資格試験や採用試験の腕試しとして、さらには法律学の知識・能力の到達度測定手段として利用できます。

　アドバンスト〈上級〉コース（法学を専門的に学ぶ者が目指すべき上級レベル）は、スタンダード〈中級〉コースと同様の選択科目（基本法総合を除く）のほか、やや発展的な科目（労働法・破産法・経済法・知的財産法）を加えた中からもう1科目の選択を要求しています。将来法曹を目指すためのステップとして、また企業や官公署等において法律実務を担当しうるだけの一定水準以上の体系的な法学の実力を証明する試験として利用され、高度なレベルとなっています。

4．就職・採用試験の場で威力を発揮

　大学受験時の偏差値ではなく、大学で何を学んだかを客観的に証明するツールとして、各企業や団体等の就職・採用試験の場で威力を発揮します。

5．法学界最高水準の陣容でバックアップ

　法学検定試験委員会は、法学の各専門分野においてわが国を代表する研究者によって組織されています。また各分野の気鋭の研究者によって練られた問題を水準に応じて出題しています（出題委員は非公表）。さらに本検定試験には、全国の法学研究者がその趣意にご賛同くださり、さまざまなご意見・ご指導・ご協力を得ています。

法学検定試験委員会とその組織

　公益財団法人日弁連法務研究財団と公益社団法人商事法務研究会は、法学検定試験を共同で実施するため、その企画・実施の機関として法学検定試験委員会を設置し、その事務局を公益社団法人商事法務研究会内に置いています。

【主催団体】

■公益財団法人　日弁連法務研究財団（1998年設立）

　日本弁護士連合会が中心となって設立された公益財団法人で、一段と複雑・多様化、高度化、国際化しつつある法律問題に対応すべく、弁護士、公認会計士、税理士、弁理士、司法書士から企業の法務担当者までの広範な会員をもって構成され、適性試験事業・認証評価事業等法科大学院関連事業、法律実務の研修、法および司法制度の研究、法情報の収集と提供を通じて社会の発展に貢献することを目的としています。

■公益社団法人　商事法務研究会（1955年設立）

　経済活動に係る法制度に関する調査研究を行うとともに、社会への法律知識の普及・啓発活動を行うことにより、公正かつ自由な経済活動の機会の確保・促進、その活性化による国民生活の安定向上に寄与し、経済の健全な発展に貢献することを目的とし、主に、民商事法・司法制度・環境法制・消費者法制・法教育等に関する調査研究、および法学検定試験の実施等を行っている公益社団法人です。

【法学検定試験委員会】

（2024年4月現在、五十音順）

2024年「法学検定試験」実施要項

試験の詳細は「受験要項」でご確認下さい。

日程・受験料

試　　験　　日：2024年11月24日(日)
出願受付期間：9月10日(火)〜10月10日(木)*
願書郵送締切：10月11日(金) 消印有効
受験料(税込み)：ベーシック〈基礎〉コース　4,400円
　　　　　　　　スタンダード〈中級〉コース　6,600円
　　　　　　　　アドバンスト〈上級〉コース　9,900円
　　　　　　　　ベーシック・スタンダードセット　8,800円
　　　　　　　　スタンダード・アドバンストセット13,200円

＊上記受付期間は書店受付の場合
　その他の申込方法の受付期間は、受験要項または公式ウェブサイトでご確認ください。

出願書類(「願書」・「受験要項」・「専用封筒」)の入手・受験申込方法

　出願期間中は、下記の方法で出願書類の入手ができます。
　①大学生協購買部・主要書店(取扱書店等)からの入手
　　取扱書店等で無料配布します。
　②法学検定試験公式ウェブサイトからの出願書類の請求

受験資格

　「法学検定試験」はどなたでも受験することができます。受験資格は一切問いません。ベーシック〈基礎〉コースとスタンダード〈中級〉コース、スタンダード〈中級〉コースとアドバンスト〈上級〉コースは併願することができます。併願する場合は、セットで申込みをした場合のみ受験料の割引があります。

出願の方法

　①個人申込、②団体申込、③グループ申込の３種類があります。

試験会場

　出願時に希望地区を選択してください。具体的な試験会場は受験者個別に受験票にて通知します。指定された受験地区・試験会場の変更はできません。

【一般会場】
　札幌、仙台、東京(A地区・B地区)、愛知、京都、大阪、岡山、愛媛、福岡、沖縄の全国11地区で実施(東京A地区：23区および23区に隣接する市、B地区：東京西部)。
【団体会場】
　各団体等と法学検定試験委員会が協議のうえ指定した会場。
【一般受験者受入団体会場】
　2024年度「一般受験者受入団体会場」はありません。

出題は多肢択一形式、解答方式はマークシート方式です。そのため、筆記用具（HBまたはBの黒鉛筆と消しゴム）が必要になります。

合否判定・合否通知および試験結果の送付

合否判定は、法学検定試験委員会が設置する「合否判定委員会」が試験結果を分析したうえで定める合格最低点を基準として行います。ただし、受験科目中0点の科目がある受験者は、総合得点にかかわらず不合格とします。受験者全員に「成績通知書」、合格者には「合格証書」をお送りします。

2017年度より、特に優秀な成績を修めた受験者に対して、特別な枠を設け、合格証書にその旨を明示して栄誉を讃える「excellent合格」の認定をしています。すでに合格した方の再チャレンジも大歓迎です。

試験科目・試験時間

★出題は、原則として2023年10月1日現在施行されている法律およびそれまでに出された判例を基準とします。

●ベーシック〈基礎〉コース
（4科目・合計60問〔法学入門10問／民法20問／その他各15問〕）

試験科目		集合時刻	試験時間
必須	法学入門　憲法　民法　刑法	9:40	10:00〜12:00 120分

●スタンダード〈中級〉コース
（5科目・合計75問〔法学一般10問／民法20問／その他各15問〕）

試験科目		集合時刻	試験時間
必須	法学一般　憲法　民法　刑法	13:40	14:00〜16:30 150分
選択	「選択科目A群および基本法総合」*から1科目		

＊基本法総合は、憲法・民法・刑法から必須科目とは異なる問題を出題します。『2024年法学検定試験問題集スタンダード＜中級＞コース』の憲法・民法・刑法の収録問題から6〜7割が出題されるほか、やや難易度の高い問題や他の法分野との境界領域の問題も出題されます。

●アドバンスト〈上級〉コース
（6科目・合計55問〔法学基礎論10問中5問選択／その他各10問〕）

試験科目		集合時刻	試験時間
必須	法学基礎論　憲法　民法　刑法	9:40	10:00〜12:30 150分
選択	「選択科目A群」から1科目 「A群およびB群」からもう1科目選択		

〔選択科目A群〕①民事訴訟法　②刑事訴訟法　③商法　④行政法
〔選択科目B群〕⑤労働法　⑥破産法　⑦経済法　⑧知的財産法
＊選択科目は試験当日に選択

ベーシック〈基礎〉コース … 法学の初学者がまずはおさえておくべき基礎的なレベル

法学入門

大学で法律学を学び始めた者が、最低限知っておくべき基礎知識を問う。

憲法

日本国憲法の条文、その通説的な見解、関連する基本判例の趣旨の理解など、憲法の学習にとって必要な基礎知識を問う。

民法

総則と債権法に相対的な重きを置きつつ、物権法（担保物権法は含まない）も含めて、基本的な制度について条文と通説の正確な理解度を問う。家族法や民法典に密接に関連する借地借家法等の特別法に関する初歩的な基礎知識を問うものも含まれる。

刑法

刑法総論の基礎知識を中心に、刑法各論に関しては特に重要な犯罪類型にかかわる基本的事項を問う。

スタンダード〈中級〉コース … 法学を学習する者が到達すべき必須レベル

法学一般

大学で法律学をある程度学んだ者として、知っておくべき基礎知識を問う。

憲法

憲法の基礎知識があることを前提にして、憲法上の主要論点にかかわる学説・判例のより深められた理解力、推論して考える力を問う。

民法

民法典全分野における基本的な法制度について、判例を含めて、簡単な事例問題も用いて、正確に理解しているか否かを問う。密接に関連する制度の相互関係を問う問題や特別法（一般法人法、借地借家法、等）に関する基礎的な問題も含み、担保物権法については初歩的な基礎知識を問う問題に限る。

刑法

刑法全般に関する主要なテーマについて、判例・学説の基本的な理解力を問う。総論についてはすべてにわたるが、各論については個人的法益に対する罪（特に財産犯）を中心とし、社会的法益・国家的法益に対する罪からは基本的問題を出題する。

選択科目

　民事訴訟法・刑事訴訟法・商法・行政法・基本法総合から１科目選択。

民事訴訟法

　総論、裁判所、当事者・代理人、訴えの種類・対象、訴え提起の手続・訴訟の進行、口頭弁論から判決に至る一連の民事訴訟手続に関する全体的な制度の基本的な仕組みと初歩的な法的知識・理解力を問う。多数当事者訴訟、上訴・再審等については、とりあげない。

刑事訴訟法

　犯罪の捜査、公訴の提起、公判手続、証拠法、裁判、上訴という刑事手続の流れに沿い、刑事手続の基本原理、制度の基本的な仕組みと初歩的な法解釈上の論点に関する知識・理解力を問う。

商法

　会社法に関する基本的な法制度と若干の実務的な内容を中心に、商法総則、商行為法総則の初歩的な内容も範囲とする。企業に関する私法規制の基礎知識と単純な事例を通しての法的理解力を問う。

行政法

　広義の行政法総論が主たる出題範囲である。狭義の行政法総論のほか、国家補償法や行政訴訟法についての基礎知識を問う。行政法各論特有の問題は基本的には出題しないが、総論との関係で必要な事項は学習しておくことが望ましい。

基本法総合

　基本的には、スタンダード〈中級〉コースの憲法・民法・刑法の出題範囲・内容と同様である。しかし、やや難易度の高い問題や他の法分野との境界領域の問題も出題範囲とするので、憲法・民法・刑法のより深い理解が求められる。

　　| **アドバンスト〈上級〉コース** | … 法学を専門的に学ぶ者が目指すべき上級レベル

　『2024年法学検定試験過去問集アドバンスト〈上級〉コース』（商事法務刊）を参照。

●●●●●●●●●●●●●●●●●お問い合わせは下記まで●●●●●●●●●●●●●●●●●

法学検定試験委員会事務局

https://www.shojihomu.or.jp/hougaku/index

〒103-0027　東京都中央区日本橋 3 - 6 - 2

日本橋フロント 3 F

TEL 03(6262)6730　FAX 03(6262)6792

（受付時間：平日10：00〜17：00）

MAIL houken_since2000@jimu-kyoku.net

「法学検定試験」の状況
（2023年実施分）

　2023年に実施しました法学検定試験の状況は下記のとおりです。
　実際に受験された方の職業別分布を見ますと、その多くは学生ですが、公務員・一般企業に勤める方々等社会人も受験していることがわかります。

●2023年法学検定試験　試験結果

	志願者数	受験者数	合格者数	合格率	合格点	*excellent* 合格点
ベーシック〈基礎〉コース	3,669名	3,160名	2,044名	64.7%	31点	50点
スタンダード〈中級〉コース	1,691名	1,453名	816名	56.2%	43点	61点
アドバンスト〈上級〉コース	323名	258名	71名	27.5%	34点	39点

●受験者の職業

	ベーシック〈基礎〉コース	スタンダード〈中級〉コース	アドバンスト〈上級〉コース
学生	2,982名	1,237名	118名
公務員	27名	83名	40名
会社員	98名	78名	54名
教職員	2名	5名	4名
自営業	5名	4名	5名
主婦・主夫	3名	6名	3名
自由業	5名	5名	6名
無職・その他	26名	30名	25名
無記入・無答	12名	5名	3名
合　計	3,160名	1,453名	258名

I 法学入門

　ベーシック〈基礎〉コースの「法学入門」は、大学で法律学を学び始めた者が最低限身に付けておくべき法・法学の基礎的な知識・理解を問うものである。憲法・民法・刑法などの法律の基本科目を学習する過程で必要となる事項に加え、法律学を学ぶ以上は常識として知っておくべき事柄が出題の対象になっている。

　全体は4つの柱から構成される。まず、「法・法体系の基礎」では、法体系と法規範の構造と機能、法と道徳・慣習など他の社会規範との関係、さまざまな法形式や法の分類、主要な法思想、日本や西洋の法の歴史についての基本的な知識などが求められる。

　つぎに、「条文・判例の読み方の基礎」では、基本的な法令用語・法律用語の意味・用い方の理解、特殊な法令用語の読み方、類似した法令用語の区別、判例の性質および仕組みとそこで用いられる用語の理解、法文の読み解き方などが問われる。

　さらに、「法解釈の基礎」では、法解釈の目標に関する考え方や法文解釈の技法についての基礎的な知識、法解釈の基礎となる各法分野の基本原理の把握、さらには法的な考え方の性質と特徴の基本的な理解などが対象となる。

　最後に、「法制度の基礎」では、裁判所や裁判手続の仕組みなど司法制度全般の在り方と今日のその状況についての基本的な理解や、裁判官・検察官・弁護士等の職務についての基礎知識、日本・世界の法制度の状況に関する一般的な知識などが求められる。

　本分野の学習にあたっては、各分野の法学の授業での学習を基本としつつ、法学入門・概論の書物、法の歴史・思想の概説書、法令用語・法令解釈の手引、さらに各法分野の教科書の冒頭に掲載されている学習案内などをもとに、日々丹念に学ぶことが重要である。

> **問題1**　現代社会における法と道徳に関する以下の記述のうち、正しいものを1つ選びなさい。
> 　1．法と道徳とは、その適用対象領域を異にするので、相互に重なり合うことはない。
> 　2．道徳は主として外にあらわれた人の行為に関心をもつのに対し、法は主として人の内面や行為の動機に関心をもつ。
> 　3．法は国家権力の強制を背景としてその遵守を要求するのに対し、良心の命令という意味にとどまる道徳には、その遵守を求める強制は明確なかたちでは存在しない。
> 　4．法は最低限度の道徳であり、刑罰は法違反に対する制裁として最後の手段だから、国家権力が処罰しうるのは道徳違反の場合だけである。

解説　本問は、現代社会における法と道徳の関係に関する問題である。

1．誤り。社会規範として法と道徳の両者が重なり合うことは当然にありうる。

2．誤り。法と道徳の関係については、通常、「法の外面性と道徳の内面性」という対比が示されている。つまり、法は人の行為が現実に行われたことを問題として、それを評価の対象とするのに対し、道徳は、人の心理の内側を問題として、行為の動機を重視する。

3．正しい。法と道徳はその履行強制において大きく異なる。国家は、裁判所への提訴があれば、それを法で審査して、必要ならば、法内容の実現を強いる制度を整備するばかりでなく、法違反の行為に対して損害賠償や刑罰という制裁を設けることで、法の遵守を（少なくとも間接的に）強制している。しかし、外面にあらわれた行為に対する社会の非難が道徳的意味をともないうることを別とすれば、「良心の命令」たる道徳については、すべては内面の問題であり、とがめるものは自己の良心以外には存在しない。

4．誤り。刑罰は法が設ける制裁であり、個々人の生活に対する影響の大きさを考えれば、平和時の法秩序がもつ「最後の手段」であって、必要最小限度に抑制すべきことは確かである。しかし、その選択が「道徳」とのかかわりだけで決まるとはいえない。現代社会での「処罰」は、殺人や窃盗のように元来道徳観念に基礎をもつ伝統的な意味での犯罪だけでなく、多くの交通規則のように、基本的には道徳とは無関係で、もっぱら秩序を維持するためのルールにかかわる犯罪にも及んでいるから、道徳違反だけを犯罪ととらえるのは正しくない。

正解　3

法と道徳

問題2　アリストテレスの正義論に関する以下の記述のうち、正しいものを１つ選びなさい。
　　１．アリストテレスは、「正義とは強者の利益である」と主張した。
　　２．アリストテレスは、「等しきものは等しく扱う」正義を、目的および法的安定性と並ぶ法の理念の１つと位置づけた。
　　３．アリストテレスは、裁判の判決内容が正義にかなっていることよりも、裁判の手続的公正さが保たれていることのほうを強調した。
　　４．アリストテレスは、原状回復を旨とする矯正的正義と、人の価値に応じた配分を旨とする配分的正義を説いた。

解説　古代ギリシャの哲学者アリストテレスが『ニコマコス倫理学』のなかで展開した正義論について、最小限の常識を問うものである。
１．誤り。プラトンの『国家』に、ソクラテスの論争相手として登場するトラシュマコスの説である。
２．誤り。ドイツの刑法・法哲学者グスタフ・ラートブルフの説である。
３．誤り。アリストテレスの正義は、裁判の手続に関するものではなく、どのような人またはその行為が正義にかなっているかという実体を問うものであった。裁判官の正義は、矯正的正義に属するとされた。
４．正しい。アリストテレスは、道徳上の徳目の１つとしての「正義」の中核的理念を「等しさ」に置いた。「矯正的正義」は、不正な状態からの回復を旨とするものであり、受けた損失と、回復のための賠償とが等しいことを要求する。アリストテレスにおいては、刑事と民事は峻別されておらず、刑事裁判も矯正的正義の領分である。これに対して、「配分的正義」は、ポリスの市民の間での共有のものの配分にかかわり、人の価値に比例した配分が求められた。価値と配分されるものの比が、人の間で等しいということである。身分、貧富、道徳的立派さ等、何を価値ありとするかについては、争いがあった。

正解　4

アリストテレスの正義論

問題3　法実証主義に関する以下の記述のうち、誤っているものを1つ選びなさい。
　1．実定法体系の内的構造や基本的法概念は、道徳的評価を加えずに分析できる。
　2．自然法には法たる資格がなく、実定法だけが本来の意味の法である。
　3．個々の法律の法的効力の有無を判定する究極の基準は、実定法を超える「法」にある。
　4．法と道徳、在る法と在るべき法は、明確に区別しなければならない。

解説　本問は、法実証主義の意味に関する問題である。
　純理論的な問題設定ではあるが、法学を学ぶうえで、自然法論対法実証主義の基本的な対立点は理解しておくべきだろう。
1．正しい。これは、H.ケルゼンの純粋法学やJ.オースティンの分析法理学に代表される考え方であり、道徳的評価を排除して実定法体系を分析することを法学の課題とすべきだとする、法実証主義に典型的な見方である。
2．正しい。自然法論に対立する法実証主義からすれば、自然法に法としての資格・効力を認めないのは、自らの理論的立場から帰結する当然の結論である。
3．誤り。本肢は、法実証主義ではなく、その論敵たる自然法論の主張である。法実証主義からすれば、個々の法律の効力の有無を判定する基準は、実定法体系の内部にこそ求められねばならない。
4．正しい。本肢のように、法実証主義は、法と道徳、現に在る法と在るべき法とを明確に区別すべきことを説く。

正解 3

法実証主義

> **問題4**　社会契約説に関する以下の記述のうち、誤っているものを1つ選びなさい。
> 1．ホッブズ、ロック、ルソーの3人はすべて、近代における社会契約説の代表的提唱者として、自由かつ平等な個人を政治社会の形成主体としてとらえた点に特色がある。
> 2．ホッブズによれば、自然状態は悲惨な戦争状態であるため、人々は社会契約を結ぶことによって、外敵の侵入や相互の権利侵害から自己を守り、快適な生活を送ることを可能にする公共的な権力を設立する。
> 3．日本国憲法前文にも、「そもそも国政は、国民の厳粛な信託によるものであつて、その権威は国民に由来し……」とあるように、社会契約説の精神は受け継がれている。
> 4．ロックに従うと、社会契約の目的は、人々が生命、自由、そして所有物を安全に享受することにある以上、抵抗権の行使は、内乱を引き起こして平和と安全を破壊するので、許されない。

解説　本問は、法思想史における社会契約説の意味に関する問題である。中山竜一ほか『法思想史』（有斐閣、2019年）等で大まかな知識を身につけておけば、法律学の学習にとって有益だろう。

1．正しい。彼らはすべて、自然状態における自由かつ平等な個人を、その社会契約理論の出発点に置いている。ホッブズについては、『リヴァイアサン』第13－14章、ロックについては、『統治論』第2篇第4節・第95節を参照。ルソーについては、『社会契約論』第1篇第2章を参照。

2．正しい。ホッブズによれば、政治権力が存在しない限り常に人間は惨めな戦争状態に置かれるから、人々は社会契約を結ぶことによって、公共の平和と安全を維持するための国家を設立するのである。『リヴァイアサン』第17章を参照。

3．正しい。日本国憲法前文はロックの『統治論』と同じように、政府の権力が、そもそもこの権力の淵源たる国民の「信託」によって設立されたという社会契約説の原理に則っている。

4．誤り。この議論に対しては、ロック自身が『統治論』第2篇第228節で批判している。ロックは『統治論』第2篇第222節で、立法府あるいは君主が、国民から自らに寄せられた信託に背いて行動したときには、統治が解体しているのであり、国民が彼らに預けていた権力は国民の手に復帰すると明言し、抵抗権の行使を正当化している。

正解　4

社会契約説

問題5　以下の記述のうち、「リベラリズム」（自由主義）とよばれる政治思想に関する説明として、誤っているものを１つ選びなさい。
1．リベラリズムは、国王の専制に対抗する政治思想として生まれた。
2．リベラリズムは、宗教戦争に対する反省から生まれたがゆえに、他人の生き方や信条に対する寛容を重視する。
3．リベラリズムは、国家権力が介入してはならない個人の領域の存在を当然の前提とする。
4．リベラリズムは、民主的に成立した法律を、裁判所が人権規定を根拠に違憲と判断することに反対する。

解説　リベラリズムの定義は研究者によってさまざまであるが、本問は、ほとんどすべての人が認めるリベラリズムの内容を問う問題である。
1．正しい。リベラリズムには、個人の自由を守るため、国家権力を制限するという思想が必ず含まれている。
2．正しい。歴史上の事実として、そのとおりである。なお、肢1と肢2は矛盾しない。寛容とは、他人の生き方が道徳的に間違っていると信じていても、それを暴力や国家権力を使って正そうとせず、説得によっても相手が直さない場合、特段の危害が生じない限り、相手の生き方を尊重する態度のことである。
3．正しい。その理由は、肢1参照。
4．誤り。リベラリズムは、民主的に成立した法律であっても、それが個人の自由の領域を侵犯することには反対する。したがって、裁判所がそのために介入することには賛成する。もっとも、リベラリズムは通常、専制に対抗するものとして、デモクラシーとセットになっているから、問題は簡単ではない。個人の自由の領域の線引きが難しいのである。

正解　4

🔑リベラリズム

問題6　わが国で用いられるさまざまな法形式に関する以下の記述のうち、正しいものを1つ選びなさい。
1．法律は、日本国憲法の定める方法により、国権の最高機関である国会の議決を経て制定される法形式であり、国内法としては、憲法に次いで強い形式的効力をもつ。
2．日本国憲法73条6号は、内閣の行う事務の1つとして、「この憲法及び法律の規定を実施するために、命令を制定すること。」を定めている。
3．条例とは、地方公共団体の制定する法令の形式であり、そこには、地方公共団体の長が制定する条例のほかに、地方公共団体の議会の議決を経て制定される規則も含まれる。
4．最高裁判所は、訴訟に関する手続、弁護士、裁判所の内部規律、裁判官の弾劾および司法事務処理に関する事項について、規則を定める権限を有する。

解説　本問は、さまざまな法形式に関する問題である。
1．正しい。法律は、憲法59条等の定める方法により、国権の最高機関で国の唯一の立法機関である国会（憲41条）の議決を経て制定される法形式であり、国内法としては、憲法に次いで強い形式的効力をもつとされる。
2．誤り。憲法73条6号は、内閣の行う事務の1つとして、「この憲法及び法律の規定を実施するために、政令を制定すること。」を定めている。国の行政機関の制定する法形式は広く命令とよばれ、命令は、それを制定する機関によって、①政令（内閣が制定する。行政機関による立法として憲法上明文で認められているのは政令のみ）、②内閣府令（内閣総理大臣が発する）・省令（各省大臣が発する）、③その他の命令（会計検査院規則、人事院規則等）に区別される。
3．誤り。憲法94条は、「地方公共団体は、その財産を管理し、事務を処理し、及び行政を執行する権能を有し、法律の範囲内で条例を制定することができる。」と定める。ここでいわれる条例を実質的意味で解するなら、地方公共団体の議会の議決により制定される、形式的意味での条例（自治96条1項1号）のほか、地方公共団体の長が制定する規則（自治15条1項）も含まれる。本肢の記述では、条例と規則を制定する機関が逆に記されている。
4．誤り。最高裁判所は、憲法77条1項により、規則制定権を認められるが、本肢にあげられた事項のうち、「裁判官の弾劾」に関する事項については、法律で定められ（憲64条2項）、国会が、罷免の訴追を受けた裁判官を裁判するため、両議院の議員で組織する弾劾裁判所を設ける（憲64条1項）。

正解　1

法形式

> **問題7**　法令の効力に関する以下の記述のうち、正しいものを1つ選びなさい。
>
> 1．「この法律に定めるもののほか、更生手続に関し必要な事項は、最高裁判所規則で定める。」と定める会社更生法14条の規定は、最高裁判所規則の特別法である。
> 2．「許可事業者が公共下水道の排水施設に接続設備を設ける場合については、下水道法第24条の規定は適用しない。」と定める都市再生特別措置法19条の7第7項の規定は、下水道法24条の規定の一般法である。
> 3．土地基本法や環境基本法などの「○○基本法」という名の法律は、その分野の事項に関する根本法であり、その分野に属する個別の法律の内容がそれに抵触する場合には、「○○基本法」が個別の法律に優先する。
> 4．「愛玩動物看護師は、獣医師法第17条の規定にかかわらず、診療の補助を行うことを業とすることができる。」と定める愛玩動物看護師法40条1項の規定は、獣医師法17条の規定の特別法である。

解説　本問は、法令の効力に関する問題である。

　法令の効力については、同じ事柄について複数の法令が相矛盾する規定を有している場合において、特別法と一般法とが矛盾するときは、前者が優先し、一般法の規定は適用の余地がなくなる（「特別法は一般法に優先する」）。

1．誤り。この法律、すなわち会社更生法に定めるもの以外は、更生手続に関し必要な事項は、最高裁判所規則で定めると規定しているだけであり、会社更生法のこの規定と最高裁判所規則との間に特別法・一般法の関係はない。

2．誤り。「～の規定は適用しない」という定めは、それが一般法の適用を排除する特別法であることを示す。許可事業者が公共下水道の排水施設に接続設備を設ける場合には、一般法である下水道法24条の規定は適用されず、特別法である本法が適用される。

3．誤り。土地基本法や環境基本法などの「○○基本法」は、その分野の基本となる法律ではあるが、その分野に属する個別の法律との関係では、同じく法律である以上形式的には同一の効力を有しており、個別の法律に対して「○○基本法」が一般的に優先するという関係はない。

4．正しい。「～の規定にかかわらず」という文言が、それが一般法の適用を排除する特別法であることを示している。一般的には獣医師法17条が適用されるところ、愛玩動物看護師は、愛玩動物看護師法40条1項の規定が特別法として適用されるため、診療の補助を行うことを業とすることができる。

正解　4

法令の効力

問題8　法のさまざまな分類に関する以下の記述のうち、文中のカッコ内に入る語の組み合わせとして、正しいものを1つ選びなさい。

　神の意志や人間の自然的理性に基づくものであるとされる法を自然法とよぶのに対し、制定法、慣習法、判例法等、人間の行為によって成立した法を（　a　）という。また、後者のうち、権利義務の発生・変更・消滅の要件等の法律関係について規定する法が（　b　）とよばれるのに対し、権利義務等の実現のための手順・方法を定める法は（　c　）と総称される。

　　1．a＝実体法　　　b＝手続法　　　c＝訴訟法
　　2．a＝成文法　　　b＝実定法　　　c＝手続法
　　3．a＝成文法　　　b＝手続法　　　c＝実定法
　　4．a＝実定法　　　b＝実体法　　　c＝手続法

解説　本問は、法のさまざまな分類に関する問題である。

　ヨーロッパ中世の神学的自然法論が神の意志に基づく自然法の存在を説いたのに対し、近世自然法論は、人間の自然的理性に基づく世俗化された自然法の存在を主張した点にその特徴があった。だが、いずれの立場も、人間の意思的行為によって定立される法を超え、その妥当性を基礎づけるものとしての自然法の意義を説いた点で、軌を一にしていた。

　これに対して、近代以降の法システムにおいて中核的な位置を占めてきたのは、人間の行為によって成立した法である「実定法」であった。そこには、国家機関や公共団体が定立する制定法や、慣習法や判例法のように経験的事実に基づいて成立した法が含まれる。

　かかる実定法のなかにもさまざまな種類があるが、それらのうち、権利義務の発生・変更・消滅の要件等の法律関係について規定する法は「実体法」と総称され、民法、商法、刑法等がこれにあたるとされる。他方、権利義務等の実現のための手順・方法を定める法が「手続法」であり、裁判手続等を定める民事訴訟法、刑事訴訟法、家事事件手続法等がこれに該当する。

正解 4

法の分類

問題9　公法と私法の区分に関する以下の記述のうち、誤っているものを1つ選びなさい。
　　1．公法は刑罰権の行使や税の徴収等の国家・公共団体の行為に関する規律であるのに対し、私法は当事者間の契約や不法行為等の市場的取引にかかわる規律や、相続や婚姻等の家族関係にかかわる規律を含んでいる。
　　2．プライバシーの権利は、個人の私的生活の平穏や、プライベートな情報を保護する典型的な私法上の権利であり、公法上は問題とされない。
　　3．労働法等の社会法や、独占禁止法等の経済法は、私法の原理である契約の自由に対する国家の介入を要請するもので、現代法における私法と公法の区分の相対化をあらわしている。
　　4．民事訴訟法は、民法、商法等とともに、民事法に分類されるにもかかわらず、国家の裁判手続を定める手続法として公法に属するとされるのが通常である。

解説　本問は、公法と私法の区別に関する問題である。
1．正しい。公法と私法の基本的な区別をあらわしている。
2．誤り。プライバシーの権利が、もともとは不法行為法上の権利として登場したことは事実であるが、憲法13条の幸福追求権の一内容として、たとえば市町村が個人の前科等を他の個人に漏らしてはならないことの根拠となり、また、警察がデモの参加者を撮影することに対する制限の理由としても用いられるなど、人権論の焦点の1つともなっている。
3．正しい。社会法にはほかに生活保護法や借地借家法等があり、経済法には不正競争防止法や、公衆浴場法や石油需給適正化法等の各種統制法がある。
4．正しい。民事訴訟法は裁判という国家機関の行為にかかわると同時に、当事者的・私法的要素をも有している。

正解　2

公法と私法の区別

問題10　以下のうち、公法であって、民事法にも刑事法にも分類されない法律のみをあげている組み合わせとして、正しいものを１つ選びなさい。
1. 人事訴訟法、破産法
2. 利息制限法、不動産登記法
3. 少年法、裁判員の参加する刑事裁判に関する法律
4. 環境基本法、裁判所法

解説　本問は、公法・私法という分類と民事法・刑事法という分類のレベルのズレに関する問題である。

一般に、国家（地方公共団体等の公的団体も含めて考える）またはその機関と国民との関係やその内部組織等を定める法令が公法とよばれ、国家活動と一応独立して行われる私人相互の関係を規律する法令が私法とよばれる。

民事法と刑事法とよばれる分類は、これとは分類のレベルが異なる。裁判を民事裁判、刑事裁判と分類した場合、民事裁判にかかわる法令が民事法、刑事裁判にかかわる法令が刑事法とよばれるが、公法との関係は微妙である。民事法のなかには民法、商法等の民事実体法だけでなく、民事訴訟法等の民事手続法も含まれ、刑事法のなかには刑法等の刑事実体法だけでなく、刑事訴訟法等の刑事手続法も含まれる。

裁判に関する手続法は、裁判所が国家機関である以上、公法でもあるが、民事裁判に密接にかかわる手続法は、一般に、民事法に分類され、刑事裁判に密接にかかわる手続法は刑事法に分類される。裁判所の構成等を定める裁判所法は、民事および刑事の裁判と少なくとも間接的にかかわってはいるが、通例、民事法にも刑事法にも分類されない公法の一種とされる。

公法の主要部分は、政府機関の組織・権限等にかかわる行政法であるが、国会、裁判所等の組織・権限等を定める、行政法以外の公法も多い。刑法等の刑罰法規は、国家の刑罰権と国民の関係にかかわるので公法でもある。
1. 誤り。人事訴訟法と破産法はともに、民事手続法に属し、公法でもあるが、通常は民事法に分類される。
2. 誤り。利息制限法は、民法の特別法であり民事法に分類される。不動産登記法は、法務大臣、登記所、登記官の職務・権限を定めている限りで公法であるが、民法で扱われる登記にもかかわるので、通常は民事法に分類される。
3. 誤り。少年法は、非行少年の保護と少年のかかわる刑事事件について定めるものであり、刑事手続法に分類される。裁判員の参加する刑事裁判に関する法律は、裁判所法および刑事訴訟法の特別法であり、刑事法に分類される。
4. 正しい。環境基本法は行政法の一種であり、裁判所法は、民事法でも刑事法でも行政法でもない公法の一種である。

正解　4

問題11　各種の機関や団体の組織について定める個々の法規範、または、そのような規定を主要内容とする1つの法令全体を「組織規範」とよぶことがある。

以下の2つの法律からなる組み合わせのうち、両方とも組織規範を一切含まない法律であるものを1つ選びなさい。

1．刑法、軽犯罪法
2．国会法、裁判所法
3．会社法、手形法
4．日本国憲法、皇室典範

解説　本問は、組織規範に関する問題である。

1．組織規範を一切含まない。刑法は犯罪と刑罰について定めるものであり、組織規範を含んでいない。刑罰法規によって、法人や暴力団等の組織が処罰されることはある（たとえば、「組織的な犯罪の処罰及び犯罪収益の規制等に関する法律」参照）が、それによってその刑罰法規が組織規範になるわけではない。軽犯罪法も、刑罰法規の一種として、組織規範を含まない点では刑法と同じである。したがって、本肢が正解である。

2．組織規範を含む。国会法の主要内容は、国会の組織に関するものであり、ほとんどが組織規範である。裁判所法の内容の大半は、裁判所の組織に関するものである。

3．組織規範を含む。手形法には組織規範は含まれていないが、会社法は会社の組織について定めており、組織規範を含んでいる。

4．組織規範を含む。日本国憲法の統治機構に関する多くの規定は組織規範である。皇室典範も、皇室の組織に関する規定が大半を占めている。

正解　1

🗝 組織規範

問題12　以下の条文のうち、任意規定（任意法規）であるものを1つ選びなさい。
 1．協議上の離婚をした者の一方は、相手方に対して財産の分与を請求することができる。〔民法768条1項〕
 2．使用者は、児童が満15歳に達した日以後の最初の3月31日が終了するまで、これを使用してはならない。〔労働基準法56条1項〕
 3．利息を生ずべき債権について別段の意思表示がないときは、その利率は、その利息が生じた最初の時点における法定利率による。〔民法404条1項〕
 4．使用者は、労働契約の締結に際し、労働者に対して賃金、労働時間その他の労働条件を明示しなければならない。〔労働基準法15条1項前段〕

解説　本問は、任意規定に関する問題である。
　任意規定（任意法規ということもある）とは、当事者の意思表示または当事者間の意思表示の合致があるときは後者が優先する規定をいう。条文の文言としては、「公の秩序に関しない規定」（民91条・92条）とあるのがそれである。任意規定は、それが定める事項に関し、当事者が何も決めていなかった場合にはたらく（民91条参照）。これに対して、強行規定（強行法規）とは、当事者の意思表示（またはその合致）によっても破ることができない規定をいう。個々の条文は、それが任意規定か強行規定かを必ずしも明示していないので、その判断には最小限の法律知識が必要となる。一般に、任意規定だとすると、その目的を達成できないような規定は強行規定である。
1．強行規定である。離婚の一方当事者が、財産分与請求権を放棄し、またはこれを行使しないということはありうるが、当事者間の合意により、財産分与請求権がないと取り決めることはできない。
2．強行規定である。一定の職業については条件付きで例外的扱いが法により認められているものの（労基56条2項）、当事者の合意によっては、年少者の使用についてこの規定と異なる取り決めをすることはできない。
3．任意規定である。「別段の意思表示がないときは」とあることからわかるように、当事者の別段の意思表示があるときは、その利息が生じた最初の時点における法定利率とは異なる利率とすることができる。
4．強行規定である。使用者は、労働条件明示義務に違反すると、30万円以下の罰金に処される（労基120条1号）。

正解　3

🔑任意規定

問題13　以下のア〜エは、実体法か手続法のいずれかである法律である。実体法である法律すべてを列挙するものを1つ選びなさい。

　ア．刑法　　イ．民事執行法　　ウ．民事訴訟法　　エ．民法

　1．ア　　2．アエ　　3．イエ　　4．イウエ

解説　本問は、1つの法律が全体として、実体法であるか手続法であるかの知識を問うものである。

　犯罪と刑罰の内容、または権利義務の内容について定める法令を実体法といい、そのような内容を実現するための手続を定める法令を手続法とよぶ。刑法は、主要な刑事実体法であり、民法は、代表的な民事実体法である。

　刑事訴訟法は、刑罰を科す裁判のための手続を定めており、主要な刑事手続法である。民事訴訟法は、民法、商法、会社法等の民事実体法に定められた私法上の権利を裁判で認められるための手続を定めており、主要な民事手続法である。民事執行法は、裁判所の助けを借りて、私法上の権利の内容を強制的に実現する手続について定める民事手続法である。

　以上から、正解は肢2である。なお、全体としては手続法に分類される法令のなかに、権利義務を定め、または犯罪について規定する条文があることもある。つまり、手続法とされる法令のなかに実体法的規定があることもある。たとえば、破産の手続を定める破産法は、一般に民事手続法に分類されるが、破産者や債権者の権利義務についても定めており、破産に関する犯罪についても規定している。

正解　2

実体法と手続法

問題14　概念法学および自由法論に関する以下の記述のうち、正しいものを１つ選びなさい。
　　１．概念法学は、裁判官は法概念の体系からの論理的な演繹によって法律問題を解決すべきだと考えるのに対して、自由法論は、裁判における裁判官の法創造的機能を強調する。
　　２．概念法学は一般に、法的安定性よりも具体的妥当性を重視するのに対して、自由法論は逆に具体的妥当性よりも法的安定性を重視する。
　　３．概念法学は、制定法（成文法）に欠缺があることを正面から認めるのに対して、自由法論は、制定法（成文法）の完結性を想定する。
　　４．概念法学は、社会の変動期にあらわれる思想であるのに対して、自由法論は、社会の安定期にあらわれる思想である。

解説　本問は、概念法学および自由法論に関する問題である。
１．正しい。19世紀ドイツのパンデクテン法学は、あらゆる法律問題を法概念の体系からの論理的演繹によって解決しうると考える傾向にあったが、イェーリングはこれを「概念法学」とよんで批判した。自由法論（自由法運動）は、フランスのジェニーやドイツのエールリッヒが主唱した法思想で、裁判官による「自由な法発見」の重要性を指摘した。
２．誤り。法的安定性とは、どのような行動がどのような法的効果と結びつくかが、安定していて、予見可能な状態をいう。これに対して、具体的妥当性とは、現実問題の解決としての妥当性を意味する。法律実証主義と結びついた概念法学が主張するように、制定法の条文から判決を機械的に演繹するならば、法的安定性は確保されるが、法が予想しなかったような事案においては、具体的妥当性に欠けた判決が導かれかねない。自由法論は、このような事案においては裁判官が自由裁量を行使して、具体的に妥当な判決を下すべきだと主張する。
３．誤り。法の欠缺とは、本来あるべき規定が法に欠けていることをいう。自由法論は、欠缺を否定する概念法学に対して、欠缺の存在を強調した。
４．誤り。法典編纂直後や社会が静止的なときには、立法者が予想していた事態と現実社会状況との間に大きなズレがないので、概念法学的な考え方をとっても、大きな問題は生じない。しかし法典編纂から時間が経ったときや、社会が変動しているときには、両者のズレが大きくなるので、裁判官が制定法（成文法）を機械的に適用すると具体的妥当性に欠けた判決が下されかねないため、自由法論的な考え方があらわれがちである。

正解　1

概念法学・自由法論

> **問題15**　以下のうち、「法の欠缺」にあたる場合を１つ選びなさい。
> 　１．当該事件に適用可能な条文がいくつかある場合
> 　２．当該事件に明らかに適用可能な条文があるが、それを適用すると正義に反し、具体的妥当性を欠く場合
> 　３．当該事件に適用可能な条文が他の既存の条文と一見したところ矛盾する場合
> 　４．当該事件に適用可能な条文が既存の制定法のなかに存在しない場合

解説　本問は、法の欠缺に関する問題である。

　訴訟が裁判所に提起されたのに、適用すべき法規が現存の法源、特に制定法のなかに見出せない場合、これを「法の欠缺」という。この定義にあてはまるのは肢４のみである。

　罪刑法定主義をとる近代的な刑事裁判では、制定法の欠缺の場合、被告人は無罪となる。近代的な民事裁判では、法の欠缺の場合、類推や反対解釈等の欠缺補充技術を用いて、適用すべき法規を創造または発見するのが普通である。

　いかなる場合に欠缺が存在するかについては争いがある。立法者意思説にたって、法規の適用範囲を、その法規の制定にあたって「立法者」が念頭に置いた事案にのみ限定すれば、欠缺の範囲は広がる。そのような限定を要求しない法律意思説にたてば、一般に欠缺の範囲は狭まる。また、法源を制定法に限定せず、判例法・慣習法・条理等まで拡大すれば、欠缺の範囲は狭まる。狭義の解釈は欠缺補充と区別されるが、上記のように欠缺の範囲に争いがあるがゆえに、両者の境界線もあいまいである。

正解　4

法の欠缺

問題16　日本の外国法の継受に関する以下の記述のうち、文中のカッコ内に入る語の組み合わせとして、正しいものを１つ選びなさい。

　日本は、江戸時代までは中国から継受した律令制度を基礎とする法制度を有していたが、明治の開国以降、西欧法の継受に努めた。そして、法典化にあたっては、まずは（　a　）法からの継受を進めた。しかし、民法に関しては招聘外国人の代表格であるボアソナードが起草した民法の施行の是非をめぐって、いわゆる「法典論争」が生じ、結局、民法は商法とともに施行延期とされ、あらためて（　b　）法をとりいれた立法がなされた。第２次世界大戦後には、憲法や独占禁止法等、（　c　）法を参考にした立法が多くなされた。

1. a＝フランス　　b＝ドイツ　　　c＝アメリカ
2. a＝オランダ　　b＝フランス　　c＝アメリカ
3. a＝オランダ　　b＝ドイツ　　　c＝イギリス
4. a＝フランス　　b＝イギリス　　c＝アメリカ

解説　本問は、外国法の継受に関する問題である。
　開国し明治に入ってからは、「脱亜入欧」の掛け声の下、議会制度、軍制等西欧の近代的制度の導入がはかられた。法律の分野では、西欧法の継受が進められた。その背景には、開国時に欧米列強から押しつけられた通商条約に規定された「治外法権」の撤廃を獲得するため、欧米から信頼される立法・司法制度の構築が求められたことがある。その目的達成のため当初参考とされたのはフランス法であり、民法の草案作成に従事したボアソナードがその代表者である。パリ大学で法律学を講義していた彼は、日本政府に法律顧問として招かれて来日し、旧刑法・治罪法・民法を起草した。前二者は明治15年に施行されたが、明治23年に公布された民法の施行の是非をめぐって「法典論争」が発生した。主な批判は、それが当を得たものであったか否かは別として、より日本の国情にあった内容とすべきであるというものであった（「民法出デテ忠孝亡ブ」といわれた）。
　そこで、当時は皇帝制をとっていたドイツのプロイセンの法制度を参考に憲法の起草が進んでいたこともあり、ドイツ法を参考として、民法、商法、刑法、民事訴訟法、旧刑事訴訟法、破産法等の立法がなされた（フランス法の影響も残っている）。
　第２次世界大戦後は、アメリカから国家制度の大幅な改革が求められ、憲法、刑事訴訟法、独占禁止法、人身保護法等、アメリカ法からの継受が多くみられる。

正解　1

🔑外国法の継受

問題17　明治憲法（大日本帝国憲法）に関する以下の記述のうち、誤っているものを1つ選びなさい。
1．内閣総理大臣は、天皇の協賛をもって戒厳を宣告するとされた。
2．日本臣民は、法律の定めるところに従い、兵役の義務を負うとされた。
3．行政官庁の違法行為による権利侵害についての訴訟は、行政裁判所が扱うものとされた。
4．日本臣民は、法律の範囲内において集会および結社の自由をもつとされた。

解説　本問は、明治憲法に関する問題である。

1．誤り。明治憲法は非常事態に関する規定を置いているが、戒厳の宣告は天皇の専権であった（明憲14条1項）。さらに、明治憲法には国務大臣に関する規定（明憲55条）があるだけで、内閣総理大臣に関する規定は設けられなかった。

2．正しい。明治憲法20条がその旨定める。

3．正しい。行政官庁の違法行為による権利侵害に関する訴訟で、法律で定めた行政裁判所の裁判に属すべきものは、司法裁判所が受理してはならないとされた（明憲61条）。

4．正しい。日本国民は法律の範囲内において「言論著作印行集会及結社ノ自由」を有するものとされた（明憲29条）。

正解　1

🔑明治憲法

問題18　日本が敗戦してから講和条約を締結するまでの時期における日本国憲法に関連する以下の記述のうち、正しいものを１つ選びなさい。

1．昭和22年５月３日、日本国憲法と裁判所法が施行され、最高裁判所の裁判官も、それと同時に任命された。
2．日本国憲法施行後は、講和条約締結前であっても、総司令部（GHQ）の施策は、日本国憲法の人権規定に違反することなく行われた。
3．日本国憲法の制定は、大日本帝国憲法の改正手続によって行われた。
4．皇室典範の法形式は、大日本帝国憲法下においても、日本国憲法下と同じく、法律であった。

解説　本問は、日本の敗戦後から独立前の時期における日本国憲法に関連する事実を問うものである。

1．誤り。最初の最高裁判所裁判官の任命は、憲法施行より遅れ、昭和22年８月４日である。
2．誤り。たとえば、新聞、放送、私信等の検閲（憲21条）が行われたことは周知のことである。
3．正しい。日本国憲法の御名御璽（ぎょめいぎょじ）の前に「……枢密顧問の諮詢及び帝国憲法第73条による帝国議会の議決を経た帝国憲法の改正を裁可し、ここにこれを公布せしめる。」とある。
4．誤り。大日本帝国憲法下における皇室典範は、法律ではなく、大日本帝国憲法と同時に欽定された皇室に関する根本法典として、大日本帝国憲法と同一の形式的効力をもつものとされ、議会の関与が禁じられていた（明憲74条１項）。日本国憲法下では、皇室典範は法律（昭和22年法律第３号）である。

正解　3

🔑日本国憲法の成立過程

問題19　以下のうち、憲法で「法律でこれを定める」と明言されている事項を規定する法律ではないものを1つ選びなさい。
　1．民法
　2．生活保護法
　3．国籍法
　4．公職選挙法

解説　本問は、法学の常識として、憲法で「法律でこれを定める」と明言されている事項とそうでない事項とを知っているかどうか、さらに、それらがどのような法律に定められているかを知っているかどうかを問う問題である。憲法に「法律でこれを定める」と明言されている場合と、そうでない場合とで、どのような違いが出るかは、条文ごとに異なる。詳しくは憲法学で学んでいただきたい。

1．誤り。憲法29条2項に「財産権の内容は、公共の福祉に適合するやうに、法律でこれを定める」とあり、民法は、財産権の内容を定める代表的な法律である。

2．正しい。生活保護法1条に「この法律は、日本国憲法第25条に規定する理念に基き、……」とあり、憲法25条1項には「すべて国民は、健康で文化的な最低限度の生活を営む権利を有する」とあるものの、その内容を「法律で定める」という文言はない。

3．誤り。憲法10条に「日本国民たる要件は、法律でこれを定める」とあり、国籍法は、その内容を定めている。

4．誤り。憲法44条に「両議院の議員及びその選挙人の資格は、法律でこれを定める」とあり、憲法47条に「選挙区、投票の方法その他両議院の議員の選挙に関する事項は、法律でこれを定める」とある。公職選挙法は、それらの事項について定めている。

正解　2

🔑「法律でこれを定める」

問題20　特権という言葉を含む以下の記述のうち、正しいものを１つ選びなさい。
1．憲法に「栄誉、勲章その他の栄典の授与は、いかなる特権も伴はない」とあるが、文化勲章を授与された者は、文化功労者として終身年金を支給されている。
2．憲法で国会会期中の国会議員に与えられている不逮捕特権は、黙秘権と同じく、自分で自分の犯罪を認めることを拒否する権利の一種である。
3．憲法に「いかなる宗教団体も、国から特権を受け……てはならない」とあるため、宗教団体の保有する建築物等につき、文化財保存目的で国庫補助を行うことは許されない。
4．先取特権とは、債務者の財産を最初に差し押えた債権者が優先的に債権を回収できる権利である。

解説　本問は、「特権」という言葉をともなう法律用語について、その意味を問う問題である。「特権」という語には、「その資格のある者に特別に」とか「例外的に」という含みが一般にあるが、必ずしも共通の意味はない。
1．正しい。事実そのとおりである。引用部分は憲法14条３項から。文化勲章受章者は、文化功労者から、または必要と認められる場合はその年の文化功労者発令予定者から選考される（「文化勲章授章候補者推薦要綱」）。文化勲章自体は憲法14条３項の制約から特権をともなわないが、文化功労者には終身年金が支給されるため、文化勲章受賞者は文化功労者として終身年金を支給される。
2．誤り。国会議員の不逮捕特権（憲50条）は、行政部または司法部による国会議員の活動に対する不当な干渉を排除するためのものであり、だれでも被告人、被疑者等になった場合に与えられる黙秘権の基礎にある「自己に不利益な供述を強要されない」権利（憲38条１項）とは、その趣旨が異なる。
3．誤り。宗教団体の所有する建造物や仏像等につき、文化財保護法その他の法令に基づき、国や地方公共団体が補助金を支給することは実際に行われているが、それが文化財の保存という非宗教的な一般目的である限り、憲法20条１項後段が禁じる宗教団体への特権付与とは解されない。
4．誤り。先取特権とは、法定担保権の一種で、法律で定められた特定の債権をもつ者が、債務者の財産から優先的に弁済を受けることができる権利である。債務者の財産を最初に差し押えた債権者に優先弁済権を与える条文はない。

正解　1

🔑「特権」の意味

問題21　法令集について、A、B、C、Dの4人が議論をしている。以下の発言のうち、正しい見解を主張しているのは誰か。

　A：僕の持っている六法に比べて、B君の持っている六法のほうが分厚いね。どちらにも全部の法令が載っているはずなのに。
　B：いや、僕が持っている六法だって全部の法令が載っているわけじゃなくて、一部だけ載っているのさ。一言で六法といっても、収録されている法令の数はずいぶん違うんだよ。全部収録されているのは、『六法全書』といった名称のついた分厚いものだけさ。
　C：そうじゃないよ。そういった分厚い六法にだって全部の命令や規則が載っているわけではないよ。憲法と法律はすべて載っているけれど、命令や規則も含め、現行の法令すべてを見ようと思ったら、図書館に行って、差替え式の全部で100巻ほどある法令集を調べなければならないんだ。
　D：いやいや、差替え式の法令集も、その発行の時点が法令の制定・改廃時点とは多少のずれがあるから、厳密には官報を調べてみないことには、現行法令のすべてを知ることはできないんだ。

　1．A　　2．B　　3．C　　4．D

解説　本問は、法令集がどのようなものであるかに関する問題である。
　現行法令を調べるには、全現行法令集である『現行日本法規』（法務大臣官房司法法制調査部編）や『現行法規総覧』（衆議院法制局、参議院法制局　共編）が参照される。いずれも加除式で相当の分量があるが、発行時と法律の制定・改廃時に多少のズレが生じるため、厳密には官報を調べてみる以外に、現行法令を正確に知る手立てはない。
　総務省行政管理局提供の法令データベース「e-Gov法令検索」（https://elaws.e-gov.go.jp）（随時更新）がよく利用されるが、その時点でのすべての現行法令を完全に反映しているわけではない。
　他方、『六法全書』といった法律系の出版社が出している六法のなかには、1000近くの法令を掲載し、厚さが15センチになるものもある。しかし、それでも、憲法、民法、商法、民事訴訟法、刑法、刑事訴訟法のいわゆる「六法」のほかに、現行の重要な法令を選んで掲載しているだけであり、政令、省令、各種の規則はもちろん、法律ですらその一部が収録されているにすぎない。また、小型の六法は、携帯の便宜や一般的な必要性等を考慮して、掲載する法令の数と種類をさらに絞り込んでいる。以上より、Dの見解が正しいことになる。
　なお、六法にはこれらのほかに、『税務六法』『戸籍六法』『証券六法』のように、限られた法領域について、それに関連する法律、政令、省令、規則、訓令、通達等を網羅的に収録したものもあり、それぞれ特定の分野の実務家を中心に広く利用されている。

正解　4

法令集

問題22　現代日本における法律の構造と規定の種類に関する以下の記述のうち、正しいものを１つ選びなさい。
1. 法律の「総則」には、立法目的を示した目的規定ないし趣旨規定が置かれることが多いが、それらは立法府が法を執行する行政府に示した解釈指針なので、裁判所が法律の解釈において目的規定を援用することはできない。
2. 法律で使用される用語を定義する必要がある場合には、定義規定が置かれるが、定義規定は権利義務の内容そのものではないので、法律末尾の「附則」に規定される。
3. 各種手数料や、事業者からの報告の徴収といった事項は、「雑則」として規定されることが多いが、「雑則」は法律の「附則」とは異なり、法律の「本則」そのものである。
4. 法律の施行期日や、施行に関する経過措置の規定は、法律の内容について補充的な内容を定めるものなので、国会の委任によって、法律の「附則」として内閣が定めることができる。

解説　本問は、法律の構造と規定の種類に関する問題である。
1. 誤り。法律のなかには、「失火ノ責任ニ関スル法律」のようにたった１条の条文からなるものもあるが、複雑な事柄を対象とし、多数の条文からなる法律は、章・節をもち、条文が体系的に配置される。その場合、総則の章には、目的・趣旨規定や定義規定が置かれることが多い。目的規定を、当該法律の他の条文の解釈において、援用・参酌することは行政法判例等でしばしばみられることである。
2. 誤り。総則を含め、規律の中身・実質を規定した部分を「本則」というのに対して、法律の施行期日、経過規定等、形式的な付随事項を置くのが、「本則」の後ろ、法律末尾の「附則」である。定義規定は総則に置かれることが多く、これが附則に置かれることはない。
3. 正しい。「雑則」の規定事項は、こまごました事柄であっても規律の中身・実質そのものであり、「本則」の中に置かれる。
4. 誤り。附則も法律の一部であり、国会が制定する。

正解　3

✐　法律の構造と規定の種類

問題23　つぎの条文（著作権法46条の全部）のなかの「二」のよび方として、正しいものを１つ選びなさい。

著作権法
第46条
　美術の著作物でその原作品が前条第２項に規定する屋外の場所に恒常的に設置されているもの又は建築の著作物は、次に掲げる場合を除き、いずれの方法によるかを問わず、利用することができる。
　　一　彫刻を増製し、又はその増製物の譲渡により公衆に提供する場合
　　二　建築の著作物を建築により複製し、又はその複製物の譲渡により公衆に提供する場合
　　三　前条第二項に規定する屋外の場所に恒常的に設置するために複製する場合
　　四　専ら美術の著作物の複製物の販売を目的として複製し、又はその複製物を販売する場合

　１．著作権法46条２号
　２．著作権法46条１項２号
　３．著作権法46条２項２号
　４．著作権法46条２項

解説　本問は、条項の表記の仕方またはよび方を問うものである。条文の内容は、いっさい問うていない。
１．正しい。冒頭に漢数字がある項目は「号」を付けてよぶ。この条文では、１号から４号まである。１号の前にある文章を柱書（はしらがき）という。なお、号数は、正式には漢数字表記であるが、横書きの場合、漢数字の表記を便宜的にアラビア数字に直してもかまわない。たとえば、四十六条を46条に、一号を１号に変える等。
２．誤り。この条文には項が１つしかなく、その場合は、第１項とはいわない。第１項とよぶのは、第２項以下がある場合に限られる。なお、第46条、第１項、第１号等の「第」は省略するのが普通である。ただし、条文の番号が「46条の２」といったものであり、第２項以下がないとすると、そのなかの第２号を指す場合、「46条の２第２号」のように、２号の前に必ず「第」を付ける。
３．誤り。この条文には、第２項はない。第２項、第３項等は、普通、冒頭にアラビア数字で示される。
４．誤り。漢数字は、号を表し、項を表すものではない。

正解　1

条項の表記の仕方・よび方

問題24　つぎに掲げる条文について、法学の授業で教員が「刑事訴訟法110条の2の柱書前段（はしらがきぜんだん）」と述べたとき、同条文のどこをさすか。その最初と最後の部分を示すものとして、正しいものを1つ選びなさい。

刑事訴訟法
第110条の2
　差し押さえるべき物が電磁的記録に係る記録媒体であるときは、差押状の執行をする者は、その差押えに代えて次に掲げる処分をすることができる。公判廷で差押えをする場合も、同様である。
　一　差し押さえるべき記録媒体に記録された電磁的記録を他の記録媒体に複写し、印刷し、又は移転した上、当該他の記録媒体を差し押さえること。
　二　差押えを受ける者に差し押さえるべき記録媒体に記録された電磁的記録を他の記録媒体に複写させ、印刷させ、又は移転させた上、当該他の記録媒体を差し押さえること。

1．「一　差し押さえるべき記録媒体……差し押さえること。」（一の全部。二は含まない。）
2．「差し押さえるべき物が……同様である。」
3．「差し押さえるべき物が……次に掲げる処分をすることができる。」
4．「刑事訴訟法110条」

解説　本問は、法学教育で使われる「柱書」ならびに「前段」および「後段」という言葉の理解を問うものである。
1．誤り。一（および二）は、号を示すものであり、柱書ではない。
2．誤り。第1号の前にくる文章を柱書という。しかし、肢2は柱書全部であり、その前段ではない。
3．正しい。まさにこれが刑事訴訟法110条の2の柱書前段である。条項において1つの段落が2つの文からなるとき、第1文を前段、第2文を後段という。ただし、「ただし」から始まる文は、後段であっても、後段とはいわず、「ただし書」（ただしがき）という。ただし書に対応する文は「本文」という。また、1つの段落が3つの文からなる場合、前から順に、前段、中段、後段という。
4．誤り。刑事訴訟法110条はたしかに同110条の2の直前の条文ではあるが、その前段とはいわない。

正解　3

柱書、前段・後段の意味

問題25　戸籍法23条前段「第16条乃至第21条の規定によつて、新戸籍を編製され、又は他の戸籍に入る者は、従前の戸籍から除籍される。」の下線部の意味を示す以下の記述のうち、正しいものを１つ選びなさい。
1. 第16条と第21条の双方
2. 第16条か第21条の一方
3. 第16条か第21条の双方または一方
4. 第16条から第21条までの全条文

解説　本問は、「乃至」の意味を問うものである。

　読みは「ないし」、意味は「第16条から第21条までの全条文」であり、肢4が正しい。

　古い法令では「乃至」という語が用いられたが、近年は「〜から〜まで」という表現が用いられ、またそのような表現に書き換えられた。それでも、弁護士法27条（「弁護士は、第72条乃至第74条の規定に違反する者から事件の周旋を受け、又はこれらの者に自己の名義を利用させてはならない。」）、刑事訴訟法20条7号（「……第398条乃至第400条、……」）などにみられるように、現在も法令用語として用いられているほか、法定文書、契約文書、著書・論文などでも依然としてよく利用されており、読み方・意味ともに理解しておく必要がある。

正解　4

🔑「乃至」の意味

問題26　代表的な法令用語である「及び」や「又は」等に関する以下の記述のうち、誤っているものを１つ選びなさい。
　　１．わが国の法令において「及び」という語を含む条文の数と「並びに」という語を含む条文の数では、後者のほうが少ない。
　　２．複数の語句を併合的に接続する場合において、段階づけがなされるときには、より大きなレベルでは「並びに」、より小さなレベルでは「及び」を用いて接続する。
　　３．わが国の法令において「又は」という語を含む条文の数と「若しくは」という語を含む条文の数では、後者のほうが多い。
　　４．複数の語句を選択的に接続する場合において、段階づけがなされるときには、より大きなレベルでは「又は」、より小さなレベルでは「若しくは」を用いて接続する。

解説　本問は、「及び」「並びに」「又は」「若しくは」という代表的な法令用語に関する基礎的な理解を問う問題である。

１，２．正しい。複数の語句を併合的に（and の関係で）結びつけるときには、「及び」を使うのが基本である。段階づけがなければ、「及び」しか使われない。肢２が述べるとおり、段階づけがされるときにはじめて「並びに」が用いられることになるが、「並びに」がある条文には、より小さなレベルでの「及び」が必ず含まれる。つまり、「並びに」がある条文には必ず「及び」があるが、「及び」がある条文には「並びに」が含まれるとは限らない。よって、実際に数えるまでもなく「並びに」を含む条文の数のほうが、「及び」を含む条文の数より常に少ない。

３．誤り。複数の語句を選択的に（or の関係で）結びつけるときには、「又は」を使うのが基本である。段階づけがなければ、「又は」しか使われない。肢４が述べるとおり、段階づけがなされるときにはじめて「若しくは」が用いられることになるが、「若しくは」がある条文には、より大きなレベルでの「又は」が必ず含まれる。つまり、「若しくは」がある条文には必ず「又は」があるが、「又は」がある条文には「若しくは」が含まれるとは限らない。よって、実際に数えるまでもなく「又は」を含む条文の数の方が、「若しくは」を含む条文の数より常に多い。本肢はその逆を述べており、誤りである。

４．正しい。なお、基本のレベルで使われる接続詞「又は」は、段階づけされるときにより大きなレベルを接続するのに対して、基本のレベルで使われる接続詞「及び」は、段階づけされるときにより小さなレベルを接続するという違いに注意されたい。

正解　3

法令用語「又は」「若しくは」「及び」「並びに」

問題27　ある年の９月において、秋分の日は23日であった。以下に掲げる「国民の祝日に関する法律」に従うその年の９月のカレンダー（休日を丸囲み数字で示した）として、正しいものを１つ選びなさい。

国民の祝日に関する法律
第１条（略）
第２条　「国民の祝日」を次のように定める。
　元日　１月１日　年のはじめを祝う。
　（中略）
　敬老の日　９月の第３月曜日……
　秋分の日　秋分日……
　（以下略）
第３条　「国民の祝日」は、休日とする。
２　「国民の祝日」が日曜日に当たるときは、その日後においてその日に最も近い「国民の祝日」でない日を休日とする。
３　その前日及び翌日が「国民の祝日」である日（「国民の祝日」でない日に限る。）は、休日とする。

1.

日	月	火	水	木	金	土
		1	2	3	4	5
⑥	7	8	9	10	11	12
⑬	14	15	16	17	18	19
⑳	㉑	㉒	㉓	24	25	26
㉗	28	29	30			

2.

日	月	火	水	木	金	土
		1	2	3	4	5
⑥	7	8	9	10	11	12
⑬	14	15	16	17	18	19
⑳	㉑	22	㉓	24	25	26
㉗	28	29	30			

3.

日	月	火	水	木	金	土
		1	2	3	4	5
⑥	7	8	9	10	11	12
⑬	14	15	16	17	18	19
⑳	㉑	22	㉓	㉔	25	26
㉗	28	29	30			

4.

日	月	火	水	木	金	土
		1	2	3	4	5
⑥	7	8	9	10	11	12
⑬	14	15	16	17	18	19
⑳	㉑	㉒	㉓	㉔	25	26
㉗	28	29	30			

解説　本問では、「国民の祝日に関する法律」の３条３項に該当する場合（何年かに１度起こるが、本問の具体例は2015年９月）の休日について問うている。その年の９月21日は第３月曜日で敬老の日、23日は秋分の日で、22日は、「その前日及び翌日が『国民の祝日』である日であり、休日となる。

正解　1

条文の読み方

> **問題28**　以下の記述のうち、条文における「場合」、「とき」、「時」の使い方として、誤っているものを１つ選びなさい。
> 1．「場合」と「とき」はともに仮定的な条件を示す用語である。
> 2．仮定的な条件について場合分けが必要な場合、より大きな条件について「場合」を用い、その大きな条件のなかでの場合分けについて「とき」を用いる。
> 3．「とき」と「時」はともに仮定的な条件を示す用語であり、より大きな条件について「とき」を用い、その大きな条件のなかでの場合分けについて「時」を用いる。
> 4．「時」は時間または時点を示す用語である。

解説　本問は、法令用語の「場合」、「とき」および「時」の意味に関する問題である。

「場合」と「とき」はともに仮定的な条件を示す用語であり、他方、「時」は時間または時点を示す用語である（肢１、４は正しく、肢３は誤り）。条件が単一であるときには、「場合」が用いられることも、「とき」が用いられることもある（たとえば、民事訴訟法107条２項は「場合」、民事訴訟法168条は「とき」）。また、「場合」は別の条文で規定されている状況を引用する場合にも用いられる。たとえば、憲法71条の「前２条の場合には」という使い方は、その例である。

仮定的な条件について場合分けが必要な場合、より大きな条件について「場合（において）」を用い、その大きな条件のなかでの場合分けについて「とき（は）」を用いる（肢２は正しい）。たとえば、民事訴訟法90条本文は、「当事者が訴訟手続に関する規定の違反を知り、又は知ることができた場合において、遅滞なく異議を述べないときは、これを述べる権利を失う。」と規定している。

「時」の例として、民事訴訟法107条３項は、「……書類を書留郵便等に付して発送した場合には、その発送の時に、送達があったものとみなす。」と規定している。

以上のとおり、「とき」と「時」とは発音は同じであるが、使い方は異なるので注意が必要である。

正解　3

🗝️法令用語「場合」「とき」「時」

問題29　つぎの規定は、核原料物質の使用に関する規則１条４号および５号であり、ａ〜ｄのカッコ内には「者」「物」「もの」のいずれかが入る。以下のうち、該当する言葉の組み合わせとして、正しいものを１つ選びなさい。

四　放射線業務従事者　核原料物質の使用又はこれに付随する廃棄、運搬若しくは貯蔵の業務に従事する（　ａ　）であつて、管理区域に立ち入る（　ｂ　）をいう。
五　放射性廃棄物　核原料物質又は核原料物質によつて汚染された（　ｃ　）であつて、廃棄しようとする（　ｄ　）をいう。

1．ａ＝もの　　ｂ＝者　　　ｃ＝もの　　ｄ＝物
2．ａ＝者　　　ｂ＝もの　　ｃ＝物　　　ｄ＝もの
3．ａ＝者　　　ｂ＝もの　　ｃ＝もの　　ｄ＝物
4．ａ＝もの　　ｂ＝者　　　ｃ＝物　　　ｄ＝もの

解説　本問は、法令中でよく用いられる「者」「物」「もの」の用い方および理解の仕方に関する問題である。
1．誤り。肢２の解説を参照。
2．正しい。「者」は、法律上の人格を有するもの（自然人・法人）をあらわすときに用いられる。他方、「物」は、行為の客体たる外界の事物をいうときに用いられる。「もの」は、人格のない社団・財団を指すときや、行為の客体が有体物でないときに用いられるほか、本問の場合のように、「……で（あつて、）……もの」という形で、一定の者や事物をさらに限定するときに用いられる。「者」を限定する場合は、「……（する）者で（あつて、）……（する）もの」、「物」を限定する場合は、「……（する）物で（あつて、）……（する）もの」と表現される。
3〜4．誤り。肢２の解説を参照。

正解　2

法令用語「者」「物」「もの」

問題30　「法人でない社団又は財団で代表者又は管理人の定めがあるものは、その名で審査請求をすることができる」（行政不服審査法10条）という条文中の「その名」とは、何の名を指すか。正しいものを1つ選びなさい。
　　1．法人でない社団又は財団
　　2．法人
　　3．代表者又は管理人
　　4．社団、財団又はその代表者若しくは管理人

解説　本問は、「～で（あって）……であるもの」という表現を含む条文の読み方を問うものである。

1．正しい。法令中の「～で（あって）……であるもの」という表現における最後の「もの」は、最初の「～」と同じものを指す。本問の条文では、「法人でない社団又は財団」を指す。「代表者又は管理人の定めがある」は、それに対する修飾句である。英語の先行詞と関係詞節の関係と同様である。修飾句を省くと、先の条文は、「法人でない社団又は財団は、その名で審査請求をすることができる」となる。そうすると、「その名」が「法人でない社団又は財団の名」を指すことは明らかであろう。これは、条文の書き方のしきたりの問題にすぎないが、それを知っていれば、条文の内容を知らなくても、「その名」が何の名かは機械的にわかる。

2．誤り。肢1の解説参照。「法人でない」のだから、法人の名を指すことはありえない。

3．誤り。肢1の解説参照。

4．誤り。肢1の解説参照。

正解 1

🔑「～で…であるもの」の理解

問題31　つぎの４つの条文中のカッコ内には、「科」か「課」のいずれかが入る。以下のうち、正しいものの組み合わせを１つ選びなさい。

ア．「次に掲げる所得については、所得税を（　ａ　）さない。」
イ．「個人情報取扱事業者は、前３項の規定に基づき開示等の請求等に応じる手続を定めるに当たっては、本人に過重な負担を（　ｂ　）するものとならないよう配慮しなければならない。」
ウ．「法人の代表者又は法人若しくは人の代理人、使用人その他の従業員が、その法人又は人の業務に関し、前２条の違反行為をしたときは、行為者を罰するほか、その法人又は人に対しても、各本条の罰金刑を（　ｃ　）する。」
エ．「拘留又は科料のみに当たる罪については、特別の規定がなければ、没収を（　ｄ　）することができない。」

1．ａ＝科　　　　ｂ＝科　　　　ｃ＝科　　　　ｄ＝課
2．ａ＝科　　　　ｂ＝科　　　　ｃ＝課　　　　ｄ＝科
3．ａ＝課　　　　ｂ＝課　　　　ｃ＝科　　　　ｄ＝課
4．ａ＝課　　　　ｂ＝課　　　　ｃ＝科　　　　ｄ＝科

解説　本問は、法令用語としての「科する」と「課する」の用い方の違いに関する問題である。

取り上げた条文は、上から順に、所得税法９条１項柱書、個人情報の保護に関する法律37条４項、会社法975条、刑法20条本文である。

刑罰、過料、懲戒等、違法な行為に対する罰の場合は「科する」を用いる。それ以外の場合は、「課する」を用いる。

本問では、後ろの２つの条文は刑罰の場合であるから、いずれも「科」が入る。前の２つの条文は、税や負担の場合であるから「課」が入る。よって肢４が正しい。

正解　4

 法令用語「科する」「課する」

問題32　次に掲げる郵便法４条１項および３項の意味に照らして、正しいものを１つ選びなさい。なお、同法４条１項にいう「会社」は「日本郵便株式会社」を指す。

第４条　会社以外の者は、何人も、郵便の業務を業とし、また、会社の行う郵便の業務に従事する場合を除いて、郵便の業務に従事してはならない。ただし、会社が、契約により会社のため郵便の業務の一部を委託することを妨げない。〔第２項省略〕
3　運送営業者、その代表者又はその代理人その他の従業者は、その運送方法により他人のために信書の送達をしてはならない。ただし、貨物に添付する無封の添え状又は送り状は、この限りでない。

1．会社は、契約により会社のため郵送の業務の一部を委託することができる。
2．会社以外の者は、何人も、会社の行う郵便の事業に従事してはならない。
3．運送営業者は、貨物に添付する無封の送り状の送達をしてはならない。
4．運送営業者の代表者は、封入した添え状を貨物に添付して送達してもよい。

解説　本問は、「妨げない」および「この限りでない」という法令用語の理解に関する問題である。
　これらの用語は、「ただし、…を妨げない」および「ただし、…は、この限りでない」のようにただし書の語尾として用いられることが多く、その際、これらのただし書はその前の文の内容に対する例外を示す。詳しく言うと、「この限りでない」は、ある規定の全部または一部を打ち消し、その適用除外を求める場合に用いられる。他方、「妨げない」は、一定の事項について、ある法令の規定や制度が適用されるかどうか疑問である場合に、その適用が排除されないという趣旨を示す。
1．正しい。１項のただし書の内容そのものである。
2．誤り。１項本文は、会社以外の者は郵便の業務に従事してはならない旨定めるが、「会社の行う郵便の業務に従事する場合を除いて」の部分がその例外を示しており、よって、会社以外の者は会社の行う郵便の業務に従事できる。
3．誤り。３項ただし書により、運送営業者等は、貨物に添付する無封の送り状の送達をすることができる。
4．誤り。３項ただし書により、運送営業者等は貨物に添付する無封の添え状または送り状の送達をすることができるが、封入した添え状の送達は認められない。

正解 1

🗝「妨げない」「この限りでない」の意味

問題33　つぎのア〜エは、来年の司法試験を受験するＡへ向けた、司法試験の合否に関する条件付きで１万円の贈与の申し込みをしているＢの発言（Ａも、各申し込みを承諾したとする）であり、「〜したら」、「〜しなかったなら」で表現された条件は、停止条件か解除条件かのいずれかである。以下の記述のうち、停止条件にあたるものの組み合わせとして、正しいものを１つ選びなさい。

　　ア．来年の司法試験に合格したら、１万円をあげます。
　　イ．今年から毎年１万円をあげます。ただし、来年の司法試験に合格
　　　　したら、その年以降はあげません。
　　ウ．来年の司法試験に合格しなかったなら、１万円をあげます。
　　エ．今年から毎年１万円をあげます。ただし、来年の司法試験に合格
　　　　しなかったなら、その年以降はあげません。

　１．アイ　　２．アウ　　３．イウ　　４．イエ

解説　本問は、停止条件、解除条件という法律用語の意味を問うものである。法律行為の効果の発生または消滅が、将来発生するかどうか不確定な事実にかかっているとき、その事実を条件という。その条件成就によって、法律効果が発生する条件を停止条件といい、その条件成就によって、法律効果が消滅する条件を解除条件という。「停止」、「解除」という日本語の通常の意味にあまりこだわらないほうがよい。
ア．停止条件にあたる。合格すれば、１万円をもらう権利がＡさんに生じる（贈与契約における法律効果の発生）から、合格という条件は停止条件である。
イ．解除条件にあたる。合格すれば、１万円をもらう権利が消滅するから、合格という条件は解除条件である。
ウ．停止条件にあたる。不合格であれば、１万円をもらう権利がＡさんに生じるから、不合格という条件は停止条件である。
エ．解除条件にあたる。不合格であれば、１万円をもらう権利が消滅するから、不合格という条件は解除条件である。
　以上の説明に合致する停止条件の組み合わせは肢２である。

正解　2

🔑停止条件・解除条件

> **問題34**　期間の計算に関する民法のつぎの規定の適用として、正しいものを１つ選びなさい。
>
> 第140条　日、週、月又は年によって期間を定めたときは、期間の初日は、算入しない。ただし、その期間が午前零時から始まるときは、この限りでない。
> 第141条　前条の場合には、期間は、その末日の終了をもって満了する。
>
> 1．2024年４月１日午後３:00から10日間とは、４月10日の午後３:00までである。
> 2．2024年４月１日昼12:00から10日間とは、４月11日の昼12:00までである。
> 3．2024年４月１日午後５:00から10日間とは、４月11日が終わる夜中の12:00までである。
> 4．2024年４月１日午後５:00から10日間とは、その間に日曜日が２日入ってしまうので、２日足す必要があり、４月13日が終わる夜中の12:00までである。

解説　本問は、期間の計算に関する問題である。

　民法140条ただし書によれば、たとえば、2024年４月１日の午前０時から10日間という場合、４月１日はまるまる24時間あるのでこの日は１日として計算するが、午前０時からということをいわず、単に４月１日から10日間という場合には、本文の規定に戻って、初日である４月１日から数え始めるのではなく、４月２日を１日目として計算するということである。

　そして、同法141条は、最後の日はその終了をもって期間が満了するという意味であるので、４月２日を１日目として10日目とは、４月11日であり、結局、４月１日昼12：00から、あるいは午後５：00から10日間ということは、いずれも４月11日が終わる夜中の12：00までということになる。よって、肢３が正しい。

　民法には、その他、期間の末日が日曜日や祝日その他の休日であり、その日に取引をしない慣習があるときには、期間はその翌日をもって満了するという規定（民142条）等もある。

　なお、年齢計算ニ関スル法律によれば、年齢は出生の日から起算するとされる。

正解　3

期間の計算

問題35　以下の法令用語の読み方の組み合わせとして、正しいものを1つ選びなさい。

　　a．根抵当　　b．出捐　　c．先取特権　　d．嫡出子

　1．a＝ねていとう　　　　　b＝しゅつえん
　　　c＝さきどりとっけん　　d＝ちゃくしゅつし
　2．a＝ねていとう　　　　　b＝しゅっそん
　　　c＝さきどりとっけん　　d＝てきしゅつし
　3．a＝こんていとう　　　　b＝しゅっそん
　　　c＝せんしゅとっけん　　d＝てきしゅつし
　4．a＝こんていとう　　　　b＝しゅつえん
　　　c＝せんしゅとっけん　　d＝ちゃくしゅつし

解説　本問は、法令用語の読み方に関する問題である。

a．根抵当は「ねていとう」と読み、一定の範囲に属する不特定の債権を極度額の範囲で担保する抵当権のことである。普通抵当権が、特定の債権のみを担保するものであるのに対し、将来にわたって継続的に発生する多数の債権を被担保債権とできるところに特徴がある。明治時代から慣習的に行われてきたが、昭和46年の民法改正により、民法398条ノ2（現民法398条の2）以下に明文の規定が置かれた。

b．出捐は「しゅつえん」と読み、当事者の一方がその意思に基づいて自己の財産を減少させ、それにより他方当事者の財産を増加させることである。かつては民法（平16改正前民442条）等に使用例があったが、現在では法令用語としては使用されなくなっている。

c．先取特権は「さきどりとっけん」と読み、法律の定める一定の債権者が、債務者の総財産あるいは特定の動産・不動産から優先弁済を受けることができる権利のことである。民法303条以下に定めがあるほか、各種の法律でもさまざまな先取特権が定められている。

d．嫡出子は「ちゃくしゅつし」と読み、法律上の婚姻関係にある男女を父母として生まれた子のことである。養子は、縁組の日から、養親の嫡出子の身分を取得する（民809条）。父が認知した子は、その父母の婚姻によって、また婚姻中父母が認知した子は、その認知の時から、それぞれ嫡出子の身分を取得する（民789条1項・2項）。

したがって、肢1が正解となる。

正解　1

🔑法令用語の読み方

> **問題36**　最高裁判所の判例に関する以下の記述のうち、正しいものを１
> つ選びなさい。
> 　1．最高裁判所の判例は立法によってでなければ変更することができ
> 　　ない。
> 　2．最高裁判所の判例は下級裁判所を将来にわたって法的に拘束する
> 　　ので、下級裁判所は判例と異なる判断をすることはできない。
> 　3．最高裁判所が法令の解釈に関する自らの判例を変更する場合には
> 　　大法廷で裁判をしなければならない。
> 　4．最高裁判所はその判例を変更する権限を有しているが、法的安定
> 　　性を重視して未だかつて判例を変更したことがない。

解説　本問は、最高裁判所の判例に関する問題である。

1．誤り。裁判所自ら判例を変更することができる。もちろん、判例をしば
　しば変更することは法的安定性を害することになるので、判例の変更は慎
　重になされなければならない。しかし、過去には、公共企業体従業員の争
　議行為に関する判例のように、1963年の国労檜山丸事件最高裁判決を変更
　した1966年の全逓東京中郵事件最高裁大法廷判決が、1977年の全逓名古屋
　中郵事件最高裁大法廷判決によって再び変更されたような例もある。
2．誤り。上級審の裁判所の裁判における判断は、その事件について下級審
　の裁判所を拘束する（裁４条）だけであるから、最高裁判所の判例であっ
　ても、別の事件では、下級裁判所は異なった判断をすることができる。し
　かし、下級裁判所が最高裁判所の判例に反した判断をすれば、上級審で判
　断をくつがえされる可能性が高いので、最高裁判所の判例は実際上は強い
　拘束力をもっている。なお、刑事訴訟法405条２号は、高等裁判所が最高
　裁判所の判例と相反する判断をしたことを上告理由としている。
3．正しい。最高裁判所は、憲法その他の法令の解釈適用について、意見が
　前に最高裁判所のした裁判に反するときは、小法廷で裁判をすることがで
　きないと定められている（裁10条３号）。
4．誤り。最高裁判所は判例を変更する権限を有しており、実際に判例を変
　更した例としては、前述の公共企業体従業員の争議行為に関する判例変更
　のほか、尊属殺人罪の合憲性に関する判例変更、名誉毀損罪の真実性の誤
　信に関する判例変更、抵当権に基づく妨害排除請求に関する判例変更等が
　ある。

正解　3

最高裁判所の判例

> **問題37**　判決中に「原審」「原判決」という表現がみられることがある
> が、以下の記述のうち、その意味について正しいものを1つ選びなさい。
> 　　1．「原審」というのは、常に第1審裁判所をいい、「原判決」という
> 　　　のは、常に第1審裁判所の判決をいう。
> 　　2．「原審」「原判決」という用語を用いるのは、通常、最高裁判所だ
> 　　　けであり、最高裁判所は、上告された判決を行った高等裁判所を指
> 　　　して「原審」といい、当該高等裁判所の判決を指して「原判決」と
> 　　　よぶ。
> 　　3．「原審」「原判決」という用語を用いるのは、通常、最高裁判所だ
> 　　　けであり、最高裁判所は、上告されるに至った判決を行った元の地
> 　　　方裁判所を指して「原審」といい、当該地方裁判所の判決を指して
> 　　　「原判決」とよんでいる。
> 　　4．控訴あるいは上告が行われ上訴審によって元の判決が審理の対象
> 　　　となる場合に、元の判決を下した裁判所を「原審」、その判決を
> 　　　「原判決」という。

解説　本問は、判決中の「原審」「原判決」という言葉の意味に関する問題
である。

　第1審で敗訴した当事者は上級の裁判所に控訴することができ、さらに控
訴審で敗訴した当事者は上告することができる。第1審が地方裁判所の場合、
控訴審は高等裁判所であり、上告審は最高裁判所である（第1審が簡易裁判
所の場合、地方裁判所、高等裁判所がそれぞれ控訴審、上告審となる）。このよ
うに上訴（控訴・上告）が行われた場合に、上訴審（控訴審・上告審）によっ
て審理・判断の対象とされる判決を下した裁判所を「原審」といい、その判
決を「原判決」という。最高裁判所に上告されたケースについて最高裁判所
が、審理の対象となった判決を下した高等裁判所を指して「原審」といい、
その判決を「原判決」とよぶのは当然であるが、「原審」「原判決」という用
語を用いるのは、最高裁判所の判決だけではない。

　したがって、肢4が正解となる。

正解　4

🔑原審、原判決

問題38　法の適用に関する通則法３条「公の秩序又は善良の風俗に反しない慣習は、法令の規定により認められたもの又は法令に規定されていない事項に関するものに限り、法律と同一の効力を有する」の理解の仕方に関する以下の記述のうち、正しいものを１つ選びなさい。
　1．法令の規定により認められた慣習は、公の秩序または善良の風俗に反する場合でも、法律と同一の効力を有する。
　2．公の秩序または善良の風俗に反しない慣習が、法律と同一の効力を有するには、法令に規定されていない事項に関するものでなくてはならない。
　3．法令に規定されていない事項に関する慣習は、公の秩序または善良の風俗に反しない場合に、法律と同一の効力を有する。
　4．公の秩序または善良の風俗に反しない慣習のうち、法令の規定によって認められていないものは、法律と同一の効力を有しない。

解説　本問は、法の適用に関する通則法を例とする、条文の読み方に関する問題である。
1．誤り。法令の規定により認められた慣習が、公の秩序または善良の風俗に反するときは、法律と同一の効力をもたない。
2．誤り。公の秩序または善良の風俗に反しない慣習が、法律と同一の効力を有するには、法令に規定されていない事項に関するものであるか、法令の規定により認められたものであるかのいずれかである。
3．正しい。法令に規定されていない事項に関する慣習は、公の秩序または善良の風俗に反しない場合に、法律と同一の効力を有する。
4．誤り。公の秩序または善良の風俗に反しない慣習のうち、法令の規定によって認められていないものであっても、法令に規定されない事項に関するものであれば、法律と同一の効力を有する。

正解　3

🗝条文の読み方

問題39　つぎの一連の条文は皇室典範からの抜粋である。その30条2項に関する以下の記述のうち、正しいものを1つ選びなさい。

皇室典範
第28条　皇室会議は、議員10人でこれを組織する。
2　議員は、皇族2人、衆議院及び参議院の議長及び副議長、内閣総理大臣、宮内庁の長並びに最高裁判所の長たる裁判官及びその他の裁判官1人を以て、これに充てる。
3　議員となる皇族及び最高裁判所の長たる裁判官以外の裁判官は、各々成年に達した皇族又は最高裁判所の長たる裁判官以外の裁判官の互選による。
第30条　皇室会議に、予備議員10人を置く。
2　皇族及び最高裁判所の裁判官たる議員の予備議員については、第28条第3項の規定を準用する。
3　（略）

1．議員となる皇族の予備議員の選出にあたり、最高裁判所の裁判官は全員、選挙権をもつ。
2．議員となる最高裁判所の長たる裁判官の予備議員の選出にあたり、最高裁判所の長たる裁判官は、選挙権をもつ。
3．議員となる最高裁判所の長たる裁判官以外の裁判官の予備議員の選出にあたり、最高裁判所の長たる裁判官以外の裁判官は全員、選挙権をもつ。
4．議員となる最高裁判所の長たる裁判官以外の裁判官の予備議員の選出にあたり、最高裁判所の裁判官のうち議員でない裁判官は全員、選挙権をもつ。

解説　条文の読み方および準用について問うものである。準用とは、準用される条文に適当な修正を施して、当該条文を同様に読むことを指す。
1．誤り。皇室典範28条3項に「各々」とあるように、議員となる皇族と、議員となる最高裁判所の長たる裁判官以外の裁判官は、それぞれ、成年に達した皇族の互選、最高裁判所の長たる裁判官以外の裁判官の互選によって選出されるのであり、その条項が準用される30条2項における皇族の予備議員の選出に関しても、最高裁判所の裁判官は一切関与しない。
2．誤り。皇室典範30条2項にある「最高裁判所の裁判官たる議員の予備議員」は、議員である最高裁判所の長の予備議員と、議員となる最高裁判所

の長以外の裁判官1人の予備議員とである。議員である最高裁判所の長の
予備議員の候補者は、最高裁判所長官と、互選によってすでに議員として
選出された最高裁判所裁判官とを除く、最高裁判所裁判官であり、最高裁
判所長官に選挙権はない。なお、「互選」とある以上、選挙権と被選挙権
は一致する。

3．誤り。上に述べた理由により、すでに互選によって議員として選出され
た最高裁判所判事は除かれる。

4．正しい。理由は、肢2および肢3の解説参照。

正解　4

問題40　以下の記述のうち、つぎの条文の反対解釈をあらわすものとして、正しいものを１つ選びなさい。

国会法
第118条　（略）
　2　傍聴席が騒がしいときは、議長は、すべての傍聴人を退場させることができる。

　　1．傍聴席が騒がしくないときは、議長は、すべての傍聴人を退場させることができない。
　　2．傍聴席が騒がしくないときも、議長は、議場の妨害をする傍聴人を退場させることができる。
　　3．傍聴席が騒がしいときは、議長は、一部の傍聴人を退場させることができる。
　　4．傍聴席が騒がしいときは、議長は、騒がしい傍聴人だけを退場させることができる。

解説　反対解釈の定義の理解を問う問題である。国会法の正しい解釈を問うものではない。

1．正しい。反対解釈とは、要件と効果からなるルールについて、要件を否定すると効果が否定されるとする推論方法、またはその結果生じる解釈命題のことをいう。上記条文の要件は、「傍聴席が騒がしいこと」であり、効果は「議長は、すべての傍聴人を退場させることができる」である。本肢の記述における要件と効果は、それぞれ、上記条文の要件と効果の否定であるから典型的な反対解釈の例である。

2．誤り。本肢の記述における効果が条文の効果の否定になっていないから、反対解釈ではない。効果が条文の効果と類似しているから、類推解釈の例とみることができる。その場合、要件は「傍聴人が議場の妨害をしていること」、効果は「議長が議場の妨害をする傍聴人を退場させることができること」となる。

3．誤り。肢2と同様、効果が条文の効果の否定になっていない。むしろ、傍聴席が騒がしいときは、「すべての」傍聴人を退場させることができるのであるから、「一部の」傍聴人を退場させることは「もちろん」できる、という意味で勿論解釈の例である。

4．誤り。肢2および肢3と同様、効果が条文の効果の否定になっていない。これも肢3と同様、勿論解釈の例とみることができる。

正解　1

反対解釈

問題41　法解釈の方法に関する以下の記述のうち、正しいものを1つ選びなさい。
1．「わいせつな図画を陳列した者を罰する」という法の規定から、「わいせつな図画を映画館で上映した者を罰する」ことを導く解釈は、文理解釈である。
2．「夫婦は、夫または妻の氏を称する」という法の規定から、「夫婦は、夫または妻の苗字を称する」ことを導く解釈は、拡張解釈である。
3．「人は出生によって私権を享有する」という法の規定から、「出生する前の胎児は私権を享有しない」ことを導く解釈は、縮小解釈である。
4．「登記をしなければ第三者に対抗できない」という法の規定から、「登記をすれば第三者に対抗できる」ことを導く解釈は、反対解釈である。

解説　本問は、法解釈の方法に関する問題である。
1．誤り。「陳列」の語の一般的な意味を拡げ、「映画館で上映」することまで含めるのは拡張解釈である。
2．誤り。「氏」の意味を「苗字」と文字通りに解釈するのは文理解釈である。
3．誤り。「出生によって」という要件が否定されるときに「私権を享有する」という効果の否定となるような効果を認めるのは反対解釈である。
4．正しい。「登記をしなければ」という要件が否定されるときに「第三者に対抗できない」という効果の否定となるような効果を認めるのは反対解釈である。

正解　4

法解釈の方法

問題42　法解釈における立法者意思説および法律意思説に関する以下の記述のうち、正しいものを1つ選びなさい。
1．立法者意思説によれば、制定法の解釈者は、立法当時の状況を勘案することなく立法者の意図を確定し、その意図のみに従って法律を解釈しなければならない。
2．立法者意思説によれば、制定法の文言表現と立法者の意図との間に齟齬がある場合、制定法の文言表現を優先して解釈すべきことになる。
3．法律意思説とは、立法当時制定法がもっていた意味に忠実に解釈すべきだという考え方である。
4．立法者の意思が制定法の文言に忠実に表現されていれば、立法者意思説に準拠する解釈は、文言の立法当時の意味を明らかにする解釈ということになる。

解説　本問は、法解釈における立法者意思説および法律意思説に関する問題である。
1．誤り。立法者すなわち法律を制定した者の意思・意図の解明を解釈の目標とする立場を立法者意思説という。立法者意思説における「立法者」については、それを立法権者（現行日本法では国会）と同一視する見解や起草者も含むとする見解から、広く立法に関与したすべての人を含むとする見解までさまざまなものがある。立法者の意思を明らかにするには、まずは法文を読み、次いで法案起草者の理由書や立法過程の議事録等を参照し、さらに当時の社会的・政治的・法的・経済的状況を調査したうえで、立法者が特に何を問題にし、過去の法律に何を付け加え、何を変更しようとしたのかを解明する必要がある。
2．誤り。立法者意思を解明する第1の手掛かりが法律の文言であることは確かだが、立法者意思説では、定義上、文言の背後にある立法者の意思が優先する。
3．誤り。法律意思説とは、立法当時の立法者の主観的意思にこだわらず、法律の文言によって表現された客観的・合理的意思の現時点での解明を解釈の目標とするものである。
4．正しい。

正解　4

🔑立法者意思説と法律意思説

問題43　法律とその解釈に関する以下の記述のうち、誤っているものを1つ選びなさい。

1．法律は、その法律が現在もつべき意味に従ってではなく、制定された時にもっていた意味に従って解釈すべきであるという考え方の背後には、法律は契約と同じく、過去の決定によって未来を拘束するという性格をもつはずだという考え方がある。

2．法律は、立法者の真意よりも、法律文言を優先して解釈すべきであるという考え方の背後には、立法者の真意と法律文言の間に齟齬がある結果として、法律を読んで行動する国民の予測可能性が害されるなど、一般国民に多少の負担がかかるとしても、そのような負担は甘受せざるをえないという考え方がある。

3．法律の解釈にあたっては、その法律ないし関連する諸法律の目的を考慮すべきであるという考え方の背後には、すべての法律は何らかの目的をもって制定されたはずであるという考え方がある。

4．法律条文の解釈にあたっては、その法律の他の条文ないし他の法律の条文との体系的連関に十分配慮すべきであるという考え方の背後には、法体系は、その全体が有機的に連関してはじめて十分に機能するという考え方がある。

解説　本問は、法律の解釈に関する問題である。

1．正しい。歴史的立法者の意思を重視する立法者意思説（主観説）に対応する考え方の説明である。

2．誤り。文言表現を重視する種類の法律意思説（客観説）に関する記述であるが、説明の仕方は誤っている。立法者の真意と法律文言の間に齟齬がある場合、法律文言を優先すべきであるという考え方は、そのような場合であっても法律の名宛人である国民の予測可能性を害することがないように、ということを1つのねらいとしており、齟齬の負担をむしろ立法者に負わせるものである。つまり、立法者がその真意を不正確に表現したことに責任があり、国民は立法者の真意ではなく文言の客観的意味に従えばよいということである。立法者の真意よりも法律文言を優先すべきであるという考え方の背後には、そのほかに、成立した法律そのものと、立法者の意思ないし法案審議過程とは区別されるべきであるという考え方もある。

3．正しい。目的論的解釈の基本的前提を述べている。

4．正しい。体系的解釈を正当化する1つの理由を述べている。

正解　2

法律の解釈

問題44　以下の記述のうち、文中のカッコ内に入る語の組み合わせとして、概念の包摂関係（一般性の小さな概念が大きな概念に含まれるということ）に着目して、正しいものを1つ選びなさい。

　法律の適用と解釈が素人にとって難解な理由の1つに、現行法典の多くが総則・各則という編成方式をとっていることがある。たとえば、民法における売買に関する規律の十全な内容を理解するには、売買の条文だけでなく、（　a　）一般に関する条文、（　b　）一般に関する条文、さらには（　c　）一般に関する条文等も参照する必要がある。

　1．a＝不法行為　　　b＝事務管理　　　c＝法律行為
　2．a＝債務不履行　　b＝不法行為　　　c＝物権
　3．a＝債権　　　　　b＝物権　　　　　c＝事務管理
　4．a＝契約　　　　　b＝債権　　　　　c＝法律行為

解説　本問は、法典編纂方式に関する問題である。

　当該法分野に共通する一般規定を総則としてはじめに置き、その後に、より適用範囲のせまい特殊規定を各則として配置する法典編成方式は、民法典や刑法典をはじめとするわが国の代表的な法典で採用されている。この方式は、ローマ法の解釈を通じて成立した19世紀ドイツのパンデクテン法学で確立された。この方式は、民法典では繰り返しあらわれ、民法総則の後に、物権法、債権法等々と各則が続くだけでなく、物権法、債権法等々がまた、その総則、各則というかたちで規定され、以下同様の形式で規定が続く。

　この編成方式における原則は、一般性のより高い項目または概念がはじめに規定され、一般性のより低い項目または概念が後に続くということであり、これによっていわゆる概念ピラミッドが成立する。いわゆる概念法学の特徴の1つは、このような概念ピラミッドによって法体系全体を把握しようとする点にある。したがって、一般性の低い項目の内容を十全に知りたければ、その項目を包摂する一般性のより高い項目の規定も参照する必要がある。売買に関していえば、それをまず包摂する項目は契約であり、契約を包摂するのが債権（の発生原因）であり、それは最後に法律行為という、より一般的な項目に包摂される。

　したがって、肢4以外は、上記の原則を満たしていない。

正解　4

法典編纂方式

問題45　以下の記述のうち、「モラル・ハザード」に該当する事例を1つ選びなさい。
　　1．保険金をだまし取るために配偶者に保険金をかけて配偶者を殺害する。
　　2．保険金殺人に対する処罰が重くなっても、あえてそれを試みようとする。
　　3．生命保険に入っている者が、命に勝る価値のあるものはないと思っているにもかかわらず、借金の返済に自己の保険金を充てようとして、自殺する。
　　4．法律で高齢者が支払う医療費の上限が規定されているために、そのような規定がなかったら行かないような場合でも高齢者が病院に行く。

解説　本問は、モラル・ハザードに関する問題である。
　モラル・ハザードとは、保険購入者にとって、保険購入後に、保険の対象となっている事故が起きたほうが起こらないよりも得であるために、事故の発生率ないし発生した場合の事故の規模が保険加入前に比べて増大する現象をいう。たとえば、保険金額が実際の被害額よりも大きければ、保険購入者の、事故を防止するインセンティブは低下し、事故を発生させるインセンティブは上昇する。このような現象は、保険に限ったものではなく、金融機関が経営不振に陥った場合、政府が援助してくれる見込みが確実であるとき、金融機関には放漫な経営をするインセンティブが与えられることになる。
1、2、3．すべてモラル・リスクの例である。モラル・ハザードは、道徳的に必ずしも邪悪ではない保険購入者が経済的に合理的にふるまう場合、その保険の構造上、保険購入後にその行動が変化することにかかわる用語であり、不正な目的で保険金を詐取することにかかわるモラル・リスクとは区別される。
4．モラル・ハザードの例である。たいした病気でもないのに病院に行ってはならないという明示的な契約がその高齢者と政府（ここでは健康保険を売る会社と考えてよい）の間でなされているわけではないが、そのようなことはしないはずだという前提で健康保険制度はできている。逆にいうと、そのようなことを勘定に入れて保険料は設定されていない。限度額以上は、いわばただで医療を受けることができるから、高齢者は少しでも効用の増加（つまり便益）がある限り、医者に行くインセンティブを与えられることになる。

正解　4

モラル・ハザード

問題46　日本の司法制度に関する以下の記述のうち、正しいものを１つ選びなさい。
　　1．下級裁判所には、高等裁判所、地方裁判所、家庭裁判所の３種類のものがある。
　　2．検察庁には、最高検察庁、高等検察庁、地方検察庁の３種類のものがある。
　　3．少年審判は、非行のある少年に対し、家庭裁判所において行われる。
　　4．行政訴訟は、国や地方自治体の行政機関に対し、刑事裁判として提起される。

解説　本問は、日本の司法制度に関する問題である。
1．誤り。高等裁判所、地方裁判所、家庭裁判所、簡易裁判所の４種類の裁判所が下級裁判所である（裁２条１項）。
2．誤り。検察庁には、最高検察庁、高等検察庁、地方検察庁、区検察庁の４種類があり（検察１条２項）、家庭裁判所以外の裁判所に対応して置かれている（検察２条１項）。
3．正しい。少年審判は、罪を犯した少年などに過ちを自覚させ、更生させることを目的として、本当に非行があったかどうかを確認したうえで、非行の内容や個々の少年の抱える問題性に応じた適切な処分を選択するための手続で、家庭裁判所において行われる（少８条以下）。
4．誤り。行政訴訟は、民事裁判の一種である（行訴７条）。国や地方公共団体などの行政機関が法律に違反して、国民の権利を損なった場合などに、その誤りを正すための裁判手続きである。

正解　3

日本の司法制度

問題47　裁判官の任命に関する以下の記述のうち、正しいものを1つ選びなさい。
1．最高裁判所判事は、天皇が任命する。
2．地方裁判所の裁判官は、内閣が任命する。
3．簡易裁判所の裁判官は、最高裁判所長官が任命する。
4．簡易裁判所の裁判官は、最高裁判所が任命する。

解説　本問は、各種の裁判官の任命権がどの機関にあるかを問う問題である。

1．誤り。最高裁判所長官以外の裁判官すなわち最高裁判所判事（裁5条1項）は、内閣が任命する（憲79条1項）。なお、最高裁判所長官は、天皇が任命する（憲6条2項）。

2．正しい。下級裁判所の裁判官は、最高裁判所の指名した者の名簿によって、内閣が任命する（憲80条1項）。下級裁判所とは、最高裁判所以外の裁判所すなわち、高等裁判所、地方裁判所、家庭裁判所および簡易裁判所である（裁2条1項）。

3．誤り。簡易裁判所も下級裁判所の1つであるから、その裁判官は、上記のように内閣によって任命される。

4．誤り。理由は肢3と同じ。ちなみに、調停委員は最高裁判所によって任命される（民事調停委員及び家事調停委員規則1条本文）。

正解　2

裁判官の任命

> **問題48**　以下の地名のうち、高等裁判所（本庁）の所在地の組み合わせ
> として、正しいものを1つ選びなさい。
> 　1．東京、広島、福岡、仙台、松山
> 　2．広島、福岡、仙台、札幌、高松
> 　3．京都、大阪、岡山、札幌、高松
> 　4．金沢、広島、熊本、仙台、札幌

解説　本問は、高等裁判所（本庁）の所在地に関する問題である。

　高等裁判所は、東京、大阪、名古屋、広島、福岡、仙台、札幌および高松
に置かれている。

　肢1は松山が誤り、肢3は京都と岡山が誤り（ただし岡山には広島高等裁判
所岡山支部がある）、肢4は金沢と熊本が誤り（ただし金沢には名古屋高等裁判
所金沢支部がある）。

　よって、正しいもののみの組み合わせは、肢2である。

正解　2

⚷ 高等裁判所

問題49　わが国の審級制度に関する以下の記述のうち、文中のカッコ内に入る語の組み合わせとして、正しいものを1つ選びなさい。

　未確定の裁判について上級裁判所に再度審判させる（　a　）制度について、わが国の場合、第1審の判決に不服な場合、（　b　）により第2審、さらに一定の要件具備を条件として（　c　）により第3審の裁判を受けることができる三審制度がとられている。

1. a＝上訴　　b＝抗告　　c＝上告
2. a＝再審　　b＝抗告　　c＝上訴
3. a＝上訴　　b＝控訴　　c＝上告
4. a＝再審　　b＝控訴　　c＝上訴

解説　本問は、裁判所の審級制度に関する問題である。

　最高裁判所、高等裁判所、地方裁判所、家庭裁判所、簡易裁判所は、上下の関係にあるが、裁判所は、行政機関のように、司法権の行使について下位の裁判所が上位の裁判所から一般的な指揮命令を受けるという関係にたつわけではなく、いずれの裁判所もそれぞれ独立して直接司法権を行使する。

　これらの裁判所相互間の上下関係は、上訴制度の下での審級関係であり、上訴制度とは、下級審の裁判に不服のある訴訟当事者が上級審に不服を申し立てた場合、上級審が不服の当否を審理し、理由ありと認めた場合には、下級審の裁判を取り消したり変更したりすることができる制度のことである。上訴制度は、慎重に審理することによって誤判を防いだり、判例の統一をはかったりする仕組みである。

　わが国の場合、第1審の判決に不服な場合、控訴により第2審、さらに一定の要件具備を前提として、上告により第3審の裁判を受けることができる三審制度がとられている。このような控訴・上告は、判決に対する上訴方法であり、判決以外の裁判（決定・命令）に対する上訴方法として抗告がある。また、上訴制度とは別個の制度として、一度確定した終局判決に対する救済手続である再審制度がある。

　したがって、肢3が正解となる。

正解　3

✎ 審級制度

問題50　以下のうち、債務名義にあたるものを１つ選びなさい。
1．債務者の名前および債務額が書いてある文書
2．債務者および債権者の名前ならびに返済額および返済期日が書いてある領収証
3．債務者および債権者の名前ならびに借金額および返済期日が書いてある借用証
4．主文に「甲は乙に対し金100万円を支払え」と書いてある確定判決

解説　本問は、債務名義の正確な意味を問うものではなく、それが単に債権債務関係の存在の証拠となりうる文書ではなく、それがないと強制執行を申し立てることができないという意味で、強制執行の前提となる公文書であることを知っているかどうかだけを問うものである。要するに、債務名義の典型が確定判決であることを知っておけば、民法等の民事実体法を学ぶのに十分であるが、しかし、それを知らないとそれらの分野の学習に支障をきたすということである。

強制執行は、執行文の付された債務名義の正本に基づいてなされる。執行文は「この債務名義の正本により債権者甲は債務者乙に対して強制執行をすることができる」というかたちをとり、債務名義とは一応区別される。

1．誤り。債権者名が書いていない場合、債権債務関係の存在の証拠にすらならない。
2．誤り。せいぜい、債務を弁済したことの証拠にしかならない。
3．誤り。せいぜい、債務の存在の証拠にしかならない。
4．正しい。このような確定判決が債務名義の典型である。ほかに、類似の内容を含む裁判上の和解調書、調停調書、公証人が作成する執行証書などがある。詳細については、民事執行法で学習していただきたい。

正解　4

🔑債務名義

問題51　民事訴訟と刑事訴訟の対比に関する以下の記述のうち、誤っているものを1つ選びなさい。
1．民事訴訟は原告による「訴え」の提起で始まり、刑事訴訟は検察官による「公訴」の提起で始まる。なお、犯罪の被害者による「告訴」は、基本的には、捜査の端緒としての意味しかもたない。
2．訴えられた人は、民事では「被告」というが、刑事では「被告人」といい、また、犯人として疑われている人だから、「被疑者」ともいう。
3．民事訴訟の「訴状」には、請求の趣旨および原因を記載するが、刑事訴訟における「起訴状」では、もともと処罰を求めるという請求の「趣旨」は明確だから、その内容は「原因」に相当する犯罪事実の記載となる。
4．弁護士が訴訟で担う主要な役割は、民事では、当事者の「訴訟代理人」であり、刑事では、公益を代表して処罰を求める検察官に対峙して、被告人の利益のために防御活動を行う「弁護人」である。

解説　本問は、民事訴訟と刑事訴訟の相違点に関する問題である。
1．正しい。民事訴訟は「訴状」を裁判所に提出することをもって「訴え」を提起することで始まり（民訴134条1項）、それにより、当事者は原告・被告の関係にたつ（たとえば、民訴138条1項参照）。これに対して、刑事訴訟は検察官による「公訴」の提起で始まる（刑訴247条）。被害者による「告訴」は「捜査」上の問題（刑訴230条）であり、検察官は「告訴」があっても「公訴」を提起しないことができる（起訴便宜主義：刑訴248条）から、その端緒を意味するにすぎない。
2．誤り。犯人と疑われる者は、「捜査」段階では「被疑者」とよばれ、「公訴」段階から「被告人」とよばれる（たとえば、勾留について、捜査段階に関する刑訴207条2項と訴訟段階に関する60条1項を対比せよ）。
3．正しい。「訴状」には「請求の趣旨及び原因」が記載される（民訴134条2項2号）。「趣旨」とは、「被告は原告に何万円を払え」というように、請求内容を示す部分であり、「原因」とは、それを基礎づける事柄（たとえば、支払を約束した契約がある旨の主張）である。これに対して、「起訴状」には、「被告人の氏名」のほか、「公訴事実」と「罪名」が記載される（刑訴256条2項）。民事なら、何を争うかも当事者の意思で決まる（処分権主義：民訴246条）が、刑事訴訟は「刑罰法令を適正且つ迅速に適用実現する」のが目的である（刑訴1条）から、請求内容は「罪名」の指摘で十分であり、それを基礎づける「公訴事実」こそが重要なのである。
4．正しい。弁護士の訴訟上の役割は、民事では、当事者から委任を受けた「訴訟代理人」であり（民訴54条1項）、刑事では、端的にいえば、「公共の福祉の維持」を担う検察官に対峙して、被告人の「基本的人権の保障」を担う「弁護人」である（刑訴1条・30条・31条参照）ということになる。

正解　2

民事訴訟と刑事訴訟

> **問題52**　以下の法律家の人数の組み合わせのうち、現在の日本の状況に最も近いものを1つ選びなさい。なお、裁判官の人数には簡裁判事を、検察官の人数には副検事をそれぞれ含むものとする。
> 1．裁判官：5,100人　　検察官：8,300人　　弁護士：24,900人
> 2．裁判官：1,800人　　検察官：3.900人　　弁護士：31,200人
> 3．裁判官：3,900人　　検察官：2,800人　　弁護士：44,900人
> 4．裁判官：9,600人　　検察官：6,200人　　弁護士：52,400人

解説　本問は、法曹人口に関する問題である。

　2023（令和5）年度の予算定員で、裁判官が3,826人（簡裁判事806人を含む）、検察官が2,766人（副検事879人を含む）であり、また、弁護士は令和5年4月1日現在で44,961人（日本弁護士連合会調べ）である。よって、日本の法曹人口の現状に最も近いのは、肢3である。

　日本の法曹人口については、最高裁判所事務総局編『裁判所データブック2023』（2023年）（裁判所のウェブサイトで閲覧可〔https://www.courts.go.jp/toukei_siryou/databook〕）28頁を参照のこと。

正解　3

法曹人口

法学入門

問題53　最高裁判所の裁判官は、最高裁長官１名と、何名の最高裁判事で構成されているか。以下のうち、正しいものを１つ選びなさい。
1．3名
2．4名
3．8名
4．14名

解説　本問は、最高裁判所の裁判官の数に関する問題である。

憲法79条は、「最高裁判所は、その長たる裁判官及び法律の定める員数のその他の裁判官でこれを構成し、その長たる裁判官以外の裁判官は、内閣でこれを任命する。」と規定している。そして、裁判所法５条１項は、「最高裁判所の裁判官は、その長たる裁判官を最高裁判所長官とし、その他の裁判官を最高裁判所判事とする。」とし、同条３項は、「最高裁判所判事の員数は、14人とし、……」と定めている。

裁判所法９条１項によれば、「最高裁判所は、大法廷又は小法廷で審理及び裁判をする。」とされ、最高裁判所裁判事務処理規則１条・２条によれば、小法廷は第１小法廷、第２小法廷および第３小法廷の３つとされ、それぞれの裁判官の員数は５名とされている。

なお、アメリカの連邦最高裁判所の裁判官は９名であり、また最高裁判所設置前の日本の大審院は50名近い判事を擁していた。

正解　4

最高裁判所の裁判官の数

問題54　以下の記述のうち、日本国憲法で数値が定まっているものを1つ選びなさい。
1．最高裁判所の裁判官の人数
2．最高裁判所の裁判官の退官の年齢
3．下級裁判所の裁判官の任期
4．下級裁判所の裁判官の退官の年齢

解説　本問は、裁判官について、日本国憲法で数値が定まっているものと、法律で定めるとされているものとについて問うものである。憲法80条1項によれば、下級裁判所の裁判官は、任期10年の終了後、再任されることもできるし、再任されないこともある。

1．日本国憲法では数値が定まっていない。裁判所法5条3項で、長官を別にして、判事14人と定められている。
2．日本国憲法では数値が定まっていない。裁判所法50条で、「最高裁判所の裁判官は、年齢70年……に達した時に退官する」と定められている。
3．日本国憲法で数値が定まっている。憲法80条1項に、任期10年とある。
4．日本国憲法では数値が定まっていない。裁判所法50条で、「……高等裁判所、地方裁判所又は家庭裁判所の裁判官は、年齢65年、簡易裁判所の裁判官は、年齢70年に達した時に退官する」と定められている。

正解 3

🔑 憲法が定める数値

> **問題55**　検察官に関する以下の記述のうち、正しいものを1つ選びなさい。
> 1．検察官は公務員であるが、独立してその職務を行い、法務大臣の指揮も受けない。
> 2．検察官は公益の代表者として刑事裁判において貧困のため弁護人を選任することのできない被告人の弁護も行う。
> 3．検察官には公益の代表者として民事事件でも一定の役割を果たすことがある。
> 4．刑事裁判の法廷では、裁判官と検察官が隣り合わせに被告人と対面して座るのが慣例である。

解説　本問は、検察官に関する問題である。

1．誤り。検察官は、犯罪を捜査し、裁判所に公訴を提起し（起訴）、訴訟活動を行う公務員である。検察官は、検察庁に属する行政官であり、法務大臣は、検察官に対する指揮権を有している。ただし、法務大臣は、個々の事件の処理については、検事総長のみを指揮することができる（検察14条ただし書）。法務大臣の指揮権発動の例としては、1954年に計画造船等をめぐる贈収賄事件で多くの政官財界人が逮捕されたいわゆる造船疑獄の際に、犬養健法務大臣が検事総長に対して佐藤栄作自由党幹事長の逮捕延期を指揮した事件が有名である。

2．誤り。被告人の弁護を行うのは弁護人であり、貧困等の理由により弁護人を選任することのできない者には、裁判所が弁護士のなかから国選弁護人を選任する。検察官が、被告人の弁護を行うことはない。

3．正しい。本肢以外は検察官の刑事面での活動を説明しているが、検察官が、公益の代表として人事訴訟を中心とする民事事件に関与することもある。人事訴訟手続に関する諸条文（人訴12条3項・23条・42条1項・43条2項）、民法の制限行為能力者に関する諸条文（民7条・10条・11条・14条1項・15条1項・18条1項）や相続に関する諸条文（民895条1項・915条1項ただし書・952条1項）等に定められているところが、その例である。

4．誤り。ニュース番組等を見ればすぐわかるように、現在の法廷では、裁判官が正面の一段高い席に座り、検察官と弁護人は同じ高さに向かい合って座っている。これに対して、旧刑事訴訟法の時代には、法廷では、裁判官と検察官は一段高い法壇上にともに法服を着て着席していた。検察官の座る場所の変化は、戦後の憲法の下での司法の独立の確立や刑事手続の進め方の変化（職権主義から当事者主義へ）を反映したものである。

正解　3

🔑検察官

問題56　検察審査会に関する以下の記述のうち、カッコ内に入るものとして、正しいものを1つ選びなさい。

検察審査会とは、衆議院議員の選挙権を有する者（一定の者を除く）のなかからくじで選定された11名の検察審査員で構成されるものであり、申立てによりまたは職権で、（　　　　）を行うことをその主たる所掌事項としている。

1．検察官の人事を決定すること
2．検察官の収賄行為その他刑法犯にあたる行為を審査し、その結果、罪にあたると判断すれば摘発すること
3．検察官が事件について公訴を提起しなかったことの当否を審査すること
4．検察庁の予算および決算を監査すること

解説　本問は、検察審査会に関する問題である。
　検察審査会は、検察官の訴追権の運用に民意を反映させてその適正化をはかるために設けられた制度（検審1条1項）で、衆議院議員の選挙権者の中からくじで選ばれた11人の検察審査員が構成する検察審査会が、検察官の不起訴処分の相当性について、基本的には告訴人等の申立て等があったときに審査を行う。検察審査会の所掌する事項は、「検察官の公訴を提起しない処分の当否の審査に関する事項」および「検察事務の改善に関する建議又は勧告に関する事項」であり（検審2条1項）、よって正解は肢3である。
　検察審査会が「起訴相当」「不起訴不当」の議決（検審39条の5第1項1・2号）を行った場合は、検察官は事案処理を再検討のうえ、公訴を提起するか提起しないかの処分を行わねばならず（検審41条）、「起訴相当」とされた事件について検察官が再び不起訴処分を行ったときは、検察審査会は再審査を行わねばならず（検審41条の2第1項本文）、そこで改めて8人以上の多数で起訴すべき旨の議決をすれば（検審41条の6第1項）、裁判所が指定した弁護士により、起訴議決にかかる事件について公訴が提起される（検審41条の9・41条の10）。

正解　3

✎検察審査会

問題57　弁護士に関する以下の記述のうち、正しいものを1つ選びなさい。
1．弁護士は、もっぱら官公署の委嘱により、一般の法律事務を行うことを職務とする。
2．弁護士は、高等裁判所の管轄地域ごとに設けられた弁護士会のいずれかに所属する。
3．弁護士となるには、法務省に備えられた弁護士名簿に登録されなければならない。
4．弁護士は、当然のこととして、弁理士および税理士の事務を行うことができる。

解説　本問は、弁護士に関する問題である。
1．誤り。弁護士法3条1項によると、弁護士は、官公署の委嘱によってだけでなく、当事者その他関係人の依頼によっても、一般の法律事務を行い、むしろその職務の多くは、当事者その他の関係者の依頼によるものである。なお、ここでいう一般の法律事務は、訴訟事件・非訟事件に関する行為や、審査請求、再調査の請求、再審査請求など行政庁に対する不服申立事件に関する行為などである。
2．誤り。弁護士が所属する弁護士会（単位弁護士会）は、東京にのみ例外的に3つ（東京弁護士会、第一東京弁護士会、第二東京弁護士会）あるほかは、地方裁判所の管轄区域ごとに1つ設けられており、全国に52ある（地方裁判所は、札幌・函館・旭川・釧路の4箇所にある北海道を除き、各都道府県に1つずつある）。そして、これらの弁護士会の連合体として、日本弁護士連合会がある。
3．誤り。弁護士法8条は、「弁護士となるには、日本弁護士連合会に備えた弁護士名簿に登録されなければならない」と定めており、法務省ではない。これは弁護士自治の核心である。
4．正しい。弁護士法3条2項は、「弁護士は、当然、弁理士及び税理士の事務を行うことができる」と定める。

正解　4

弁護士

問題58　ADR（裁判外紛争解決手続）に関する以下の記述のうち、正しいものを１つ選びなさい。

1．裁判所は、法律上の争訟を裁判する機関であるから、ADRを行うことはない。
2．第２次世界大戦後まもなく設立された労働委員会は、労働問題に関するADRにたずさわる行政機関である。
3．ADRには公正な第三者が関与しなければならないことから、民間団体の関与は認められていない。
4．ADRの手法の１つである仲裁とは、中立的な第三者が、当事者の話し合いや交渉を促進するというものである。

解説　本問は、ADR（裁判外紛争解決手続）に関する問題である。
　裁判外紛争解決手続とは、「訴訟手続によらずに民事上の紛争の解決をしようとする紛争の当事者のため、公正な第三者が関与して、その解決を図る手続」（裁判外紛争解決１条カッコ書）であり、仲裁、調停、あっせんなど、裁判によることなく法的なトラブルを解決する方法、手段など一般の総称である。
1．誤り。簡易裁判所が行う民事調停や、家庭裁判所が行う家事調停は、裁判所が行うADRである。
2．正しい。労働委員会とは、労働関係の公正な調整を図ることを目的として、労働組合法に基づき設けられているもので、国の機関である中央労働委員会と、都道府県の機関である都道府県労働委員会の２種類があり（労調19条２項）、労働争議のあっせん、調停および仲裁の事務（労組19条の２・20条）等の権限を有する。
3．誤り。民間事業者が、紛争の当事者が和解をすることができる民事上の紛争について、紛争の当事者双方からの依頼を受け、当該紛争の当事者との間の契約に基づき、和解の仲介を行う裁判外紛争解決手続（裁判外紛争解決２条１号）も、想定されている。なお、民間紛争解決手続を業として行う者は、その業務について、法務大臣の認証を受けることができる（裁判外紛争解決５条）。
4．誤り。仲裁には、労働法上の労働委員会による仲裁（労組29条以下）、公害等調整委員会による公害に係る紛争に関する仲裁（公害紛争３条）等があるが、仲裁に関する一般的ルールを定める仲裁法によると、仲裁合意とは、「既に生じた民事上の紛争又は将来において生ずる一定の法律関係（契約に基づくものであるかどうかを問わない。）に関する民事上の紛争の全部又は一部の解決を１人又は２人以上の仲裁人にゆだね、かつ、その判断……に服する旨の合意」（仲裁２条１項）であるとされる。

正解　2

ADR

問題59　法科大学院に関する以下の記述のうち、正しいものを１つ選びなさい。

1．法科大学院への入学を志願するには、法学部等において法学に関する大学の教育課程を修了し、または修了見込みであることが必要である。

2．法科大学院の入学志願者は、判断力、思考力、分析力、表現力等の資質を判定することを目的とした教養試験を受験しなければならない。

3．法科大学院の教育課程は、標準修業年限を３年とする専門職学位課程であり、修了時には法務博士（専門職）の学位が授与される。

4．法科大学院課程の修了者は、司法試験に合格すると直ちに法曹資格が付与され、裁判官、検察官、または弁護士のいずれかとなる。

解説　本問は、法科大学院に関する問題である。

　法科大学院は、法曹養成のための中核的な教育機関として、2004（平成16）年度から教育課程が始まった。質の高い法曹養成に寄与するため、入学者の多様性、少人数による密度の高い授業、実務に必要な学識等を涵養する理論的かつ実践的な教育、厳格な成績評価の実施などが求められている。

1．誤り。法科大学院の入学者としては、社会の幅広いバックグラウンドをもった人材が求められており、法学部等の卒業者・卒業見込み者である必要はなく、他学部出身者や社会人に広く門戸を開いている。また、法学部等で３年間の法曹コースを修了し早期卒業した者が法科大学院２年次に進学できる制度が、2019年度以降の法学部等入学者を対象に設けられた。

2．誤り。法科大学院課程の志願者は、各大学院が独自に行う個別試験のほかに、法科大学院の教育を受けるに必要な判断力、思考力、分析力、表現力等の資質を判定することを目的とする法科大学院全国統一適性試験を受験する必要があったが、これは教養試験ではなかった。なお、同試験の利用が2018年より各法科大学院の任意となり、実施自体が見送られている。

3．正しい。法科大学院の教育課程は、標準修業年限を３年とする専門職学位課程であり、修了時には法務博士（専門職）の学位が授与される。なお、修業年限については、各法科大学院において法学既修者と認定された者については、これを２年とすることもできる。

4．誤り。法科大学院の修了者は、司法試験に合格しても直ちに法曹になるのではなく、１年間の司法修習を受ける必要がある。修習の最終試験（司法修習生考試）に合格すると、法曹となる資格が与えられる。なお、令和５年司法試験より、法科大学院の課程に在学する者が一定の要件を満たした場合、司法試験を受験できることになった。

正解　3

法科大学院

> **問題60**　裁判員制度に関する以下の記述のうち、正しいものを１つ選び
> なさい。
>   １．裁判員裁判は、原則として３人の裁判官と４人の裁判員の合議体
>   により行われる。
>   ２．裁判員の選任は、事件ごとに、裁判員候補者から、担当裁判官の
>   合議で決定される。
>   ３．裁判員裁判の判決に対する控訴審は、所轄の高等裁判所が裁判員
>   裁判によって行う。
>   ４．裁判員は、証人等に尋問し、被害者等に質問し、被告人に供述を
>   求めることができる。

解説　本問は、裁判員制度に関する問題である。

１．誤り。裁判員裁判においては、原則として、３人の裁判官と６人の裁判
　員が合議体を構成する（裁判員２条２項）。ただし、公訴事実について争い
　がなく、適当と認められる事件については、１人の裁判官と４名の裁判員
　からなる合議体で裁判をすることができる（同３項）。

２．誤り。裁判員は、対象事件ごとに、裁判所に呼び出された裁判員候補者
　の中から、辞退の認められる者などを除き、くじで決定される（裁判員37
　条１項）。なお、裁判所に呼び出すべき裁判員候補者の選定は、裁判所が
　年ごとに作成する裁判員候補者名簿の中から、くじで決定される（裁判員
　26条３項本文）。

３．誤り。裁判員が参加する合議体で刑事裁判を行うのは、地方裁判所にお
　ける第一審の事件に限られる（裁判員２条１項）。地方裁判所における刑事
　裁判の第一審判決に対する控訴審は、所轄の高等裁判所において、裁判官
　のみからなる合議体が行う。

４．正しい。裁判員は、証人尋問の際、裁判長に告げて、裁判員の関与する
　判断に必要な事項について尋問することができ（裁判員56条）、被害者等の
　陳述の際に、その陳述の後に、その趣旨を明確にするため、これらの者に
　質問することがで（裁判員58条）、被告人が任意に供述する場合に、裁判長
　に告げて、いつでも、裁判員の関与する判断に必要な事項について被告人
　の供述を求めることができる（裁判員59条）。

正解　4

🔑裁判員制度

問題61　つぎのア〜ウは、有名な憲法、条約または人権宣言の前文からの抜粋である。以下のうち、抜粋と名称の組み合わせとして、正しいものを1つ選びなさい。

ア.「われら連合国の人民は、われらの一生のうちに二度まで言語に絶する悲哀を人類に与えた戦争の惨害から将来の世代を救い、基本的人権と人間の尊厳及び価値と男女及び大小各国の同権とに関する信念をあらためて確認し、正義と条約その他の国際法の源泉から生ずる義務の尊重とを維持することができる条件を確立し、……。」

イ.「……われらは、平和を維持し、専制と隷従、圧迫と偏狭を地上から永遠に除去しようと努めてゐる国際社会において、名誉ある地位を占めたいと思ふ。」

ウ.「人類社会のすべての構成員の固有の尊厳と平等で譲ることのできない権利とを承認することは、世界における自由、正義及び平和の基礎であるので、……。」

1．ア＝世界人権宣言　　イ＝日本国憲法　　ウ＝国際連合憲章
2．ア＝国際連合憲章　　イ＝日本国憲法　　ウ＝世界人権宣言
3．ア＝世界人権宣言　　イ＝ボン基本法　　ウ＝国際連合憲章
4．ア＝国際連合憲章　　イ＝ボン基本法　　ウ＝世界人権宣言

解説　本問は、第2次世界大戦の反省に立って成立した憲法、条約または人権宣言について最低限の常識を問うものである。

ア.「国際連合憲章」（1946年採択・発効、日本は1956年加入）の前文の冒頭部分である。

イ.「日本国憲法」（1946年公布、翌年施行）の前文第2段落第2文である。

ウ.「世界人権宣言」（1948年採択）の前文の冒頭部分である。敗戦国（西）ドイツの憲法であるボン基本法（ドイツ連邦共和国基本法、1949年公布・施行）は取り上げられていない。

　なお、アの冒頭に「連合国」とあるところから、それが国連憲章であることはすぐにわかるはずである。国連は戦勝国が作ったものであり、名称も「連合国」（United Nations）と同じである。また、イが日本国憲法であることは、旧仮名遣いからも推測されよう。

　よって、組み合わせとして正しいものは肢2である。

正解　2

憲法・条約等にみる平和主義

問題62　人権に関するつぎの３つの条文と、その出典との組み合わせとして、正しいものを１つ選びなさい。

ア．「法は総意（一般意思）の表明である。」
イ．「規律ある民兵は、自由な国家の安全にとって必要であるから、人民の武器を保蔵しまたは武装する権利は、これを侵してはならない。」
ウ．「すべて人は、衣食住、医療及び必要な社会的施設等により、自己及び家族の健康及び福祉に十分な生活水準を保持する権利並びに失業、疾病、心身障害、配偶者の死亡、老齢その他不可抗力による生活不能の場合は、保障を受ける権利を有する。」

a．世界人権宣言
b．アメリカ合衆国憲法
c．人および市民の権利宣言（フランス人権宣言）

1．ア＝a　　イ＝b　　ウ＝c
2．ア＝a　　イ＝c　　ウ＝b
3．ア＝b　　イ＝a　　ウ＝c
4．ア＝c　　イ＝b　　ウ＝a

解説　本問は、世界の人権に関する規定に関する問題である。
ア．c「人および市民の権利宣言（フランス人権宣言）」第６条（1789年）からの抜粋である。これは、ルソーの『社会契約論』からの影響を示している。
イ．b「アメリカ合衆国憲法」修正第２条（1791年）からの抜粋である。これは、アメリカで拳銃保持が人権として認められていることの根拠条文である。
ウ．a「世界人権宣言」第25条第１項（1948年）からの抜粋である。これは、社会的・経済的・文化的人権の一種としての生活水準への権利であり、必要に応じた給付をその内容として含んでいる。
　　なお、邦訳は、高木八尺ほか編『人権宣言集』（岩波文庫、1957年）および六法全書による。
　　よって、組み合わせとして正しいものは肢４である。

正解　4

🔑世界の人権宣言

問題63　以下のうち、日本の制定法の名称として実際に存在するもののみをあげているものを１つ選びなさい。
1. 刑法、労働法、行政手続法、国会法
2. 商法、行政法、倒産法、知的財産法
3. 日本国憲法、刑事訴訟法、国際私法、民事再生法
4. 民法、地方自治法、民事訴訟法、著作権法

解説　本問は、ある名称の法律が実在するか否かに関する問題である。

「労働法」とは、労働基準法、労働組合法、労働関係調整法等の総称、「行政法」とは、国家公務員、地方自治法、行政手続法、行政事件訴訟法等の総称、「倒産法」とは、破産法、会社更生法、民事再生法等の総称、「知的財産法」とは、特許法、意匠法、著作権法等の総称である。また、「国際私法」とは、複数の国に関係する私法上の問題について、いずれの国の法律を適用するか、いずれの国で裁判をするか等のルールの総称であり、いずれの国の法律を適用するかについては、日本には法の適用に関する通則法という名称の制定法が存在する。以上、いずれも、講学上の概念であって、その名称の法律が存在するわけではない。

これに対して、日本国憲法、国会法、行政手続法、地方自治法、民法、刑法、商法、民事訴訟法、刑事訴訟法、著作権法、民事再生法は、いずれも制定法の名前として存在する。

したがって、法律の名称として存在するもののみをあげているのは肢４であり、これが正解となる。

正解　4

 実際に存在する法律

問題64　以下の記述のうち、「リベンジポルノ防止法」と略称される法律の目的規定の記述として、正しいものを１つ選びなさい。なお、以下の法律の目的の記述は、一部省略してある。

1．この法律は、インターネット異性紹介事業を利用して児童を性交等の相手方となるように誘引する行為等を禁止する……こと等により、インターネット異性紹介事業の利用に起因する児童買春その他の犯罪から児童を保護し、もって児童の健全な育成に資することを目的とする。

2．この法律は、犯罪により害を被った者……及びその遺族……の受けた身体的、財産的被害その他の被害の回復には困難を伴う場合があることにかんがみ、刑事手続に付随するものとして、被害者及びその遺族の……被害の回復に資するための措置を定め……、もってその権利利益の保護を図ることを目的とする。

3．この法律は、私事性的画像記録の提供等により私生活の平穏を侵害する行為を処罰するとともに、……当該提供等による被害者に対する支援体制の整備等について定めることにより、個人の名誉及び私生活の平穏の侵害による被害の発生又はその拡大を防止することを目的とする。

4．この法律は、児童に対する性的搾取及び性的虐待が児童の権利を著しく侵害することの重大性に鑑み、……児童買春、児童ポルノに係る行為等……を処罰するとともに、これらの行為等により心身に有害な影響を受けた児童の保護のための措置等を定めることにより、児童の権利を擁護することを目的とする。

解説　本問は、近年の立法の１つである「リベンジポルノ防止法」の立法目的に関する問題である。正式な法律名を覚える必要はないが、報道などでよく話題となる法律の略称とその大まかな目的・趣旨には留意するようにしたい。

1．誤り。「インターネット異性紹介事業を利用して児童を誘引する行為の規制等に関する法律」（平成15年法律第83号）１条の目的規定である。「出会い系サイト規制法」と略称される。

2．誤り。「犯罪被害者等の権利利益の保護を図るための刑事手続に付随する措置に関する法律」（平成12年法律第75号）１条の目的規定である。「犯罪被害者保護法」と略称される。

3．正しい。リベンジポルノ防止法、正式には、「私事性的画像記録の提供等による被害の防止に関する法律」（平成26年法律第126号）１条の目的規

定である。私事性的画像記録とは「性交又は性交類似行為に係る人の姿態等」が撮影された画像の電子データ等（撮影対象者が第三者に見られることを認識の上で撮影を承諾したもの等は除く）であり、本法律は、撮影対象者を特定できる仕方でインターネットを通じてかかる記録を提供した者を処罰するとともに、撮影対象者等からプロバイダー等への削除の申出に対応する措置を講じるなどを行うものである。

4．誤り。「児童買春、児童ポルノに係る行為等の規制及び処罰並びに児童の保護等に関する法律」（平成11年法律第52号）1条の目的規定である。「児童ポルノ禁止法」、「児童買春禁止法」などと略称される。。

近年の立法

> **問題65**　つぎの言葉は、法律用語としても用いられ、いずれも外国語の
> ままで日本語でも使われるようになったものである。以下のうち、各用
> 語の説明として、正しいものを1つ選びなさい。
> 　1．ゲリマンダリング——特定の政党または候補者に特に有利になる
> 　　ように、作為的に不自然なかたちで選挙区を定めること。
> 　2．エム・アンド・エー（M＆A）——　一定の利益が得られるとして、
> 　　ある商品の再販売を行う者を勧誘し、その者と行う当該商品の取引
> 　　のこと。
> 　3．クーリング・オフ——薬物取引等の犯罪行為によって不正に得た
> 　　資金を、金融機関等を利用して浄化し、その起源を隠蔽し、合法的
> 　　な資金に偽装すること。
> 　4．コーポレート・ガバナンス——企業の社会的責任のことであり、
> 　　メセナ（文化支援）やフィランソロピー（社会貢献）等の形で企業
> 　　により実践されるもの。

解説　本問は、カタカナの法令用語の理解に関する問題である。
1．正しい。1812年、ゲリィ（Elbridge Gerry, 1744-1814）がマサチューセッ
ツ州知事のとき、自派の民主共和党（現在の民主党の前身）に有利になる
よう成立させた上院議員選挙区改正法の選挙区が「サラマンダー
（salamander）」（火中に住んで焼けないと信じられた火トカゲ）に似た奇妙な
形をしていたことから、gerrymandering とよばれた。
2．誤り。エム・アンド・エー（M＆A）とは、企業の合併・買収（merger
and acquisition）の総称。企業買収とは、企業の支配権取得を目的とする
行為で、とりわけ株式の取得によるものを指す。その際、買収者やその子
会社が買収企業を吸収合併することも少なくないことから、このように総
称される。肢2の説明は、連鎖販売取引、いわゆるマルチ商法に関するも
のである。
3．誤り。クーリング・オフとは、ある一定の状況で契約を締結した後、頭
を冷やして（cooling off）冷静に考え直す時間を消費者に与え、一定期間内
であれば無条件で契約を解除することを認める制度。ただし、消費者契約
一般に認められているのではなく、訪問販売、電話勧誘販売、特定継続的
役務提供などについて、それぞれ特別法により認められている。肢3の説
明は、いわゆる資金洗浄、マネー・ローンダリング（money laundering）
についてのものである。
4．誤り。コーポレート・ガバナンス（corporate governance）とは、企業経
営の効率性や健全性を確保するための経営者に対する監視・監督の仕組み
のことで、「企業統治」などと訳される。会社法は、そのための法的枠組
みとして、株主総会、取締役会、監査役、株主代表訴訟等の制度を定め
ている。肢4にいう「企業の社会的責任」は、CSR（corporate social
responsibility）の語で語られる。

正解　1

カタカナの法律用語

Ⅱ 憲　法

　憲法ベーシック〈基礎〉コースの問題は、大学1年次ないし2年次における憲法の学習を終えた者を念頭に置いて作成されている。すなわち、それぞれの問題は、憲法の学習をひととおり終えていることを前提にして、日本国憲法の条文、その通説的な見解、それにかかわる基本判例の趣旨を理解するなど、文字どおり憲法を学習していくうえで必要な基礎知識を問うものであり、問題のレベルもおのずとそこに照準が合わせられている。

　同時にまた、各人が、これらの問題を解き、それぞれの解説を読み進めることで、憲法のアウトラインを再確認し、自らの知識を整理しなおすことができるように配慮されている。すなわち、問題それ自体は数に限りがあるものの、およそ憲法の主要な論点とされているものをできるだけ網羅したうえで、初学者にとって必須ともいうべき論点を精選した。さらに解説においても、それぞれの出題の意図、解答の道しるべを述べるとともに、必要かつ可能な限り教科書的な説明を加えるように心がけられている。

　もとより、本書がすべてではない。日頃から慣れ親しんだ基本書と六法を傍らに置き、ときにそれらと照らし合わせながら、本書に収録された問題を反復して解いてみてほしい。そのような学習を継続することで、基本的かつ必要な知識が増え、理解も深まるはずである。そして、そのことは、いうまでもなく、つぎなるステップに続く王道でもある。

問題1　近代立憲主義憲法の特質に関する以下の記述のうち、誤っているものを1つ選びなさい。
1. 憲法は、自由の基礎法として個人の自由を確保し、人間の尊厳を確立することを究極の目的としている。
2. 憲法は、国家権力の恣意的な行使の制限をその主要な目的としており、そのための制度として、権力分立制が採用されている。
3. 裁判所の違憲立法審査制が設けられていることは、憲法が最高法規であることを法秩序のなかで確保するために重要である。
4. 憲法が最高法規であるのは、個人の自由に限界を画し、社会全体の公共の福祉を実現すべきことを国家の任務としているからである。

解説　本問は、近代立憲主義憲法の特質に関する問題である。

18世紀末の近代市民革命を契機として登場した憲法は、いわゆる立憲主義に立脚し、「近代的意味の憲法」ないし「近代立憲主義憲法」とよばれている。

近代的意味の憲法は、人権保障に関する権利章典および国家権力の組織・作用に関する統治機構という2つの部分からなるが、近代自然法思想、すなわち、人間は生まれながらにして自由かつ平等であり、生来の自然権をもっていること、その自然権を確実なものとするため社会契約を結び、政府に権力をゆだねたこと、それゆえ、政府が権力を恣意的に行使して人民の権利を不当に制限する場合には、人民は政府に抵抗し、新たな政府を樹立する権利を有すること、という思想に基づいて制定された。

したがって、その近代的意味の憲法の特質としては、①個人の自由を保障し、それを基礎づけるとともに、②国家権力の組織・作用に関する事項を定め、国家権力を制限し、③これらのことが容易にくつがえされないように、国法体系において最も強い形式的効力を有する（その意味で、最高法規たりうる）点に求められる。

1. 正しい。上記①にかかわる。ちなみに、個人の権利・自由（人権）の保障の根底には、「人間の尊厳」（学説上、一般に「個人の尊厳」と同義との見解が有力）の思想がある。
2. 正しい。上記②にかかわる。国家権力を制限するために採用されるのが権力分立制であり、これによって国家権力の抑制と均衡がはかられることになる。
3. 正しい。上記③にかかわる。憲法の最高法規性を確保するための制度として、特に第2次世界大戦後、多くの国で違憲審査制が採用されるようになった。
4. 誤り。上記①および③にかかわる。憲法の目的は、個人の権利・自由の保障にこそあり、その制限にあるのではない。

正解　4

近代立憲主義憲法の特質

問題2　以下の文中のカッコ内に入る語の組み合わせとして、正しいものを1つ選びなさい。

　憲法の概念は、（　a　）憲法と（　b　）憲法とに分類される。
（　a　）憲法とは、法規範の存在形式に着目した概念であり、「憲法」という名でよばれる法典を意味する。これに対して、（　b　）憲法とは、法規範の実質的内容に着目した概念であり、（　c　）憲法と（　d　）憲法の2つがある。
　（　c　）憲法とは、法規範の実質において国家統治の基本法たる内実をもつものをいう。国家あるところ必ず憲法あり、というときの憲法はこの意味である。
　これに対して、（　d　）憲法とは、権力分立および人権保障を内実としてもつ憲法のことである。1789年のフランス人権宣言16条は、「権利の保障が確保されず、権力の分立が定められていない社会はすべて、憲法をもつものではない」と定めているが、ここにいう「憲法」こそ、（　d　）憲法である。
　ところで、憲法改正に関して、通常の立法手続よりも厳しい特別の手続を経なければ改正できないのが（　e　）憲法であり、通常の立法手続と同等の手続により改正できるのが（　f　）憲法である。この区別は、手続要件の厳しさを問題にした概念であって、現実にしばしば改正がなされているか否かという実態を問題にしたものではないことに注意を要する。

1．a＝形式的意味の　　b＝固有の意味の　　c＝近代的意味の
2．b＝実質的意味の　　c＝立憲的意味の　　d＝専制的意味の
3．c＝固有の意味の　　d＝立憲的意味の　　e＝硬性
4．d＝立憲的意味の　　e＝近代的意味の　　f＝軟性

解説　本問は、憲法の概念に関する理解を問うものである。
　憲法学の対象は「憲法」であるから、憲法を勉強するには、さまざまな憲法概念を正確に理解しておくことが必要である。
　空欄には、それぞれ、a＝形式的意味の、b＝実質的意味の、c＝固有の意味の、d＝立憲的（または近代的）意味の、e＝硬性、f＝軟性が入る。

正解　3

憲法の概念

憲
法

> **問題3**　日本国憲法の制定に関する以下の記述のうち、誤っているもの
> を1つ選びなさい。
>   1．日本国憲法の制定は、明治憲法の改正手続規定に従って、帝国議
>   会および枢密院の審議を経て行われた。
>   2．天皇主権の明治憲法を国民主権の憲法へ改正することが改正の限
>   界を超えるとしても、日本国憲法が無効であるわけではない。
>   3．日本国憲法は1946（昭和21）年11月3日に公布され、1947（昭和
>   22）年5月3日に施行された。
>   4．日本国憲法の制定に際しては、国民投票において過半数の賛成で
>   承認がなされた。

解説　本問は、日本国憲法の制定に関する基本的な理解を問うものである。
1．正しい。1945（昭和20）年8月14日、日本政府はポツダム宣言を受諾し、9月2日には降伏文書が調印された。10月に入って、連合国最高司令官から日本政府に憲法改正の必要が示唆され、幣原内閣は、憲法問題調査委員会を設置し、同委員会は、1946（昭和21）年1月末までに改正案を作成した。しかし、2月1日、この案の1つがスクープされたことから、総司令部は独自に改正案を作成することにし、2月13日、いわゆるマッカーサー草案が日本側に手交される。この草案を基礎とする憲法改正案が枢密院の諮詢（明憲56条参照）を経たうえで、4月の総選挙（女性が初めて選挙権を得た）によって一新された第90回帝国議会に明治憲法73条によるものとして勅書をもって付議された。帝国議会が修正を経て可決したものが枢密院への再度の諮詢と天皇による裁可を経て、11月3日に公布され、6ヵ月後（憲100条参照）の翌1947（昭和22）年5月3日に施行された。これが「日本国憲法」である。
2．正しい。主権の変更が改正の限界を超えるという理解が一般的であるが、だからといってそのような改正後の憲法が効力をもたないということになるとは限らない。旧憲法の改正としては無効だが，新憲法としてその効力が認められると解する立場が有力である。
3．正しい。些末な年号や日付の記憶が法律学の学習に必要なわけではないが、5月3日は憲法記念日であり、毎年、前後の時期に関連する報道がなされるところ、肢1の解説の概要を理解し、本肢の正誤の判別ができる程度の知識はもっていてほしい。
4．誤り。肢1の解説にみたように、日本国憲法の制定に際しては、国民投票は行われていない。憲法96条1項は、日本国憲法の改正に際して、国民投票の過半数による承認を求めているが、混同しないようにされたい。日本国憲法の制定に際しての民意の反映は、帝国議会の衆議院を経由してなされたものといえよう。

正解　4

日本国憲法の制定

問題4　憲法前文の性格に関する以下の記述のうち、通説に照らして、正しいものを1つ選びなさい。
　　1．日本国憲法の前文は、上諭と性格を同じくし、憲法の公布文ともいうべきものであるから、憲法の一部をなすものではない。
　　2．日本国憲法の前文は、憲法制定の沿革や、憲法制定の趣旨・目的を述べたにとどまるから、法規範としての性格をもつものではない。
　　3．日本国憲法の前文は、憲法の原理・原則を抽象的に宣言したもので、具体性に欠けるから、本文各条項の解釈基準になることはあっても、裁判規範とはいえない。
　　4．日本国憲法の前文は、憲法の原理・原則を宣言したものであり、本文と同程度の具体性をもっているから、具体的事件に対して、裁判所が本文各条項より優先的に直接適用すべき規範である。

解説　本問は、日本国憲法における前文の理解を問うものである。
　法律には、本文の規定に先立って、その法律の目的や精神を述べる文章が置かれている場合がある。このような文章を一般に「前文」という。六法を開いて「日本国憲法」のページを見ると、まず①「朕は」で始まる文章があり、それに続いて天皇の署名と印章（御名御璽）、さらに内閣総理大臣およびその他の国務大臣の署名がある。そのあとに「日本国憲法」という表題がきて、②「日本国民は」で始まる文章が4段落にわたって続く。①が「上諭」、②が「前文」である。
1．誤り。日本国憲法の上諭は純然たる公布文であるが、前文は憲法典の一部であり、この点は異論なく認められている。
2．誤り。日本国憲法前文は、憲法の基本原理を述べており、憲法の構成部分である。したがって、その改正には憲法96条の手続を必要とする。
3．正しい。これが通説である。
4．誤り。学説では、前文と本文における表現の抽象性の差は相対的であり、「平和のうちに生存する権利」のように本文に存在しない権利を規定していることを理由として、前文の裁判規範性を肯定する少数説も有力ではあるが、その場合でも、本文各条項をまず適用すべきものとされている。

正解　3

憲法前文の性格

問題5　つぎのア〜エの文章のうち「主権」という言葉が同じ意味で使われているものの組み合わせとして、正しいものを1つ選びなさい。

　　ア.「日本国の主権は、本州、北海道、九州及四国並に吾等の決定する諸小島に局限せらるべし」
　　イ.「日本は、国際社会において、自国の主権を維持しなければならない」
　　ウ.「日本国においては、主権が国民に存することを宣言する」
　　エ.「連合国としては、日本国が主権国として国際連合憲章第51条に掲げる個別的又は集団的自衛の固有の権利を有することを承認する」

　　1．アウ　　2．アエ　　3．イウ　　4．イエ

解説　本問は、主権の意味について問うものである。
　主権の意味は多義的であるが、一般に、①国家権力そのもの（国家の統治権）、②国家権力の属性としての最高・独立性、③国政についての最高の決定権、という3つの意味があるとされる。
　①の国家権力とは国家の有する支配権ないし統治権をいい、憲法41条や9条1項の「国権」がそれにあたる。なお、国権と統治権の異同について、国家法人説は、国権とは単一不可分の国家意思、統治権とは国家の有する課税権・交戦権等の統治の諸権能をいうとして、両者を区別した。しかし、戦後の学説は、両者をほぼ同義にとらえている。
　②の国家権力の最高・独立性は国家の主権性ともいわれ、主権概念の成立過程で、君主権力が、対内的に最高であり対外的に独立していると主張された。その経緯からして、本来の意味の主権概念である。現代において、国家権力の最高・独立性が特に論じられるのは、国際法での「国家の独立」に関してである。そこでは、国家の意思が何にも服しないとされた19世紀の国家主権の絶対性から、国家が広く国際法秩序に服するとされるようになった20世紀の国家主権の相対性へと変化してきていることが強調される。
　③の国政の最高の決定権とは、国の政治のあり方を最終的に決定する権力または権威という意味であり、その権力または権威が君主にある場合が君主主権、国民にある場合が国民主権とよばれる。この意味での主権が、近代憲法以降の最も重要な問題となったのであり、主権論として議論されるのは通常はこの意味の主権である。
　ア（ポツダム宣言8項後段参照）は①の「統治権」の意、イ（憲法前文第3段参照）は②の「独立性」の意、ウ（憲法前文第1段参照）は③の「国政の最終的決定権」、エ（サンフランシスコ平和条約5条（c）前段参照）は②の「独立性」の意である。イとエが同じだから、肢4が正解となる。

正解　4

主権の意味

問題6　国民主権の原理に関する以下の記述のうち、誤っているものを 1つ選びなさい。
1．日本国憲法の国民主権にいう「国民」とは、日本国籍を保持している者を指し、日本国外に在住していても日本国籍を保持する者はここでいう「国民」に含まれる。
2．国民主権にいう「主権」とは、国家権力の国内における最高性、対外的な独立性という属性を意味する。
3．明治憲法の天皇主権は国民主権と原理的に対立するものであったが、日本国憲法の象徴天皇制は、主権者である国民の総意に基づくので、国民主権と原理的に対立するものではない。
4．日本国憲法は、国会を中心とする議会制の政治制度を採用しており、直接民主制の制度は、憲法改正の国民投票など、きわめて少ない。

解説　本問は、国民主権の原理について、基本的理解を確認する問題である。
1．正しい。「国民」の範囲についてはこのように解されている。なお、最高裁判所は、在外邦人選挙権訴訟（最大判平17・9・14民集59・7・2087）において、「憲法は、国民主権の原理に基づき、両議院の議員の選挙において投票をすることによって国の政治に参加することができる権利を国民に対して固有の権利として保障」するとして、在外国民に選挙権の行使を認めていなかった公職選挙法を憲法15条等に違反するとしている。在外国民審査に関する最大判令4・5・25民集76・4・711も参照。
2．誤り。「主権」概念は多義的であり、①国家権力そのもの、②国家権力の属性としての最高独立性、③国政についての最高の意思決定権の所在という3つの異なる意味で用いられるといわれる。国民主権にいう「主権」とは、③の意味で用いられるものであり、②の意味で用いられるものではない。
3．正しい。国民主権は2つの場面で問題となり、その1つが君主主権か国民主権かを問題にする場面である。そこでは、誰が主権者（主権の担い手）かが問われるため、君主主権と国民主権は両立しえないが、国民主権に基づく君主制が成立しないわけでもない。
4．正しい。国民主権が問題になるもう1つの場面は、国民主権の下で具体的にどのような統治制度が要求されるかである。基本的な制度として、国民選出の議員で構成される議会が決定を下す代表民主制（間接民主制、議会制民主主義）と、国民自らが決定を下す直接民主制とがある。日本国憲法の場合、国民主権が直接民主制を要請していると説くプープル主権論もみられるが、国民主権という一般的原理から具体的な統治組織を創設すべきであるという要請を導き出すことは困難である。現に、「日本国民は、正当に選挙された国会における代表者を通じて行動し」、国政の「権力は国民の代表者がこれを行使」すると定めており（憲法前文）、直接民主制的制度としては、憲法改正の国民投票（憲96条）、地方自治特別法の住民投票（憲95条）、最高裁判所裁判官の国民審査（憲79条2項～4項）のみにとどまる。最後者は、裁判官のリコール制であって、直接民主制そのものではない。

正解 2

✎ 国民主権の原理

問題7　天皇の地位と権能に関する以下の記述のうち、誤っているもの
を1つ選びなさい。
1．天皇は日本国の象徴であり日本国民統合の象徴であるが、同時に
日本国民の代表でもあるため、国政に対して、最低限度の政治責任
を負っている。
2．天皇の地位は「主権の存する日本国民の総意に基く」ものである
ので、天皇に関する憲法の規定を改正できないわけではない。
3．明治憲法は、天皇を神聖不可侵の存在としていたが、日本国憲法
は、天皇を神の子孫として特別視しておらず、不敬罪も廃止された。
4．明治憲法における天皇は、統治権の総覧者であって、国家のすべ
ての作用を統括する権限を有していたが、日本国憲法における天皇
は、国政に関する権能を一切有していない。

解説　本問は、天皇の地位と権能に関する基本的知識を問うものである。
1．誤り。「天皇は、この憲法の定める国事に関する行為のみを行ひ、国政
に関する権能を有しない」（憲4条1項）とされたうえ、「天皇の国事に関
するすべての行為には、内閣の助言と承認を必要とし、内閣が、その責任
を負ふ」（憲3条）とされている。
2．正しい。明治憲法においては、天皇の地位は天照大神の意思（神勅）に
基づくとされていたが、日本国憲法では「主権の存する日本国民の総意に
基づく」（憲1条）とされ、その結果、天皇制は絶対的なものとは解され
なくなり、国民の総意により可変的なものとなった。
3．正しい。明治憲法においては、天皇は神聖不可侵の存在とされ、天皇の
尊厳を侵す行為は不敬罪によって重く処罰された。しかし戦後は、天皇の
人間宣言によって天皇の神格性が否定され、日本国憲法でも天皇を神の子
孫として特別視する態度はとられていない。不敬罪も廃止されている。
4．正しい。憲法4条1項は、「天皇は、この憲法の定める国事に関する行
為のみを行ひ、国政に関する権能を有しない」と定めている。

正解　1

天皇の地位と権能

問題8　日本国憲法は、天皇の権能について、「天皇は、この憲法の定める国事に関する行為のみを行ひ、国政に関する権能を有しない」（憲法4条1項）と定めている。以下のうち、天皇の国事行為の説明として、正しいものを1つ選びなさい。

　　1．内閣総理大臣を新たに任命する場合を除き、すべての国事行為は、内閣の助言と承認を必要とする。

　　2．国会開会の際の天皇の「おことば」は、憲法に定める国事行為ではないが、国事行為以外の公的行為を認める立場からは、国事行為に含まれると解されている。

　　3．条約を締結し、公布することは天皇の国事行為であるが、その実質的決定権は助言と承認を行う内閣に帰属する。

　　4．衆議院の解散は、実質的には内閣が決定するが、形式的には天皇の国事行為として行われる。

解説　本問は、天皇の国事行為に関する問題である。

　日本国憲法は、天皇の権能について、「天皇は、この憲法の定める国事に関する行為のみを行ひ、国政に関する権能を有しない」（憲4条1項）と定め、天皇の権能を「国事に関する行為」（国事行為）に限定した。さらに、「天皇の国事に関するすべての行為には、内閣の助言と承認を必要とし、内閣が、その責任を負ふ」（憲3条）と定め、天皇の国事行為はすべて内閣の輔佐と責任の下になされるべきこととし、天皇自らが決定・実施することを否定した。

　天皇の国事行為としては、憲法6条に2つの任命行為、7条に10の行為があげられており、4条2項の天皇の国事行為を委任する行為をも加えれば、全部で13になる。天皇が国事行為として行いうるのは、これらの憲法上列挙された行為に限られるが、いずれも形式的・儀礼的行為として解するのが通説である。

1．誤り。内閣総理大臣を新たに任命する場合であっても、総辞職後の内閣（旧内閣）が助言と承認を行う（憲71条参照）。

2．誤り。国事行為以外の公的行為を認める立場からは、天皇の「おことば」は、国事行為でも私的行為でもない、公的行為であると解される。

3．誤り。条約の締結は、内閣の職務である（憲73条3号）。ただし、その公布は天皇の国事行為である（憲7条1号）。

4．正しい。衆議院の解散（憲7条3号）は、重要な政治的行為であるにもかかわらず、憲法上実質的決定権の所在が明確ではなく、そのため、内閣の衆議院解散権の憲法上の実質的根拠を7条3号に求めることができるかどうかが争われた（いわゆる解散権論争）。今日、解散を実質的に決定するのは内閣であると考えられており、解散が形式的には天皇の国事行為として行われることに争いはない。

正解　4

天皇の国事行為

> **問題9**　憲法9条と自衛権に関する以下の記述のうち、誤っているもの
> を1つ選びなさい。
> 　1．憲法9条は、「国権の発動たる戦争」、「武力による威嚇」、「武力
> 　　の行使」の3つを放棄している。
> 　2．最高裁判所の判例によれば、「戦力」とは、わが国がその主体と
> 　　なってこれに指揮権、管理権を行使しうる戦力をいうものであり、
> 　　結局わが国自体の戦力を指し、外国の軍隊は、たとえそれがわが国
> 　　に駐留するとしても、ここにいう戦力に該当しない。
> 　3．一般に、自衛権とは、外国からの急迫または現実の違法な侵害に
> 　　対して、自国を防衛するために必要な一定の実力を行使する権利を
> 　　いう。
> 　4．集団的自衛権とは、多数の国が互いに武力行使をしないことを約
> 　　束し、いずれかの国がその約束に反して他国を侵略する場合には残
> 　　りの国々が結集して戦い、それによって侵略行動をやめさせようと
> 　　するものをいう。

解説　本問は、憲法9条と自衛権に関する基本的知識を問うものである。
1．正しい。「国権の発動たる戦争」とは、宣戦布告など国家の正式な意思
　表示に基づくものをいう（形式的意味の戦争）。これに対して、国家の正式
　な意思表示なしに行われる事実上の戦争（実質的意味の戦争）は、「武力の
　行使」に該当する。満州事変、日中戦争等がそれにあたる。また、「武力
　による威嚇」とは、武力を背景にして自国の主張を相手国に強要すること
　をいう。
2．正しい。日米安保条約の合憲性が争われた砂川事件で最高裁判所は、本
　肢のとおり判示した（最大判昭34・12・16刑集13・13・3225）。
3．正しい。自衛権の発動要件としては、①防衛行動以外に手段がなく、そ
　のような防衛行動をとることがやむをえないという必要性、②外国から加
　えられた侵害が急迫不正であるという違法性、③自衛権の発動としてとら
　れた措置が加えられた侵害を排除するのに必要な限度のもので、釣合いが
　とれていなければならないという均衡性が求められる。
4．誤り。集団的自衛権とは、ある国が武力攻撃を受けた場合に、直接に攻
　撃を受けていない他国が共同して反撃に加わる根拠となる権利をいう。政
　府は長年、集団的自衛権は、日本国憲法下では認められないとしてきた。
　これに対して、本肢で述べた考え方は集団的安全保障とよばれるもので、
　同盟政策に基づく安全保障に代わるものとして提唱された。
　　政府は従来、日米安保条約下での同盟政策を自衛権の範囲内にあるとみ

なし、自衛権の発動は「わが国に対する急迫不正の侵害がある場合」以外
はできないと解してきた。しかし、2014（平成26）年7月1日、閣議決定
でこの解釈を変更し、わが国あるいは「我が国と密接な関係にある他国に
対する武力攻撃が発生し、これにより我が国の存立が脅かされ、国民の生
命、自由及び幸福追求の権利が根底から覆される明白な危険がある場合」
も含むとし、限定的な集団的自衛権の行使を容認した。その後、このよう
な憲法解釈を前提とする法律改正が行われている。

憲
法

正解　4

🔑憲法9条と自衛権

問題10　平和主義に関する以下の記述のうち、誤っているものを１つ選びなさい。

1．憲法前文の「平和のうちに生存する権利」は、単に平和主義の理念を宣言するにとどまるものではなく、最高裁判所の判例においても、その具体的権利性が承認されている。
2．最高裁判所の判例によれば、憲法９条は戦争の放棄や戦力の不保持を定めるが、これによって日本が主権国として有する固有の自衛権が否定されているわけでない。
3．最高裁判所の判例によれば、憲法９条は、日本がその平和と安全を維持するために他国に安全保障を求めることを、何ら禁ずるものではない。
4．憲法９条１項の「武力の行使」とは、宣戦布告等の戦意の表明を行うことなく行われる国家間の事実上の戦争のことである。

解説　本問は、平和主義に関する基本的知識を問うものである。

1．誤り。イラク特措法差止訴訟において名古屋高裁が、平和的生存権はすべての基本的人権の基礎にあってその享有を可能ならしめる基底的権利であり、裁判所において救済を求めうる具体的権利性が肯定される場合のある旨を判示したことはある（名古屋高判平20・4・17判時2056・74）が、最高裁判所の判例において、平和的生存権の具体的権利性が承認されたことはない。百里基地訴訟においても、「平和的生存権として主張する平和とは、理念ないし目的としての抽象的概念であつて、それ自体が独立して、具体的訴訟において私法上の行為の効力の判断基準になるものとはいえ」ない、と判示されていた（最判平元・6・20民集43・6・385）。

2．正しい。砂川事件において最高裁判所は、憲法９条は戦争の放棄と戦力不保持を定めているが、「もちろんこれによりわが国が主権国として持つ固有の自衛権は何ら否定されたものではなく、わが憲法の平和主義は決して無防備、無抵抗を定めたものではない」、と判示している（最大判昭34・12・16刑集13・13・3225）。

3．正しい。前掲・砂川事件において、最高裁判所は本肢のように判示している。

4．正しい。本肢のとおりである。正式の戦争の意思表示なく行われた満州事変、日中戦争は「武力の行使」の代表例である。

正解　1

🗝平和主義

> **問題11**　人権保障の歴史的展開に関する以下の記述のうち、正しいもの
> を1つ選びなさい。
> 　1．マグナ・カルタに代表される中世の文書にも、すべての人が生ま
> 　　れながらに当然に有する権利という意味での人権の観念がみられ
> 　　る。
> 　2．17世紀から18世紀にかけて欧米でおこった近代市民革命のなかで
> 　　確立した自然権思想は、その後に制定された明治憲法にもとりいれ
> 　　られている。
> 　3．18世紀後半以降に欧米で進展した産業革命による経済的格差の拡
> 　　大を受けて、19世紀前半から、欧米各国の憲法で社会権を保障する
> 　　動きが広がった。
> 　4．第2次世界大戦後、国際的な人権保障の考え方が発展し、国際条
> 　　約に基づく人権保障の仕組みが発展した。

解説　本問は、人権保障の歴史的展開に関する基礎知識を問うものである。

1．誤り。人権保障の起源は、イングランドのマグナ・カルタ（1215年）など、中世にさかのぼるといわれるが、そこで承認されたのは貴族の特権であり、すべての人が生まれながらに当然に有する権利という意味での人権ではなかった。こうした自然権思想に基づく人権観念が承認されたのは、アメリカ独立宣言（1776年）やフランス人権宣言（1789年）などが採択された18世紀末のことである。

2．誤り。前半は肢1でみたとおり正しいが、明治憲法は「臣民の権利」を認めたにとどまり、自然権思想に基づくものではなかった。

3．誤り。産業革命に関する前半は正しく、それによって劣悪な経済的立場に置かれた大量の工場労働者が発生し、その権利保障を求める思想が19世紀前半から主張され、労働者を保護する法律も少しずつ制定されるようになった。しかし、例外はあるものの、社会国家思想を反映した憲法が制定されるようになったのはヨーロッパでも第1次世界大戦後で、その代表例がドイツのワイマール憲法（1919年）である。

4．正しい。1948年の世界人権宣言、およびそれを受けて1966年に採択され、法的拘束力をもつ国際人権規約（自由権規約と社会権規約）が代表例である。そこでは、各種の人権を保障すると共に、規約人権委員会が設置され、加盟国による遵守を確保する仕組みが設けられた。その後、国際人権法は大きく発展し、日本が加入する人権条約として、上記のもののほか、人種差別撤廃条約、女子差別撤廃条約、子どもの権利条約、障害者権利条約などがある。

正解　4

人権保障の歴史的展開

問題12　人権の類型に関する以下の記述のうち、正しいものを１つ選びなさい。

1. 自由権とは、国家が個人の領域に対して権力的に介入することを排除して、個人の自由な意思決定と活動とを保障する権利をいうが、表現の自由や職業選択の自由はこれに含まれるものの、財産権はこれに含まれない。

2. 社会権とは、社会的・経済的弱者が「人間に値する生活」を営むことができるように、国家の積極的な配慮を求めることのできる権利をいい、請願権や生存権、教育を受ける権利などがその例である。

3. 参政権とは、国民が国政に参加する権利をいい、具体的には選挙権や被選挙権に代表されるが、憲法改正国民投票や最高裁判所裁判官の国民審査も参政権に含まれると考えられている。

4. 国務請求権は、裁判を受ける権利や国家賠償請求権がその代表例であるが、これらは自己のために一定の作為を国家に請求する権利である点や社会国家の思想に基づく権利である点で、社会権と共通の性質を有する。

解説　本問は、人権の類型に関する基本的な理解を問うものである。

1. 誤り。自由権は人権保障の確立期から人権体系の中心をなしている重要な権利であり、国家権力による介入の排除を求める点で「国家からの自由」ともいわれる。自由権は、さらに精神的自由権、経済的自由権、人身の自由に分類され、財産権は職業選択の自由などとともに経済的自由権に分類される。

2. 誤り。社会権は資本主義の高度化にともなって生じた失業・貧困・労働条件の悪化などの弊害から、社会的・経済的弱者を守るために保障されるに至った20世紀的人権であるとされ、「国家による自由」ともいわれる。社会権は憲法25条から28条までに規定されているが、請願権はここには含まれない。なお、請願権は一般に国務請求権に分類されるが、請願権の参政権的役割に着目し、これを参政権に分類する立場もある。

3. 正しい。参政権は、国民が国政に参加することにより、国家の権力行使を国民自らが統制できるようにする点で「国家への自由」ともいわれる。参政権については、本肢にあげられたもののほか、公務員になる資格（公務就任権）をこれに含める立場もある。

4. 誤り。国務請求権は国家による作為を請求する権利である点で社会権と共通するが、社会権が社会国家の思想に基づくのに対して、国務請求権は自由国家の枠内でも保障されてきたものである。

正解 3

人権の類型

問題13　日本国憲法の定める国民の義務に関する以下の記述のうち、誤っているものを１つ選びなさい。

　　1．日本国憲法が定める権利や自由は「常に公共の福祉のためにこれを利用する責任を負ふ」ものとされるが、この責任は、国民に対して法的義務を課すものではない。

　　2．教育の義務は、子どもが普通教育を受ける義務ではなく、親が子どもに普通教育を受けさせる義務である。

　　3．勤労の義務は、国民に勤労すべき道徳的義務を宣言したにすぎず、この義務を根拠に、国民に強制労働を強いることは許されない。

　　4．納税の義務は、国民が自発的に履行すべきものであるから、本人の同意なしに課税することは許されない。

解説　近代憲法は、一般に、国民の人権保障を目的に制定された。したがって、その性質上、国民の義務についての規定は例外的なものにとどまる。明治憲法では、「兵役ノ義務」（明憲20条）と「納税ノ義務」（明憲21条）を定め、それに勅令で定められた「学齢児童ヲシテ普通教育ヲ得セシムルノ義務」（小学校令〔明治19年〕3条）をあわせて「臣民の三大義務」とよばれた。本問は、日本国憲法における国民の義務について問うものである。

1．正しい。日本国憲法12条は、そのような趣旨と解されている。その責任は、いわゆる「いわば個人の心構え」を明らかにしたものにすぎず、一種の倫理的指針や責務のようなものと解されている。

2．正しい。教育の義務は、憲法26条2項が「国民は、……その保護する子女に普通教育を受けさせる義務を負ふ」と規定しているように、子どもの教育を受ける権利に対応して、保護者が普通教育を受けさせる義務を負うことを定めたものである。義務教育という言葉も、国家が無償で提供し、保護者が子どもに受けさせる義務を負う教育という意味である。

3．正しい。ただし、働く能力と機会がありながら働く意思のない者に対しては社会国家的給付は及ばない、と解する説が有力である。

4．誤り。納税の義務は、国民の納める税金によって国家の財政が維持され、国家の存立と運営が可能となることから特に規定されたものである。憲法30条が「法律の定めるところにより」と定めるのは、租税法律主義の原則（憲84条）の趣旨を重ねて述べたものである。課税に本人の同意は必要ない。

正解　4

国民の義務

問題14　人権享有主体性に関する以下の記述のうち、判例がある場合には判例に照らして、誤っているものを1つ選びなさい。
　　1．天皇は、天皇自身の私有財産の所有を認められていない。
　　2．青少年は、著しく性的感情を刺激する刊行物等へ接する自由に一定の制約を受ける。
　　3．会社は、国や政党の特定の政策を支持、推進し、または反対するなどの政治的行為をなす自由を有する。
　　4．外国人は、わが国の政治的意思決定に影響を及ぼす等、外国人の地位にかんがみ認めることが相当でないものを除き、政治活動の自由を有する。

解説　本問は、人権享有主体性に関する、一般的な知識を問うものである。
1．誤り。憲法88条前段は「すべて皇室財産は、国に属する」としているが、これは公的性格の財産のことを指しており、まったくの私的生活のための財産はそこには含まれない。
2．正しい。岐阜県青少年保護育成条例事件（最判平元・9・19刑集43・8・785）は、「著しく性的感情を刺激し、又は著しく残忍性を助長するため、青少年の健全な育成を阻害するおそれがある」図書等を知事が有害図書として指定し、それを青少年へ販売・配布・貸付等をすること、および自動販売機へ収納することを禁ずる条例について、青少年の健全な育成という目的を達成するための「必要やむをえない制約」であるとした。
3．正しい（八幡製鉄事件：最大判昭45・6・24民集24・6・625）。
4．正しい（マクリーン事件：最大判昭53・10・4民集32・7・1223）。もっとも、同判決は「外国人に対する憲法の基本的人権の保障は、……外国人在留制度のわく内で与えられているにすぎない」とし、在留期間中になした「憲法の基本的人権の保障を受ける行為を在留期間の更新の際に消極的な事情としてしんしやくされないことまでの保障が与えられているものと解することはできない」とした。

正解　1

人権享有主体性

> **問題15**　以下のうち、外国人に対して、そもそも保障されない憲法上の
> 権利を１つ選びなさい。
> 　1．日本国内に入国すること。
> 　2．みだりに指紋の押なつを強制されないこと。
> 　3．日本人と平等に取り扱われること。
> 　4．内閣に対して請願を行うこと。

解説　本問は、外国人の人権に関する問題である。

　判例・通説は、権利の性質上、日本国民のみを対象とする人権以外はすべて外国人にも保障されるとしている（権利性質説）。外国人に保障されない人権として、多数説は、①入国の自由、②参政権（公務就任権を含む）、③社会権、④日本の政治的意思決定またはその実施に影響を及ぼす政治活動の自由、をあげている。ただし判例は、出入国管理行政での裁量を広く認め、外国人の人権保障はあくまでも「在留制度のわく内」で認められるにすぎないと説いている（マクリーン事件：最大判昭53・10・4民集32・7・1223）。なお、選挙権について最高裁は、傍論ではあるが、外国人への地方選挙権の付与は立法政策にゆだねられていると判示している（最判平7・2・28民集49・2・639）。

1．保障されない。外国人にはそもそも入国の自由は保障されない。マクリーン事件および森川キャサリーン事件（最判平4・11・16裁判集民166・575）参照。ただし、今日ではみなし再入国許可（入管26条の2）の制度があり、法律上、再入国が原則として認められていることに留意されたい。
2．保障される。指紋押なつ事件（最判平7・12・15刑集49・10・842）において、最高裁判所は、「みだりに指紋の押なつを強制されない自由」が憲法13条により保障されると判示したうえで、それは当然に外国人にも及ぶとしている。
3．保障される。最高裁判所は、法の下の平等の原則が「近代民主主義諸国の憲法における基礎的な政治原理の一としてひろく承認されて」いることにかんがみ、「特段の事情の認められない限り、外国人に対しても類推さるべきものと解するのが相当である」と述べている（最大判昭39・11・18刑集18・9・579）。ただし、外国人であることを理由に区別の合理性が認められ、平等原則に反しないとされることも少なくない（たとえば東京都管理職選考受験資格訴訟：最大判平17・1・26民集59・1・128）。
4．保障される。請願権の外国人による享有は、一般に、否定されていない。請願権は、「参政権」的な役割を果たすことも指摘されているが、請願法も、外国人による請願を排除していない。

正解　1

外国人の人権

問題16　公務員、国公立学校の学生、刑事収容施設の被収容者、入院措置等が講じられた感染症患者などと公権力との関係のような、特別の法律関係における人権の保障に関する以下の記述のうち、一般の法律関係とは異なる制約を正当化する事由として誤っているものを1つ選びなさい（なお、条文の引用は誤っていないものとする）。

1．憲法18条は、「犯罪に因る処罰の場合」には、「意に反する苦役」に服させることを認めている。

2．憲法15条2項は、「すべて公務員は、全体の奉仕者であつて、一部の奉仕者ではない」と規定している。

3．憲法28条は、「勤労者の団結する権利及び団体交渉その他の団体行動をする権利」を認めている。

4．憲法73条4号は、「官吏に関する事務を掌理すること」を内閣の職権に属するとしている。

解説　本問は、特別の法律関係における人権保障について問うものである。

伝統的には、公務員、国公立学校の学生、刑事収容施設の被収容者（かつては在監者とよばれた）、入院措置等が講じられた感染症患者などと公権力との関係は、特別権力関係とされ、一般権力関係と異なり、法治主義・基本的人権の保障は妥当せず、司法審査も及ばないとされたが、今日では一般にそのような考え方は採用されず、個別的に分析される必要があると考えられている。その際、公務員についての特別な制約については、憲法15条2項・73条4号に言及されるのが通例であるし、刑事収容施設の被収容者との関係では18条、31条に言及されるのが通例である。したがって、肢1、2、4は、一般とは異なる制約を正当化する事由とされているとすることが正しい。

これに対して、憲法28条の勤労者については、判例・通説は、公務員もそこに含まれると考えており、この規定が、一般と異なる制約を正当化する事由とは考えられていない。

正解 3

特別の法律関係における人権保障

問題17　私人間の人権保障に関する以下の記述のうち、三菱樹脂事件判決の判示に照らして、誤っているものを１つ選びなさい。

　1．憲法19条の保障する思想・信条の自由や、信条による差別待遇を禁止する憲法14条は、私人相互の関係を直接規律することを予定していない。

　2．私人間の関係において、一方が他方に優越し、後者が前者の意思に服従せざるをえないといった事実上の支配関係のある場合は、憲法の基本権条項の適用を認めるべきである。

　3．私人間の関係において、個人の基本的な自由や平等に対する侵害の程度・態様が社会的に許容しうる限度を超える場合、民法１条、90条や不法行為に関する諸規定等の適切な運用によって是正することが可能である。

　4．企業者が特定の思想、信条を有する者をそのゆえをもって雇い入れることを拒んでも、それを当然に違法とすることはできない。

解説　本問は、三菱樹脂事件最高裁判決（最大判昭48・12・12民集27・11・1536）を通して、憲法の私人間効力に関する基本的な理解を問うものである。

1．正しい。「予定している」との見解は、直接効力説とよばれる。判例は、憲法第３章の保障する権利は「もっぱら国または公共団体と個人との関係を規律するもの」とし、直接効力説を退けている。

2．誤り。判例は、「事実上の支配関係なるものは、その支配力の態様、程度、規模等においてさまざまであり、どのような場合にこれを国または公共団体の支配と同視すべきかの判定が困難である」ことを理由の１つとし、「憲法の基本権保障規定の適用ないしは類推適用」を認めるべきでないとし、本肢の見解を退けている。本肢と同様の見解に、国家同視説がある。私的団体が公的助成を受けたり、高度な公的機能を遂行する私人の事実行為を国家行為とみなして、憲法を直接適用すべきとするが、判例では採用されていない。

3．正しい。私人間の人権侵害については、第一次的には、これに対する立法措置による救済がはかられるべきであり、立法措置による救済がない場合、本肢で引用の「私的自治に対する一般的制限規定」の適切な運用により、保護をはかるべきとされる。判示のこの部分が、いわゆる間接効力説を採用したものと解され、通説となっていく。

4．正しい。判例は、憲法22条・29条から契約締結の自由（雇用の自由）を導き出し、本肢のように判示する。また、そのうえで、「企業者が、労働者の採否決定にあたり、労働者の思想、信条を調査し、そのためその者からこれに関連する事項についての申告を求めることも、これを法律上禁止された違法行為とすべき理由はない」とする。

正解　2

🗝私人間での人権保障

問題18　「公共の福祉」に関する以下の記述のうち、正しいものを1つ選びなさい。

1. 信教の自由については、「公共の福祉」による制約が憲法の明文で定められていないため、他の人権と矛盾衝突する場合であっても規制することはできない。
2. 職業選択の自由については、「公共の福祉」による制約が憲法の明文で定められているが、それは職業選択の自由が精神的自由と比べて規制する必要が高いからではない。
3. 教育を受ける権利については、「公共の福祉」による制約が憲法の明文で定められているが、それは学校制度等を法律で定めることを予定しているからである。
4. 選挙権については、「公共の福祉」による制約が憲法の明文で定められていないが、選挙犯罪により刑に処せられた者の選挙権行使を制限することが許される。

解説　本問は、基本的人権の限界と「公共の福祉」の関係について問うものである。

1. 誤り。信教の自由を保障する憲法20条には「公共の福祉」による制約が定められていないが、人権相互の矛盾衝突を調整するための制限に服するものと解されている。
2. 誤り。薬事法距離制限事件の最高裁判決（最大判昭50・4・30民集29・4・572）は、「職業の自由は、それ以外の憲法の保障する自由、殊にいわゆる精神的自由に比較して、公権力による規制の要請がつよく、憲法22条1項が『公共の福祉に反しない限り』という留保のもとに職業選択の自由を認めたのも、特にこの点を強調する趣旨に出たものと考えられる」と説いている。このような理解は、憲法22条・29条という経済的自由に関する人権規定に「公共の福祉」の留保を特別に認めたとする点で、いわゆる二重の基準論の考え方に連なることになる。
3. 誤り。教育を受ける権利（憲26条1項）には、そもそも「公共の福祉」の規定が存在せず、「法律の定めるところにより」との規定があるだけである。この規定は立法による教育制度の具体化のために設けられたもので、「公共の福祉」による制約とは異なると解されている。
4. 正しい。憲法15条には「公共の福祉」による制約が定められていないが、選挙犯罪により刑に処せられた者等に対する選挙権の制限（公選11条1項5号）は、選挙権の公務性に基づく制約として許されると解されている（最大判昭30・2・9刑集9・2・217）。

正解　4

🔑公共の福祉

> **問題19**　違憲審査基準論に関する以下の記述のうち、誤っているものを1つ選びなさい。
> 1．精神的自由の規制立法に適用される違憲審査基準は、経済的自由の規制立法に対するものよりも、厳格であることが求められる。
> 2．経済的自由が不当に制約されたとしても、政治過程を通じた是正が可能であるが、精神的自由の場合には、それが期待できないので、裁判所による厳しい審査が求められる。
> 3．経済的自由の規制立法のうち、立法目的が積極的・政策的なものについては、それが消極的・警察的なものに比べて、裁判所による厳しい審査が求められる。
> 4．最高裁判所は、「職業の自由は、……殊にいわゆる精神的自由に比較して、公権力による規制の要請がつよ」いと述べたことから、二重の基準論の採用を示唆したものと理解することも可能である。

解説　本問は、違憲審査基準論の理解を問うものである。
1．正しい。二重の基準論は、アメリカの憲法判例で展開された理論であり、表現の自由を中心とする精神的自由が人権カタログのうちで優越的な地位にたつことを前提として、精神的自由を規制する立法の違憲審査は、経済的自由を制限する立法の違憲審査よりも厳格な基準によって行われるべきであると説く理論である。
2．正しい。二重の基準論の論拠としてあげられる考え方である。経済的自由については、不当な規制がなされた場合でも、民主的政治過程を通じた是正が可能なので、できるだけ立法府の裁量を尊重し、当該規制立法に対する裁判所による審査の基準は緩やかでよいとされる。
3．誤り。職業の自由について日本の判例が1970年代に形成したとされる、いわゆる規制目的二分論によれば、経済的自由を制約する立法のうち、立法目的が消極的・警察的なものについては、立法目的が積極的・政策的なものに比べて、裁判所による違憲審査を厳格に行わなければならないとされる。よって本肢は、誤りである。
4．正しい。二重の基準論は、日本の判例・学説でも基本的に支持されており、たとえば薬事法距離制限違憲判決（最大判昭50・4・30民集29・4・572）では、「職業の自由は、それ以外の憲法の保障する自由、殊にいわゆる精神的自由に比較して、公権力による規制の要請がつよ」い、と説かれている。ただし、こうした最高裁判決は、経済的自由に対する規制を正当化しているにすぎず、精神的自由に対して厳格な審査基準を用いて違憲判決を下した例はない（もっとも、「北方ジャーナル」事件：最大判昭61・6・11民集40・4・872、泉佐野市民会館事件：最判平7・3・7民集49・3・687などは、結論は違憲ではないものの、それなりに厳格な基準を示したものではある。その限りで、判例が二重の基準論の基本的発想を受けいれているものと評価することはできよう）。

正解　3

問題20　憲法13条の法的性格に関する以下の記述のうち、正しいものを1つ選びなさい。
　　1．憲法13条の幸福追求権は、憲法に列挙されていない新しい人権の根拠となる包括的な権利であるが、裁判上の救済を受けるためには、法律による具体化が必要である。
　　2．「すべて国民は、個人として尊重される」と規定する憲法13条前段は、国政の指針を示したものであり、法的意味はない。
　　3．憲法13条は、憲法第3章の規定する個別の基本的人権条項が妥当しない場合に補充的に適用される。
　　4．憲法13条の保障する権利を、個人の人格的生存に不可欠な利益を内容とすると解する説によれば、バイクに乗る自由や喫煙の自由も、幸福追求権として保護される。

解説　本問は、憲法13条の法的性格について基本的な理解を問うものである。
1．誤り。幸福追求権によって基礎づけられる個々の権利は、裁判上の救済を受けることができる具体的権利である。判例（京都府学連事件：最大判昭44・12・24刑集23・12・162）も、「個人の私生活上の自由の1つとして、何人も、その承諾なしに、みだりにその容ぼう・姿態……を撮影されない自由を有する……。これを肖像権と称するかどうかは別として、少なくとも、警察官が、正当な理由もないのに、個人の容ぼう等を撮影することは、憲法13条の趣旨に反し、許されない」と判示して、具体的権利性を認めた。本肢の見解は、生存権等の法的性格に関する抽象的権利説の立場である。
2．誤り。憲法13条前段については、憲法上の基本原理として、公法だけでなくすべての法秩序に妥当すべき原則規範として意味をもつとする説や、13条前段を個人として尊重される主観的権利を保障すると解する説など諸説あるが、現在では法規範性を否定するものはない。
3．正しい。たとえばプライバシーについて、憲法35条の保護が及ばないと解される場合において憲法13条が補充的に適用される。
4．誤り。ただし、幸福追求権としての保護は及ばないとしてもこれらの行為を行う自由が憲法上一切保護されなくなるわけではなく、たとえば、平等原則や比例原則とのかかわりで、憲法上問題となることもありうるとされ（芦部信喜〔高橋和之補訂〕『憲法（第8版）』〔岩波書店、2023年〕124頁）、あるいは、規制の目的・態様いかんによっては、確立された個別的人権の保障を全うさせるために政策的・手段的に該権利に付随した主観的利益として憲法上保護すべき場合がありうるとされる（佐藤幸治『日本国憲法論（第2版）』〔成文堂、2020年〕198頁）。

正解 3

🔑13条の法的性格

問題21　「憲法13条後段の規定するいわゆる幸福追求権、すなわち、『生命、自由及び幸福追求に対する国民の権利』は、人格的生存に必要不可欠な権利・利益を包摂した包括的権利である」という立場をとった場合、以下のうち、幸福追求権に含まれないものを１つ選びなさい。
1．プライバシーの権利
2．名誉権
3．服装の自由
4．自己の生命・身体についての決定権

解説　本問は、幸福追求権の意味について問うものである。

憲法13条は訓辞的・倫理的規定ではなく、同条後段に定める幸福追求権は包括的な人権であるとする立場が一般的である。（→問題20参照）そのうえで、多数説は、幸福追求権を人格的生存（人格的自律）に必要不可欠な権利・利益を包摂した包括的権利であるとしている（人格的利益説）。他方、幸福追求権を人の生活全般にわたって成立する一般的自由ととらえる見解も有力である（一般的自由説）。

人格的利益説の立場からは、一般的自由説に対して、人格的自律にとってそれほど重要でないような行動の自由も人権であるとするのでは、人権のインフレ化を招き、かえって人格的自律にとって重要な人権の価値（保障の程度）を引き下げるおそれすらある、との批判がなされる。他方、一般的自由説の論者は、人格的自律にとって重要でない行為であっても国家による恣意的な規制は許されないはずであると、人格的利益説を批判している。

両説の違いは、具体的には、私的事柄を公権力の干渉なしに決定することができる自由、いわゆる自己決定権の範囲をめぐって生じる。人格的利益説からすれば、私的事柄のうち人格的生存にとって必要不可欠ないしは重要な事項について決定することのみが幸福追求権に含まれる。そして、肢１、２、４はこれに含まれると考えられている。

これに対して、肢３は含まれない。人格的利益説のなかでも、髪型の自由については見解が分かれているが、服装の自由が幸福追求権に含まれないことについては一致している。

なお、生殖腺除去要件違憲訴訟（最大判令５・10・25裁判所ウェブサイト）において、最高裁は、「自己の意思に反して身体への侵襲を受けない自由……が、人格的生存に関わる重要な権利として、同条によって保障されていることは明らかである」と判示し、性別変更に際して生殖腺除去手術を受けることを義務づけるのは憲法13条に違反すると結論づけた。

正解　3

🔑幸福追求権の意味

問題22　プライバシーの権利に関する以下の記述のうち、判例に照らして、誤っているものを1つ選びなさい。
1．弁護士会からの照会に応じる場合であっても、市役所が個人の前科等の犯罪歴をみだりに回答してはならない。
2．現に犯罪が行われて間がなく、証拠保全の必要性、緊急性が認められ、撮影が相当な方法で行われても、警察官は、本人の同意がなければ個人の容貌等を撮影してはならない。
3．行政機関が現行の住民基本台帳ネットワークシステムで個人の氏名や住所、生年月日、性別等の本人確認情報を管理・利用することは許される。
4．指紋はそれ自体が個人の私生活や人格、思想、信条、良心等の個人の内心に関する情報ではないが、採取された指紋の利用方法次第では個人のプライバシーが侵害される危険性がある。

解説　本問は、プライバシーの権利の理解を、判例に照らして問うものである。

1．正しい。前科照会事件（最判昭56・4・14民集35・3・620）において、最高裁判所は、「前科及び犯罪経歴（以下「前科等」という。）は人の名誉、信用に直接にかかわる事項であり、前科等のある者もこれをみだりに公開されないという法律上の保護に値する利益を有する」とし、「市区町村長が漫然と弁護士会の照会に応じ、犯罪の種類、軽重を問わず、前科等のすべてを報告することは、公権力の違法な行使にあたる」とした。

2．誤り。京都府学連事件（最大判昭44・12・24刑集23・12・1625）において、最高裁判所は、現に犯罪が行われて間もないこと、証拠保全の必要性・緊急性が認められること、撮影が相当な方法をもって行われていることといった事情がある場合には、本人の同意がなくても写真撮影をすることができるとしている。なお、最決平20・4・15刑集62・5・1398は、京都府学連事件について、「警察官による人の容ぼう等の撮影が、現に犯罪が行われ又は行われた後間がないと認められる場合のほかは許されないという趣旨まで判示したものではない」としたうえで、「捜査目的を達成するため、必要な範囲において、かつ、相当な方法によって行われた」ビデオ撮影を「捜査活動として適法」と判示した。

3．正しい。住基ネット事件（最判平20・3・6民集62・3・665）において、最高裁判所は本肢のように判断した。

4．正しい。指紋押なつ事件（最判平7・12・15刑集49・10・842）において、最高裁判所は、みだりに指紋押なつを強制されない権利との関連で、本肢のように説明している。

正解　2

🔑 プライバシーの権利の内容

> **問題23**　平等の意味に関する以下の記述のうち、正しいものを１つ選び
> なさい。
> 　1．法適用の平等は、法を執行し適用する際に行政権や司法権が国民
> 　　を差別してはならないことを要請するものである。
> 　2．形式的平等は、人が現実に有する事実上の差異を前提に、等しい
> 　　ものは等しく、等しくないものはその違いに応じて取り扱うべきこと
> 　　を要請し、合理的な別異取扱いであればこれを許容する趣旨である。
> 　3．実質的平等は、人の現実のさまざまな差異を一切捨象して原則的
> 　　に一律平等に取り扱うことを要請するものであり、基本的に機会均
> 　　等を意味する。
> 　4．相対的平等は、人の現実の差異に着目してその格差是正を行うこ
> 　　とを要請するものであり、配分ないし結果の均等を意味する。

解説　本問は、平等に関する諸概念の意味について問うものである。

1．正しい。法適用の平等は、「法を執行し適用する行政権・司法権が国民
を差別してはならない」ことを要請するだけで、法内容そのものの平等ま
では要請しない。なお、憲法14条１項の平等は、法適用における平等にと
どまらず、法内容の平等をも要請していると考える立場が、わが国の通説
となっている。

2．誤り。本肢は相対的平等に関する説明である。判例は、憲法14条１項は
「国民に対し絶対的な平等を保障したものではなく、合理的理由なくして
差別することを禁止する趣旨であつて、国民各自の事実上の差異に相応し
て法的取扱いを区別することは、その区別が合理性を有する限り、何ら右
規定に違反するものではない」（サラリーマン税金訴訟：最大判昭60・３・27
民集39・２・247）と述べており、相対的平等の立場をとっている。

3．誤り。本肢は形式的平等に関する説明である。

4．誤り。本肢は実質的平等に関する説明である。多くの学説によれば、実
質的平等の要請が憲法14条１項の「平等」に含まれるとしても、それは裁
判規範としてではない。それゆえ、同条同項を根拠に、現実の経済的不平
等の是正を国に請求する権利が認められるわけではない。このような是正
の実現は、第一義的には社会権条項に託された課題であり、結局のところ、
立法によって実現されるべきものと考えられている。

正解　1

平等の意味

問題24　法の下の平等に関する以下の記述のうち、判例に照らして、正しいものを１つ選びなさい。

　1．尊属を傷害によって死に至らしめる行為に対して、一般の傷害致死罪よりも加重された法定刑によって処罰することは、憲法に違反する。

　2．法律が所得の性質の違いによって所得税の取扱いに差を設けたとしても、租税に関する国会の専門的・技術的裁量を尊重すべきなので、違憲の問題が生じる余地はない。

　3．非嫡出子の法定相続分を嫡出子のそれの２分の１と定める民法の規定は、子にとっては自ら選択ないし修正する余地のない事柄を理由としてその子に不利益を及ぼすことは許されないので、憲法に違反する。

　4．日本国籍の父と日本国籍を有しない母の間に生まれ、父から生後認知された子について、父母の婚姻により嫡出子の身分を取得した場合に限って日本国籍の取得を認めることにしても、国籍の付与には主権国家に裁量が認められるので、憲法に違反しない。

解説　本問は、法の下の平等に関する判例の基本的知識を問うものである。

1．誤り。尊属傷害致死事件判決（最判昭49・9・26刑集28・6・329）は、尊属殺重罰規定（平7改正前刑200条）を、目的違憲ではなく手段違憲とした判例（最大判昭48・4・4刑集27・3・265）を踏まえて、平成7年改正前刑法205条2項における加重の程度は極端でないから、違憲ではないと判断した。

2．誤り。サラリーマン税金訴訟判決（最大判昭60・3・27民集39・2・247）は、租税に関する国会の裁量を尊重し、立法目的が正当なものであり、かつ区別の態様が目的との関連で著しく不合理であることが明らかでない限り、違憲ではないと判断した。

3．正しい。かつての非嫡出子法定相続分事件決定（最大決平7・7・5民集49・7・1789）は、相続制度に関する立法裁量を尊重し、平成25年改正前民法900条4号ただし書前段は法律婚の尊重と非嫡出子の保護の調整をはかった規定であって、この立法理由との関連において著しく不合理とはいえないとして、違憲ではないと判断していた。しかし、最大決平25・9・4民集67・6・1320は、その後、子にとっては自ら選択ないし修正する余地のない事柄を理由としてその子に不利益を及ぼすことは許されないとの考え方が確立したとして、同規定を違憲とした。

4．誤り。国籍法事件判決（最大判平20・6・4民集62・6・1367）は、本肢の述べる取扱いについて、合理的理由のない差別になっていたとして、平成20年改正前国籍法3条の一部を違憲と判断した。本肢後段は、横尾裁判官らの反対意見の立場である。

正解　3

🔑法の下の平等

問題25　平等に関する以下の記述のうち、判例に照らして、誤っているものを1つ選びなさい。
 1．非嫡出子という身分は、子が自らの意思や努力によって変えることはできないから、嫡出でない子の法定相続分を嫡出である子の半分とする規定は、違憲である。
 2．夫婦同氏を強制する規定は、文面上中立であっても、実質的に性差別であって違憲である。
 3．女性にのみ6ヵ月の再婚禁止期間を定める規定は、100日を超える部分について違憲である。
 4．障害福祉年金と児童扶養手当の併給禁止規定は、立法府の裁量に属する事柄であり、違憲ではない。

解説　本問は、平等に関する基本的な判例の知識を問うものである。
1．正しい。最高裁判所は、嫡出でない子の法定相続分を嫡出である子の半分とする民法の規定（平25改正前民900条4号ただし書前段）について、子にとっては自ら選択ないし修正する余地のない事柄を理由としてその子に不利益を及ぼすことは許されないとの考え方が確立されてきていると判示して、同規定を違憲とした（最大決平25・9・4民集67・6・1320）。
2．誤り。夫婦同氏制違憲訴訟（最大判平27・12・16民集69・8・2586）は、婚姻の際に「氏の変更を強制されない自由」が憲法上の権利として保障される人格権の一内容であるとはいえないこと、夫婦同氏制それ自体に男女間の形式的な不平等が存在するわけではないこと、さらに、婚姻前の氏を通称として使用することが社会的に広まっていることなどから、民法750条は憲法13条、14条1項、24条に違反するとはいえないと判断している。その後も最高裁判所は、「民法750条の規定が憲法24条に違反するものでない」と判示し、それは「当裁判所の判例とするところ」であるとしている（最大決令3・6・23判時2501・3）。
3．正しい。再婚禁止期間違憲訴訟（最大判平27・12・16民集69・8・2427）は、平成29年改正前民法733条1項の6ヵ月間の再婚禁止期間につき、100日超過部分については父性推定の重複を回避するために必要な期間ということはできないとした。なお，令4民法改正で、再婚禁止規定は廃止された。
4．正しい。堀木訴訟（最大判昭57・7・7民集36・7・1235）。

正解　2

問題26　思想・良心の自由の保障に関しては、人生観・世界観等のみを保障していると説く信条説と、広く内心の活動一般を保障していると説く内心説とがある。以下の記述のうち、内心説に関するものとして、正しいものを1つ選びなさい。

1．この説によれば、内心の活動と一体不可分の行動も絶対的な保障の対象となりうる。
2．この説によれば、単に事態の真相を告白し陳謝の意を表するにとどまる謝罪広告を強制することは、思想・良心の自由の制約の問題とならない。
3．この説は、思想・良心の自由の保障範囲について、「宗教上の信仰に準ずべき世界観、人生観等の個人の人格形成の核心をなすもの」というような不明確な基準に基づいて限定することは、適切でないと考える。
4．この説は、学問の自由や信仰の自由が、学問体系や宗教上の教義等の一定の体系をもったものを保障していることを踏まえ、思想・良心の自由の内容を考える。

解説　本問は、思想・良心の自由の保障に関する問題である。

1．誤り。内心説によれば、その外部的活動はかなり広範囲に及ぶことになるため、そのすべてを絶対的保障の対象にすることはできない。

2．誤り。いわゆる謝罪広告事件では、謝罪広告を命じられた者が、意に反する謝罪の強制は思想・良心の自由の侵害であるとして争ったが、最高裁判所（最大判昭31・7・4民集10・7・785）は、「単に事態の真相を告白し陳謝の意を表明するに止まる程度のもの」であれば、憲法19条に違反しない旨判示している。本判決が、思想・良心をどのようにとらえたかは明らかではないが、信条説にたてば、裁判所が他人の名誉を毀損した者に謝罪広告を命じたとしても、命じられた者の人生観、世界観、思想体系等の信条にかかわるわけではないので、思想・良心の自由の侵害の問題を生じない。しかし、謝罪したくないのに謝罪の意を表明させられることは、内心に対しては侵害を加えることになるので、内心説にたてば、思想・良心の自由の侵害が問題となる。

3．正しい。これが内心説の主張である。

4．誤り。これは信条説の立場である。信条説は、思想・良心の自由として保障されるのは、人の内心活動一般ではなく、人の人格形成に関連のある精神活動に限定されると説く。これは、学問の自由、宗教の自由が、学問体系、宗教体系等の体系的なものを保障していることを1つの根拠にしている。すなわち、思想・良心の自由は内面的精神活動の自由の一般法なので、学問の自由や宗教の自由が体系的なものを保障している以上、思想・良心の自由も信条であるところの人生観、世界観、思想体系等を保障する、という理解である。

正解　3

🔑思想・良心の自由の保障

問題27　信教の自由に関する以下の記述のうち、正しいものを1つ選びなさい。

1．信仰の自由とは、宗教を信仰することや信仰する宗教を選択する自由を保障するものなので、宗教を信仰しないという選択自体は、憲法20条1項では保障されない。

2．宗教的行為の自由には、祭壇を設け、礼拝や祈祷を行うなど、宗教上の祝典、儀式を行う自由が含まれるが、これは絶対的には保障されない。

3．宗教的行為の自由は、「何人も、宗教上の行為、祝典、儀式又は行事に参加することを強制されない」と規定する憲法20条2項によってのみ保障される。

4．宗教団体を結成する自由は、憲法21条1項の結社の自由の一内容として保障されるものであって、憲法20条1項の信教の自由としては保障されない。

解説　本問は、信教の自由に関する一般的な理解を問うものである。

1．誤り。憲法20条1項の一内容として保障される信仰の自由は、宗教を信仰する自由や信仰する宗教を選択する自由だけではなく、宗教を信仰しない自由をもその内容としている。また、この信仰の自由は個人の内心における自由であるため、絶対的に保障されると一般に理解されている。

2．正しい。宗教的行為の自由の内容は、一般に本肢のように解されており、また、布教の自由もここに含める立場が支配的である。宗教的行為の自由は、信仰の自由とは異なり、個人の内心にとどまるものではなく外部的な行為にわたるものであるため、絶対的には保障されない。

3．誤り。憲法20条1項前段は、信教の自由として、①信仰の自由、②宗教的行為の自由、③宗教的結社の自由を保障しており、同条2項は、1項前段が保障する宗教的行為を「行わない自由」の規定であると一般に解されている。したがって、宗教的行為の自由が「憲法20条2項によってのみ保障される」としている点で、本肢は誤っている。

4．誤り。憲法20条1項は、宗教的結社の自由として、特定の宗教を宣伝しまたは共同で宗教的行為を行うことを目的とする団体を結成する自由も、保障している。

正解　2

信教の自由

問題28　政教分離に関する以下の記述のうち、判例に照らして、誤っているものを１つ選びなさい。

1．政教分離原則に違反する国家と宗教のかかわり合いとは、わが国の社会的、文化的諸条件に照らし、信教の自由の保障の確保という制度の根本原則との関係で相当とされる限度を超えると認められるものをいう。

2．政教分離原則に違反する国の宗教的活動は、当該活動の目的が宗教的意義をもち、その効果が宗教に対する援助、助長、促進または圧迫、干渉等になるような行為に限定される。

3．地方公共団体が、一般人の目から見て、特定の宗教に対して特別な支援、援助を行っているとの印象を与えるような行為をすることは、政教分離原則に違反する。

4．憲法20条１項後段で特権付与が禁止される「宗教団体」および憲法89条で公金支出が禁止される「宗教上の組織若しくは団体」とは、特定の宗教の信仰、礼拝または普及等の宗教的活動を行うことを本来の目的とする組織ないし団体を指す。

解説　本問は、政教分離原則に関する判例の理解を問うものである。

　最高裁判所は、津地鎮祭事件判決（最大判昭52・7・13民集31・4・533）以降、政教分離原則を、国（地方公共団体）と宗教とのかかわり合いを一切禁止するものではなく、社会的・文化的諸条件に照らし相当とされる限度を超えるかかわり合いを禁止しているととらえ、そこにいう「相当とされる限度を超える」か否かを、「当該行為の目的が宗教的意義をもち、その効果が宗教に対する援助、助長、促進又は圧迫、干渉等になるような行為」か否かといういわゆる目的効果基準により判断してきた。しかし、砂川市空知太神社事件判決（最大判平22・1・20民集64・1・1）や久米孔子廟事件判決（最大判令3・2・24民集75・2・29）のように、近年は目的効果基準に言及しない裁判例も出てきている。

1．正しい。上記のとおり、最高裁判所は、津地鎮祭事件判決以降、現在まで「相当とされる限度を超えるものと認められる場合」に、政教分離原則違反の認定を行っている。

2．誤り。津地鎮祭事件判決では、「相当とされる限度を超えるもの」として、「当該行為の目的が宗教的意義をもち、その効果が宗教に対する援助、助長、促進又は圧迫、干渉等になるような行為」があげられた。その後の判決も、これに倣って、いわゆる目的効果基準によって政教分離原則違反を判断しようとしてきたが、上述のように、近年は必ずしも行為の目的・効

果に限定せず、諸般の事情を考慮し、社会通念に照らして総合的に判断する傾向にある。

3．正しい。最高裁判所は、愛媛玉串料訴訟（最大判平9・4・2民集51・4・1673）において、宗教行事に県の公金から供物料等を支出することは、「一般人に対して、県が当該特定の宗教団体を特別に支援して〔いる〕……との印象を与え、特定の宗教への関心を呼び起こすものといわざるを得ない」として、政教分離に反すると判断した。その後、砂川市空知太神社事件判決や久米孔子廟事件判決でも、「一般人の目から見て」、地方公共団体が「特定の宗教に対して特別の便益を提供し、これを援助していると評価されてもやむを得ない」ことが問題とされている。

4．正しい。最高裁判所は、「憲法20条1項後段にいう『宗教団体』、憲法89条にいう『宗教上の組織若しくは団体』とは、宗教と何らかのかかわり合いのある行為を行っている組織ないし団体のすべてを意味するものではなく、国家が当該組織ないし団体に対し特権を付与したり、また、当該組織ないし団体の使用、便益若しくは維持のため、公金その他の公の財産を支出し又はその利用に供したりすることが、特定の宗教に対する援助、助長、促進又は圧迫、干渉等になり、憲法上の政教分離原則に反すると解されるものをいうのであり、換言すると、特定の宗教の信仰、礼拝又は普及等の宗教的活動を行うことを本来の目的とする組織ないし団体を指す」と判示している（箕面忠魂碑訴訟：最判平5・2・16民集47・3・1687）。

憲

法

正解 2

政教分離

問題29　人権を論じるうえで「表現の自由の優越的地位」という議論がみられるが、以下の記述のうち、その論拠とならないものを1つ選びなさい。
　　1．言論活動は、個人が自己の人格を形成し発展させていくうえで、きわめて重要な機能を果たしている。
　　2．表現の自由は、国民が政治的意思形成に参加する場合等、民主政の過程にとって不可欠な権利である。
　　3．経済的自由の規制については、立法裁量のはたらく余地が大きく、民主政の過程が健全に機能する限り、その誤りを是正することも可能である。
　　4．報道の自由は、憲法が標榜する民主主義社会の基盤をなすものとして、表現の自由を保障する憲法21条において、重要な地位を占めている。

解説　本問は、表現の自由の優越的地位の論拠を問うものである。
　表現の自由の優越性なる主張に対しては、今日、学説上、有力な異論も提起されているが、自由権を規制する法律の違憲審査基準に関する二重の基準論を支える理由づけとして、なお多くの支持を集めている（→問題19参照）。
1．論拠となる。表現の自由は、個々人の有する思想・意見が当然に他者の知りうる状況に置かれること、すなわち言論活動の自由それ自体を保障する人権であるが、もともと、言論活動は、個人が自己の人格を形成・発展させていく（自己実現）うえできわめて重要である。
2．論拠となる。表現の自由は、自己実現に加えて、国民が政治的意思形成に参加する（自己統治）うえでも、きわめて重要な機能を果たすものと考えられている。
3．論拠となる。表現の自由を中心とする精神的自由については、ひとたび不当な規制を受けると、民主政の過程そのものが健全に機能することができなくなり、誤った政策を正すことも困難となる。これに対して、経済的自由については、そもそも経済活動に強い社会的相互関連性がともなうため、各種各様の法的規制が要請されていることに加え、民主政の過程が健全に確保されている限り、誤った政策を国民の批判によって改めることも可能となり、結果的に妥当な法政策の実施を期待することができる。
4．論拠とならない。たしかに最高裁は、報道の自由が国民の知る権利を確保し、それに奉仕するために、その重要性を承認している（博多駅テレビフィルム提出命令事件：最大決昭44・11・26刑集23・11・1490）。しかしそれは、表現の自由の優越的地位の論拠とはならない。

正解　4

☝表現の自由の優越的地位

問題30　表現規制立法は、表現内容規制と表現内容中立規制とに区別され、規制類型に応じた審査基準の設定が提唱されている。以下の記述のうち、表現内容中立規制に該当するものを1つ選びなさい。
1. 政治的目的で放火や建造物侵入等をせん動することの規制
2. 管理権者の許可なく、橋柱や電柱にビラ貼りをすることの規制
3. はり・灸の適応症に関する一切の広告を禁ずる規制
4. わいせつな文書や図画を頒布し、公然と陳列することの規制

解説　本問は、表現規制立法の区別に関する理解を問うものである。表現行為の規制が、内容に基づくものであるか、内容中立的であるかは、当該表現が伝達しようとするメッセージに向けられた規制であるかどうかによって区別される。通説は、内容規制については、内容中立的な規制よりも厳格な審査基準を用いて審査すべきとする。その根拠として、①内容規制は、特定のメッセージを思想の自由市場から排除するものであること、②内容規制には、当該メッセージに対する政府の否定的評価が反映されがちであること、③内容規制は、受け手の自律性を否定するものであることなどがあげられる。内容中立規制には、①表現の時・所・方法の規制と、②象徴的表現の規制ないし行動をともなう表現の規制とが含まれるとされる。

1. 誤り。違法行為の煽動の禁止は、結果として生ずる具体的危険やそれが引き起こす実質的害悪に着目したものではない。刑法上の教唆と異なり、「あおり、そそのかし」が、実際に犯罪行為の実行行為の意思を生じさせ、実行行為に着手させたかを問わない点に特色がある（独立犯）。この点に着目し、学説は、煽動処罰は、当該表現行為が伝達しようとするメッセージそのものの規制ととらえ、「明白かつ現在の危険」の法理の適用を提唱する。
2. 正しい。屋外広告物条例による規制であり、都市の美観風致の維持を理由とする（最大判昭43・12・18刑集22・13・1549、最判昭62・3・3刑集41・2・15）。ただし、政治的なポスターのみが狙い撃ち的に禁止されるような運用がある場合、政治的カテゴリーに属するメッセージの伝達規制（主題規制）として、内容規制となりうる。
3. 誤り。消費者保護などを理由に、広告を典型とする営利的言論が規制されることがある。営利的言論が表現の自由の保護範囲に含まれるか否かに関しては議論があり、判例の立場は明確でないが（あんま師等法事件：最大判昭36・2・15刑集15・2・347、京都府風俗案内所事件：最判平28・12・15判時2328・24）、含まれると解した場合、本肢の規制は表現内容規制である。
4. 誤り。刑法175条による規制であり、典型的な内容規制であるが、判例は合憲とする（チャタレイ事件：最大判昭32・3・13刑集11・3・997、「四畳半襖の下張」事件：最判昭55・11・28刑集34・6・433）。

正解 2

表現内容規制と表現内容中立規制

問題31　憲法21条の表現の自由に関する以下の記述のうち、判例に照らして、正しいものを1つ選びなさい。
1．ビラを電柱等に貼付するという方法でなされる屋外広告は、その性質上、街並みの景観や美観風致を損ねずには行いえないものなので、表現の自由としての保護は及ばない。
2．もっぱら犯罪や違法行為を実行させる目的でなされる表現は、憲法秩序に反する行為であるため、そもそも憲法21条の表現には含まれないが、政治的意図を有している場合は、例外的に憲法21条の表現として保護される。
3．刑法230条で名誉毀損罪が規定されていることからも明らかなように、名誉毀損的な表現については、憲法21条の保護は及ばない。
4．さまざまな意見、知識、情報に接し、これを摂取する自由は、憲法21条の規定の趣旨、目的から、その派生原理として当然に導かれる。

解説　本問は、表現の自由の内容についての理解を問うものである。
1．誤り。ビラ貼り等の屋外広告を禁ずる大阪市屋外広告物条例の合憲性が問題となった事案において、最高裁は、「国民の文化的生活の向上を目途とする憲法の下においては、都市の美観風致を維持することは、公共の福祉を保持する所以であるから、この程度の規制は、公共の福祉のため、表現の自由に対し許された必要且つ合理的な制限と解することができる」（最大判昭43・12・18刑集22・13・1549）と論じており、屋外広告であっても表現の自由としての保護が及ぶことを前提に、その制限の合憲性を判断している。
2．誤り。犯罪や違法行為を実行させる目的でなされる表現であったとしても、表現活動としての性質を有しており、また、これは違法な実行行為それ自体でもないので、憲法21条の表現として保護されるべきだと考えられている。しかし、表現の自由といえども絶対的には保護されないので、「社会的に危険な行為である」ことを理由に、「制限を受けるのはやむを得ない」とされる場合がある（沖縄デー破防法事件：最判平2・9・28刑集44・6・463）。
3．誤り。「北方ジャーナル」事件最高裁判決（最大判昭61・6・11民集40・4・872）では、「表現行為により名誉侵害を来す場合には、人格権としての個人の名誉の保護（憲法13条）と表現の自由の保障（同21条）とが衝突し、その調整を要する」と述べられており、ここでは、名誉毀損的表現にも憲法21条の保護が及ぶことが前提とされている。
4．正しい。法廷メモ訴訟最高裁判決（最大判平元・3・8民集43・2・89）は、

「各人が自由にさまざまな意見、知識、情報に接し、これを摂取する機会
をもつことは、その者が個人として自己の思想及び人格を形成、発展させ、
社会生活の中にこれを反映させていく上において欠くことのできないもの
であり、民主主義社会における思想及び情報の自由な伝達、交流の確保と
いう基本的原理を真に実効あるものたらしめるためにも必要であって、こ
のような情報等に接し、これを摂取する自由は、右規定〔憲法21条1項〕の
趣旨、目的から、いわばその派生原理として当然に導かれるところである」
と判示している。

憲

法

正解　4

表現の自由の内容

問題32　憲法21条の表現の自由に関する以下の記述のうち、判例・通説に照らして、妥当なものを1つ選びなさい。
1. マス・メディアに対するアクセス権は、国民がメディアに対して意見発表の場を要求する権利を意味し、憲法21条から直接に具体的権利として導き出される。
2. 知る権利は、マス・メディアの発達にともなう、言論の「送り手」と「受け手」の分離という現象を受け、言論の「送り手」の地位から表現の自由を再構成して導かれたものである。
3. 取材の自由は、報道機関が自由に情報を収集しうることを意味するが、取材活動は報道の前提をなすにすぎないので、憲法上その尊重が要請されているわけではない。
4. 報道の自由は、報道機関が自由に報道をなしうることを意味し、特定の思想の表明でなく、単に事実を伝達するものにすぎなくても、憲法21条によって保障される。

解説　本問は、知る権利、取材・報道の自由、アクセス権に関する問題である。
1. 妥当でない。いわゆるアクセス権は、国民の知る権利との関連で議論されることが多いが、公権力に対する関係で保障される憲法21条の表現の自由からマス・メディアに対して意見発表の場を要求する権利を導き出しうるか、マス・メディアの編集の自由を侵害しないかなどの点で疑問とされ、判例（「サンケイ新聞」事件：最判昭62・4・24民集41・3・490）・学説ともに否定的である。
2. 妥当でない。言論の「送り手」と「受け手」という古典的な関係は、マス・メディアの発達によって大きく変貌し、情報の「送り手」たるマス・メディアとその「受け手」たる一般国民との分離が顕著である。そこで、一方的に「受け手」の立場に置かれている国民の読む・聴く・視る自由を保障すべく、表現の自由を再構成したものが「知る権利」である（さらに、→問題36の解説参照）。
3. 妥当でない。報道は、取材・編集・発表という過程を経てなされることから、学説は取材の自由もまた憲法21条により保障されると解しており、後掲・最大決昭44・11・26も「憲法21条の精神に照らし、十分尊重に値いする」と述べている。
4. 妥当である。報道の自由は、国民の知る権利を確保し、それに奉仕するため、報道機関に認められたものであるが、思想・意見等の発表にとどまらず、事実の報道それ自体の自由もまた憲法21条の保障の下にあると考えられ、判例もその趣旨を明確に述べている（博多駅テレビフィルム提出命令事件：最大決昭44・11・26刑集23・11・1490）。

正解 4

知る権利、取材・報道の自由、アクセス権

問題33　性表現に関する以下の記述のうち、判例に照らして、妥当なものを１つ選びなさい。
　　1．性表現はそもそも憲法21条に定める表現の自由の保護対象とならないから、刑法175条のわいせつ文書の頒布・販売罪の規定は合憲である。
　　2．性表現にかかわる文書がわいせつか否かは、各人の判断によって異なり、また、時代とともに変化するものであるから、国法による規制は一切許されない。
　　3．芸術性・思想性が認められる文書であっても、わいせつの定義に該当する文書は刑法175条の適用対象となり、その文書の頒布・販売が禁止される。
　　4．精神的・肉体的に成長段階にある青少年に対して悪影響を及ぼす性表現の文書であっても、刑法175条のわいせつ文書に該当しないものは、憲法上その頒布・販売を規制できない。

解説　本問は、性表現の自由に関する問題である。
1．妥当でない。刑法175条の合憲性は判例法上確立しているが、性表現であればそれだけで表現の自由の保護を受けないとする見解はみられない。
2．妥当でない。判例・通説は、刑法175条によるわいせつ物の頒布・販売等の処罰を憲法21条違反にあたらないとしている（チャタレイ事件：最大判昭32・3・13刑集11・3・997）。
3．妥当である。問題になるのは、いかなる性表現がわいせつにあたるかである。この点で、判例はかつて大審院時代以来のわいせつ概念に関する3要件（①いたずらに性欲を興奮、刺激すること、②普通人の正常な性的羞恥心を害すること、③善良な性的道義観念に反すること）に従って判断していた（前掲・チャタレイ事件）。
　　学説においては、わいせつ性は思想的・芸術的価値等によって軽減されるとする相対的わいせつ概念を支持する向きも多く、近時の判例も、わいせつ性の判断にあたって、文書のもつ思想的・芸術的価値を考慮に入れることを認めるようになっているが、肢3のような立場を変更するには至ってない（「四畳半襖の下張」事件：最判昭55・11・28刑集34・6・433）。
4．妥当でない。最高裁判所は、「有害図書」が青少年の健全な育成を阻害することは社会共通の認識であるとして、青少年保護育成条例による「有害図書」の規制の合憲性を認めている（岐阜県青少年保護育成条例事件：最判平元・9・19刑集43・8・785）。

正解 3

✎性表現の自由

問題34　名誉・プライバシーと表現の自由に関する以下の記述のうち、判例・通説に照らして、妥当なものを1つ選びなさい。

1. 他人の名誉を毀損する表現行為は、その者の人格を著しく傷つけることになるから、いかなる事情があっても刑法上の名誉毀損罪が成立する。
2. 他人の名誉を毀損する表現行為については、裁判所の仮処分によって、事前差止めが許されることがある。
3. いわゆるモデル小説であっても、社会的に著名な人物をモデルにしている場合には、プライバシーの侵害は成立しない。
4. ノンフィクション作品は、事実をすべてありのままに描くことによって完成されるものであるから、これによって私人のプライバシーが侵害されても受忍しなければならない。

解説　本問は、名誉・プライバシーと表現の自由に関する問題である。

1. 妥当でない。刑法上の名誉毀損とは、事実を摘示して、人の社会的評価を傷つける行為であり、刑法もこれに関する処罰規定を設けている（刑230条）。しかし、刑法は、表現の自由との調整のために、①公共の利害に関する事実に係り、②もっぱら公益をはかる目的による場合、③事実の真実性が証明されるときは、処罰しないものとしている（刑230条の2）。

　　判例は、私人の私生活上の行状であっても、その者がたずさわる社会的活動の性質や社会的影響力の程度等によっては「公共の利害に関する事実」にあたる場合があるとし（「月刊ペン」事件：最判昭56・4・16刑集35・3・84）、また、真実と考えたことに相当の理由があるとき、名誉毀損罪は成立しないとしている（「夕刊和歌山時事」事件：最大判昭44・6・25刑集23・7・975）。

2. 妥当である。名誉を毀損する表現行為の裁判所による事前差止めについては、公務員・公職選挙候補者に対する場合には原則的に許されないが、①事実が真実でなく、またはもっぱら公益をはかる目的のものでないことが明白であって、かつ、②被害者が重大にして著しく回復困難な損害を被るおそれがある場合に限っては、例外的に認められている（「北方ジャーナル」事件：最大判昭61・6・11民集40・4・872）。ただし、この実体的要件とともに、最高裁は、①および②の点が明らかである場合は別にして、原則として口頭弁論または債務者の審尋を行い、表現内容の真実性等の主張立証の機会を与えるという手続上の要件も示している。

3. 妥当でない。名誉権の保護と同様に、公的事項や公的存在（公人、社会的著名人）について、純然たる私的事項や私人の場合とまったく同列に扱う

ことはできないが、そのプライバシーを全面的に否定することも認めがたい。たとえば、下級審の裁判例ではあるが、外務大臣も経験した著名な元衆議院議員をモデルとした小説が問題となった「宴のあと」事件（東京地判昭39・9・28判時385・12）において、東京地裁は、「たとえ報道の対象が公人、公職の候補者であつても、無差別、無制限に私生活を公開することが許されるわけではない」と論じ、プライバシー侵害を理由とする損害賠償を認めている。

4. 妥当でない。ノンフィクション作品といえども、登場人物の前科等が実名によって描かれるときには、プライバシー侵害にあたる場合がある（ノンフィクション「逆転」事件：最判平6・2・8民集48・2・149）。

憲

法

正解 2

名誉・プライバシーと表現の自由

問題35　以下のうち、判例の趣旨に照らして、検閲にあたる行為を1つ選びなさい。
1．青少年の健全な育成を阻害するおそれのある有害図書が、青少年に提供されないように規制すること。
2．税関において輸入貨物を検査し、外国で発表済みのわいせつな表現物の輸入を禁止すること。
3．社会秩序を維持する目的で、行政機関がすべての映画の上映前にその思想内容を審査し、上映の可否を決めること。
4．他人の名誉を毀損するおそれが大きい雑誌記事について、裁判所がその発行の事前差止めを命じること。

解説　本問は、検閲の禁止に関する問題である。

憲法21条2項は、明文で検閲の禁止を定めているが、それは、言論活動に対する事前抑制のうちでも、検閲がきわめて強力な規制方法であるからにほかならない。

判例は、検閲について、行政権が、思想内容等の表現物を対象として、表現の発表前に、網羅的一般的にその内容を審査し、不適当と認めるものの発表を禁止すること、と定義づけている（税関検査事件：最大判昭59・12・12民集38・12・1308）。

1．検閲にあたらない（岐阜県青少年保護育成条例事件：最判平元・9・19刑集43・8・785）。岐阜県青少年保護育成条例事件判決の多数意見は、有害図書規制が検閲にあたらない理由について、「当裁判所の……判例……の趣旨に徴し明らか」としか述べていないが、伊藤正己裁判官補足意見は、すでに発表された図書を対象としている点や成人が当該図書を入手する方法が残されている点を指摘して、その検閲該当性を否定している。

2．検閲にあたらない。税関検査は、国外で発表済みの表現に対してなされるから表現の発表前の規制とは解されず、また、関税徴収手続の一環として検査しており、思想内容等それ自体を網羅的一般的に審査し規制することを目的とするものとはいえないなどの理由で、検閲には該当しないと考えられている（前掲・税関検査事件：最大判昭59・12・12）。

3．検閲にあたる。検閲の典型は、明治憲法下の映画法による映画上映許可制である。

なお、検閲の定義について、学説の多数は、思想内容に限らず事実の報道等も対象とすべきであること、発表前の規制に限らず受領前の規制も含めるべきこと等を主張し、判例の検閲概念の狭さを批判している。その一方で、検閲の主体を広く国家機関（公権力）と解し、これに裁判所をも含

める見解も説かれている。ただし、この見解の場合、検閲について絶対的禁止とは解していないので、その点には注意が必要である。

4．検閲にあたらない。裁判所という国家機関による事前差止めは、裁判所を主体とした、私法上の権利保全のためのものであって、検閲には該当しない（「北方ジャーナル」事件：最大判昭61・6・11民集40・4・872）。

正解　3

検閲の禁止

問題36　情報公開に関する以下の記述のうち、正しいものを１つ選びなさい。
1．情報公開制度は、国民が一般企業やマス・メディアの保有する情報の開示請求をするために生み出されたものである。
2．情報公開請求権は、国民の知る権利から当然に導かれるものであるから、知る権利と同様に、憲法21条を直接の根拠として行使することができる。
3．情報公開が広く認められるためには、個人のプライバシーに関する情報であっても、これを開示することが制度上要請される。
4．情報公開は、政府の活動の透明性・公正さを確保するものであるから、不開示とされる情報を限定的かつ明確に定めておく必要がある。

解説　本問は、情報公開に関する問題である。
1．誤り。情報公開とは、政府の保有する情報に対して国民がアクセスすることを念頭に置いているものであって、一般企業に対する関係で要請されているものではない。また、マス・メディアに対して意見表明の場の提供を求めるアクセス権とも異なる。
2．誤り。情報公開請求権は、憲法21条を根拠とする国民の知る権利から導き出される。しかし、個々の国民がこの請求権を行使するには、公開の対象となる情報、公開のための手続等について具体的な定めを置く法律が必要不可欠であって、同条を直接の根拠としてなしうるわけではない。
　　わが国では、まず、地方公共団体のレベルで情報公開条例が制定され、それに基づいて住民による情報公開請求が行われるところとなっていたが、その後、国のレベルでも、情報公開法（行政機関の保有する情報の公開に関する法律）が成立し（1999〔平成11〕年５月）、施行された（2001〔平成13〕年４月）。同法１条によれば、その立法目的は、行政文書の開示請求権を定めること等によって、行政機関の保有する情報の公開をはかり、ひいては、政府活動について国民に説明する責務が全うされ、公正で民主的な行政が推進されることにある。
3．誤り。情報公開といえども、情報の性質に応じて、開示しないことが必要な場合もあり、その典型が個人のプライバシーにかかわる事項である。
4．正しい。プライバシーにかかわる情報等、不開示とされるべき情報が一般にありうることを認めるとしても、その範囲を無限定かつ不明確に定めることは情報公開制度の趣旨に反しよう。

正解　4

🔑 情報公開

問題37　集会・結社の自由に関する以下の記述のうち、誤っているもの
を１つ選びなさい。

　　1．判例によれば、市民会館での集会の開催を、公の秩序をみだすお
　　　それがあることを理由に不許可にするには、明らかな差し迫った危
　　　険の発生が具体的に予見されることが必要である。

　　2．強制加入団体である税理士会が、政治団体に寄付を行うために特
　　　別会費を徴収するという決定をしたことについて、当該寄付が税理
　　　士法改正運動の一環である場合には、構成員である税理士の思想・
　　　信条の自由を侵害するとしても違法とはいえない。

　　3．判例によれば、集団示威運動を、一般的な許可制を定めて事前に
　　　抑制することは違憲である。

　　4．破壊活動防止法は、暴力主義的な破壊活動を行った団体に対する
　　　解散の指定の制度を定めるが、同法に基づいて実際に解散を命じら
　　　れた団体はまだない。

解説　本問は、集会・結社の自由に関する問題である。

1．正しい。泉佐野市民会館事件（最判平7・3・7民集49・3・687）の説
　くところである。

2．誤り。南九州税理士会事件（最判平8・3・19民集50・3・615）は、政
　治資金規正法上の政治団体に対して金員の寄付をするかどうかは、選挙に
　おける投票の自由と表裏を成すものとして、会員各人が市民としての個人
　的な政治的思想、見解、判断等に基づいて自主的に決定すべき事柄である
　として、政治団体に対する寄付のための特別会費の徴収決定は、税理士会
　の目的の範囲外として許されないとした。

3．正しい。新潟県公安条例事件（最大判昭29・11・24刑集8・11・1866）の
　説くところである。

4．正しい。宗教法人としてのオウム真理教の解散は合憲とされた（宗教法
　人オウム真理教解散命令事件：最決平8・1・30民集50・1・199）が、破壊
　活動防止法に基づく解散請求は公安審査委員会によって棄却されている。

正解　2

集会・結社の自由

問題38　学問の自由に関する以下の記述のうち、通説に照らして、正しいものを1つ選びなさい。

　1．学問の自由は、学問研究という内面的精神活動の自由を意味し、その研究結果の発表については、表現の自由によって保障されるので、学問の自由には含まれない。

　2．学問研究は、その性質上、外部の権力・権威によって干渉されるべきではないので、学問研究の内容はもちろん、その成果の活用も法律によって規制することは許されない。

　3．判例によれば、学問の自由は、いわゆる大学の自由を中心にして発展してきたので、初等中等教育機関における教育の自由を認める余地はない。

　4．大学の自治は、大学における学問の自由を保障するためのものなので、教授その他の人事はもとより、施設や学生の管理についても、大学の自主的判断にゆだねられている。

解説　本問は、学問の自由に関する一般的な理解を問うものである。

1．誤り。憲法23条が保障する学問の自由には、学問研究の自由、研究発表の自由および教授の自由が含まれている。内面的精神活動の点では思想の自由と、研究発表という外面的精神活動の点では表現の自由と重なり合うが、そのことのゆえに、同条の固有の保障領域がなくなるわけではない。

2．誤り。伝統的には、学問研究の自由と思想の自由との均質性から、法律による規制は許されないものと考えられてきたが、先端的科学技術が急速に発展する今日のような状況下にあっては、一定の領域に限り、必要最小限度にとどまる規制が許されないわけではない（わが国の立法例として、たとえば、ヒトに関するクローン技術等の規制に関する法律〔いわゆるクローン技術規制法〕がある）。

3．誤り。判例は、「普通教育における教師に完全な教授の自由を認めることは、とうてい許されない」が、「一定の範囲」であれば肯定できないわけではない、としている（旭川学テ事件：最大判昭51・5・21刑集30・5・615）。

4．正しい。大学の自治の内容として、通説は、人事における自治、施設および学生の管理における自治をあげている。判例も、同様の理解を示している（東大ポポロ事件：最大判昭38・5・22刑集17・4・370）。

正解　4

8 学問の自由

問題39　職業選択の自由に関する以下の記述のうち、判例に照らして、誤っているものを1つ選びなさい。
1. 薬局開設の距離制限をともなった許可制は、不良医薬品の供給の防止等の目的のために必要かつ合理的であるとはいえず、違憲である。
2. 小売市場の許可制は、中小企業保護政策としてとられたものであり、規制手段・態様も著しく不合理であることが明白ではないので、合憲である。
3. 酒類販売業の免許制は、酒税の適正かつ確実な賦課徴収をはかるという財政目的によるものであるが、著しく不合理であるとまではいえず、合憲である。
4. 公衆浴場開設の距離制限をともなった許可制は、浴場の衛生環境の保持等の目的のために必要かつ合理的といえず、違憲である。

解説　本問は、職業選択の自由に関する基本的な判例の理解を問うものである。
1. 正しい。薬事法距離制限違憲判決（最大判昭50・4・30民集29・4・572）は、立法目的を消極的なものととらえたうえで、本肢のように判示している。
2. 正しい。小売市場距離制限事件判決（最大判昭47・11・22刑集26・9・586）は、立法目的を積極的なものととらえたうえで、本肢のように判示している。
3. 正しい。酒類販売免許制事件判決（最判平4・12・15民集46・9・2829）は、本肢のように判示している。最判平10・3・24刑集52・2・150も参照。
4. 誤り。公衆浴場法については、①最大判昭30・1・26刑集9・1・89、②最判平元・1・20刑集43・1・1、③最判平元・3・7判時1308・111の3つの判決があるが、いずれも合憲判決である。①の判決は、公衆浴場の「濫立により、浴場経営に無用の競争を生じその経営を経済的に不合理ならしめ、ひいて浴場の衛生設備の低下等好ましからざる影響を来たすおそれなきを保し難い」と述べたうえで、「国民保健及び環境衛生」の観点から、距離制限を合憲としたので、立法目的については本肢のように述べた側面もあり、肢1の判決が出るに及んで、その整合性も議論された。その後、②の判決は、「公衆浴場が住民の日常生活において欠くことのできない公共的施設」であることに言及して、肢2の判決を先例として合憲と判断し、③の判決は、立法目的について、「国民保健及び環境衛生の確保にあるとともに、公衆浴場が自家風呂を持たない国民にとって日常生活上必要不可欠な厚生施設であり、入浴料金が物価統制令により低額に統制されていること、利用者の範囲が地域的に限定されているため企業としての

弾力性に乏しいこと、自家風呂の普及に伴い公衆浴場業の経営が困難になっていることなどにかんがみ、既存公衆浴場業者の経営の安定を図ることにより、自家風呂を持たない国民にとって必要不可欠な厚生施設である公衆浴場自体を確保しようとすることも、その目的としている」としたうえで、適正配置規制は必要かつ合理的で合憲とした。

正解　4

職業選択の自由

問題40　財産権の保障に関する以下の記述のうち、判例・通説に照らして、誤っているものを1つ選びなさい。
1. 憲法29条は、私有財産制度を保障しているのみでなく、社会的経済的活動の基礎をなす国民の個々の財産権につきこれを基本的人権として保障している。
2. 憲法29条2項は財産権の内容につき「法律でこれを定める」と規定しているが、これは、立法府は公共の福祉に適合する限り財産権について規制を加えることができることを定めたものと考えられている。
3. 財産権に対する規制は種々の態様のものがありうるので、それが憲法29条2項にいう公共の福祉に適合するものとして是認されるかどうかは、規制の目的、必要性、内容、その規制によって制限される財産権の種類、性質および制限の程度等を比較考量して判断すべきである。
4. 法律で一度定められた財産権の内容を事後の法律で変更することは、財産権の不可侵性に反し、許されない。

解説　本問は、財産権の保障に関する問題である。
1. 正しい。最高裁判所は、憲法29条が「私有財産制度を保障しているのみでなく、社会的経済的活動の基礎をなす国民の個々の財産権につきこれを基本的人権として保障する」と森林法違憲判決（最大判昭62・4・22民集41・3・408）で述べている。
2. 正しい。前掲・森林法違憲判決で最高裁判所はこのように述べている。
3. 正しい。前掲・森林法違憲判決のほか、証券取引法事件（最大判平14・2・13民集56・2・331）でも本肢のように述べられている。
4. 誤り。最高裁判所は、国有農地等の売払いに関する特別措置法事件（最大判昭53・7・12民集32・5・946）で、「法律でいったん定められた財産権の内容を事後の法律で変更しても、それが公共の福祉に適合するようにされたものである限り、これをもつて違憲の立法ということができないことは明らかである」として、事後の法律での財産権の内容の変更を容認している。

正解　4

財産権の保障

> **問題41**　社会権の特徴に関する以下の記述のうち、誤っているものを1
> つ選びなさい。
> 1．資本主義経済の発展とともに、貧困や失業、労働条件の悪化等の
> 　社会問題が生じ、これらの社会問題を克服するため、社会権が保障
> 　されるようになった。
> 2．社会権は、その法的性格として、国家による干渉を排除する自由
> 　権とは異なり、国家の積極的活動を求める請求権という点で、特徴
> 　的である。
> 3．社会権は広く国民が享受するが、社会権が現実の生活を保障する
> 　ものである以上、実際に社会権の保護を必要としているのは、社会
> 　的・経済的弱者である。
> 4．社会権は、国家を人権の規制者とみて、国家権力の行使を制約す
> 　ることで人権を保障しようとする点において、自由権が前提とする
> 　国家像と同様のものに基づいている。

解説　本問は、社会権の性格に関する問題である。

1．正しい。社会権が20世紀になって登場した（よく知られているのが、ワイ
　マール憲法〔1919年〕）のは、19世紀に深刻化した社会問題の解決をはかる
　ため、国家が積極的に社会に介入して国民生活に配慮し、「自由」の前提
　を確保することにあった。

2．正しい。社会権は、国家に対して、人間らしい生存への配慮を求める権
　利であり、それは国家に対する請求権である点で自由権と異なる。もっと
　も、そこでの請求権は抽象的権利にとどまり、具体的請求権は法律による
　具体化によって生じると解されている。

3．正しい。社会権は、とりわけ社会的・経済的弱者のための権利保障であ
　る。たとえば、憲法25条の「健康で文化的な最低限度の生活を営む権利」
　を必要としているのは困窮した人びとである。憲法26条の教育を受ける権
　利は子どもたちに教育を保障するものであり、憲法28条の労働基本権は条
　文上明らかなように「勤労者」（社会権が登場した当時の典型的な社会的・経
　済的弱者）の権利である。

4．誤り。社会権は、国家の積極的配慮を求める権利なので、国家は、「社
　会国家」ないし「福祉国家」として観念され、積極的な活動が期待される
　ことになる。これに対して、自由権は、国家権力を統制することで国民の
　「自由」を確保しようとするものであり、そこで前提とされる国家像には、
　社会権の場合と相対立する部分がある。

正解　4

🔑社会権の性格

> **問題42**　憲法25条の生存権に関する以下の記述のうち、判例・通説に照らして、正しいものを１つ選びなさい。
> 　1．憲法25条は、プログラム規定であると解されるため、これを具体化する法律が制定された場合であっても、国民に具体的な権利が保障されるわけではない。
> 　2．憲法25条は、プログラム規定であると解されるため、境遇が同じ国民のうち、一部の者だけが給付を受けられないような場合にも、法の下の平等に反する問題は生じない。
> 　3．憲法25条の生存権から直ちに、生活に困窮した国民に対して、生活扶助費等の給付を求める具体的な権利が保障されるものではない。
> 　4．憲法25条の生存権は、わが国に一時的に滞在する外国人に対しては保障されないが、永住権をもつ定住外国人には保障が及ぶ。

解説　本問は、生存権の法的性格に関する問題である。

　憲法25条が保障する生存権の法的性格をめぐっては、①国に政治的・道義的義務を課したにとどまるとするプログラム規定説、②生存権の内容は抽象的であるが、それを具体化する法律によって具体的権利になるとする抽象的権利説、③そのような法律が不存在の場合には、その違憲確認の訴訟を提起できるとする具体的権利説が対立している。このうち、②説が判例・通説とみられている。

1．誤り。通説はもちろん、判例も、生存権を具体化する法律の制定によって国民に具体的権利が発生することは認めている（朝日訴訟：最大判昭42・5・24民集21・5・1043）。

2．誤り。合理的理由もないのに、同じ境遇にある者に同じ給付がなされなければ、平等違反となる。堀木訴訟（最大判昭57・7・7民集36・7・1235）においても、「受給者の範囲、支給要件、支給金額等につきなんら合理的理由のない不当な差別的取扱をした」場合には憲法14条の問題の生ずることは否定できない、と判示されている。

3．正しい。生存権は、国家に対して生存への配慮を求める請求権であるが、憲法の規定から直ちに具体的な給付請求権等が導き出されるわけではないと理解されている。

4．誤り。塩見訴訟最高裁判決（最判平元・3・2判時1363・68）は、「社会保障上の施策において在留外国人をどのように処遇するかについては、国は、……その政治的判断によりこれを決定することができるのであり、その限られた財源の下で福祉的給付を行うに当たり、自国民を在留外国人より優先的に扱うことも、許される」と説示し、永住権の有無によって外国人を区別しているわけでない。

正解　3

🔑生存権の法的性格

> **問題43**　教育を受ける権利に関する以下の記述のうち、判例・通説に照らして、正しいものを１つ選びなさい。
> 　　1．公教育においては教育の機会均等が図られなければならないため、各人の能力の違いに応じた教育を行うことは、憲法26条の趣旨に反して許されない。
> 　　2．憲法は義務教育の無償を定めているので、授業料の不徴収だけでなく、教科書の無償配布も憲法で保障されている。
> 　　3．教育を受ける権利には社会権的側面があるので、国は、教育制度および教育条件を整備する義務を負う。
> 　　4．教育内容を決定する権限は国にあるので、国会は法律によって公教育における教育の内容および方法について細部まで詳細に定めることができる。

解説　日本国憲法は、社会権の１つとして、教育を受ける権利（憲26条）を保障しているが、本問はそれに関する全般的な理解を問うものである。

1．誤り。憲法26条１項は、「能力に応じて、ひとしく」教育を受ける権利を保障しており、これは各人の能力の違いに応じて異なった内容の教育をすることを許容する趣旨と一般に解されている。

2．誤り。義務教育の無償は、授業料を徴収しないことの意味であり、教科書の無償までは含まないと解されている（最大判昭39・2・26民集18・2・343）。教育基本法５条４項参照。

3．正しい。一般にこのように解されている。なお、教育を受ける権利については、社会権的側面と自由権的側面とを併有する複合的な性格が指摘されている。

4．誤り。かつて国家教育権説と国民教育権説とが対立していたが、判例は、どちらの説も極端かつ一方的であり、全面的にいずれかを採用することはできないとし、国は、親の教育の自由や私学教育における自由や教師の教授の自由が肯定される一定の範囲以外の領域で、「必要かつ相当と認められる範囲において」教育内容決定権を有すると判断している（旭川学テ事件：最大判昭51・5・21刑集30・5・615）。ただし、同判決は、「教授の具体的内容及び方法につきある程度自由な裁量が認められなければならない」という意味での一定の範囲における教授の自由を普通教育の教員にも認めているので、国が教育の内容および方法を細部まで詳細に定めることは許されない。

正解　3

🔑教育を受ける権利

問題44　憲法28条が保障する労働基本権に関する以下の記述のうち、判例・通説に照らして、正しいものを1つ選びなさい。
　　1．憲法28条により労働基本権を保障される「勤労者」とは、私企業において労働力を提供して対価を得る労働者のことであり、公務員は含まれない。
　　2．憲法28条により保障される労働基本権は、いわゆる社会権としての性格をもち、国は労働者の権利の保障のため積極的な施策を講じる義務を負っている。
　　3．憲法28条により保障される労働基本権は、憲法上の人権規定である以上、国家に対して向けられたものであり、私人間において効力をもつものではない。
　　4．憲法28条により保障される労働基本権のうち、「団体行動する権利」には、労働者が一斉に労働をやめることや作業能率を低下させて業務の正常な運営を阻害することまでは含まれない。

解説　本問は、労働基本権に関する全般的な理解を問うものである。
　労働者は、その生活を労働の対価である賃金に依存するため、使用者とは対等な立場にたてず、劣悪な労働条件も受けいれざるをえない状態に置かれる。こうした労働者の状況を改善するため、20世紀に入ると、労働者の権利保障を定める憲法があらわれ、日本国憲法でも労働基本権が保障されている（憲28条）。

1．誤り。憲法28条にいう「勤労者」とは、労働力を使用者に提供しその対価を得て生活する者のことであり、私企業で働く者にとどまらず、公務員も含まれる。最高裁判所も「憲法28条の労働基本権の保障は公務員に対しても及ぶ」と述べている（全農林警職法事件：最大判昭48・4・25刑集27・4・547）。

2．正しい。労働基本権には、国に対して労働者の労働基本権を保障する措置を要求し、国はその施策を実施すべき義務を負う、という社会権としての側面がある。ただし、労働基本権には、国に対して労働者の争議行為の制約等を禁ずるという自由権としての側面がある点にも留意すべきである。

3．誤り。労働者の大部分は、私企業における労働者であり、憲法28条は、私人間においても労働基本権が保障されるべきことを要請していると考えられている。

4．誤り。労働者がその主張を実現するためにとる団体行動には、労働者が一致共同して労働をやめる同盟罷業（ストライキ）や作業能率を低下させる怠業（サボタージュ）等がある。これらは、労働者が使用者側と対抗するための手段として認められている（労調7条参照）。

正解　2

労働基本権

問題45　刑事手続に関する以下の記述のうち、正しいものを1つ選びなさい。

1．何人も、現行犯の場合を除いて、検察官が発する令状によらなければ逮捕されない。

2．刑事被告人は弁護人依頼権を有するが、刑事被告人自ら依頼することができないときは国でこれを付する。

3．刑事被告人は、あらゆる証人に対して尋問する機会が与えられているが、強制的手続により自己のために証人を求める場合には、自費で行わなければならない。

4．判例によれば、証人を保護するために、証人と被告人が直接対面することを避けるために遮蔽措置をとったり、証人を法廷とは別室に在席させてビデオリンク方式で尋問を行うことは、被告人の公開裁判を受ける権利を侵害し、違憲である。

解説　日本国憲法では、人身の自由を保障するため、被疑者および被告人の権利を手厚く保障している。本問は、それらの権利に関する全般的な理解を問うものである。

1．誤り。捜査段階における被疑者の権利として、不当な逮捕からの自由がある。憲法33条によれば、現行犯を除いて、「権限を有する司法官憲が発し、且つ理由となつてゐる犯罪を明示する令状によらなければ、逮捕されない」。このように令状主義の原則がとられ、不当逮捕を抑止し、被逮捕者の防御権が守られることとなるが、ここにいう「権限ある司法官憲」とは裁判官であって、検察官ではない。

2．正しい。被告人には、手続保障の見地から弁護人依頼権が認められている。また、弁護人について「被告人が自らこれを依頼することができないときは、国でこれを附する」として国選弁護人の制度を定める（憲37条3項）。

3．誤り。被告人には、防御権の一種として、証人尋問権と証人喚問権が認められている。証人喚問権については、「公費で自己のために強制的手続により証人を求める権利」（憲37条2項）とされ、その実質化がはかられている。

4．誤り。2000（平成12）年の刑事訴訟法の改正で犯罪被害者等を保護するためにこれらの措置（同法157条の5・157条の6）が導入されたが、最高裁判所は、裁判の非公開には該当しないとする（最判平17・4・14刑集59・3・259）。民訴203条の3・204条2号も参照。

正解　2

🔑刑事手続における人権

問題46　死刑の合憲性に関する以下の記述のうち、判例に照らして、誤っているものを１つ選びなさい。
　　１．死刑の執行方法がいかなるものであっても、死刑は憲法自身が予定している例外であるため、憲法違反になることはない。
　　２．犯行の罪質、動機、殺害の手段方法の執拗性・残虐性、殺害された被害者の数、遺族の被害感情、社会的影響、犯人の年齢、前科、犯行後の情状等各般の情状をあわせ考察したとき、その罪責が誠に重大であって、罪刑の均衡の見地からも一般予防の見地からも極刑がやむをえないと認められる場合には、死刑の選択も許される。
　　３．憲法13条が、生命に対する国民の権利といえども、公共の福祉に反すれば、立法上剥奪されることを当然に予想し、憲法31条が、国民個人の生命の尊貴といえども、法律の定める適理の手続により、これを奪う刑罰の賦課を予定していると解される以上、死刑それ自体は合憲である。
　　４．死刑制度が、その執行方法も含め憲法に反しないと解する限り、裁判員裁判における死刑判決であっても、特に違憲とみなさなければならない理由はない。

解説　本問は、死刑の合憲性をめぐる判例の理解を問うものである。
１．誤り。最高裁は、死刑それ自体は「残虐な刑罰」（憲36条）に該当しないが、「火あぶり、はりつけ、さらし首、釜ゆでの刑のごとき残虐な執行方法を定める法律」は違憲であると判示した（最大判昭23・3・12刑集2・3・191）。
２．正しい。最高裁は、死刑判決を「極刑がやむをえないと認められる場合」にのみ許されるとしたうえで、本肢のように述べて、死刑の選択基準（いわゆる永山基準）を明らかにした（最判昭58・7・8刑集37・6・609）。
３．正しい。最高裁は、本肢のように述べて、死刑制度の存置を一般に合憲であると判示した（最大判昭23・3・12刑集2・3・191）。
４．正しい。最高裁は、裁判員裁判における死刑判決も、先例の趣旨に徴して合憲であると判示した（最判平26・9・2裁判集刑314・267）。

正解　1

死刑の合憲性

問題47　裁判を受ける権利に関する以下の記述のうち、通説に照らして、正しいものを1つ選びなさい。

1. 裁判を受ける権利は、国家による裁判組織および制度を前提とするので、社会権として位置づけられる。
2. 裁判を受ける権利は、前国家的権利とはいえないので、日本国民にのみ保障が及び、外国人には保障されない。
3. 裁判を受ける権利は、民事裁判と刑事裁判を対象にするものであって、行政事件の裁判を対象にしない。
4. 裁判を受ける権利は、個人の基本的人権の保障を確保すると同時に、法の支配の実現とも密接に関連している。

解説　憲法32条にいう「裁判を受ける権利」は、政治権力から独立し、かつ、公平な裁判所による裁判を受けることを保障しているが、本問は、その通説的理解について問うものである。

1. 誤り。裁判を受ける権利は、人権保障をより確実なものとするための基本権の1つであり、人権の分類論においては、受益権ないし国務請求権にあたると解されている。ただし、刑事事件の場合には、刑事裁判によらなければ刑罰を科せられないことを意味するので、自由権的性格があるといわれているが、社会権として位置づけられることはない。
2. 誤り。外国人の人権保障については、権利の性質に応じて判断されることになるが、これに照らして考えると、裁判を受ける権利の享有主体は国民に限られるわけではなく、外国人も含まれる。
3. 誤り。かつて司法概念には民刑事の裁判しか含まれないとされ、行政事件の裁判は対象外とみなされていたが、日本国憲法の下では、行政裁判も司法権に属すると考えられるようになり、憲法32条の「裁判」には、そのような限定はないと解されている。
4. 正しい。裁判所に違憲審査権が与えられている日本国憲法の下では、裁判を受ける権利が基本的人権の保障を確保し、法の支配の実現と密接な関連をもつことは明らかであるといえる。

正解　4

裁判を受ける権利

問題48　権力分立制の変容に関する以下の記述のうち、誤っているものを1つ選びなさい。

1．現代の権力分立制では、福祉国家の要請とともに行政権が肥大化し、行政権優位の実態が目立っている。
2．議院内閣制の下では、政党の発達とともに、議会と政府との対立という構造から、政府・与党と野党との対立という構造へと変化している。
3．違憲審査制が導入され、裁判所が議会や政府の活動をコントロールするようになった。
4．国民主権の確立とともに、権力分立制は国民の権利・自由を守るための制度から、国民の国政参加を促進する制度へ変化した。

解説　本問は、権力分立制に関する基本的な知識を問うものである。
　権力分立制は、国家権力が1つの機関等に集中して国民の自由を脅かすことのないように、立法・行政・司法の三権を分離して各別の機関に担当させ、相互に抑制と均衡をはかるという制度である。権力分立制の具体的なあり様は、各国の歴史的・社会的状況に応じてさまざまである。また、権力分立制は、当初の形態から大きく変貌し、現代では、「行政国家」、「司法国家」、「政党国家」現象が顕著になっている。

1．正しい。現代国家では、福祉国家の要請の下で行政任務が飛躍的に増大するとともに、実質的な政策立案・遂行が行政権に移行しており、「行政国家」の現象がみられる。このような現象は行政需要の増大にともない不可避のものであるが、行政権の有効な統制は現代政治の1つの重要な課題となる。
2．正しい。現代の議院内閣制では、国民と議会を媒介する組織として政党が発達し、「政党国家」の現象が生じている。そこでは、伝統的な権力分立の基本であった「議会」対「政府」という対抗関係が、「政府・与党」対「野党」という対抗関係へと変化している。
3．正しい。第2次世界大戦後、国家活動を憲法に照らして規律する違憲審査制が各国で広く採用され、議会・政府の活動を裁判所がコントロールするという「司法国家」の現象が進展した。
4．誤り。権力分立制は、国民の自由を確保するために権力を統制しようとする点で、自由主義の思想に立脚している。国民主権の下でも、その点は変わらない。

正解　4

問題49　選挙権や選挙運動の自由の保障に関する以下の記述のうち、誤っているものを1つ選びなさい。

1．憲法は、公務員の選挙について、成年者による普通選挙を保障しているが、成年年齢の具体的な決定は法律にゆだねられている。
2．判例によれば、国民の選挙権の保障にも限界があり、合理的な理由があれば選挙権またはその行使を制限することが認められる。
3．判例によれば、投票価値の較差が、一般的に合理性を有するものとは考えられない程度に至った場合でも、直ちに違憲となるわけではない。
4．判例によれば、選挙運動のための戸別訪問を一律に禁止しても、合理的で必要やむをえない限度を超える制限とはいえない。

解説　本問は、選挙権や選挙運動の自由の保障内容について問うものである。
1．正しい。憲法15条3項は「公務員の選挙については、成年者による普通選挙を保障する」とし、選挙成年年齢を定めていない。国会議員については、選挙成年年齢を法律で定める旨の明文規定がある（憲44条）。公職選挙法9条は、満18歳以上の者に選挙権を認めている（なお、これは2015年の公職選挙法改正によるもので、それまでは満20歳以上であった）。
2．誤り。最高裁は、「自ら選挙の公正を害する行為をした者等の選挙権について一定の制限をすることは別として、国民の選挙権又はその行使を制限することは原則として許されず、国民の選挙権又はその行使を制限するためには、そのような制限をすることがやむを得ないと認められる事由がなければならない」とする（在外国民選挙権訴訟：最大判平17・9・14民集59・7・2087）。
3．正しい。最高裁は、投票価値の平等も憲法14条1項により保障されるものの、投票価値の較差が一般的に合理性を有するものとは考えられない程度に至っている場合でも直ちには違憲とならず（いわゆる違憲状態）、合理的期間内にそれが是正されないときにはじめて違憲となるとする（最大判昭51・4・14民集30・3・223）。
4．正しい。公職選挙法138条1項は選挙運動のための戸別訪問を一律に禁止しているが、最高裁は一貫して合憲と判断してきている（最判昭56・7・21刑集35・5・568等）。

正解　2

選挙権、選挙運動の自由

問題50　選挙の原則に関する以下の記述のうち、誤っているものを1つ選びなさい。
1．平等選挙とは、投票価値の平等を求める原則であったが、現在はこれに加えて、平等に代表者をもつという、投票結果の平等まで求めるのが通説である。
2．秘密選挙とは、選挙人が誰に投票したかを秘密にする制度原則であり、憲法上、明文で規定されている。
3．直接選挙とは、議員その他の公務員を直接に選挙する制度原則である。他方で、間接選挙とは、選挙人が一定数の中間選挙人を選挙し、その中間選挙人が議員その他の公務員を選挙する制度原則である。
4．自由選挙とは、立候補や投票の自由を求める原則であり、通説は棄権の自由も憲法上保障されると解している。

解説　選挙に関しては、普通選挙の原則、平等選挙の原則、直接選挙の原則、自由選挙の原則、秘密選挙の原則があるとされているが、本問は、これらの理解を問うものである。

1．誤り。平等選挙の原則は投票の数的平等にとどまらず、投票価値の平等（投票が選挙の結果に対してもつ影響力の平等）をも要求するというのが、通説・判例の理解である。しかし、投票結果の平等まで要求するという説はない。

　　なお、普通選挙の原則とは、伝統的には財産による資格制限を否定する原則であったが、現在では人種、信条、性別、社会的身分、門地、教育等による投票資格差別も禁じるものとされている。

2．正しい。憲法15条4項は、「すべて選挙における投票の秘密は、これを侵してはならない」と規定する。自由な投票を確保するためである。

3．正しい。なお、国会議員を地方議員によって選挙させるというように、議員を別の被選議員によって選挙させる制度を複選制という。中間選挙人が選挙のためにだけ選出される間接選挙とは厳密には異なる。

4．正しい。これに関連し、強制投票制の採用が違憲となるかについて、学説上の対立がある。

正解　1

🖋選挙に関する原則

> **問題51**　選挙制度に関する以下の記述のうち、正しいものを１つ選びなさい。
> 　１．小選挙区制は、１つの選挙区から１名の議員を選出する制度で、投票者の少数派からの議員の選出を可能にする。
> 　２．大選挙区制は、１つの選挙区から複数の議員を選出する制度で、多数派の議席独占を可能にする。
> 　３．いわゆる中選挙区制は、１つの選挙区から数名の議員を選出する制度で、これを導入している国は少なく、わが国でも採用されたことはない。
> 　４．比例代表制は、得票数に比例した議員の選出を保障しようとするもので、わが国では、衆議院議員および参議院議員の選挙に組み入れられている。

解説　選挙区とは、有権者によって組織される選挙人団を区分けするための基準となる区域をいうが、投票の方法との組み合わせにより、さまざまな代表をもたらすことになる。

　本問は、そのような選挙制度のあり方について問うものである。

１．誤り。小選挙区制は、１つの選挙区から１人の議員を選出する制度であるから、結果的にその選挙区で最多数の投票を獲得した者が議員となる（いわゆる多数代表法）。

２．誤り。大選挙区制のように、１つの選挙区から複数の議員を選出する制度の場合、投票者の少数派からも議員を選出することが可能となる（いわゆる少数代表法）。このため、大選挙区制において、多数派の議席独占が生ずるのは稀である。

３．誤り。1994（平成６）年の選挙制度改革前の衆議院議員選挙は、１つの選挙区から３〜５名の議員を選出する制度が採用されており、中選挙区制といわれていたが、このような制度を採用する国は少ない。

４．正しい。比例代表制とは、得票数に比例した議席を配分する代表制度であり、死票が少なくなるため民意反映の点で優れているとされる。わが国では、現在、衆議院については、小選挙区制に比例代表制を加味した制度（いわゆる小選挙区比例代表並立制）が採用され、参議院については、原則として都道府県を１つの単位とする選挙区（ただし、一部で２つの県の「合区」が行われている）から選出される議員と、全国を１つの単位とする比例代表制により選出される議員とからなっている。

正解　4

選挙制度

> **問題52**　判例は、両議院の議員の各選挙制度の仕組みの具体的決定は原則として国会の広い裁量にゆだねられているとしており、投票価値の平等や在外国民の選挙権の行使が問題になる場合を除いて、最高裁判所によって、国会が採用した選挙制度の仕組みが違憲とされたことはない。現行の選挙制度に関する以下の記述のうち、正しいものを1つ選びなさい。
>
> 1．参議院の比例代表選挙については、非拘束名簿式比例代表制が用いられており、政党は、いかなる場合も、当選人となるべき候補者に順位をつけることができない。
>
> 2．参議院の選挙区選挙については、都道府県単位の選挙区が設置されており、複数の都道府県を合区している選挙区は存在しない。
>
> 3．衆議院議員の選挙については、小選挙区と比例代表での重複立候補が可能で、比例代表選挙における名簿同一順位の者の当選の決定は、小選挙区での惜敗率によって行われる。
>
> 4．参議院議員の選挙については、選挙区と比例代表での重複立候補が可能で、この場合、比例代表での当選者の決定は、候補者としての得票数によって行われる。

解説　本問は現行選挙制度の仕組みに関する問題である。

1．誤り。参議院の比例代表選挙について、非拘束名簿式比例代表制が基本であることは正しいが、肢2で述べる合区がきっかけとなって、限定的に、拘束名簿式の利用が可能となっている。その場合、政党は、当選人となるべき候補者に順位をつけることができる。いわゆる特定枠である。

2．誤り。参議院の選挙区選挙については、都道府県単位の選挙区が設置されていることが原則であるが、徳島と高知、鳥取と島根は合区されている。

3．正しい。肢3が述べる当選者の決定方法を合憲とした最大判平成11・11・10民集53・8・1577が、「代表民主制の下における選挙制度は、選挙された代表者を通じて、国民の利害や意見が公正かつ効果的に国政の運営に反映されることを目標とし、他方、政治における安定の要請をも考慮しながら、それぞれの国において、その国の実情に即して具体的に決定されるべきものであり、そこに論理的に要請される一定不変の形態が存在するわけではない」と述べるように、選挙制度のありようは憲法上一義的に決まるわけではないが、現在の選挙制度は実質的意味での憲法の一部であり、また、これを知っていることは、様々な論点についての憲法の学習の基本である。なお、同判決は、続けて、「我が憲法もまた、右の理由から、国会の両議院の議員の選挙について、およそ議員は全国民を代表するものでなければならないという制約の下で、議員の定数、選挙区、投票の方法

その他選挙に関する事項は法律で定めるべきものとし（43条、47条）、両議院の議員の各選挙制度の仕組みの具体的決定を原則として国会の広い裁量にゆだねているのである。このように、国会は、その裁量により、衆議院議員及び参議院議員それぞれについて公正かつ効果的な代表を選出するという目標を実現するために適切な選挙制度の仕組みを決定することができるのであるから、国会が新たな選挙制度の仕組みを採用した場合には、その具体的に定めたところが、右の制約や法の下の平等などの憲法上の要請に反するため国会の右のような広い裁量権を考慮してもなおその限界を超えており、これを是認することができない場合に、初めてこれが憲法に違反することになる」と述べているところである。

4. 誤り。参議院議員の比例代表選挙については、政党に割り当てられた当選者数のうちでの当選者の決定は、候補者としての得票数によって行われる。その限りではこれは正しいが、選挙区と比例代表での重複立候補は不可である。

正解 3

選挙制度

問題53　政党に関する以下の記述のうち、誤っているものを１つ選びなさい。
　１．日本国憲法は政党に関する規定をもたないが、議会制民主主義を支える不可欠の要素として、政党の存在を承認している。
　２．政党内部の組織や運営について、民主的秩序が確保されない政党は、日本国憲法上、結成を禁じられている。
　３．政党と会派（議院内で活動をともにする議員団体）は、同一のものに帰着する場合もあるが、概念上は別のものであり、区別されなければならない。
　４．政党の果たしている国政上の重要な役割にかんがみれば、選挙制度を政党本位のものとすることもまた、国会の裁量の範囲に属する。

解説　本問は、政党に関する基本的な知識を問うものである。
　政党とは、政治上の主義・主張を共有する人々がその実現を目指して組織する政治団体をいう。その意味では、政党は、本来的に私的団体としての性格をもつが、同時に、民意を議会に媒介し、議会内で政治問題を討論・決定し、組閣のプロセスに関与するなど、国家の政治的意思形成過程に深くかかわり、民主政治のうえで重要な役割を果たしているので、「公的性格」をもつともいえる。

１．正しい。第２次世界大戦後に制定された憲法では、政党に関して明文規定を置くものが多いが、日本国憲法はそのような規定を欠く。もっとも、日本国憲法は、結社の自由を保障し（憲21条１項）、議院内閣制を採用しているので、「議会制民主主義を支える不可欠の要素」（最大判昭45・6・24民集24・6・625）として、政党の存在を承認しているといえる。

２．誤り。ドイツのように、政党法を制定し、政党に民主的な組織・運営を求めている国もあるが、日本では、政党法そのものが定められていないし、非民主的政党といっても、何がそれにあたるのか、明確な基準で評価することができない以上、民主的秩序が確保できていないといった抽象的な理由で、政党の結成を禁じることはできないと考えられている。

３．正しい。会派（国会46条１項）とは、議院内で活動をともにする議員団体を指す。同じ政党に所属する議員だけで結成された会派は、その政党名を名乗ることが多いため、政党と会派は同一視されがちであるが、概念上は別組織である。

４．正しい。重複立候補制および比例代表制に関する最大判平11・11・10民集53・8・1577参照。

正解　2

政党

> **問題54**　国会の地位に関する以下の記述のうち、正しいものを１つ選び
> なさい。
> 　1．国会は唯一の立法機関なので、法律の制定手続に国会以外の機関
> 　　が関与することは許されず、内閣は法律案提出権をもたない。
> 　2．国会は唯一の立法機関なので、他の国家機関は憲法上の例外を除
> 　　いて立法を行うことができない。
> 　3．国会は国権の最高機関なので、他の国家機関に優位する地位にあ
> 　　り、それぞれの権限行使について指揮・命令することができる。
> 　4．国会は国民の代表機関なので、国民を代表する国会議員は、国会
> 　　での活動において、その選出母体である選挙民の指示に拘束され
> 　　る。

解説　本問は、国会の地位に関する基本的な知識を問うものである。

1．誤り。国会が「国の唯一の立法機関である」という規定（憲41条）には、
①国会単独立法の原則と②国会中心立法の原則という２つの意味がある。
①は、法律の制定手続について、国会以外の機関が関与できないとする原
則である。そこで、内閣の法律案提出権の有無が問題になるが、通説は、
国会が内閣提出法律案を自由に修正・否決できること、憲法が議院内閣制
を採用し、国会と内閣との協働をはかっていることなどから、これを肯定
している。

2．正しい。②の国会中心立法の原則は、国会が立法権を独占し、他の機関
は「立法」を行うことはできないとする。憲法上の例外として、議院規則
（憲58条２項）、最高裁判所規則（憲77条）がある。行政権の制定する命令は、
執行命令と委任命令のみが認められ（憲73条6号）、独立命令は認められて
いない。

3．誤り。国会が「国権の最高機関であ」るという規定（憲41条）は、法的
意味をもたず、国会が国政の中心的地位にあることを政治的に強調する趣
旨であると解する説（政治的美称説）が通説である。法的意味を見出す立
場もあるが、他の機関に指揮・命令できるとまで主張するわけではない。

4．誤り。両議院は「全国民を代表する選挙された議員」で組織される（憲
43条１項）。「全国民の代表」とは、議員が選挙区等の特定の選挙母体の訓
令に拘束されることなく（命令委任の禁止）、自己の信念のみに基づいて行
動できる（自由委任の原則）ことを意味している。この観念によれば、議
員が民意に拘束されないため、選挙民の意思と議会の意思との結びつきは
要求されない。もっとも、歴史的にみれば、議会制が発達し、普通選挙制
が普及するとともに、議会は民意を反映すべきであると考えられるように
なった（「半代表」の観念）。しかし、現在でも、法的には自由委任の原則
が維持されている。

正解　2

問題55　国会の地位と権能に関する以下の記述のうち、正しいものを１つ選びなさい。

　　1．日本国憲法では、国会中心立法の原則が妥当し、法律による委任なく行政権が立法することは認められていないが、明治憲法においても、これは同様であった。

　　2．憲法は、国会が国権の最高機関であると定めるが、これは、国民を直接代表する国会こそが最高の決定権ないし国政全般を統括する権能をもった機関であるという意味だと解するのが通説である。

　　3．国会は唯一の立法機関なので、特定の地方公共団体のみに適用される法律であっても、国会の議決だけで成立させることができる。

　　4．憲法は、行政権が立法を行うことを認めているが、それは、執行命令と委任命令のみに限定されている。

解説　本問は、国会の地位と権能について基本的な知識を問うものである。

1．誤り。明治憲法は、行政権が緊急命令や独立命令の形式で、議会を通すことなく、独自に立法を行うことを認めていた（明憲8条・9条参照）。

2．誤り。憲法41条の「国権の最高機関」の意味については、国会が国政の中心的地位にあることを政治的に強調する趣旨であると解する説（政治的美称説）が通説である。他方、これを法的意味に解し、国会が国権を統括する機関であるという趣旨で理解する説（統括機関説）もあるが、この説は主権者が国民であることとの関係で正当ではないと考えられている。

3．誤り。憲法95条は、「一の地方公共団体のみに適用される特別法は、法律の定めるところにより、その地方公共団体の住民の投票においてその過半数の同意を得なければ、国会は、これを制定することができない」と定めている。もっとも、特定の地方公共団体を対象とする法律のすべてが同条にいう「特別法」に該当するわけではなく、「地方公共団体の組織、運営または機能」について定める法律であってはじめて同条の「特別法」に該当するとの見解を、政府解釈は採用している。

4．正しい。憲法73条6号は、内閣に政令を制定する権限を付与しているが、それは、①法律の執行に必要な細則を定める「執行命令」と、②法律の委任に基づく「委任命令」に限定される。

正解　4

国会の地位と権能

問題56　国会の権能に関する以下の記述のうち、誤っているものを1つ選びなさい。
 1．国会は、各議院の総議員の3分の2以上の賛成で、憲法の改正を発議することができる。
 2．条約を締結するのは内閣であるが、事前に、時宜によっては事後に、国会の承認が必要である。
 3．内閣総理大臣は、国会議員の中から国会の議決で指名する。
 4．国会は、国の収入支出の決算を毎年検査するため、両議院の議員で組織する会計検査院を設ける。

解説　本問は、国会の権能に関する問題である。
1．正しい。憲法96条1項の規定するところである。憲法改正には、さらに、同項の規定する国民投票による承認と、同条2項の規定する天皇による公布が必要である。憲法改正の発議については、国会法68条の2以下に詳細が規定されている。
2．正しい。憲法73条3号の規定するところである。条約の締結の国会による承認については、憲法61条参照。
3．正しい。憲法67条1項の規定するところである。この点に関する衆議院の優越については、同条2項参照。なお、内閣総理大臣は、日本国憲法下ではすべて、衆議院議員から選ばれてきたが、これは憲法の明文が要求しているところではない。
4．誤り。憲法は、会計検査院について、「国の収入支出の決算は、すべて毎年会計検査院がこれを検査し、内閣は、次の年度に、その検査報告とともに、これを国会に提出しなければならない」（憲90条1項）と規定し、その存在を予定し、その「組織及び権限は、法律でこれを定める」（同条2項）としているが、国会が、「両議院の議員で組織する」のは「弾劾裁判所」である（憲64条1項）。

正解　4

問題57　衆議院と参議院に関する以下の記述のうち、誤っているものを1つ選びなさい。

1．憲法が二院制を採用し衆議院と参議院の権限および議員の任期等に差異を設けている趣旨は、それぞれの議院に特色のある機能を発揮させることによって、国会を公正かつ効果的に国民を代表する機関にしようとするところにある。
2．衆参両議院は、それぞれ独立して活動するのが原則であるが、同時に召集、開会、閉会されるべきと考えられている。
3．衆参両議院は、それぞれ独立して内閣に対する不信任決議を行い、内閣を総辞職させる権能をもつ。
4．衆参両議院の間には、法律案の議決、予算の議決、条約の承認や内閣総理大臣の指名につき衆議院の優越が定められているが、憲法改正の発議についての両議院の議決は対等とされている。

解説　本問は、二院制について基本的な知識を問うものである。

1．正しい。国会は、衆議院と参議院によって構成される（憲42条）。本肢は、最高裁判所の判例（最大判昭58・4・27民集37・3・345）において二院制を採用した趣旨として示されている。
2．正しい。憲法上、衆議院の解散の場合の参議院の同時閉会（憲54条2項）について以外、両議院の同時活動の原則についての規定はないが、一応、当然のことと考えられている。
3．誤り。衆参両議院の権能の範囲はほぼ対等といえるが、内閣を総辞職させうる不信任の決議は衆議院にのみ認められる（憲69条）。
4．正しい。憲法は、国会の意思形成を早期に安定させるため、法律案の議決（憲59条）、予算先議権、予算の議決（憲60条）、条約の承認（憲61条）、内閣総理大臣の指名（憲67条2項）について衆議院の優越を定めている。ただし、憲法改正の発議については、衆議院の優越は認められておらず、両議院対等である（憲96条1項前段）。なお、参議院にのみ認められる権能としては、衆議院が解散している場合の参議院の緊急集会（憲54条2項但書・3項）がある。

正解　3

二院制

問題58　両議院の議決に関する以下の記述のうち、誤っているものを1つ選びなさい。

1．予算について、衆議院と参議院が異なった議決をした場合、両院協議会を開いても意見が一致しないときは、衆議院の議決が国会の議決となる。

2．条約の締結に必要な国会の承認について、衆議院と参議院が異なった議決をした場合、両院協議会を開いても意見が一致しないときは、衆議院の議決が国会の議決となる。

3．法律案の議決について、衆議院と参議院が異なった議決をした場合、両院協議会を開いても意見が一致しないときは、衆議院の議決が国会の議決となる。

4．内閣総理大臣の指名の議決について、衆議院と参議院が異なった議決をした場合、両院協議会を開いても意見が一致しないときは、衆議院の議決が国会の議決となる。

解説　本問は、両議院の議決について基本的な知識を問うものである。

1．正しい。憲法60条2項は、「予算について、参議院で衆議院と異なつた議決をした場合に、法律の定めるところにより、両議院の協議会を開いても意見が一致しないとき……は、衆議院の議決を国会の議決とする。」と規定している。予算の議決において両議院に不一致がみられた場合、両院協議会の開催は必須と解されている。

2．正しい。条約の締結に必要な国会の承認について、憲法61条は同60条2項の規定を準用する旨を定めている。したがって、本肢のような場合においても、衆議院の議決が国会の議決となる。なお、この場合も両院協議会の開催は必須と解されている。

3．誤り。法律案について衆参両院で異なる議決がなされた場合について、憲法59条2項は、衆議院で出席議員3分の2以上の特別多数による再議決があったときは法律となる旨を定めている。なお、憲法59条3項は、この再議決に際して、「衆議院が、両議院の協議会を開くことを求めることを妨げない。」と規定するにとどまる。それゆえ、法律案に関しては、両院協議会の開催は任意と解されている。

4．正しい。憲法67条2項は、内閣総理大臣の指名の議決について、「衆議院と参議院とが異なつた指名の議決をした場合に、法律の定めるところにより、両議院の協議会を開いても意見が一致しないとき……は、衆議院の議決を国会の議決とする。」と規定している。この場合、両院協議会の開催は必須と解されている。

正解 3

両議院の議決

問題59　国会の活動に関する以下の記述のうち、正しいものを１つ選びなさい。
　　1．日本国憲法は、会期制の採用について明文で定めたうえで、会期として、常会、臨時会および特別会の別を設けるとともに、各会期が独立して活動することを意味する会期不継続の原則を採用している。
　　2．国会が衆議院および参議院で構成されている以上、二院が同時に活動することを要するので、衆議院が解散されたときには参議院は閉会となり、たとえ国に緊急の事態が生じたとしても、新たに国会が召集されるまで待たなければならない。
　　3．合議体が活動するにあたって必要な最小限の出席者数を定足数というが、各議院が会議を開いて審議する場合であれ、そのうえで議決を行う場合であれ、定足数はそれぞれの総議員の２分の１である。
　　4．国会は、国民に対して国政にかかわる情報の提供などを行うため、会議を公開することが要請されているが、出席議員の３分の２以上の多数で議決したときは、秘密会を開くことができる。

解説　本問は、国会の活動にかかわる基本的な知識を問うものである。
1．誤り。会期とは、国会が活動する一定の期間のことをいい、日本国憲法は、常会、臨時会、特別会の別に明記している（憲52条・53条・54条１項。ただし、「特別会」という用語は用いていない）。条文に「会期」という文言はある（憲50条）ものの、会期制そのものについての明文規定を置いていない。また、会期不継続の原則も、憲法上の明文規定はなく、国会法68条に定められている。
2．誤り。憲法54条２項は、衆参同時活動の原則を定めているが、その但書において、衆議院の解散中に国に緊急の必要が生じた場合は、内閣が参議院の緊急集会を求めることを認めている。
3．誤り。定足数の意味は本肢のとおりであるが、各議院における議事・議決の定足数は、それぞれの総議員の３分の１である（憲56条１項）。
4．正しい。憲法57条１項は、会議の公開原則を定めつつ、その但書において、秘密会の開催を認めている。

正解　4

🔑国会の活動

問題60　議院自律権に関する以下の記述のうち、誤っているものを1つ選びなさい。
　1．国民の権利・義務にかかわる事項については法律で規律すべきであり、議院規則で規律することが可能であるとしても、両者が競合する場合は、法律が優位すると解すべきである。
　2．両議院は、各々その議員の資格に関する争訟を裁判するが、議員の議席を失わせるには、出席議員の3分の2以上の多数による議決が必要である。
　3．議院規則に違反して行われた議事手続について、議院が有効と扱っている場合であっても、議院規則に照らして判断することが可能であれば、裁判所はその議事手続の有効性を判断できる。
　4．議院が、院内の秩序を乱した議員に対する懲罰として、出席議員の3分の2以上の多数による議決でその議員を除名した場合、裁判所はこの除名処分の効力を審査することができない。

解説　本問は、議院自律権について基本的な知識を問うものである。
1．正しい。議院の「会議その他の手続及び内部の規律」（憲58条2項前段）については各議院に規則制定権が認められており、議事手続や懲罰に関する事項は、議院規則の排他的所管に属すると解することに十分な理由がある（これらについては、たとえ法律に規定を置いても議院規則が優先すると解すべきであり、その限度で国会法の一部の規定は「紳士協定」としての意味を有するにとどまると解することになる）。しかし、国会が「国の唯一の立法機関」（憲41条）である以上、本肢のような場合には、法律が優位すると解すべきである。実際、「議院における証人の宣誓及び証言等に関する法律」には、証人についての規定が置かれている。
2．正しい（憲55条参照）。
3．誤り。警察法改正無効事件最高裁判決（最大判昭37・3・7民集16・3・445）は、「両院において議決を経たものとされ適法な手続によつて公布されている以上、裁判所は両院の自主性を尊重すべく同法制定の議事手続に関する所論のような事実〔衆議院での会期延長の議決に際し、野党がこれに抵抗したため、議長は議場に入ることができず、議長席後方のドアを少し開き、2本の指をあげ、会期延長を宣言し、与党議員20〜30人くらいが拍手した〕を審理してその有効無効を判断すべきでない」とする。
4．正しい。懲罰については憲法58条2項後段に規定があり、同法76条の例外をなすと解されている。

正解　3

🔑議院自律権

問題61　つぎのア〜エは、国会の権限と議院が単独で行使できる権限とを列挙したものである。以下のうち、国会の権限を組み合わせたものを1つ選びなさい。

　ア．条約承認権
　イ．国政調査権
　ウ．議員の資格争訟の裁判権
　エ．裁判官弾劾裁判所の設置権

　1．アイ　　2．アエ　　3．イウ　　4．ウエ

解説　本問は、国会の権限と議院の権限との区別に関する基本的知識を問うものである。両院制の下では、原則として、両議院の意思の合致により国会の権限を行使できる。これと議院単独で行使できる議院の権限とは別物である。

ア．国会の権限である。条約の締結には、「国会」の承認が必要である（憲61条）

イ．議院の権限である。「両議院は、各々」国政に関する調査を行う権限を有する（憲62条）。

ウ．議院の権限である。「両議院は、各々」その議員の資格に関する争訟を裁判する（憲55条）。

エ．国会の権限である。「国会」は、罷免の訴追を受けた裁判官を裁判するため、弾劾裁判所を設置する（憲64条）。

正解　2

　国会の権能と議院の権能

問題62　国政調査権に関する以下の記述のうち、正しいものを1つ選びなさい。
1．現に係属中の事件の裁判に関して、裁判官の訴訟指揮などを調査することはできないが、確定判決の後であれば、個別事件の裁判の当否について調査することも許される。
2．国会は行政権に対して広汎な監督権を有するので、行政権に属する検察作用について、個別事案の捜査の進行状況等であっても広く調査できる。
3．国政調査権を行使するにあたり、証人を尋問し、記録の提出を要求することができるが、人の住居に侵入して捜索、押収することは許されない。
4．黙秘権は刑事手続上でしか保障されないので、国政調査の際に証言を求められた証人は、自己の刑事責任を問われるおそれのある事項についても、不利益な供述を拒否することができない。

解説　本問は、議院の国政調査権について基本的な知識を問うものである。
1．誤り。国政調査権（憲62条）は、司法権との関係では、司法権の独立の原則によって制約を受ける。裁判に関する調査には限界があり、裁判所に係属中の事件に関して裁判所のとった訴訟指揮の当否の調査や、裁判内容の当否の調査は許されない。また、確定判決を批判するような調査も、事後の同類の裁判に影響を及ぼす以上、許されない。ただし、裁判所に係属中の事件の事実について裁判所とは異なった目的から調査することは、裁判所の審理と並行するとしても、違法な調査ということはできない。
2．誤り。行政権のうち検察権との関係では、検察作用は準司法的作用であり、司法権類似の独立性が認められるため制約を受ける。すなわち、起訴・不起訴について検察権の行使に圧力を加えることを目的とする調査、起訴事件に関する捜査内容や公訴提起・公訴の内容を対象とする調査、捜査の続行に重大な支障をきたすような方法による調査等は違法である。
3．正しい。国政調査権は、刑事司法活動ではなく国政の調査を目的とするものであるため、憲法62条の定める「証人の出頭及び証言並びに記録の提出」を求めることはできるが、これを超えた強力な手段は許容されていない。
4．誤り。基本的人権を侵害する調査は許されない。特に、調査の過程で、証人の思想の自由やプライバシーを侵してはならない。自己の刑事責任を問われるおそれのあるとき、証人は憲法38条の不利益供述拒否権を根拠に証言を拒否できる（議院証言法4条も参照）。

正解　3

国政調査権

憲
法

> **問題63**　国会議員の地位および権利に関する以下の記述のうち、正しい
> ものを1つ選びなさい。
>   1. 国会議員は、議院で行った発言・表決などについて院外で責任を
>   問われないが、議員の所属政党が、議員に対して、党議拘束に反し
>   たことを理由に党員資格停止処分を行うことは許される。
>   2. 国会議員は、議院の活動に参加するため、自己の所属する議院に
>   単独で議案を発議する権能をもつ。
>   3. 国会議員は、たとえ犯罪を犯しても、憲法で定められた場合を除
>   き、国会の会期中は逮捕されず、会期前に逮捕されても、その所属
>   する議院の要求があれば、会期中は釈放されなければならない。
>   4. 国会議員は、支援者や支援団体の政治献金のなかから相当額の歳
>   費を受ける権利を有する。

解説　本問は、国会議員の地位および権利について基本的な知識を問うもの
である。

1. 正しい。憲法51条は、国会議員の免責特権を定めている。同条にいう「責
   任」は、民事・刑事の責任を意味するほか、弁護士等の懲戒責任も含むとい
   う説もあるが、議員の発言・表決が党議拘束など所属政党の規律に違反し
   たことを理由に政党が内部処分を行うことは、本条に反するものではない。
2. 誤り。議案発議権についての憲法上の規定はない。議員は各議院の構成
   員としてその活動に参加するが、国会法56条1項は、議案の発議の場合、
   衆議院では議員20人以上、参議院では議員10人以上の賛成、予算をともな
   う法律案の発議の場合、衆議院では議員50人以上、参議院では議員20人以
   上の賛成を必要としている。また、同法68条の2は、憲法改正原案の発議
   の場合、衆議院では議員100人以上、参議院では議員50人以上の賛成を必
   要としており、議員単独での議案発議を認めていない。
3. 誤り。憲法50条は、国会議員の不逮捕特権について定めている。不逮捕
   特権の例外については、憲法は「法律の定める場合」とし、これを受けて、
   国会法33条は、「各議院の議員は、院外における現行犯罪の場合を除いて
   は、会期中その院の許諾がなければ逮捕されない」としている。
4. 誤り。憲法49条は、「両議院の議員は、法律の定めるところにより、国
   庫から相当額の歳費を受ける」と規定している。これは、議員が支援者等
   から経済的に独立できるようにするためである。

正解　1

国会議員の地位および権利

問題64　内閣に関する以下の記述のうち、誤っているものを１つ選びなさい。
1．内閣は、内閣総理大臣と、内閣総理大臣によって任命された国務大臣によって構成される合議体である。
2．内閣は、憲法によって行政権を付与されており、その行政権の行使について責任を追及されることはない。
3．内閣は、内閣総理大臣が欠けた場合、総辞職しなければならないが、新たに内閣総理大臣が任命されるまで、引き続きその職務を行う。
4．行政権は内閣に属するが、実際に法律を執行するのは、多くの場合、行政各部である。

解説　本問は、内閣の組織、責任および職務に関する憲法条文の知識を問うものである。
1．正しい。内閣は、その首長たる内閣総理大臣とその他の国務大臣によって組織され（憲66条１項）、国務大臣については内閣総理大臣が任命する（憲68条１項）。
2．誤り。行政権は内閣に属している（憲65条）が、その行使については国会に対して連帯責任を負う（憲66条３項）。
3．正しい。内閣は、総選挙後にはじめて国会の召集があった場合のほか、内閣総理大臣が欠けた場合には総辞職しなければならない（憲70条）が、新たに内閣総理大臣が任命されるまではその職務を引き続き行うものとされている（憲71条）。
4．正しい。憲法73条１号は、明文で、「法律を誠実に執行」することを内閣の職務として掲げているが、実際は、行政各部に対して「法律を誠実に執行させる」のである。このことは、憲法が「行政各部」（憲72条）の存在を前提とし、法律・政令にはすべて「主任の国務大臣」（憲74条）の署名を要求していることからもうかがわれるところである。

正解　2

8 内閣

問題65　独立行政委員会に関する以下の記述のうち、正しいものを1つ選びなさい。
　　1．独立行政委員会は、18世紀末に官僚制を補完するものとしてフランスにおいて誕生した制度である。
　　2．独立行政委員会は、すべて独任制の機関であり、強力なリーダーシップの発揮が期待されている。
　　3．独立行政委員会は、行政作用の一部を担う機関なので、日本国憲法上、内閣の厳格な指揮監督の下に置かれている。
　　4．独立行政委員会は、行政作用の一部を担う機関でありながら、自らが規則を作成したり、紛争を解決したりする権限も有している。

解説　本問は、独立行政委員会についての知識を問うものである。
1．誤り。独立行政委員会とは、19世紀末から20世紀初頭のアメリカにおいて誕生した制度で、日本でも、戦後、行政組織の民主化の一環として占領軍の指導により多くの独立行政委員会が設置された。しかしながら、日本の官僚機構とはなじまなかったため、その多くが、廃止や諮問機関化されるに至っている。現在は、国政レベルでは、憲法上明文で規定された独立行政委員会である会計検査院（憲90条）のほか、人事院や公正取引委員会などいくつかの委員会が設けられているにすぎない。ただし、個人情報保護委員会など、新設の独立行政委員会もある。
2．誤り。独立行政委員会は、合議制の機関であり、組織の民主的運営が期待されている。
3．誤り。独立行政委員会は、職務の執行について内閣の指揮監督を受けない。たとえば、私的独占の禁止及び公正取引の確保に関する法律（独占禁止法）28条は、「公正取引委員会の委員長及び委員は、独立してその職権を行う」と規定している。
4．正しい。独立行政委員会は、職務の遂行上必要があれば、規則の制定や、紛争の解決を行う権限を有している。たとえば、人事院は、人事院規則を制定することができ（国公16条）、処分を受けた職員による不服申立てについて裁決・決定をする権限をもっている（国公90条以下）。こうした、準立法的権限と準司法的権限も独立行政委員会の特徴である。なお、独立行政委員会が、行政権は内閣に属すると定める憲法65条に反しないかについては、その理由づけは異なるものの、合憲とする学説が一般的である。

正解　4

独立行政委員会

問題66　イギリスのように不文の国政上の慣例として議院内閣制が採用されている国とは異なり、日本では憲法に議院内閣制に関する規定をいくつか置いている。以下の日本国憲法の条文のうち、議院内閣制にかかわらないものを1つ選びなさい。

1.「内閣総理大臣その他の国務大臣は、文民でなければならない。」
2.「内閣は、行政権の行使について、国会に対し連帯して責任を負ふ。」
3.「内閣総理大臣は、国会議員の中から国会の議決で、これを指名する。この指名は、他のすべての案件に先だつて、これを行ふ。」
4.「内閣総理大臣は、国務大臣を任命する。但し、その過半数は、国会議員の中から選ばれなければならない。」

解説　本問は、日本国憲法を例にして、議院内閣制に関する基本的な知識を問うものである。

1. かかわらない。本肢の条項（憲66条2項）は、いわゆる文民条項とよばれ、平和主義と密接にかかわるものと解されている。

2. かかわる。議院内閣制では、内閣の行政権行使に対する議会のコントロールが重要である。本肢の条項（憲66条3項）は、内閣は行政権の行使について国会に対して連帯責任を負うものとしており、議院内閣制にかかわる重要条文と位置づけられる。

　なお、内閣の国会に対する連帯責任といっても、基本的には政治的意味の責任と解される。ただし、衆議院が内閣に対して責任を追及する場合は、法的意味をもちうる。憲法69条によれば、衆議院が内閣不信任決議案を可決し、または内閣信任決議案を否決したときは、内閣としては10日以内に総辞職をするか、衆議院を解散するかの判断をしなければならないとされているからである。その際、衆議院を解散したとしても、引き続き衆議院の総選挙が行われ、選挙後国会が召集されると、内閣は総辞職をしなければならない（憲54条1項・70条）ので、どちらにしても新しい内閣に交替せざるをえない。

3. かかわる。議院内閣制では、内閣の組織について、議会が関与する。この見地から把握されるのが本肢の条項（憲67条1項）であり、内閣の中心となる内閣総理大臣は、国会の議決で指名されるものとしている。

4. かかわる。議院内閣制においては、内閣の構成員は、議員によるのが原則である。本肢の条項（憲68条1項）も、国務大臣の過半数については議員によることを要請する。実際にはほとんどの国務大臣が国会議員から選ばれている。

正解　1

議院内閣制

問題67　衆議院の解散に関する以下の記述のうち、正しいものを１つ選びなさい。

1．解散とは、国務大臣を除く衆議院の全議員に対し、任期満了前にその議員たる身分を失わせる行為である。

2．衆議院を解散する権限は、司法権でも立法権でもないから、行政権として内閣に属する。

3．内閣が衆議院を解散した場合、その効力の有無を審査することは、裁判所の権限の外にあるとするのが判例である。

4．内閣の衆議院解散権の行使については、一般にいかなる制約もないと解されている。

解説　本問は、衆議院の解散について基本的な知識を問うものである。

1．誤り。解散があるのは衆議院だけであるが、それは衆議院議員の全員に対してその任期満了前に議員たる身分を失わせる行為である。したがって、当然のことながら、国務大臣である衆議院議員も解散によって議員たる身分を失う。

2．誤り。行政権の定義としての「控除説」に依拠してそのような説明を行う立場も存在しなかったわけではないが、今日、控除説に対する疑問が強まっているとともに、控除説が妥当するとしても、それはすべての国家作用を前提にするのではなく、国家の対人民作用に限定して考えられるべきである（つまり、衆議院解散権のような国家機関相互の作用には妥当しない）と指摘されており、衆議院の解散権の所在を本肢のような論法によって正当化することはなくなっている。

3．正しい。吉田内閣が1952（昭和27）年に行った、いわゆる「抜き打ち解散」に関する苫米地事件判決（最大判昭35・6・8民集14・7・1206）は本肢のように判示している。

4．誤り。肢3で説明した判例の帰結として、当不当の問題は別にして、いかなる制約もないと解する立場も存在するが、憲法69条の解散の場合を除けば、①選挙の際に直接の争点とはならなかった重大な問題が生じた場合や、②国会の統一的な意思形成力に問題が生じた場合等に限定する立場も有力である。ただし、このような限定を加える立場にあっても、①ないし②に該当するかどうかの判断に際して内閣が有する裁量は、通常の行政訴訟で問題になるような行政庁の裁量とは異なり、執政上の裁量ともいうべきもので、その逸脱・濫用を論じることが不可能な程度に広範なものであると解するほかなく、実際上の帰結は肢3で説明した判例と同様のものとなろう。

正解　3

衆議院の解散

> **問題68**　内閣の権限に関する以下の記述のうち、誤っているものを１つ選びなさい。
> 　１．内閣は、法律を誠実に執行しなければならないが、内閣が法律の合憲性について疑問をもつ場合には、国会に対してはたらきかけ、その改廃を求める法律案を提出することは許される。
> 　２．天皇は、外国の大使および公使を接受することなどの国事行為を行うが、外交関係を処理する実質的な権限と責任は、内閣にある。
> 　３．内閣は、立法権および司法権の活動に関与する公務員を除いて、「官吏」の任免に関する基準を、法律に基づくことなく政令で定めることができる。
> 　４．内閣は、大赦、特赦、減刑、刑の執行の免除および復権を決定する権限を有するが、これらの各恩赦の内容と手続については、法律で定めるところが必要と解されている。

解説　本問は、内閣の権限について基本的な知識を問うものである。

　内閣は、行政権の主体（憲65条）として、行政事務一般を行う権限を有するが、憲法73条は、内閣の行うべきものとして、７つの重要な事務を別に掲げている。

１．正しい。内閣は「法律を誠実に執行」（憲73条１号）しなければならず、法律についての憲法上の疑義を理由にその執行を拒否することはできない。他方で、内閣は、国のとるべき適切な方向・総合的な政策のあり方を定め、実現するための総合調整作用（「国務」の「総理」〔同条１号〕）を果たすべきであり（佐藤幸治『日本国憲法論（第２版）』〔成文堂、2020年〕523頁～524頁）、その一環として、内閣が法律の合憲性について真摯な疑義をもつ場合には、法律の改廃について行動をとることが求められる。

２．正しい。内閣は、「外交関係を処理する」（憲73条２号）。条約の締結については、国会の承認（同条３号但書）が要求されるが、それ以外の外交事務は、すべて内閣の権限である。

３．誤り。行政権の活動は多くの公務員（「官吏」）を用いて行われ、行政権の主体である内閣には、これら公務員の任免権、人事権が付与されているが、その行使は、「法律の定める基準」（憲73条４号）によらねばならない。この「基準」を定める法律が、国家公務員法である。

４．正しい。憲法は、恩赦の決定を内閣の決定事項としている（憲73条７号）が、恩赦は、立法権および司法権の作用を変動させる効果をもつので、恩赦の各種類の内容と手続については、法律で定めることが必要とされる。これらについて定めるのが、恩赦法である。

正解　3

内閣の権限

問題69　内閣の組織に関する以下の記述のうち、正しいものを１つ選びなさい。

1．憲法67条は、内閣総理大臣が衆議院議員の中から国会の議決で指名される、と定めている。このため、内閣総理大臣が衆議院議員たる資格を失ったときは、内閣は当然に総辞職するものと解される。

2．憲法67条によれば、内閣総理大臣の指名について衆議院と参議院とが異なった議決をした場合には、衆議院は出席議員の３分の２以上の多数で再び指名の議決をすることができる。

3．憲法68条は、内閣総理大臣に国務大臣の任命権および罷免権を与えているが、国務大臣をその意に反して罷免する場合には、罷免の理由を明らかにしたうえで、内閣の同意を得る必要がある。

4．憲法69条と70条は、内閣が総辞職すべき場合について定めているが、これらの規定に基づき総辞職をした内閣は、新しい内閣総理大臣が任命されるまで、引き続きその職務を担当する。

解説　本問は、内閣の組織について基本的な知識を問うものである。

1．誤り。憲法67条は、「国会議員の中から」内閣総理大臣が選ばれるとしている。なお、内閣総理大臣が国会議員であることは、内閣の成立の要件であるとともに存続の要件でもあると解されており（通説）、内閣総理大臣が国会議員たる資格を失ったときは、内閣は当然に総辞職することになる。

2．誤り。憲法67条は、内閣総理大臣の指名について衆議院と参議院とが異なった議決をした場合の処理の仕方として両院協議会を開くよう要求しており（必要的両院協議会）、両院協議会で意見が一致しないときには、衆議院の議決を国会の議決とすると規定している。

3．誤り。憲法68条２項によれば、内閣総理大臣は、「任意に」、すなわち、いかなる法的制約も受けずに、一方的に国務大臣の職を解くことができ、閣議での承認も必要ではないと解されている。もっとも、国務大臣の任免には天皇の認証を要するので、この認証行為に対して「内閣の助言と承認」を行うための閣議は必要である。

4．正しい。内閣の総辞職により、内閣不在の事態が発生するわけではない（憲71条参照）。

正解　4

内閣の組織

問題70　司法権の範囲および限界に関する以下の記述のうち、判例に照らして、誤っているものを１つ選びなさい。
　　1．学問または技術上の知識等の優劣や当否の判断を内容とする国家試験の合格・不合格の判定に関する紛争は、当事者の法律上の地位・利益に重大な影響を及ぼすので、司法権が及ぶ。
　　2．各議院の自律的な運営のため、議院における議事手続は、各議院の判断にゆだねられ、司法権は及ばない。
　　3．行政裁量が認められる場合には、裁量の範囲内にある事項については司法権が及ばない。
　　4．衆議院の解散のような高度の政治性を有する統治行為については、それについて法的判断は可能であっても、その高度の政治性という性質上、司法権は及ばない。

解説　本問は、司法権の範囲および限界に関する問題である。
1．誤り。国家試験における合格・不合格の判定は、学問または技術上の知識、能力、意見等の優劣、当否の判断を内容とする行為であるから、試験実施機関の最終判断に任せられ、裁判の対象とならない（最判昭41・2・8民集20・2・196）。
2．正しい。憲法は、議院の内部事項については議院自身が自由に決定することを認めている。これを議院自律権といい、憲法55条・58条などがそのあらわれである。司法権との関係についても自律権の尊重が求められ、警察法改正無効事件（最大判昭37・3・7民集16・3・445）は、法案議決の手続が議院規則に反し無効であるとの主張を、議院自律権を理由に退けた。
3．正しい。ただし、裁量の範囲を逸脱した場合および裁量の濫用が認められる場合には違法の問題を生じ、司法審査の対象となる（行訴30条）。
4．正しい。このような考え方（統治行為論）を示したとみられる判例として、苫米地事件（最大判昭35・6・8民集14・7・1206）がある。また、砂川事件（最大判昭34・12・16刑集13・13・3225）は、日米安全保障条約につき、その高度の政治性ゆえに「一見極めて明白に違憲無効であると認められない限りは」審査の対象外だとし、変則的な統治行為論をとったといわれる。

正解　1

司法権の範囲および限界

問題71　裁判所の組織および司法権の帰属に関する以下の記述のうち、正しいものを１つ選びなさい。
　　1．すべて司法権は、最高裁判所および憲法の定めるところにより設置される下級裁判所に属する。
　　2．明治憲法下の皇室裁判所、軍法会議および行政裁判所が「特別裁判所」（憲法76条２項）にあたるとして許されないのは、これらが、単に特定の種類の事件だけを扱う裁判所だからである。
　　3．議員資格争訟の裁判および裁判官の罷免に関する弾劾裁判所の裁判に対しては、これに不服のある場合でも、司法裁判所に訴えることができない。
　　4．判例によれば、裁判官以外の者が構成員となる裁判体は、「裁判所」（憲法76条１項・32条）とはいえないので、裁判員制度は「特別裁判所」の設置禁止（憲法76条２項）に抵触する。

解説　本問は、裁判所の組織と司法権の帰属に関する問題である。
1．誤り。下級裁判所の設置は、「法律の定めるところ」（憲76条１項）にゆだねられている。これを受けて、裁判所法は、高等裁判所、地方裁判所、家庭裁判所、簡易裁判所の４種類を定めている（裁２条）。
2．誤り。これらの裁判所が、「特別裁判所」にあたるのは、単に特定の種類の事件だけを扱うからではなく、通常の裁判所の系列から独立した権限をもつ裁判所だからである。したがって、家事事件・少年事件を扱う家庭裁判所や、平成16年制定の知的財産高等裁判所設置法により知的財産に関する事件を扱うために設置された知的財産高等裁判所は、通常の裁判所の系列に属しているので、設置が許される。
3．正しい。司法権がすべて裁判所に属するという原則には憲法自らの定める例外があり、議員の資格争訟の裁判（憲55条）、裁判官の弾劾裁判（憲64条）がそれにあたる。これらの裁判に対しては、さらに通常の裁判所に訴えることはできない。
4．誤り。判例は、裁判員制度に対する本肢のような違憲論を退け、「憲法は、一般的には国民の司法参加を許容しており、これを採用する場合には、……〔適正な刑事裁判を実現するための〕諸原則が確保されている限り、陪審制とするか参審制とするかを含め、その内容を立法政策に委ねていると解される」とする（最大判平23・11・16刑集65・8・1285）。

正解　3

裁判所の組織と司法権の帰属

問題72　裁判官に関する以下の記述のうち、正しいものを１つ選びなさい。
　　1．最高裁判所の裁判官は天皇によって任命されるが、下級裁判所の裁判官は、最高裁判所が指名した者の名簿によって内閣が任命する。
　　2．下級裁判所の裁判官は、10年の任期制で、再任されることができるが、最高裁判所の裁判官には、任期の定めがない。
　　3．下級裁判所の裁判官は弾劾裁判の対象となるが、最高裁判所の裁判官は国民審査に服するので、弾劾裁判の対象とはならない。
　　4．下級裁判所の裁判官は、裁判により、心身の故障のため職務を執ることができないと決定された場合には罷免されるが、最高裁判所の裁判官は、その場合でも、国民審査によらなければ罷免されない。

解説　本問は、裁判官の任命・身分保障に関する問題である。

1．誤り。憲法上、裁判所には最高裁判所と下級裁判所の区別がある（憲76条１項）。このうち、最高裁判所は長たる裁判官１名およびその他の裁判官14名によって構成される（憲79条１項、裁５条１項・３項）が、長官は内閣の指名に基づいて天皇が任命し（憲６条２項、裁39条１項）、その他の裁判官は内閣が任命し、天皇が認証する（憲79条１項、裁39条２項・３項）。下級裁判所を構成する裁判官の任命は本肢のとおり（憲80条１項参照）。

2．正しい。下級裁判所の裁判官の任期制については本肢のとおり（憲80条１項参照）。最高裁判所の裁判官の場合は憲法上任期の定めがない。ただし、定年制については、最高裁判所、下級裁判所のいずれの裁判官にも設けられており（それぞれ憲79条５項・80条１項但書）、最高裁判所および簡易裁判所の裁判官は70歳、高等裁判所、地方裁判所および家庭裁判所の裁判官は65歳に達した時に退官するものとされている（裁50条）。

3．誤り。最高裁判所、下級裁判所を問わず、これを構成する裁判官はすべて在任中その身分を保障されるが、公の弾劾による場合、罷免されうる（憲78条）。弾劾裁判は、職務上の著しい義務違反、職務の甚だしい懈怠、または、裁判官としての威信を著しく失うべき非行があった場合、訴追委員会による罷免の訴追を受け、弾劾裁判所によって行われる。罷免を可とする裁判の宣告があったとき、その裁判官はその職を失う（憲64条、国会125条以下、裁判官弾劾法参照）。

4．誤り。裁判による職務不能の決定は、回復の困難な心身の故障がある場合に限り、最高裁判所もしくは各高等裁判所の裁判によって行われる（憲78条・裁判官分限法参照）。最高裁判所の裁判官は、これに加えて、国民審査において投票者の多数が罷免を可としたとき、罷免される（憲79条２項・３項）。

正解　2

🔑裁判官の任命・身分保障

問題73　司法権独立の原則に関する以下の記述のうち、誤っているものを1つ選びなさい。

1．裁判官の職権の独立は、裁判官が裁判するにあたって独立して職権を行使することであり、司法権独立の原則の核心をなす。
2．最高裁判所の規則制定権は、司法府の自主性を確保するための制度であり、司法権独立の原則の内容をなす。
3．行政機関による裁判官の懲戒が禁止されているのは、裁判官の身分を保障して裁判官の職権の独立を守るためであり、司法権独立の原則の内容をなす。
4．裁判の公開は、他権力が司法権に介入するのを前もって防止するための制度であり、司法権独立の原則の内容をなす。

解説　本問は、司法権独立の原則に関する問題である。

　裁判の公正を確保するためには、裁判官に対する外部からの圧力・干渉が排除されなければならない。司法権独立の原則は、これを確認し、要請するもので、近代憲法以降、広く認められてきた。

1．正しい。司法権独立の原則には、①立法権・行政権に対する司法権の独立、および、②裁判を担当する裁判官の独立の2つの意味があり、②がその核心をなし、一般に裁判官の職権の独立ともいわれている。日本国憲法もまた、裁判官の職権の独立に関する明文規定を置いている（憲76条3項）。

2．正しい。憲法は、他の権力に対する司法権の独立の観点から、司法府の自主性を確保する諸制度を設けている。具体的には、下級裁判所裁判官の指名（憲80条1項）、規則制定権（憲77条）、司法行政権（憲77条および第6章全体の趣旨）等が、それにあたる。

3．正しい。裁判官の職権行使の独立のためには、裁判官の身分保障が必要である。憲法は、裁判官の罷免事由を限定し、行政機関による懲戒処分を禁止する（憲78条）とともに、在任中の報酬の減額を禁止している（憲79条6項・80条2項）。

4．誤り。裁判の公開は、裁判の公正を確保するための基本原則であり、この点では、司法権独立の原則と共通する側面があるといえる。ただ、裁判の公開は、他権力が司法権に介入するのを前もって防止するための制度というよりは、裁判作用を国民に公開して、その公正さや透明性を確保する観点から制度化されているものというべきである。この点、法廷メモ訴訟最高裁判決（最大判平元・3・8民集43・2・89）も、「〔裁判の公開〕の趣旨は、裁判を一般に公開して裁判が公正に行われることを制度として保障し、ひいては裁判に対する国民の信頼を確保しようとすることにある」と判示している。

正解 4

司法権独立の原則

問題74　裁判の公開に関する以下の記述のうち、誤っているものを１つ選びなさい。
　　１．裁判を「公開」するとは、自由な傍聴を許すことであり、テレビやネット中継を自由に許すことではない。
　　２．裁判を対審と判決とに分けた場合、対審を非公開にすることは可能な場合があるが、判決は常に公開されなければならない。
　　３．裁判の対審は、政治犯罪、出版に関する犯罪、または憲法第３章で保障される国民の権利が問題となっている事件の場合は、常に公開されなければならない。
　　４．裁判の対審を非公開にする場合には、裁判官の３分の２以上の多数の賛成が必要である。

解説　本問は、裁判の公開に関する基本的な問題である。
１．正しい。法廷メモ訴訟判決・最大判平元・３・８民集43・２・89も、「裁判の公開が制度として保障されていることに伴い、各人は、裁判を傍聴することができることとなる」と述べる。ただし、同判決は、憲法82条１項について、「各人が裁判所に対して傍聴することを権利として要求できることまでを認めたものでない」とする。
２．正しい。憲法82条は１項は、「裁判の対審及び判決は、公開法廷でこれを行ふ」と規定する。対審の非公開については２項に規定があるが、判決についてはそのような規定は存在しない。
３．正しい。憲法82条２項は、対審の非公開について規定した上で、「但し、政治犯罪、出版に関する犯罪又はこの憲法第三章で保障する国民の権利が問題となつてゐる事件の対審は、常にこれを公開しなければならない」とする。
４．誤り。憲法82条２項には、「裁判所が、裁判官の全員一致で、公の秩序又は善良の風俗を害する虞があると決した場合には、対審は、公開しないでこれを行ふことができる」との規定があり、全員一致が必要である。

正解　4

🔑 裁判の公開

問題75　比較憲法的にみた違憲審査の類型に関しては、付随的審査制と抽象的審査制とが対比されている。以下の記述のうち、付随的審査制の一般的な特徴を述べたものとして正しいものを１つ選びなさい。
　　１．他方の類型よりも積極的な違憲判断が可能である。
　　２．他方の類型よりも迅速に最終的な憲法判断がなされうる。
　　３．どの裁判所も違憲審査権を行使できる。
　　４．違憲判決は一般的な法的効力をもつ。

解説　本問は、違憲審査制の類型に関する問題である。比較憲法的にみて、アメリカ、日本等で採用される付随的審査制と、ドイツをはじめとするヨーロッパ大陸諸国や韓国等でとられている抽象的審査制とがあり、それぞれの基本的な特徴を理解しておく必要がある。
１．誤り。違憲判断を積極的に行うかどうかは制度的、政治的、歴史的、社会的なさまざまな要因によって左右され、付随的審査制か抽象的審査制かという区分と直接関係がない。
２．誤り。一般的にいえば、憲法判断が憲法裁判所に一元化された抽象的審査制のほうが迅速な憲法判断が可能である。付随的審査制においては各審級の裁判所での憲法判断を経た後、最上級審（日本では最高裁）によって最終的な憲法判断がなされるため、一般的にいえば最終的な憲法判断まで時間を要する。少なくとも付随的審査制の方が一般的に迅速ということはない。
３．正しい。付随的審査制は、通常の訴訟を解決するに必要な限度で憲法判断を行うものであり、逆にいえば、すべての裁判所に違憲審査権があるのが原則である。これに対して抽象的審査制のもとでは、憲法裁判所に憲法判断が一元化されるのが原則である。
４．誤り。付随的審査制は、憲法判断は通常の訴訟を解決するに必要な限度で憲法判断を行うものであり、憲法判断もその事件限りであるのが原則である。日本では、この原則から出発しつつ、最高裁判所の憲法判断については、個別的効力を超える効力を事実上もつと理解されている。

正解　3

✐✟ 違憲審査制の類型

問題76　日本国憲法の違憲審査制に関する以下の記述のうち、判例・通説の立場に照らして、誤っているものを1つ選びなさい。

1．違憲審査を担当するのは最高裁判所だけであって、下級裁判所は違憲審査を行わない。
2．違憲審査の対象となるのは法律のみではなく、命令、処分、条例も含まれる。
3．違憲審査は、具体的な法律事件の解決という司法権の行使に付随して行われる。
4．違憲審査は、憲法の最高法規性を担保している。

解説　本問は、憲法81条の採用する違憲審査制に関する問題である。

　違憲審査制とは、裁判所が国家行為の憲法適合性を審査するものである。この違憲審査制については、比較憲法的にみて2つの類型があると説かれている。1つは、付随的審査制（司法審査制）である。これは、通常の司法裁判所が、当該裁判所に係属した具体的事件の解決に付随して、適用法令の合憲性を審査するものである。もう1つは抽象的審査制であり、特別に設置された憲法裁判所が、具体的事件を前提とせず、法令そのものの合憲性を審査する方式である。肢3で詳しく述べるとおり、憲法81条は、付随的審査制を採用したものと解するのが、判例・通説の立場である。

1．誤り。違憲審査は司法権の行使に付随してなされると解されており、司法権の行使は、最高裁判所のみならず下級裁判所においてもなされるのであるから（憲76条1項参照）、違憲審査は最高裁判所のみならず下級裁判所においても担当されることになる。

2．正しい。違憲審査の対象となるのは、憲法81条にあるように、「一切の法律、命令、規則又は処分」であって、法律の合憲性のみを審査するのではない。

3．正しい。最高裁判所は、いわゆる警察予備隊違憲訴訟において、「我が裁判所は具体的な争訟事件が提起されないのに将来を予想して憲法及びその他の法律命令等の解釈に対し存在する疑義論争に関し抽象的な判断を下すごとき権限を行い得るものではない」と判示した（最大判昭27・10・8民集6・9・783）。これ以後、日本国憲法における違憲審査制は付随的審査制であると解されるようになっている。

4．正しい。違憲審査制は、憲法の下位に位置づけられる法令等の合憲性を審査し、憲法に反すれば無効（憲98条1項）とするのであるから、憲法の最高法規性を担保するという機能をもつ。

正解　1

違憲審査制

問題77　違憲審査の対象に関する以下の記述のうち、判例に照らして、正しいものを１つ選びなさい。
　　1．憲法81条は、違憲審査の対象として「一切の法律、命令、規則又は処分」しかあげていないので、条約が違憲審査の対象となることはない。
　　2．衆議院の解散は、国の統治の基本に関する高度に政治性のある国家行為であるため、違憲審査の対象となることはない。
　　3．存在しない法律や処分について、その合憲性を判断することは不可能なので、立法の不作為が違憲審査の対象となることはない。
　　4．裁判所の判決については、司法府の行った行為を同じ司法府が裁くことになるため、違憲審査の対象となることはない。

解説　本問は、違憲審査の対象に関する問題である。
1．誤り。砂川事件（最大判昭34・12・16刑集13・13・3225）において、最高裁判所は、日米安保条約の合憲性判断について、「一見極めて明白に違憲無効であると認められない限りは、裁判所の司法審査権の範囲外のもの」だと述べている。したがって、条約の審査は可能であることが前提であり、日米安保条約であっても、「一見極めて明白に違憲無効」の場合には条約の違憲審査を行いうる。
2．正しい。抜き打ち解散の合憲性が争われた苫米地事件（最大判昭35・6・8民集14・7・1206）において、最高裁判所は、「衆議院の解散は、極めて政治性の高い国家統治の基本に関する行為であつて、かくのごとき行為について、その法律上の有効無効を審査することは司法裁判所の権限の外にありと解すべき」と述べ、解散についての違憲審査をしなかった。
3．誤り。たとえば、在外邦人選挙権訴訟判決（最大判平17・9・14民集59・7・2087）は、選挙権制限には「やむを得ないと認められる事由がなければならない」とし、この点は「〔国の〕不作為によって国民が選挙権を行使することができない場合についても、同様である」と述べ、最終的に、立法不作為による在外国民に対する選挙権制限について違憲判断を下している。さらに在外邦人国民審査権訴訟判決（最大判令4・5・25裁判所民集76・4・711）は、審査権を行使させないことは違法であることを確認するという形で、立法不作為の違憲確認を行うことを認めた。
4．誤り。憲法81条において違憲審査の対象としている「処分」とは、公権力による個別・具体的な法規範の定立行為をいう。そして判例は、「裁判は一般的抽象的規範を制定するものではなく、個々の事件について具体的処置をつけるものであるから、その本質は一種の処分である」（最大判昭23・7・8刑集2・8・801）とし、裁判を「処分」と理解したうえで、違憲審査の対象となることを認めた。

正解 2

問題78　違憲審査に関する以下の記述のうち、正しいものを1つ選びなさい。

1. 付随的違憲審査制の下では、憲法判断は事件の解決に必要な場合にしか行いえないため、裁判所が「なお、念のため」として事件の解決と無関係に憲法判断を行うことはない。
2. 憲法判断を行うにあたっては、いわゆる司法事実の認定のほかに、立法事実を検証する必要があるが、判例上、そのような検証を行った例はない。
3. 違憲審査に際しては、客観的な審査・判断基準が必要になるので、判例では、個別的な比較衡量によって判断されたことはない。
4. 法律は憲法適合的に解釈されなければならないので、法律の解釈によっては違憲の疑いが生ずる場合でも、法令違憲判決を下さなければならないわけではない。

解説　本問は、違憲審査のあり方に関する問題である。

1. 誤り。本肢のような結論は一般に「必要性の原則」などといって、「憲法判断回避の準則」として説かれているものである。しかし、付随的違憲審査制であるからといって、常に憲法判断が回避されるべきというわけではない。憲法保障機能を有する違憲審査制の趣旨に照らせば、事件で問題となっている権利の性質や違憲状態の程度、その及ぼす影響などを考慮し、憲法判断に踏み込むべき場合もありうる。たとえば、生活扶助を廃止された者が扶助基準の適法性などを争った事案では、原告が上告審係属中に死亡したため訴訟終了となったにもかかわらず、最高裁判所は、「なお、念のために」と断ったうえで、大臣の認定判断に違法はないとする本案判断を行っている（朝日訴訟：最大判昭42・5・24民集21・5・1043）。
2. 誤り。立法事実とは、問題となっている法律の立法目的、および、その達成手段の合理性を裏づける社会的、経済的、文化的な一般事実をいう。薬事法距離制限事件（最大判昭50・4・30民集29・4・572）は、立法事実の検証を行った判例として著名である。
3. 誤り。いわゆる二重の基準論は、学説上、個別的比較衡量論を脱する、客観的な審査・判断基準論として説かれてきたものであるが、実務では、個別的比較衡量論が用いられることもありうる。実際、判例にも、これによるものがみられる（博多駅テレビフィルム提出命令事件：最大決昭44・11・26刑集23・11・1490）。
4. 正しい。法律に違憲の疑いがあるからといって、直ちに法令違憲判決を下さなければならないわけではなく、法律の合憲限定解釈により当該事件を解決したり、いわゆる適用違憲の判決を下したりするなど、法令違憲判決以外の判決の仕方がある。

正解　4

🔑 違憲審査の方法

> **問題79**　法律の違憲判断がなされた場合の判決の効力に関しては、個別的効力説と一般的効力説とが対比される。以下の記述のうち、一般的効力説につき述べたものを１つ選びなさい。
>   1. 実務は、この説によっている。
>   2. この説に対しては、それを純粋に貫くと法律の適用に不統一が生じるおそれがあるという批判がある。
>   3. この説は、「国会は、……国の唯一の立法機関である」と規定した憲法41条の趣旨に反すると批判されている。
>   4. この説は、憲法が認める違憲審査制が付随的審査制であることを根拠にして主張されている。

解説　本問は、法令違憲判決の効力に関する問題である。

　法律を違憲と判断する裁判所の判決が確定した場合、その判決の効力に関しては、大きく分けて個別的効力説と一般的効力説とが対立している。個別的効力説とは、法律が違憲無効であるとする裁判所の判決の効力は当該訴訟事件に限られる、とする立場である。これに対し、一般的効力説とは、裁判所の判決の効力は当該事件にとどまらず、法令を客観的に無効とするととらえる立場である。

1. 個別的効力説について述べたものである。実務は、一般的効力説ではなく、個別的効力説によっていると解されている。
2. 個別的効力説について述べたものである。個別的効力説を純粋に貫くと、ある事案ではその法令が違憲とされ適用されないが、他の事案ではその法令が合憲とされ適用されるという不統一が生じるおそれもある。こうした不都合については、当該違憲判決の「先例としての事実上の拘束性により」統一的な取扱いがなされるものと解されている（最大決平25・9・4民集67・6・1320）。
3. 一般的効力説について述べたものである。一般的効力説に対しては、法令の効力ないし存在を失わせることは消極的立法であり、憲法41条の趣旨からして、それは立法府においてのみなしうるはずだ、という批判がなされている。
4. 個別的効力説について述べたものである。違憲審査権は、当該訴訟事件の解決に付随して行使されるという付随的審査制の性格をもつ。したがって、法律が違憲無効であるとする裁判所の判決の効力も当該事件に限定される（個別的効力）と解されている。

正解　3

違憲判決の効力

問題80　租税法律主義に関する以下の記述のうち、正しいものを1つ選びなさい。

1. 租税とは、国または地方公共団体が、課税権に基づき、その経費にあてるための資金を調達する目的をもって、特別の給付に対する反対給付としてではなく、一定の要件に該当するすべての者に対して課する金銭給付のことである。
2. 租税法律主義とは、課税要件が法律で明確に定められるべきことを規定するものであるが、憲法84条にいう租税でないものについては、この趣旨は及ばない。
3. およそ租税にかかわる事項は法律によって規定されることが要請されるから、法律による委任は許されない。
4. 地方税もまた国税同様に租税にあたるから、条例ではなく、法律によって定められなければならない。

解説　本問は、租税法律主義について基本的な知識を問うものである。

日本国憲法84条は、「あらたに租税を課し、又は現行の租税を変更するには、法律又は法律の定める条件によることを必要とする」と規定し、これによって租税法律主義の原則が明らかにされたものと理解されている。

1. 正しい。「租税」については、判例は旭川市国民健康保険料条例事件（最大判平18・3・1民集60・2・587）で本肢のとおり判示している。
2. 誤り。前掲・旭川市国民健康保険料条例事件最高裁判決は、「租税以外の公課であっても、賦課徴収の強制の度合い等の点において租税に類似する性質を有するものについては、憲法84条の趣旨が及ぶと解するべきである」としている。
3. 誤り。租税法律主義は、課税要件法定主義、課税要件明確主義、遡及立法の禁止等を、その内容としている。したがって、納税義務者、課税物件、課税標準、税率等の課税要件の具体的内容は法律によって明確にされていなければならない。しかし、課税に関する事項を命令に委任することが許されないわけではない（前掲・旭川市国民健康保険料条例事件参照）。ただ、その場合も法律による明確な基本的決定があることを要する。
4. 誤り。地方公共団体は課税権の主体となることが憲法上予定されていると判例（神奈川県臨時特例企業税事件：最判平25・3・21民集67・3・438）は理解しており、通説も同様である。このことからすれば、地方税については、条例によって定めることが認められる（地税2条・3条参照）。

正解　1

租税法律主義

問題81　予算に関する以下の記述のうち、誤っているものを1つ選びなさい。

　　1．予算を法律とする予算法律説によれば、国会の予算修正権に限界はない。

　　2．予算を国法の一形式であるとする予算法形式説によれば、予算は国民を直接一般的に拘束する法的効果をもたない。

　　3．内閣は、毎会計年度の予算を作成し、国会に提出して、その審議を受け議決を経なければならないが、予算は、先に参議院に提出することができる。

　　4．予備費は、予見しがたい予算の不足にあてるため、国会の議決に基づいて設けられ、内閣の責任で支出することができるが、内閣は、すべての予備費の支出について、事後に国会の承諾を得なければならない。

解説　本問は、予算に関する憲法の規定の理解と、予算の法的性格に関する学説の理解を確認するものである。

1．正しい。予算法律説からすると、法律と同様、修正に限界はないことになる。

2．正しい。予算法形式説からすると、予算は、国民一般を直接に拘束する効果をもつものとは解されていない。

3．誤り。内閣は、毎会計年度の予算を作成し、国会に提出して、その審議を受け議決を経なければならないが（憲86条）、予算は、先に衆議院に提出しなければならない（憲60条1項）。

4．正しい（憲87条参照）。

正解 3

予算

問題82　憲法上の地方公共団体の組織と運営に関する以下の記述のうち、正しいものを１つ選びなさい。
1．地方公共団体とみなされるためには、住民の共同体意識に支えられた地域団体である必要があるが、市町村がこれにあたると解することはできない。
2．地方公共団体は、その組織を自主的に決定する権限を有するので、その組織や運営に関する事項を法律で定めることは禁止されている。
3．地方公共団体の長やその議会の議員は、必ず住民の直接選挙によって選ばれなければならない。
4．明文の規定こそないものの、国会議員に認められる不逮捕特権や免責特権は、地方公共団体の議員にも、憲法上当然に保障されている。

解説　本問は、地方公共団体の組織と運営に関する基本的な知識を問うものである。
1．誤り。最高裁判所は、憲法上の地方公共団体といえるためには、「事実上住民が経済的文化的に密接な共同生活を営み、共同体意識をもつているという社会的基盤が存在し、沿革的にみても、また現実の行政の上においても、相当程度の自主立法権、自主行政権、自主財政権等地方自治の基本的機能を附与された地域団体であることを必要とする」として、かつての東京都の特別区は憲法上の地方公共団体にあたらないとした（最大判昭38・3・27刑集17・2・121）。しかし、市町村がこれに該当することに異論はみられない。
　都道府県もそれに該当するのか否か、また、基礎的な地方公共団体である市町村と広域の地方公共団体である都道府県からなる二重構造も憲法によって保障されているのか否かについては、見解が分かれている。二重構造は憲法上の要請ではないとする見解もあるが、多くの学説は、現行の制度が定められた歴史的背景を考慮して、二重構造を憲法上の要請と解している。
2．誤り。憲法92条は、「地方公共団体の組織及び運営に関する事項は、地方自治の本旨に基いて、法律でこれを定める」とする。
3．正しい。憲法93条2項は、「地方公共団体の長、その議会の議員……は、その地方公共団体の住民が、直接これを選挙する」と定めている。この直接選挙の原則は、国会議員の選挙の場合には憲法上明文規定がない。
4．誤り。議員の免責特権と不逮捕特権は、あくまでも特権として認められるものであるので、憲法上および法律上の明文規定のないところで、当然に保障されるというわけにはいかない。

正解　3

憲法上の地方公共団体の組織と運営

問題83　条例に関する以下の記述のうち、誤っているものを１つ選びなさい。
　1．憲法上、条例は法律の範囲内で制定できるものとされているため、法律の規律している事項について、同じ目的での条例による規律は許されない。
　2．憲法上、財産権の内容は法律によって定めると規定されているにもかかわらず、条例による財産権の制限も許される。
　3．憲法上、地方公共団体は、地方自治の不可欠の要素として課税権を有するから、条例によって課税を行うことは可能である。
　4．憲法上、刑罰を科すことは法律によるべきものとされているが、条例に罰則を設けることは可能である。

解説　本問は、条例に関する問題である。
1．誤り。本肢の見解は、法律先占論という、かつて唱えられた説であるが、今日では、法律の不存在が全国的に規制を許さない趣旨でない限り、また、法律がすでに存在している場合であっても条例を定めることについて法律が禁止する趣旨でない限り、条例を定めることは可能と解されている（徳島市公安条例事件：最大判昭50・9・10刑集29・8・489参照）。
2．正しい。財産権を条例で制限しうるかについては、条例が地方議会の議決によって制定されること等々、その理由づけは分かれるが、結論的に判例・通説はこれを肯定している（奈良県ため池条例事件：最大判昭38・6・26刑集17・5・521）。
3．正しい。判例は、普通地方公共団体は、地方自治の不可欠の要素として、その区域内における当該団体の役務の提供等を受ける個人または法人に対して国とは別途に課税権の主体となることが憲法上予定されているとしている（神奈川県臨時特例企業税事件：最判平25・3・21民集67・3・438）。
4．正しい。刑罰を科す手続は法律に留保されている（憲31条）が、通説は、条例は住民の代表者からなる議会で議決されたものであり、国の法律に準ずるものであるから、条例で刑罰を定めても憲法31条に違反しない、と解している。判例も、改正前の地方自治法の下で定められた条例における罰則について、「条例は……国会の議決を経て制定された法律に類するものであるから、条例によって刑罰を定める場合には、法律の授権が相当な程度に具体的であり、限定されておればたりる」として、憲法31条に違反しないと判示していた（大阪市売春取締条例事件：最大判昭37・5・30刑集16・5・577）。なお、地方自治法は、その後大きく改正されているが、条例による処罰は可能と解する立場が一般的である。

正解　1

🔑条例

問題84　条約に関する以下の記述のうち、正しいものを１つ選びなさい。

1. 条約とは、文書による国家間の合意を指し、憲法で対象としているのは「条約」なる名称をもつものに限られる。
2. 条約の締結は、通例、内閣の任命する全権委員が調印（署名）し、内閣の助言と承認により天皇が批准することで完了する。
3. 国会の事前承認を経ずに条約が締結されてしまった場合には、憲法の定める国際協調主義に基づき、国会に事後承認の義務が生じる。
4. 条約が国内法として適用される場合には、憲法をはじめとする国内法との間で効力上の優劣関係の問題が生じる。

解説　本問は、条約に関する基本的な理解を問うものである。
1. 誤り。憲法における「条約」は、国家間の合意を文書化したものであれば、協定、議定書等の名称のいかんを問わない。
2. 誤り。条約の締結手続は、全権委員の調印を受けて内閣が批准することで完了する。天皇がかかわるのは、内閣の助言と承認により、国事行為として批准書を認証（憲7条8号）し、条約を公布する（憲7条1号参照）ことにおいてである。
3. 誤り。国会の承認について、憲法は「事前に、時宜によつては事後に」（憲73条3号）と定めているが、国会の意思を尊重する観点から、事前の承認が原則であるものの、仮に国会が事後に承認を求められたとしても、これを当然に承認する義務はない。国会の承認が得られなかった条約は、国内法的には効力がなく、国際法的効力の問題が残されるだけである。
4. 正しい。条約が国際法の法形式であることは確かであるが、締約国においては、締結された条約の内容を国内で実施する義務を負うため、これを国内法化することを要する。この限りで、条約と憲法以下の国内法との間に効力上の優劣関係の問題が生じることになる。ちなみに、憲法と条約の関係については、憲法優位説が多数説である。憲法上、条約承認手続が通常の法律制定手続とほぼ同様であることからすれば、条約優位説にたった場合、条約によって容易に憲法改正が行われ、憲法の最高法規性が踏みにじられかねないと考えるからである。これに対して、法律と条約の関係については、憲法が条約の誠実な遵守を要請している（憲98条2項）こと等の理由で、条約は法律に優位すると解するのが通説である。

正解　4

条約

> **問題85**　命令に関する以下の記述のうち、正しいものを1つ選びなさい。
> 1．内閣が政令を制定することは憲法によって認められているが、府や省等、内閣以外の行政機関が命令を制定することは許されない。
> 2．命令は、法律の定めを補うために行政機関が制定する法規範であるから、その形式的効力は法律と同等である。
> 3．本来国会が定めるべき事項を内閣の政令にゆだねることは憲法によって認められているが、それを無制限かつ包括的に委任することまでは許されない。
> 4．罰則は、国民に対する不利益処分を内容とするものであるから、法律の委任によって政令で設けることはできない。

解説　本問は、命令制定権に関する問題である。

1．誤り。「命令」とは、行政機関によって制定される法規範をいう。命令のうち、内閣が制定するものを「政令」とよび、憲法は政令の制定を内閣の職務の1つにあげている（憲73条6号）。内閣府や省・庁も行政機関である以上、その長である大臣等は命令を制定することができ、たとえば府・省が制定したものは「府令」・「省令」とよばれている（内閣府7条3項、行組12条1項参照。庁については、行組13条1項参照）。

2．誤り。国法形式上の効力関係においてみると、一般に、命令の形式的効力は法律に劣るものとされている。また、府令・省令等の形式的効力は政令に劣る。

3．正しい。憲法73条6号は、「この憲法及び法律の規定を実施するために、政令を制定する」と定めているので、憲法上、執行命令が認められている。また、同条同号但書によれば、法律の委任がある場合には政令に罰則を設けることができるので、間接的に委任命令を容認していると解される。実際上も、現代国家における行政活動には専門・技術性、迅速性が要請されているため、委任命令の必要性は大きい。とはいえ、委任命令は本来国会が定めるべき事項を命令にゆだねるものであるから、当該委任が無制限かつ包括的に行われる場合（いわゆる「白紙委任」）は国会中心立法の原則を損ないかねず、それゆえ、命令への委任に際しては、その準拠法で、委任の趣旨・目的、命令の規律事項の範囲・内容等を個別的・具体的に明らかにしておくことが必要となる。ちなみに、明治憲法では、独立命令（明憲9条）、緊急勅令（明憲8条）が明文で定められていた。

4．誤り。肢3で述べたように、法律の委任があれば政令に罰則を設けることができる。

正解　3

命令

問題86　憲法保障に関する以下の記述のうち、正しいものを１つ選びなさい。

1．硬性憲法の仕組みは、憲法の改正を認めるものであるから、憲法保障には役に立たない。

2．公務員に対する憲法尊重擁護の義務づけは、憲法違反を事後に是正するための仕組みである。

3．抵抗権は、憲法秩序を破壊するものなので、憲法保障制度の１つとして認めることはできない。

4．違憲審査制は、現代の立憲主義の下で、重要な憲法保障制度となっている。

解説　本問は、憲法保障に関する問題である。

憲法保障とは、憲法に違反する行為を排除し、憲法の最高法規性を守るための制度をいう。

1．誤り。硬性憲法（憲96条）の仕組みはたしかに憲法の改正を認めるものであるが、その要件を法律の制定改廃よりも厳しくしており、その意味では憲法保障に役立つものである。

2．誤り。公務員に対する憲法尊重擁護の義務づけ（憲99条）は、主として憲法違反を事前に防止するための仕組みである。

3．誤り。抵抗権は、国家権力の重大な不法に対して、実定法上の義務を拒否する行為であり、憲法保障制度の１つとして認められている。ただ、抵抗権の本質はそれが非合法であるところにあるので、制度化にはなじまないと考えられている。

4．正しい。違憲審査制（憲81条）は、憲法の最高法規性・基本的人権尊重の原理から、裁判所が違憲の法律・命令等の国家行為を無効とすることを認めるものである。この制度は、アメリカにおいて19世紀初頭から発達したが、第２次世界大戦以前は、他国への広がりは限定的であった。しかし、戦後、違憲審査制は世界的に普及し、現代では重要な憲法保障制度となっている。

正解　4

Ⅲ 民 法

　ベーシック〈基礎〉コースの問題は、大学2年次修了時までに学習する範囲から出題することを原則としている。しかし、どのような順序で民法を講義するかについては、さまざまな考えがあり、統一的な基準は確立されていない。そのため、民法については、ベーシック〈基礎〉コースとスタンダード〈中級〉コースとを出題範囲によって区別するのではなく、内容的な難易度で区別することとした。

　本書では、多くの大学で初学者向けに設置されている民法総則に相対的な重点を置きつつも、民法全体の基本的な制度について、民法典の条文と通説的見解、およびごく基本的な判例を理解していれば正解に達しうる程度の問題を収録している。なお、技術的性格が強く民法全体についての理解も必要とする担保物権法については、主としてスタンダード〈中級〉コースで取り扱うものとするが、ベーシック〈基礎〉コースにおいても、初歩的な基礎知識を問う問題についてはとりあげることとした。

　本書に掲載された問題を解くことによって、民法の基本問題について基礎的な理解ができているか否かを検証することができる。理解が不十分であると思われる部分については、本書の「解説」を手がかりにしつつ、教科書等で再度基本原則を確認することによって、知識をより確かなものとし、民法に対する理解を深めてもらいたい。

> **問題１**　民法の沿革に関する以下の記述のうち、誤っているものを１つ
> 選びなさい。
> 　１．民法の制定・施行は、いわゆる不平等条約改正問題を解決するた
> 　　めの前提として、19世紀後半に進められた。
> 　２．民法の起草にあたっては、外国法も参考にされた。
> 　３．民法の第１編・第２編・第３編は、施行以来、内容に変更が加え
> 　　られることはなかった。
> 　４．民法の第４編・第５編は、第２次世界大戦後、新憲法の理念にあ
> 　　わせて、全面的な改正を受けた。

解説　日本の民法典は、前３編（総則・物権・債権。あわせて財産法という）
が1896（明治29）年、後２編（親族・相続。あわせて家族法という）が1898（明
治31）年に制定され、いずれも1898年に施行されている。本問は、その制定
の背景および制定から今日までの沿革に関する問題である。

１．正しい。明治維新後に政府が近代的な法典を編纂する方針をとったのは、
　そうした法整備が、江戸時代末期に幕府が欧米と結んだ不平等条約を改正
　するための前提条件として欧米諸国から要求されていたからである。

２．正しい。現在の民法を起草するにあたっては、当時草案が発表されてい
　たドイツ民法の構成（→問題２肢３および４の解説）に範をとりつつ、フラ
　ンスやイギリスなど多くの国の法律・判例も参考にされた。

３．誤り。民法の前３編は、施行以来ほぼそのままの姿を保ってきたが、
　2017（平成29）年に総則・債権の編が大幅に改正された。このほか、根抵
　当権に関する規定の新設（1971〔昭和46〕年改正）、禁治産制度の廃止と成
　年後見制度の導入（1999〔平成11〕年改正）、担保物権（抵当権）法の大幅
　な改正（2003〔平成15〕年改正）、一般社団法人及び一般財団法人に関する
　法律の制定にともなう法人関係規定の大幅な削除（2006〔平成18〕年改正）、
　成年年齢の引下げ（2018〔平成30〕年改正）、所有者不明土地問題への対応
　のための物権（および相続）の規定の改正（2021〔令和３〕年改正）があった。

４．正しい。民法の後２編は、第２次大戦後、基本的人権や両性の平等を尊
　重する日本国憲法の理念にあわせて、1947（昭和22）年に全面的な改正を
　受けた（施行は1948〔昭和23〕年。特に家制度の廃止が重要である。あわせて
　妻の行為能力制限に関する規定が削除され、民法の基本原理に関わる１条およ
　び２条〔改正当時は１条ノ２〕が新設された）。このほか特別養子縁組制度の
　導入（1987〔昭和62〕年改正。さらに2019〔令和元〕年に改正されている）、
　相続編の大幅改正（2018〔平成30〕年改正）、親権についての改正（2022〔令
　和４〕年改正）があった。

正解 3

✐民法の沿革

> **問題2**　民法の内容・構成に関する以下の記述のうち、誤っているもの
> を1つ選びなさい。
> 　1．民法は、私法に属する。
> 　2．民法は、消費者保護を目的としている。
> 　3．民法は、5つの編からなる。
> 　4．民法は、私法関係に広く共通するルールとして、第1編に「総則」
> 　　を置いている。

解説　「民法」という言葉は、「民法」という表題をもつ法律という形式的意義の民法（民法典ともいう）を指すことも、私法の一般法という実質的意義の民法を指すこともあり、文脈に応じて判断することが必要である。

1．正しい。実質的意義の民法は、私法に属する。公法が、国や地方自治体と私人の関係、あるいは国や地方自治体の機関の構成や相互関係を律する法であるのに対して、私法は私人と私人の関係を律する法である。たとえば、私人間の取引や不法行為、あるいは家族の関係を定めるのが私法である。

2．誤り。実質的意義の民法は、一般法である。一般法とは、広い領域に適用される原則となる法をいう。これに対して、適用領域を限って（たとえば契約のなかでも「消費者」の締結した契約に限定して）適用される例外則は、特別法とよばれる個別の法律（たとえば消費者契約法）で定められている。

3．正しい。実質的意義の民法の規律対象は広範に及ぶが、形式的意義の民法はそれを、総則・物権・債権・親族・相続の5つの編に分けて規定している。これはドイツ民法の構成に倣ったものである。

4．正しい。形式的意義の民法第1編は「総則（民法総則）」とよばれ、誰が権利の主体となりうるか、誰が有効な意思表示を行うことができるかといった、私法関係に広く共通するルールを定めるものとして置かれている。共通するルールをまとめて規定するという方針は、民法全体を通じてとられている。たとえば贈与や売買などの諸契約に共通する準則は、第3編第2章第1節に（契約）総則として、また契約や不法行為などの債権に共通する規定は、第3編第1章に（債権）総則として置かれている。こうした立法方針は、同じ規定を繰り返す必要がなくなる点では合理的である。しかし、共通点をくくり出すことで条文が抽象的なものになりやすく、内容がつかみにくくなるという欠点がある。さらに、たとえば売買契約に適用される規定が、「売買」の節だけでなく、契約総則、債権総則、民法総則に分けて置かれることになるため、関連する規定を見つけるのが難しくなるという問題もある。

正解　2

🖋 民法の内容・構成

問題3　信義則および権利濫用の禁止原則に関する以下の記述のうち、誤っているものを１つ選びなさい。
　1．形式的には権利の行使にあたる行為でも、信義則に反するときは、権利行使の効果が生じないことがある。
　2．形式的には義務の履行にあたる行為でも、信義則に反するときは、義務の履行としての効果を生じないことがある。
　3．信義則は、当事者のした契約の趣旨を解釈する際の基準となる。
　4．権利の濫用にあたるというためには、権利者が不当な意図をもっていることが必要である。

解説　民法第１編第１章通則は、私権に関する基本原則として、公共福祉の原則、信義誠実の原則（「信義則」ともいう）、権利濫用の禁止、個人の尊厳・男女平等の原則の４つを定めている。なかでも信義則（民１条２項）と権利濫用の禁止（同条３項）は、実際にもよく用いられており特に重要である。

　信義則とは、一般に社会生活上一定の状況の下において相手方がもつであろう正当な期待に沿うように一方の行為者が行動することを意味している。

　権利の濫用とは、外形的には権利の行使とみられるが、その行為が行われた具体的な状況と実際の結果とに照らしてみると、権利の行使として法律上認めることが妥当でないと判断される場合をいう。

1．正しい。たとえば、貸金の返済を受けた際に、ごくわずかの不足をとがめて履行の提供がなかったとの主張をすることは、取引社会の信義誠実の原則に反するとした判例がある（大判昭13・6・11民集17・1249）。

2．正しい。たとえば、借金返済のため貸主の自宅を訪れたとしても、それが真夜中であったような場合には、有効な弁済の提供とは認められない。

3．正しい。信義則は、条文上は「権利の行使及び義務の履行」（民１条２項）に適用されると定められているが、その文言を超えて法の全般に及ぶものと解されている。その一例として、契約の解釈においても信義則がはたらくと解されている。

4．誤り。権利者側の意図が不当な場合でなくても、権利の行使が相手方に過大な損害をもたらす場合には、権利の濫用とされることがある。たとえば、最判昭40・3・9民集19・2・233（板付飛行場事件）は、米軍の基地として提供されている土地について、借地契約が終了したとして土地所有者が国に対して土地の明渡しを求めた事案で、明渡しによって所有者の得る利益に比較して国のこうむる損害がより大であること、期間満了後も基地としての使用継続を要する間は明渡しを求めえないと所有者は予期していたはずであることなどを理由に、権利の濫用にあたるとした。

正解　4

🗝️信義則・権利濫用の禁止

問題4　能力に関する以下の記述のうち、誤っているものを１つ選びなさい。
1. 権利能力がなければ、権利の主体となることはできない。
2. 意思能力のない者がした法律行為は、無効である。
3. 行為能力を制限された者がした法律行為は、無効である。
4. 責任能力のない者は、不法行為による損害賠償責任を問われない。

解説　民法上問題となる「能力」として、権利能力、意思能力、行為能力、責任能力の違いを理解することが重要である。

1. 正しい。権利能力とは、権利および義務の主体となることのできる資格をいう（→問題５の解説）。これを欠く場合には、権利を取得したり、義務を負ったりすることができない。人間（自然人）は、年齢や判断能力にかかわりなく、みな権利能力をもつ。これを権利能力平等の原則という。

2. 正しい。意思能力とは、自分のしている行為の法的な意味や、その利害得失を判断する知的能力をいう。幼年者（行為の複雑性・重大性にもよるが７歳から10歳くらいまでには身につく程度の能力とされている）や判断能力が著しく衰えた高齢者、アルコールや薬物により正常な判断ができなくなっている者などが、意思能力を欠く者の例である。意思能力を欠く者が法律行為をしたとしても、その法律行為は、法律効果の発生に向けた意思に基づいたものとはいえないため、無効になる（民３条の２）。ただし、この「無効」は、意思無能力者を保護するためのものであるので、意思無能力者の側からしか主張できない（その意味で効果としては取消しに近い）と理解されている。

3. 誤り。行為能力とは、単独で有効な法律行為をすることができる法律上の地位あるいは資格をいう（→問題６〜９）。行為能力の制限に反していた法律行為は、当然に無効となるわけではない。その行為は、取消可能なものとなり、取消権者が取消しの意思表示をしたときにはじめて無効となる（無効と取消しの違いについて→問題25）。

4. 正しい。責任能力とは、不法行為責任を負担するのに要求される精神的な判断能力をいう。責任能力を欠くとされると、その者は不法行為責任を負わない（民712条・713条）。責任能力の有無は、自己の行為が不法な行為であって法律上の責任が生じることを弁識するに足りるだけの知能を備えているか否かによって判断するものとされている。この知能は、大体12歳前後で備わるとされている。

正解　3

人の能力

問題5　権利能力に関する以下の記述のうち、誤っているものを1つ選びなさい。
1．自然人の権利能力は、出生に始まる。
2．胎児は、遺贈について、すでに生まれたものとみなされる。
3．日本の法令に基づく権利は、日本人しか取得できない。
4．自然人の権利能力は、死亡によって終了する。

解説　権利能力は、権利・義務の主体となること、すなわち権利を取得し、または義務を負うことのできる資格を意味する。民法においては、権利能力平等の原則により、自然人はみな権利能力をもつとされている。このほか、人の集団（社団）や財産（財団）に対して法が特に権利能力を認めることがある。このように法が特に認めることで権利の主体となるものを法人（→問題12）とよぶ。これに対して、人間でない動物は権利能力をもたないので、「ペットの犬に全財産を与える」といった遺言がされても、この犬は財産を取得することができない。

1．正しい。民法3条1項が、出生時に権利能力が生じることを定めている。このため、新生児であっても、代理人を通じて契約を締結するなどして、権利の主体となることができる。

2．正しい。胎児は、出生前の段階であるから、原則として権利能力を有しない。しかしながら例外的に、不法行為（民721条）、相続（民886条）、遺贈（民965条）に関して、「生まれたものとみなす」、すなわち胎児の権利能力を認める規定が置かれている。これは、いずれ人間として権利能力者になることが予想される存在でありながら、出生の時が少し早いか遅いかという単なる偶然によって、権利を取得することができたり、できなくなったりするのは不公平だと考えられるからである。

3．誤り。権利能力は、日本人のみならず、外国人にも認められる（民3条2項）。ただし、法令または条約により制限されうるとされており、たとえば外国人は原則として鉱業権を取得することができないと定められている（鉱業17条）。

4．正しい。権利能力の終期について民法に規定はないが、死亡によって権利能力が消滅することに異論はない（それまで所有していた財産が相続によって他人に移転することは、これを裏づける）。

正解　3

権利能力

> **問題6**　行為能力に関する以下の記述のうち、正しいものを１つ選びなさい。
> 1．行為能力は、家庭裁判所の審判がなければ制限されない。
> 2．行為能力を制限されるのは、意思能力のない者である。
> 3．制限行為能力者には、この者を保護するための機関が付される。
> 4．制限行為能力者のした行為は、すべて、取消可能な行為となる。

解説　行為能力とは、確定的に有効な法律行為を単独でする資格をいう。意思無能力を理由とする契約の無効（民３条の２）が認められるためには、取引当時に意思能力が欠けていたことの立証が必要である。ところが、ある時点での知的能力を後から証明することは困難である。そのため、意思能力制度では、意思無能力者の保護が十分に行われない可能性がある。また逆に、意思無能力者の相手方からみれば、意思能力の有無は必ずしも外見的に明らかではないため、後から無効を主張されて不測の損害を被ることがありうる。これらの不都合を回避するために、知的能力が十分でないと認められうる者について、年齢や家庭裁判所の審判の有無という形式的な基準によって確定的に有効な法律行為を単独ですることができない行為をあらかじめ定め、その行為が単独でされたときにはこれを後から取り消すことができることとしたのが制限行為能力者の制度である。

　行為能力の制限には、年齢が基準となる未成年と、家庭裁判所の審判の有無が基準となる成年後見制度の２つの類型がある。

　未成年者の制度（→問題７）は、満18歳未満（民４条）であることを理由に、家庭裁判所の審判なしに行為能力を制限する制度である。未成年者は、親権者の保護に服するが（民818条）、親権者がいない場合には、最後に親権を行う者の遺言による指定、または家庭裁判所の審判により選任される未成年後見人の保護に服する（民838条１号）。

　成年後見制度（→問題８および９参照）は、精神上の障害により事理を弁識する能力が低下した者に対して、親族等の申立てに基づいて、家庭裁判所が審判によって行為能力の制限その他の保護を与える制度である。1999（平成11）年の民法改正により、従前の禁治産・準禁治産制度を大幅に改正したものが今日の制度であるが、その際には、ノーマライゼーションの理念や、保護を受ける者の自己決定の尊重という理念が取り込まれている。

　成年後見制度には、審判の対象となる者の事理弁識能力の低下の程度が重い順に、後見、保佐、補助の３つの類型が設けられている。それぞれの類型で保護を受ける者は成年被後見人、被保佐人、被補助人とよばれ、保護機関として成年後見人、保佐人、補助人が選任される。

民法

　事理弁識能力の低下の程度が最も重い類型である後見類型においては、成年被後見人は、一部の例外を除くほぼすべての財産上の行為について行為能力を制限され、しかも保護者である後見人の同意を得てした法律行為であっても取り消すことができるとされるなど、行為能力の制限の程度が最も大きい。これに対して、事理弁識能力の低下の程度が最も軽い被補助人の場合には、行為能力が制限される場合でも、制限を受ける行為は限定されており、また、家庭裁判所は、補助人に同意権を与えない（代理権のみを与える）ことで、被補助人の行為能力を制限しないものとすることもできる。

1．誤り。制限行為能力制度のうち、成年後見制度は家庭裁判所の審判により行為能力を制限する制度であるが、未成年者の制度は、家庭裁判所の審判を経ずに、年齢が満18歳未満であることをもって行為能力を制限する制度である。

2．誤り。意思能力の有無が個別の事情に応じて判断されるのに対して、行為能力の有無は、年齢や家庭裁判所の審判の有無という形式的な基準で決定される。このため、意思能力の有無と行為能力の有無は、完全に一致するわけではない。実際にも、意思能力は10歳程度で備わるとされているので、未成年者でも意思能力をもつことは多い。

3．正しい。行為能力を制限される者は、確定的に有効な行為を単独ですることのできる範囲が制限されるが、その代わりに、保護のための機関が付される。保護機関としては、未成年者には法定代理人（親権者または未成年後見人）、成年被後見人には後見人、被保佐人には保佐人、被補助人には補助人がそれぞれつけられる。これらの保護機関には、制限行為能力者の行為に対する同意権、同意なくして行われた行為の取消権および追認権、制限行為能力者に代わって行為をする代理権の、全部または一部が与えられる。これによって、意思無能力者のために有効な取引を行う手段が確保されることとなる。

4．誤り。制限行為能力者であっても、確定的に有効な行為を単独でする余地がある。1つは、行為能力を制限されていない行為（未成年者について民5条1項ただし書・同条3項・6条、成年被後見人について民9条ただし書を参照）をするときである。もう1つは、保護者の同意を得て行為をするときである（ただし、成年被後見人については、成年後見人の同意を得てした行為であっても取消可能であるとされている）。

正解　3

行為能力

問題7　未成年者に関する以下の記述のうち、誤っているものを1つ選びなさい。
　　1．未成年者として行為能力が制限されるのは、満18歳未満の者である。
　　2．未成年者が、親権者からもらった小遣いでノートを買った場合、この売買契約は、未成年であることを理由に取り消すことができない。
　　3．未成年者が、策を弄して成年者であると相手方に信じさせて契約を結んだ場合、この契約は、未成年であることを理由に取り消すことができない。
　　4．未成年であることを理由に契約が取り消された場合、未成年者は、その契約によって受けとった物を返さなくてよい。

民
法

解説　本問は、制限行為能力者の制度のうち、未成年者に関する問題である。
1．正しい。未成年者とは、満18歳に達しない者をいう（民4条）。未成年者が法定代理人の同意を得ずにした法律行為は、原則として取消可能となる（民5条1項本文・2項）。
2．正しい。例外的に、未成年者が単独で有効な行為をすることができる場合がある。①負担のない贈与を受ける契約や債務を免除してもらう契約をするといったように、単に権利を得、または義務を免れる行為（民5条1項ただし書）。②法定代理人が処分を許した財産を処分する行為。法定代理人は、たとえば「教科書の購入」というように目的を定めて処分を許すことも（同条3項前段）、小遣いとして渡すように目的を定めることなく処分を許すことも（同項後段）できる。③法定代理人から許された営業に関する行為。法定代理人は、未成年者に営業の種類を特定して営業を許すことができ、この許可を得た未成年者は、その営業に関する行為については、成年者と同一の行為能力を有する（民6条1項）。
3．正しい。未成年者（を含む制限行為能力者）が行為能力者であると信じさせるため詐術を用いたときは、そのような制限行為能力者を保護する必要はなく、法律行為の有効に対する相手方の信頼を保護する必要があるので、その行為を取り消すことができなくなる（民21条）。
4．誤り。契約の取消しにより、それまで有効に存在していた権利・義務関係は、最初から発生しなかったことになる（民121条）。このため、制限行為能力者も、その契約により受けとった物があれば、それを相手方に返還しなければならない（民121条の2第1項）。ただし、その返還の範囲は「現に利益を受けている限度」で足りる（同条3項後段）。制限行為能力者に不利益を与えないようにするという趣旨を貫徹するため、制限行為能力者の手元に利益が残っていない場合には、その範囲で返還義務を免れるとしたのである。

正解 4

🔑未成年者の行為能力

問題8　成年被後見人に関する以下の記述のうち、正しいものを1つ選びなさい。
1．成年被後見人とは、精神上の障害により事理を弁識する能力を欠く常況にあるとして、家庭裁判所により後見開始の審判を受けた者をいう。
2．成年被後見人は、一切の法律行為について、行為能力を制限される。
3．成年被後見人は、成年後見人の同意を得れば、確定的に有効な法律行為を自らすることができる。
4．成年被後見人は、事理弁識能力を回復することにより、当然に、行為能力者となる。

解説　成年後見制度のうち、事理弁識能力の低下の程度が最も重い者を対象とする類型が、後見類型である。
1．正しい。家庭裁判所は、精神上の障害により事理を弁識する能力を欠く常況にある者について、本人、配偶者、4親等内の親族等の請求により、後見開始の審判をすることができる（民7条）。後見開始の審判を受けた者は成年被後見人とよばれ、成年後見人による保護を受ける（民8条）。
2．誤り。成年被後見人の法律行為は、原則として取り消すことができる（民9条本文）。しかし、一切の法律行為について、取消可能となるわけではない。ここにいう「法律行為」は財産上の法律行為を指し、婚姻などの家族法上の行為は、特に本人の意思が重視されるため、含まれない（民738条を参照）。また財産上の法律行為のなかでも、「日用品の購入その他日常生活に関する行為」については、例外的に行為能力が制限されない（民9条ただし書）。日常行為についての例外は、ノーマライゼーションの理念、成年被後見人の自己決定の尊重という趣旨をもつとともに、成年被後見人が日常生活を送る際の便宜を考慮したものである。
3．誤り。成年被後見人は、事理弁識能力を欠く「常況」（民7条）にある者、すなわち、ほぼ常に事理弁識能力を欠く状態にある者であるため、法律行為の時点で同意どおりの行為をすることができるとは限らない。そこで、成年被後見人が成年後見人の同意を得て行為をした場合でも、取り消すことができる行為になるとされている。
4．誤り。成年被後見人が行為能力の制限を解かれるためには、事理弁識能力を回復するだけではなく、家庭裁判所が、本人、配偶者、4親等内の親族等の請求により、後見開始の審判を取り消すことが必要である（民10条）。

正解　1

成年後見

問題9　保佐・補助に関する以下の記述のうち、正しいものを1つ選びなさい。
1. 保佐開始の審判を行うためには、被保佐人となる者の同意が必要である。
2. 保佐開始の審判がされれば、保佐人は、被保佐人の一定の行為に対する同意権をもつ。
3. 保佐開始の審判がされれば、保佐人は、被保佐人を代理する権限をもつ。
4. 補助開始の審判がされれば、補助人は、被補助人の一定の行為に対する同意権をもつ。

民

法

解説　成年後見制度のうち、精神上の障害により事理弁識能力が「著しく不十分」となっている者を対象とするものが保佐類型、「不十分」となっている者を対象とするものが補助類型である。後見類型に比べると、対象者の事理弁識能力の低下の程度が軽く、行為能力が制限される程度もそれに応じて軽くされている。
1. 誤り。家庭裁判所が保佐開始の審判を行う際に、本人の同意は必要とされていない（民11条）。これに対して、補助開始の審判は、本人が審判を請求した場合か、本人が同意をした場合にしか行うことができない（民15条2項）。補助の対象となる者は、不十分とはいえなお相当の事理弁識能力を有しているため、その意思を尊重するべきと考えられているからである。
2. 正しい。被保佐人は、民法13条1項各号に掲げられた行為（および家庭裁判所により指定された行為〔同条2項〕）をするには、保佐人の同意を得ることが必要となる。同意を得ずにこれらの行為がされると、その行為は取り消しうるものとなる（同条4項）。
3. 誤り。保佐人が被保佐人を代理する権限をもつためには、保佐開始の審判とは別に、保佐人に代理権を付与する旨の審判（民876条の4第1項）が必要である。この審判は、被保佐人本人が請求した場合か、本人が同意をした場合にしか行うことができない（同条2項）。
4. 誤り。補助人の権限は、補助開始の審判ではなく、①補助人の同意を要する旨の審判（民17条）または②補助人に代理権を付与する旨の審判（民876条の9）によって与えられる。①の審判は補助人に同意権を与えるものであり、その裏返しとして、被補助人の行為能力が制限されることとなる。これに対して②の審判によっては、被補助人の行為能力は制限されない。被補助人は、事理弁識能力の低下の程度が軽いため、その保護は、行為能力を制限しないことも含めて柔軟に行うものとされている。このため補助人に与える権限も、補助開始の審判とは別個の審判で与えることとしている。なお、補助開始の審判は、①または②の審判とともにしなければならない。

正解 2

保佐・補助

> **問題10**　失踪宣告に関する以下の記述のうち、誤っているものを１つ選びなさい。
> 　１．不在者の生死が７年間明らかでないときは、家庭裁判所は、利害関係人の請求により、失踪の宣告をすることができる。
> 　２．死亡の原因となるような危難に遭遇した者の生死が、その危難が去ってから１年間明らかでないときは、家庭裁判所は、利害関係人の請求により、失踪の宣告をすることができる。
> 　３．失踪宣告を請求することができる利害関係人には、親族以外の者も含まれる。
> 　４．失踪宣告がされると、宣告を受けた者は、宣告の時点で死亡したものとみなされる。

解説　失踪宣告の制度は、不在者の生死不明の状態が一定期間継続した場合に、家庭裁判所の宣告によりその者が死亡したものと擬制する制度である。これによって、たとえば相続が開始し、婚姻関係が終了する。しかし、失踪者が実は生存していた場合、失踪宣告はその失踪者の権利能力を奪うものではないため、たとえば失踪者がアパートを借りたり、日用品を購入したりすれば、その契約は有効に成立する。

１．正しい。失踪宣告は、原則として、不在者の生死が７年間明らかでないことが要件となる（民30条１項）。この場合を、普通失踪という。

２．正しい。普通失踪とは別に、不在者が死亡の蓋然性が高い事変に巻き込まれた場合には、より短い期間の生死不明で失踪宣告を行うことができるとされている。これを、特別失踪または危難失踪という。その要件は、不在者が戦争や船舶の沈没、その他「死亡の原因となるべき危難」に遭遇することと、その危難が「去った後」１年間不在者の生死が不明であることである（民30条２項）。

３．正しい。失踪宣告を請求することができる利害関係人とは、失踪宣告によって不在者の死亡が擬制されることで権利を取得したり、義務を免れたりする者をいう。不在者の配偶者や推定相続人のほか、不在者の死亡保険金受取人などが典型例であり、親族以外の者であっても構わない。

４．誤り。失踪宣告による死亡擬制時は、普通失踪の場合には７年間の失踪期間の満了時、特別失踪の場合には死亡の原因となるべき危難が去った時であり（民31条）、いずれにせよ失踪宣告の時ではない。普通失踪と特別失踪で死亡擬制時が異なるのは、前者については生死不明となった直後に死亡したと考えるのは不自然であるのに対し、後者については危難が去った後も生存していたと考えるのは不自然であるからである。

正解　4

失踪宣告

問題11　Aに対する失踪宣告がされ、BがAを相続した。この場合における失踪宣告の取消しに関する以下の記述のうち、誤っているものを1つ選びなさい。

　　1．Aは、失踪宣告によって擬制された死亡時と異なる時に死亡していた。この場合、家庭裁判所は、利害関係人の請求により、失踪宣告を取り消さなければならない。

　　2．Aが生存していることが判明した場合でも、家庭裁判所が失踪宣告を取り消さない限り、相続の効果は失われない。

　　3．Aの生存が判明してAに対する失踪宣告が取り消されたが、その前にBは、相続により取得した現金の一部を慈善事業に寄附していた。この場合、寄附の時点で、BがAの生存について善意であったとしても、Bは相続した額の全部をAに返還しなければならない。

　　4．Aの生存が判明してAに対する失踪宣告が取り消されたが、その前にBは、相続により取得した土地をCに売却していた。売却の時点で、BもCも、Aの生存について善意であった。この場合、Aは、Cに対して土地の返還を請求することができない。

解説　本問は、失踪宣告の取消しに関する問題である。

1．正しい。失踪宣告の取消しは、失踪者が生存している場合だけでなく、失踪者が、失踪宣告によって擬制された死亡時と異なる時に死亡していたことが明らかになった場合にもされる（民32条1項前段）。

2．正しい。失踪宣告の効果は、死亡の「推定」ではなく「擬制」であるから（民31条）、単に真実が証明されるだけでは効果は失われない。失踪宣告の効果は、家庭裁判所が新たに審判を行い、失踪宣告を取り消すことによって消滅する（民32条1項後段）。

3．誤り。失踪宣告の取消しにより、失踪宣告ははじめからなかったことになるため（遡及効）、Bははじめから権利を取得しなかったものとして、相続した全額をAに返還することが原則となる（民32条2項本文）。しかし、民法32条2項ただし書は「現に利益を受けている限度」でのみ返還すればよいと定めている。条文上は、Aの生存についてのBの善意・悪意は問われていないが、通説は、失踪宣告を信頼した者の保護という規定の趣旨から、善意の取得者のみがこの保護を受けられると解している。

4．正しい。失踪宣告の後その取消しの前に、失踪宣告による財産の取得者（B）が第三者（C）とした契約の効力については、民法32条1項後段が、取消しの遡及効の例外として、「善意でした行為の効力に影響を及ぼさない」と定めている。ここでは、BCの善意を要求する判例・通説と、Cが善意でありさえすればよいとする有力説が対立しているが、本問ではBCいずれも善意であるから、どちらの説によってもAは、Cに対して土地の返還を請求することができない。

正解　3

失踪宣告の取消し

問題12　法人に関する以下の記述のうち、誤っているものを1つ選びなさい。
1．法人とは、自然人以外で権利能力が認められるものをいう。
2．法人は、法律の規定によらなければ成立しない。
3．法人には、社員のいる法人と、社員のいない法人がある。
4．法人が収益事業を行った場合、あげた収益は、構成員に分配されなければならない。

解説　本問は、法人の定義、設立、分類に関する問題である。
1．正しい。わが国では、自然人とは別に、人の団体や一定の目的のために拠出された財産に権利能力（法人格ともいう）を与える制度（民法第1編第3章）がある。こうした制度を通じて権利・義務の主体となるものを、法律により法人格が認められたものという意味で、法人とよぶ。
2．正しい。民法33条1項がこのことを定めている。法人の設立に関するこうした考え方を、法人法定主義という。法人の設立を私人の自由にゆだねていないのは、取引の安全の保護や法的安定性の確保といった観点から、どのような団体・財産が、いつの時点から権利主体となり、どのような方法で意思決定をして取引を行うのか、そしてその存在をどのようにして社会に公示するのかといった法制度を整備し、法人をそうした規制に従わせることが必要だと考えられるからである。
3．正しい。法人は、その基礎にある実体に応じて、社団法人と財団法人に区別される。社団法人は、人の団体を基礎とする法人であり、その構成員たる人を社員とよぶ（ここでの社員は日常用語でいう会社の従業員という意味ではないことに注意）。一般社団法人や、会社がその代表例である。これに対して財団法人は、一定の目的のために提供された財産を基礎とする、社員のいない法人である（もちろん財団法人にも、法人のために意思決定をしたり活動をしたりする評議員や理事、従業員はいるが、これらの者は法人の構成員たる社員ではない）。一般財団法人や学校法人がその代表例である。
4．誤り。法人は、収益をあげて構成員に分配することを目的とする営利法人と、そうしたことを目的としない（あるいは法律上そうした収益の分配が禁じられている）非営利法人に分けられる。ここでいう営利・非営利とは、法人が収益をあげる目的で事業を行うか否かによる区別ではなく、法人があげた収益を構成員（社員）に分配することを目的とするか否かによる区別である点に注意が必要である。株式会社が得た利益を株主に配当することが、「営利」の典型例である。非営利法人には、公益社団法人・公益財団法人のほか、一般社団法人・一般財団法人、NPO法人（特定非営利活動法人）などがある。

正解 4

法人

問題13　物に関する以下の記述のうち、誤っているものを１つ選びなさい。
1．民法において、物とは、有体物をいう。
2．物は、不動産と動産に二分される。
3．不動産は、土地およびその定着物をいう。
4．従物は、主物と別に処分することができない。
5．木から収穫される木の実は、天然果実とよばれる。

解説　本問は、「物」の定義と分類に関する問題である。
1．正しい。所有権の客体となるものが「物」である。このため民法は、所有権の客体としてふさわしいもの、すなわち排他的・全面的な支配に適するものをもって「物」とする趣旨で、「物」とは空間の一部を占める気体・液体・固体という意味の「有体物」をいうと規定した（民85条）。なお、所有権以外の物権では、たとえば質権が債権などの権利を目的として設定することもできるとされているように（民362条１項）、「物」以外のものを目的とすることができる場合がある。
2．正しい。不動産以外の物はすべて動産とされる（民86条２項）ので、「物」は不動産と動産に分類されることとなる。
3．正しい。不動産とは、「土地及びその定着物」をいう（民86条１項）。定着物とは、土地に固定され、取引観念上継続的に固定されて使用されるものをいうので、建物以外に、銅像、線路、樹木や植物の苗なども含まれる。
4．誤り。宅地に設置された石灯籠、レストランの建物に設置された厨房設備のように、ある物の常用に供するために付属させた別の物を従物といい（民87条１項）、従物を付属させる対象となる物を主物という。従物は、主物の継続的な経済的効用を増すために付属させられるため、主物が処分されるとき（たとえば売却されるとき）には、従物もそれにともなって処分するというのが、当事者の通常の意思と考えられる。このため民法は、従物は主物の処分に従うものと規定した（同条２項）。ただし、これは任意規定であり、当事者が契約で、主物または従物の一方のみを処分すると定めることも認められる。
5．正しい。ある物が他の物を産出するとき、産出する物を元物、産出される物を果実とよぶ。果実は、物の用法に従い収取される産出物である天然果実（民88条１項）と、物の使用の対価として受けるべき金銭その他の物である法定果実（同条２項）とに分かれる。木から木の実を収穫することは、物の用法に従った産出物の収取であるから、木の実は天然果実である。法定果実の典型例は、土地や建物を賃貸することによって得られる地代や家賃である。

正解 4

> **問題14**　法律行為に関する以下の記述のうち、誤っているものを１つ選びなさい。
> 　１．法律行為は、権利変動原因の１つである。
> 　２．法律行為は、意思表示を不可欠の要素として含む。
> 　３．契約は、法律行為の一種である。
> 　４．法律行為の効力は、法律行為をした当事者の承諾がなければ、失われることがない。

解説　法律行為という概念は、わが国の民法を理解するうえで重要な概念である。しかし、その定義が「意思表示を要素として含む権利変動原因の統括概念」などと非常に抽象的に語られるなど、理解がたいへん難しい概念でもある。以下の各選択肢の解説を通じて、①法律行為という制度がどのような効果をもっているのか、②法律行為の不可欠の要素である「意思表示」がどのようなものであるか、③法律行為に包括される制度にどのようなものがあるのか、④民法は法律行為について主として何を定めているのかといった事柄を確認することが必要である。

１．正しい。民法は、どのような場合に権利変動（権利の発生、消滅、内容の変更）が生じるのかということについて、多くの制度を定めている。たとえば不法行為という制度によって損害賠償請求権という権利が発生するし、消滅時効という制度によって権利が消滅する。こうした権利変動を生じさせる制度を、権利変動原因とよんでいる。

　法律行為も、そうした権利変動原因の１つである。もっとも、「法律行為」によって生じる権利変動は、これら諸制度のそれぞれが定めるところによって、権利の発生であることも、権利の消滅であることも、権利の内容の変更であることもある。法律行為は、契約・単独行為・合同行為という３つの制度を包括するものであり、しかもこれらの３つの制度も、さらにさまざまな制度の総称である（たとえば「単独行為」には、取消し、追認、遺言などが含まれる）からである。

２．正しい。法律行為は、各種の権利変動原因のうち、意思表示を不可欠の要素として含むものの総称である。

　意思表示とは、当事者が、権利変動を目指した意思を形成し、それを外部に表明することをいう。その過程は伝統的に、一定の権利義務関係の変動を欲する意思である「効果意思」が当事者の内心で形成され、その効果意思を表明しようという意思である「表示意思」のもと、実際に意思を外部に表明するための「表示行為」が行われると分析されてきた。このうち特に重要なのが効果意思と表示行為である。たとえば売買契約において買主は、「買う」という効果意思（商品の所有権を取得し、代金支払義務を負う

という意思）を形成する。この意思を、「買います」と述べたり、申込書に記入したりすることによって売主に伝える行為が、表示行為にあたる。逆に売主は、「売る」という効果意思を形成し、それを表示行為によって外部に表明する。

　法律行為は、このような意思表示があったときに、その内容どおりの権利変動を生じさせる制度である。こうした法律行為制度は、自らの意思に基づいて自らの権利義務関係を形成していくための制度であり、民法が伝統的に尊重してきた私的自治の原則（「自分の生活関係は自分で形成することができる」という考え方）を実現するために、特別の重要性をもった制度といえる。

3．正しい。法律行為は、契約・単独行為・合同行為の3つの制度を包括する概念である。このうち「契約」は、対立した内容の複数の意思表示（たとえば「パソコンを20万円で売る」という意思表示と「パソコンを20万円で買う」という意思表示）が合致して成立する法律行為である。これに対して「単独行為」は、1個の意思表示だけで成立する法律行為であり、例として契約の取消し・追認・解除や、遺言があげられる。「合同行為」は、会社などの社団法人の設立が典型例であるが、複数の意思表示によって成立する点は契約と共通する。しかし契約においては複数の意思表示が内容において対立している（「売る」に対して「買う」と答える）のに対して、合同行為では、その複数の意思表示がすべて同じ内容である（全員が「会社を設立する」という同じ意思表示をする）点で、契約と異なる。

4．誤り。一定内容の法律行為（契約・単独行為・合同行為）が成立すると、その要素となっている意思表示の内容どおりに権利義務関係が発生・消滅・変更するのが原則である。もっとも、たとえば未成年者が法律行為をした場合や、当事者が相手方からだまされたり脅されたりして意思表示を行った場合など、成立した法律行為にそのままの効力を認めるべきではない場合もある。

　このような法律行為の効力否定原因は、大きく分けると、①法律行為（またはその要素となっている意思表示）の成立過程に問題があった場合と、②法律行為の内容に問題がある場合（→問題15）の2つがある。

　このうち①はさらに、（1）法律行為をした者の判断能力に問題がある場合（→意思能力・行為能力について、問題4および問題6～9）と、（2）意思表示に瑕疵がある場合（→問題16～19）に分かれる。さらに（2）には、（ⅰ）効果意思がないままに表示行為を行う「意思の不存在（意思の欠缺）」とよばれるものと、（ⅱ）効果意思の形成過程に問題がある「瑕疵ある意思表示」とよばれるものがある。

正解　4

> **問題15**　法律行為の無効に関する以下の記述のうち、誤っているものを1つ選びなさい。
>
> 1．法律行為は、解釈を尽くしてもその内容を確定することができないときには、無効とされる。
> 2．法律行為は、その法律行為が成立した後に内容を実現することが不可能となったときには、無効とされる。
> 3．法律行為は、その内容が法律の規定と異なるときであっても、無効とされないことがある。
> 4．法律行為は、その内容が社会的に不当であることを理由として、無効とされることがある。

解説　法律行為は、その内容に問題があることを理由に、無効とされることがある。

1．正しい。法律行為の内容は、（広義の）解釈とよばれる作業を通じて確定される。したがって、たとえば契約の文言があいまいであるというだけでは、契約が直ちに無効にされることはない。しかし、解釈を尽くしても法律行為の内容を確定することができないときには、当事者の権利義務が定まらないため、その法律行為は無効とされる。

2．誤り。法律行為の内容が実現不可能である場合を不能という。かつての通説は、法律行為成立の時点ですでに不能である場合（原始的不能）と、法律行為の成立後に不能となった場合（後発的不能）を分け、原始的不能の法律行為は、内容を実現させようがないから無効であるとしてきた。しかし、有力説は、不能になったタイミングのわずかな違いで法律行為が無効になるのは不当だとして、原始的不能の法律行為も当然に無効であるわけではないと批判してきた。平成29年改正民法412条の2第2項は、債務の履行がその契約の成立の時に不能であったとしても、損害賠償の請求は妨げられないと規定し、有力説と同様の結論をとることとしている。

　いずれにしろ、本問のような後発的不能において、法律行為が無効とされるとする見解はない。

3．正しい。民法91条が定めるように、法令中の規定であっても「公の秩序に関しない規定」については、それと異なる内容の法律行為をしても無効とはされない。法令の規定よりも当事者の意思が優先されるこうした規定を、任意規定という。これに対して、それと異なる内容の法律行為を無効とする法令中の規定を強行規定という。

4．正しい。民法90条は、「公の秩序又は善良の風俗」（略して公序良俗という）に反する法律行為は無効であると定める。公序良俗とは、一般に社会的妥当性のことであるとされる。

正解　2

⚷ 法律行為の内容に関する効力否定要件

問題16　意思表示に関する以下の記述のうち、誤っているものを１つ選びなさい。
1．表意者が、その真意ではないことを知りながら意思表示をした場合において、相手方が、その意思表示が表意者の真意ではないことを過失なく知らなかったときは、その意思表示は、無効である。
2．表意者が相手方と通じて虚偽の意思表示をしたときは、その意思表示は、無効である。
3．心裡留保を理由として意思表示が無効になるとき、その無効は、善意の第三者に対抗することができない。
4．虚偽表示を理由として意思表示が無効になるとき、その無効は、善意の第三者に対抗することができない。

解説　法律行為の効力否定原因（→問題14肢４の解説）のうち、心裡留保と虚偽表示による意思表示の無効について問うものである。

1．誤り。表意者が、その真意ではないことを知りながらする意思表示を心裡留保という。たとえば、相手をからかうつもりで、贈与する意思もないままに「100万円を贈与する」との意思表示をすることがこれにあたる。この場合、効果意思が存在しないにもかかわらず、意思表示は原則として有効である（民93条１項本文）。表意者にはわざわざ真意と異なる表示を行ったという点で大きな帰責性がある一方、相手方がその表示に寄せた信頼を保護する必要があるからである。例外として、相手方が、表意者の真意を知っていたとき（悪意）または知ることができたのに知らなかったとき（善意有過失）に、意思表示は無効となる（同項ただし書）。本肢は、善意無過失のときに意思表示が無効になるとしている点で誤りである。

2．正しい。虚偽表示とは、表意者が相手方と通じてする真意でない意思表示をいう。債権者からの差押えを免れるために、外形上土地を売買したことにするといった例が典型例である。いずれの当事者にも、表示から推断される意思のとおりに権利義務を生じさせようとする真意はないから、虚偽表示は無効となる（民94条１項）。

3．正しい。心裡留保において相手方が悪意または有過失であるために意思表示が無効になる場合、この無効は、善意の第三者に対抗することができない（民93条２項）。錯誤および詐欺による取消しが善意無過失の第三者に対抗することができないとされている（民95条４項、96条３項）ことと比べると、第三者の過失の有無を問わない点で表意者が保護される範囲が狭まっている。これも、表意者にはわざわざ真意と異なる表示を行ったという点で大きな帰責性があることが理由である。

4．正しい。虚偽表示を理由とする意思表示の無効は、善意の第三者に対抗することができない（民93条2項）。第三者の過失の有無を問わない理由は、肢3の心裡留保による無効を対抗する場合と同じである。

正解　1

心裡留保・虚偽表示

> **問題17**　ＡはＢに対して契約の申込みの意思表示をしたが、この意思表示に対応する意思が欠けていた。この場合に関する以下の記述のうち、誤っているものを１つ選びなさい。
> 　1．意思表示に対応する意思が欠けていたことについてＡは知っていたが、Ｂは過失なく知らなかった。このとき、Ａの意思表示は、有効である。
> 　2．意思表示に対応する意思が欠けていたことについてＡもＢも知っていた。このとき、Ａの意思表示は、無効である。
> 　3．意思表示に対応する意思が欠けていたことについてＡは知らず、Ｂも過失なく知らなかった。このとき、Ａの意思表示が取消可能なものとなることはない。
> 　4．意思表示に対応する意思が欠けていたことについてＡは知らなかったが、Ｂは知っていた。このとき、Ａの意思表示は、取消可能なものとなることがある。

解説　本問は、心裡留保および錯誤に関する問題である。
　意思表示の外形はあるが、それに対応する意思（効果意思）のない場合がある。この場合、意思が欠けているという点では、意思表示が有効となるための基礎を欠いていることになる。しかし、有効な意思表示が行われたと信頼している相手方を保護する必要もある。このため、表意者および相手方の主観的事情に応じて意思表示の効力が定められている。

1．正しい。意思表示に対応する意思が欠けている場合のうち、そのことを表意者自身が知っている場合を、心裡留保という。心裡留保においては、表意者が効果意思をもたずに意思表示をしており、意思表示が有効となるための基礎を欠いてはいるが、表意者は、それを知りながらわざわざ無用の意思表示をしていることになる。このため、相手方の信頼の保護を優先するべきと考えられ、原則として、心裡留保によっても意思表示は無効にならない（民93条１項本文）。

2．正しい。肢１と異なり、意思表示に対応する意思が欠けていることを相手方も知っているときには、相手方の信頼を保護する必要はない（意思表示に対応する意思が欠けていることを知らないことについて相手方に過失がある場合にも同様である）。このため、意思表示は無効となる（民93条１項ただし書）。

3．誤り。意思表示に対応する意思が欠けている場合のうち、そのことを表意者が知らずにいる場合は、民法95条１項１号の定める錯誤にあたる。そして、錯誤に基づく意思表示は、その錯誤が重要なものであり（同項柱書）、

かつ、表意者に重大な過失がなければ（同条3項）、取消可能なものとなる（→問題18）。心裡留保の場合に比べて、表意者は、真意を欠く意思表示をしてしまったことの帰責性が小さいので、相手方が善意無過失であっても、意思表示の効力が否定される（意思表示が取消可能なものとなる）余地が認められているのである。

4．正しい。相手方が錯誤について知っていたという本肢の場合、肢3の場合以上に相手方を保護する必要性は小さく、意思表示の効力が否定される（意思表示が取消可能なものとなる）余地が認められる。この場合には、表意者に重大な過失があったとしても、錯誤による意思表示は取消可能なものとなる（民95条3項1号）。

正解 3

🔑 心裡留保・錯誤

問題18　錯誤に関する以下の記述のうち、誤っているものを１つ選びなさい。
1．表示に対応する意思の欠ける意思表示は、錯誤を理由として、その取消しが認められることがある。
2．意思表示をした者が法律行為の基礎とした事情についてのその認識が真実に反していたときは、錯誤を理由として、その取消しが認められることがある。
3．錯誤に基づく意思表示が取消可能なものとなるためには、その錯誤が法律行為の目的および取引上の社会通念に照らして重要なものであることが必要である。
4．錯誤が、それに基づく意思表示をした者の過失によるものであった場合には、意思表示の取消しをすることができない。
5．錯誤を理由とする取消しは、善意無過失の第三者に対抗することができない。

解説　錯誤は、伝統的には「意思表示に対応する意思（効果意思）が存在しないことを表意者自身が知らないこと」と定義され、意思の不存在の一事例であるが、意思表示をした者（表意者）が意思の不存在に気づいていない点で心裡留保（→問題16肢１）と区別されると説明されてきた。しかし、意思の不存在にはあたらない場合についても、表意者の認識していた事情が真実に反していた場合に、一定の要件のもとで、意思表示の効力を否定するべきだとして、錯誤の適用範囲は広げられていった。そして平成29年改正の民法は、それまでの判例法理を踏まえつつ、それ以前の民法に比べて詳細に要件を定めた錯誤の規定を置いた（その際、それまでは無効と定められていた効果も、意思表示が取消可能になるものと改正された）。本問は、その要件を整理するものである。
1．正しい。民法95条１項１号は、「意思表示に対応する意思を欠く錯誤」があるときには、他の要件を満たすことを前提に、錯誤を理由とする取消しが認められると定める。これは、伝統的な理解にいう、意思の不存在にあたる錯誤を定めたものである。
2．正しい。表意者が意思表示に対応する意思を有していたとしても、民法95条１項２号によれば、「表意者が法律行為の基礎とした事情についてのその認識が真実に反する錯誤」があるときには、他の要件を満たすことを前提に、錯誤を理由とする取消しが認められる。このときには、「その事情が法律行為の基礎とされていることが表示されていた」ことが必要である（同条２項）。
　　たとえば、買主が、ある土地を、地下鉄が開通する計画があると考えて

購入したところ、地下鉄開通計画が実は存在していないことがのちに判明したという場合には、表意者である買主が売買契約の基礎としていた事情についての買主の認識が真実に反している。この場合には、この事情が契約の基礎とされていること（地下鉄開通計画の存在が契約の基礎とされていること）が、表示されていることが、錯誤を理由とする取消しを認めるための要件となる。

　もっとも、どのような場合であれば「契約の基礎とされていることが表示されていた」と評価できるのかという点をめぐっては、学説の対立がある。

3．正しい。民法95条1項各号に定める錯誤があっても、それが些細なものであるときには、意思表示を取り消すことはできない。錯誤による取消しは、それが「法律行為の目的及び取引上の社会通念に照らして重要なものであるとき」に限って認められる（同項柱書）。

4．誤り。表意者に単なる過失があっただけのときは、取消しは制限されない。これに対して、表意者に「重大な」過失があったときには、表意者より相手方の保護を優先するという趣旨から、錯誤による取消しは認められない（民95条3項柱書）。ただし、相手方が表意者に錯誤があることを知り、または重大な過失によって知らなかったときには、相手方の保護を優先する必要がないため、錯誤による取消しが認められる（同項1号）。また、相手方も同じ錯誤に陥っていたときにも、やはり錯誤による取消しが認められる（同項2号）。

5．正しい。AがBとの間で、Aが所有する甲土地をBに贈与する契約を結び、続いてBがCに甲を売却する契約を結んだのちに、Aの錯誤を理由に、AB間の贈与契約が取り消されたという例で説明しよう。このとき、CがBC間の契約締結当時にAの錯誤について知らず、かつ、知らないことに過失がなかったとき（善意無過失）には、Aは、錯誤によるAB間の贈与契約の取消しをCに対抗することができない（民95条4項）。つまり、Cとの関係では、贈与契約は有効なままであるように扱われる。これに対して、CがAの錯誤を知り、または知らないことに過失があるときには、Aは取消しをCに対抗できる。つまり、贈与契約が取り消されたために、Bが甲の所有権を取得できなかった（→問題25解説2）ことを、Cに対して主張することができ、Cもまた甲の所有権を取得できないことになる。心裡留保（において相手方が悪意または過失あるとき）や虚偽表示による意思表示の無効の場合には、第三者は善意でありさえすれば保護されるが（→問題16肢3および4）、錯誤による取消しの場合には、第三者は善意無過失でないと保護されない。心裡留保や虚偽表示は、意思表示をした者が真意でない意思表示をあえて行なっている点で帰責性が大きく、第三者の利益をより保護するべきであるからである。

正解　4

🔑錯誤

問題19　Aのした意思表示が、Bの詐欺または強迫を理由として取り消すことができるものとなるための要件に関する以下の記述のうち、誤っているものを1つ選びなさい。
　1．BがAに事実に反する情報を伝えたが、Bがその情報を真実であると誤解していたという場合には、詐欺は成立しない。
　2．詐欺が成立するためには、Bのした欺罔行為が、社会観念上ないし取引上要求される信義に反するものでなければならない。
　3．強迫が成立するためには、Bの強迫行為によって、Aが真意でない意思表示をすることが必要である。
　4．強迫が成立するためには、Aが畏怖したこととAのした意思表示との間に因果関係があることが必要である。

解説　詐欺とは、相手方が表意者に対して故意に虚偽の情報を示すことで表意者を錯誤に陥らせ（「欺罔行為」という）、この錯誤に基づいて意思表示をさせることをいう。強迫とは、相手方が表意者に対して故意に害悪を示して恐怖心を生じさせ（「畏怖させる」という）、この畏怖に基づいて意思表示をさせることをいう。詐欺または強迫による意思表示は、表意者の効果意思に対応した表示が行われている点で意思の不存在（→問題16）と異なるが、効果意思の形成過程に相手方が不当に干渉した瑕疵ある意思表示とされ、表意者は、これを取り消すことができる（96条1項）。

1．正しい。詐欺の成立のためには、欺罔行為をする者に、故意があることが必要である。自らも正しい情報だと誤解して表意者にそれを伝えたという場合には、故意がないため、詐欺は成立しない。ここで故意があるというためには、表意者を錯誤に陥らせる故意と、その錯誤に基づいて特定の意思表示をさせようとする故意の両方がそろうことが必要である（「二段の故意」という）。

2．正しい。詐欺が成立するためには、欺罔行為が、社会観念上ないし取引上要求される信義に反するものであること、すなわち違法性を有するものでなければならない。セールストークが多少の誇張を含んでいたとしても、一般に許容されるものであれば、違法性を欠き、詐欺は成立しない。

3．誤り。真意でない意思表示を表意者がそれと知りながらすることは心裡留保（→問題16）にあたる。強迫の成立には、そうした意思の欠缺が生じることまでは必要はなく、強迫行為の影響を受けて効果意思が形成されたことで足りる。

4．正しい。強迫が成立するためには、①強迫行為と表意者の畏怖の間の因果関係と、②表意者の畏怖と意思表示の間の因果関係の両方が存在するこ

とが必要である（詐欺の場合には、①′欺罔行為と表意者の錯誤の間の因果関係と、②′表意者の錯誤と意思表示の間の因果関係の存在が必要となる）。①は、強迫行為がなければ表意者は畏怖しなかっただろうという意味であり、②は、表示者は畏怖しなければその意思表示をしなかっただろうという意味である。

正解 3

詐欺・強迫の成立要件

> **問題20**　代理に関する以下の記述のうち、誤っているものを１つ選びなさい。
> 　1．代理人は、本人が自ら選任することも、本人以外の者が法律の規定に基づいて選任することもある。
> 　2．代理人が本人のためにすることを示さないで行為をした場合、この行為から生じる権利や義務は本人にも代理人にも帰属することがない。
> 　3．代理人が有効な代理行為をした場合、その行為の効果は本人と相手方との間に直接発生する。
> 　4．権限の定めのない代理人も、保存行為をすることができる。

民

法

解説　法律行為の当事者以外の者が、当事者のために意思表示をし、または意思表示を受けることを代理とよぶ。

1．正しい。代理には、誰を代理人とし、どのような権限を与えるかを本人自身が決定する任意代理と、こうしたことが法律に基づいて定められる法定代理とがある。前者は主として、人が、他人の労力や専門知識を活用して、取引をはじめとする法律関係を形成する可能性を拡大することを目的として行われる。後者は、主として制限行為能力制度（→問題６～９）のなかで、法律関係を形成する自由を制限された未成年者や成年被後見人・被保佐人・被補助人に代わって、法律関係の形成を行わせるために用いられる。

2．誤り。代理人の行為の効果が本人に帰属するためには、代理人がその権限内で、かつ本人のためにすることを示して（「顕名して」）行為することが要件とされている（民99条１項）。なお、代理人が本人のためにすることを示さずに行為した場合、その行為は代理人自身のためにしたものとみなすのが原則であるが（民100条本文）、相手方が、代理人が本人のためにすることを知り、または知ることができたときは、顕名があった場合と同様に、本人のためにした行為として扱われる（同条ただし書）。いずれにしろ、本人と相手方のいずれかに効果が帰属するので、本肢は誤りである。

3．正しい。代理人がその権限内で、かつ顕名して行った行為の効果は、本人に帰属する（民99条１項）。このため、代理人が本人を代理して契約を締結すれば、代理人ではなく本人が、権利を取得し、義務を負担する。

4．正しい。権限の定めのない代理人は、保存行為および代理の目的である物または権利の性質を変えない範囲での利用・改良行為を行うことができる（民103条）。

正解 2

⚷代理

問題21　Aは、自己の所有する甲土地を売却することについて、Bに代理権を与えた。その後Bは、Aを代理して、相手方Cとの間で、甲土地の売買契約を締結した。この場合における契約の有効性に関する以下の記述のうち、正しいものを1つ選びなさい。

1．この契約は、CのBに対する強迫によって締結されたものであった。この場合、Aが強迫を受けていなくても、Aはこの契約を取り消すことができる。

2．この契約は、Cの心裡留保に基づくものであった。この場合において、Cのした意思表示がその真意ではないことについて、Bが悪意であっても、Aが善意無過失であれば、この契約は無効とならない。

3．この契約は、Cの心裡留保に基づくものであった。この場合において、Cのした意思表示がその真意ではないことについて、Aが悪意であっても、Bが善意無過失であれば、この契約は無効とならない。

4．この契約の締結当時、Bは未成年者であった。この場合、Aは、Bが未成年者であったことを理由として、この契約を取り消すことができる。

解説　本問は、代理行為の有効性に関する問題である。

1．正しい。代理人のした意思表示の効力が、意思の不存在や瑕疵ある意思表示によって影響を受けるべき場合には、こうした事実の有無は、本人ではなく、実際に意思表示をする代理人について考えるのが原則である（民101条1項）。代理人が強迫されたのであれば、本人が強迫されていない場合でも、その契約は取り消すことのできるものとなる。

2．誤り。相手方のした意思表示の効力が、意思表示を受けた者の善意・悪意、あるいは善意であることについての過失の有無によって影響を受けるべき場合にも、こうした事実の有無は、代理人について考えるのが原則である（民101条2項）。このため、相手方の心裡留保について、代理人が悪意であれば、契約は無効となる。

3．誤り。肢1および2のような原則に対する例外として、代理人が特定の法律行為をすることを委託されていたときには、本人は、自ら知っていた事情について代理人が知らなかったことを主張できない（民101条3項前段）。本人は自分の利益を守るための措置を代理人に対して指示するべきであったからである。このため、相手方の心裡留保について、代理人が善意無過失で本人が悪意という場合でも、契約が無効になることがありうる。

4．誤り。任意代理においては、代理人が制限行為能力者であったことは、代理行為を取り消す理由とならない（民102条）。代理において意思表示の効力が及ぶのは本人であるため、制限行為能力者の保護という行為能力制度の趣旨にあてはまらないからである。

正解　1

代理行為の瑕疵

問題22　復代理に関する以下の記述のうち、誤っているものを１つ選び
なさい。
　　１．任意代理人は、いつでも、復代理人を選任できる。
　　２．法定代理人は、いつでも、復代理人を選任できる。
　　３．代理人は、復代理人を選任しても、代理権を失わない。
　　４．復代理人が本人のためにすることを示してした行為の効果は、本
　　　　人に帰属する。

民
法

解説　代理人が、自己の名においてさらに代理人を選任し、その代理権の全
部または一部を行わせることを復代理という。選任された代理人は復代理人
といい、復代理人を選任することは復任という。
１．誤り。任意代理においては、代理人は本人からの信任を受けて代理権を
　　与えられているのであるから、自ら代理事務を執行することが原則とな
　　る。このため、復代理人の選任には制約がある。これが許される場合は２
　　つあり、１つは本人の許諾を得た場合、もう１つはやむをえない事由があ
　　る場合である（民104条）。
２．正しい。法定代理では、本人が代理人を信頼して代理権を与えるわけで
　　はない。このため、復代理人の選任に制約はない（民105条前段）。
３．正しい。復代理人を選任しても、代理人は、代理権を失わず、自らも代
　　理行為を行うことができる。
４．正しい。復代理人は、「本人を代表する」（民106条１項）ので、本人のた
　　めにすることを示して行為した場合、その効果は本人に対して生じる。

正解　1

復代理

> **問題23**　代理権のない者が代理人と称して締結した契約に関する以下の記述のうち、誤っているものを１つ選びなさい。なお、相手方は、無権代理について善意無過失であったものとする。
> 　1．その契約は、本人が取り消すまでは、本人に効果が帰属する。
> 　2．相手方が、相当の期間を定めて、その契約を追認するかどうかを確答するよう本人に催告した場合において、その期間内に本人が確答しないときには、追認が拒絶されたものとみなされる。
> 　3．相手方は、本人が追認するまでその契約を取り消すことができる。
> 　4．相手方は、無権代理人に対して、契約の履行または損害賠償を請求することができる。

解説　代理人として行為した者が代理権を有していなかった場合を無権代理といい、そのような行為をした者を無権代理人という。

1．誤り。無権代理は、代理権なくして行われており、本人に効果が帰属するための基礎がない。このため、原則としてその効果は本人に帰属しない（民113条１項）。ただし、本人が追認すれば、契約は遡及的に有効となる（民116条本文。ただし、第三者の権利を害することはできない〔同条ただし書〕）。制限行為能力や瑕疵ある意思表示を理由とする取消し（→問題25肢２）との違いに注意が必要である。

2．正しい。無権代理が行われると、相手方は、本人が追認するかどうかわからない不安定な立場に置かれることとなる。こうした立場から逃れるために、相手方は、本人に対して、相当の期間を定めて、追認するかどうかを確答するように催告することができる（民114条前段）。この場合、その期間内に確答がされないときは、追認拒絶が擬制される（同条後段）。

3．正しい。相手方は、無権代理によって締結された契約を取り消すことによって、不安定な地位から逃れることもできる（民115条本文）。ただし、この取消しは、本人が無権代理行為を追認する前に行わなければならない。また、相手方が契約当時に無権代理であることにつき悪意であった場合には、取消権は発生しない（同条ただし書）。

4．正しい。無権代理人は、相手方に対して、契約の履行または損害賠償の責任を負う（民117条１項）。ただし、無権代理人は、次の場合にはこの責任を免れる。第１に、無権代理について相手方が知っていた場合（同条２項１号）である。第２に、無権代理について相手方が知らなかったが、知らなかったことに過失があり、かつ、無権代理人が自身に代理権がないことを知らなかった場合（同項２号）である。第３に、無権代理人が、制限行為能力者だった場合（同項３号）である。

正解 1

無権代理

問題24　ＡがＢの代理人と称してＣから金銭を借り入れる契約を結んだが、Ａはその契約について代理権を有していなかった。この場合に関する以下の記述のうち、表見代理が成立しないものを１つ選びなさい。

1．Ａが、Ｂの実印を盗み、委任状を偽造して契約を結んでいた場合において、Ａに代理権があるとＣが過失なく信じていたとき

2．契約締結の前に、ＢがＣに対して、Ａに代理権を授与したかのような通知をしていた場合において、Ａに代理権があるとＣが過失なく信じていたとき

3．契約締結の前に、ＢがＡに対して、Ｄから金銭を借り入れる契約を締結するための代理権を与えていた場合において、Ａに代理権があるとＣが過失なく信じていたとき

4．Ｂは、かつてＡに対して、Ｃから金銭を借り入れる契約を締結するための代理権を与えていたが、Ｃとの契約が結ばれる前にＡを解任していた場合において、Ａが解任された事実をＣが過失なく知らなかったとき

解説　無権代理であるにもかかわらず、例外的に本人に有権代理と同様の責任が課される場合がある。これを表見代理とよぶ。民法は、109条、110条、112条に表見代理が成立する３つの類型を定めている。いずれも、外部から見て代理権があるかのような外観が存在し、その外観を相手方が過失なく信じており（善意無過失）、しかもこの外観を作り出したことについて本人に帰責性があるということが、本人に責任を負わせる根拠となっている。

1．成立しない。Ｂ自身がＣに対してＡに代理権を与えていたかのように表示したわけではないので、民法109条には該当しない。また、Ａには基本代理権となる権限が与えられていないから、民法110条にも該当しない。Ａに代理権があるかのような外観（偽造された委任状）はあるが、その作出についてＢに帰責性があるとはいえないことに注目しよう。

2．成立する。民法109条１項の定める代理権授与の表示による表見代理に該当する。本当は代理権を与えていないのに、与えたかのように相手方に表示したことが、本人の帰責性を基礎づける。

3．成立する。民法110条の定める権限外の行為の表見代理（代理権踰越による表見代理）に該当する。本人が、ある者に対して一定の権限（基本代理権という）を与え、他の行為にまで代理権があるかのように受け取られる状態を作出したことが、本人の帰責性を基礎づける。

4．成立する。民法112条１項の定める代理権消滅後の表見代理に該当する。代理権が消滅しているにもかかわらず、代理人に依然として代理権があるかのように受けとられる状態にあることが、本人の帰責性を基礎づける。

正解　1

表見代理

問題25　無効・取消しに関する以下の記述のうち、正しいものを１つ選びなさい。

1．無効な行為は、当事者が無効であることを知りつつ追認すれば、行為の当時にさかのぼって有効となる。

2．取り消すことができる行為は、取り消されるまで有効であり、取消しによって行為の当時にさかのぼって無効となる。

3．未成年であることを理由として契約が取り消すことのできるものとなった場合、この契約は、未成年者本人からも、相手方からも取り消すことができる。

4．未成年であることを理由として契約が取り消すことのできるものとなった場合、未成年者本人は、成年に達する前であっても、自ら追認することによってこの契約を確定的に有効なものとすることができる。

5．無効な契約に基づく債務の履行として給付を受けた者は、相手方を原状に復させる義務を負うが、取り消された契約に基づく債務の履行として給付を受けた者は、こうした義務を負わない。

解説　契約をはじめとする法律行為が効力を否定される場合の効果として、無効と取消しがある。無効が、行為の成立当初から当然に効力を生じないのに対して、取消しは、取消権者とされる者の取消しという行為により契約を無効なものとして扱う点に最大の相違がある。

1．誤り。無効な行為はそもそも存在しなかったものとみなされるという考え方を背景に、民法は「無効な行為は、追認によっても、その効力を生じない」と定めている（民119条本文）。ただし、当事者が無効であると知りながらも、なお追認をするのであれば、これは改めて権利義務関係を生じさせる意思を表明するものとみうるため、追認の時点で新たな法律行為をしたものとして扱われる（同条ただし書）。

2．正しい。無効が、誰の何らの行為がなくても当然に効力を生じないことを指すのに対して、取消しの場合には、取消権者が取消しをすることによって無効になる（取り消されるまでは有効）。この無効は行為時にさかのぼる（最初から無効であったことになる）とされている（民121条）。

3．誤り。制限行為能力を理由とする契約の取消し、あるいは錯誤・詐欺・強迫を理由とする意思表示の取消しは、いずれも表意者を保護することを目的としている。そのため、民法は、表意者自身またはその代理人等のみを取消権者とし、これ以外の者が取消しの意思表示をすることを認めていない（民120条）。

4．誤り。取り消すことができる行為は、取消権者が追認をすることによって有効なものとして確定し、以後取り消すことができなくなる（民122条）。追認は、「取消しの原因となっていた状況が消滅」したのちにされなければならない（民124条1項）。そのため、未成年者が成年に達する前に自ら追認をしても、その追認は無効である。

5．誤り。民法121条の2第1項は、「無効な行為に基づく債務の履行として給付を受けた者は、相手方を原状に復させる義務を負う」と定めている。この「無効」というのは、法律行為が取り消されることでさかのぼって無効になった場合（民121条）を含んでいる。このため、取り消された契約に基づく債務の履行として給付を受けた者も、契約が当初から無効だった場合と同じく、原状回復義務を負う。

　　無効であるのが（あるいは取り消されたのが）無償行為である場合（同条2項）、ならびに、意思無能力を理由として行為が無効になった場合および制限行為能力を理由として行為が取り消された場合（同条3項）については、原状回復義務の範囲が、現に利益を受けている限度に縮減される。

　　なお、民法121条の2は、平成29年改正で設けられたものであり、それまでは民法703条・704条（不当利得）が適用されていた。

正解 2

無効・取消し

問題26　条件・期限に関する以下の文中のカッコ内に入る語の組み合わせとして、正しいものを１つ選びなさい。

　条件とは、法律行為の効力の発生または消滅を、将来発生することが（　a　）な事実にかからせる付款である。これに対して期限とは、法律行為の効力の発生または消滅を、将来発生することが（　b　）な事実にかからせる付款である。
　条件のなかでも、成就により法律行為の効力が生じるものを（　c　）条件、成就により法律行為の効力が消滅するものを（　d　）条件とよぶ。

1．a＝確実　　　b＝不確実　　　c＝停止　　　d＝解除
2．a＝不確実　　b＝確実　　　　c＝停止　　　d＝解除
3．a＝確実　　　b＝不確実　　　c＝解除　　　d＝停止
4．a＝不確実　　b＝確実　　　　c＝解除　　　d＝停止

解説　条件とは、法律行為の効力の発生または消滅を、将来の不確実な事実にかからせる付款である。期限とは、法律行為の効力の発生・消滅または債務の履行を、将来発生することが確実な事実にかからせる付款である。したがって、aには「不確実」、bには「確実」という言葉が入る。たとえば「大学に合格したら」という付款は、（大学合格という事実は将来発生するかどうかが不確実であるから）条件となる。これに対して、「2021年１月１日になれば」という付款は、（その特定の日の到来という事実が将来発生するのは確実であるから）期限（確定期限）となる。なお、「つぎに衆議院議員総選挙が行われたら」という付款は、それがいつ到来するかは確定していないが、いずれ到来することが確実であるから期限（不確定期限）となる。
　条件のうち、その成就により法律行為の効力が生じるものとする条件を「停止条件」（民127条１項）、その成就により法律行為の効力が消滅するものとする条件を「解除条件」（同条２項）という。したがって、cには「停止」、dには「解除」という言葉が入る。たとえば「大学に合格すれば、奨学金として毎月５万円を支給する」という契約は、（条件の成就により債権が発生するから）停止条件付き契約となる。これに対して、「奨学金を毎月５万円支給するが、所定の成績に達しないときには支給を打ち切る」という契約は、（条件の成就により債権が消滅するから）解除条件付き契約となる。
　なお、期限のうち、その到来により法律行為の効力が生じ、または債務の履行をすべきものとされる期限を始期（民135条１項）、その到来をもって法律行為の効力が消滅するものとされる期限を終期（同条２項）という。
　こうした用語は、関係する語を対にしながら覚えることが大切である。

正解　2

問題27　ＡはＢから、11月１日の午前９時に、７日間の約束で車を借りた。この場合、Ａはいつまでに車を返さないといけないか。以下のうち、正しいものを１つ選びなさい。
　　1．11月７日の午前９時
　　2．11月７日の終了時
　　3．11月８日の午前９時
　　4．11月８日の終了時

解説　本問は、期間の計算に関する問題である。他の法令や当事者間の特約で、他の計算方法が定められているのでない限り、民法に定められた計算方法が適用される（民138条）。

　期間が時間（あるいはそれより短い分・秒）を単位として定められたとき、すなわち11月１日の午前９時に車を借りる際に、「24時間」という約束で契約が結ばれたときには、期間は「即時から」、すなわちその時点から起算する（民139条）。

　これに対して期間が日、週、月、または年を単位として定められたとき、すなわち上記の例で「７日間」という約束で契約が結ばれたときには、初日を算入しないこと（初日不算入）が原則である（民140条本文）。これは期間の初日は、丸一日に満たない（期間が定められるまでに何時間かが経過している）のが通常であるからである。これに対して契約の中で「つぎの日曜日から７日間」などと定めた場合（「その期間が午前零時から始まるとき」）には、期間の初日である日曜日も丸一日あるので、初日不算入の例外として、期間に算入される（同条ただし書）。

　本問では、初日不算入の原則により11月１日は期間に算入せず、11月２日を１日目とすることとなり、期間の末日は７日目である11月８日となる。

　そして期間は、末日の終了をもって満了する（民141条。末日が日曜日などの場合の例外について民142条を参照）。このため本問では、期間の末日である11月８日の終了時をもって、期間が満了する。Ａは、この時点までに車を返還しなければならず、日付が11月９日に変わる瞬間に、返還期限を徒過したことになる。

　なお、期間が週、月、年などによって定められたときには、末日は「起算日に応当する日の前日」とされる（民143条２項本文）。たとえば１月10日から１ヵ月という期間の定め方をした場合には、応答日である２月10日の前日である２月９日が期間の末日となる。期間の最後の月に応当日がないときには、その月の末日が期間の末日となる（同項ただし書）。たとえば１月31日から１ヵ月という期間の定め方をした場合には、２月31日という日は存在しないので、２月の末日（28日または29日）が期間の末日となる。

正解　4

🔑 期間の計算

問題28　時効に関する以下の記述のうち、誤っているものを1つ選びなさい。

1．時効は、権利変動原因の一種である。
2．時効の効力は、時効完成の時点から将来に向かって生じる。
3．時効が完成しても、当事者がその利益を享受する旨の意思表示をしなければ、裁判所は、時効の効力が発生したことを前提として裁判をすることができない。
4．当事者は、時効の利益を、時効の完成後に放棄することはできるが、時効の完成前にあらかじめ放棄しておくことはできない。

解説　時効とは、ある事実状態が所定の期間継続した場合に、その事実状態に対応する権利関係を認める制度である。

時効には、ある者が権利者であるかのような状態が継続した場合にその者を権利者と認める取得時効（→問題30および31）と、ある権利が行使されない状態が継続した場合にその権利の消滅を認める消滅時効（→問題32）がある。

1．正しい。取得時効は権利の発生、消滅時効は権利の消滅を生じさせる制度であり、いずれも権利変動原因といえる。

2．誤り。時効の効力は、将来に向かって生じるのではなく、その起算日にさかのぼる（時効の遡及効：民144条）。このため、たとえば所有権の取得時効であれば、時効取得者は占有を開始した時から所有者だったことになり、占有開始から時効が認められるまでの使用利益を元の所有者に返還する必要がなくなる。また債権の消滅時効であれば、債権は行使が可能となった当初から存在しなかったことになるため、債務者は、時効が完成するまでの利息や遅延損害金を支払う必要もなくなる。このように、時効期間中に生じる種々の法律関係の処理を簡明にするために、時効には遡及効が認められている。

3．正しい。民法145条は、当事者が時効を援用しなければ、裁判所はこれによって裁判をすることができないと定める。時効の援用とは、時効による権利の取得や義務の消滅という利益を享受する旨の当事者の意思表示である。

4．正しい。当事者は、時効の利益を享受しない旨の意思表示をすることもできる。これを時効利益の放棄という。時効利益の放棄により、すでに完成していた時効を援用することはできなくなる。この時効利益の放棄は、時効が完成する前に行うことはできない（民146条）。時効利益の事前放棄を認めると、債権者が、自己の有利な立場を利用して、債務者に対して時効利益を放棄するよう強制するおそれがあるからである。

正解　2

🔑時効総論

> **問題29**　ＡがＢに対して金銭債権（甲）をもっている。この債権の消滅時効の完成猶予・更新に関する以下の記述のうち、誤っているものを１つ選びなさい。
>
> 1．Ａが、甲の支払を求めて、Ｂを被告として訴訟を提起した。これは、時効の完成猶予事由にあたる。
>
> 2．甲の支払をＢに命じる判決が確定した。これは、時効の更新事由にあたる。
>
> 3．時効の完成猶予事由が生じると、時効期間の進行が停止し、その事由が終了すると、時効期間の進行が再開する。
>
> 4．時効の更新事由が生じると、それまで経過した時効期間は無意味となり、時効は、新たにその進行を始める。

民

法

解説　時効の完成は、一定の事由の発生により妨げられる。その事由には、完成猶予と更新の２種類がある。

1．正しい。時効の完成猶予は、①権利者が権利を行使する意思を明確にしたこと（民147条〜151条）、または権利者が権利を行使することが不可能または著しく困難となるような事由のあること（民158条〜161条）を理由に、②その事由の継続中（事由によってはさらにその事由の消滅後の一定の期間）、時効が完成しないこととするものである。本肢のような訴えの提起は、民法147条１項１号の「裁判上の請求」にあたり、時効の完成猶予事由にあたる。これにより訴えが終了するまでの間は、時効が完成しないほか、訴えの取下げなどのように、権利の内容を確定することなく終了した場合には、終了から６ヵ月の間、時効が完成しない（民147条１項）。

2．正しい。時効の更新は、①権利の存在について確証が得られたと評価できること（民147条２項・148条２項・152条１項）を理由に、②それまで進行してきた時効期間を時効完成にとってまったく無意味にし、新しい時効期間を０から開始させるものである。本肢のように、訴えの結果、確定判決（確定判決と同一の効力を有するものを含む）によって権利が確定したときは、時効の更新事由にあたる（民147条２項）。

3．誤り。時効の完成猶予は、その事由の継続中（事由によってはさらにその事由の消滅後の一定の期間）に時効期間が満了しても、時効が完成しないという効果をもつ。時効期間の進行そのものを停止するわけではない。

4．正しい。時効の更新は、それまで進行してきた時効期間を無意味にし、更新が生じた時から新しい時効期間を開始させる。

正解　3

時効の完成猶予・更新

問題30　所有権の取得時効に関する以下の記述のうち、誤っているものを1つ選びなさい。

　1．取得時効が成立するためには、占有者のする占有が、所有の意思をもってする占有であることが必要である。

　2．取得時効が成立するためには、占有者が、占有物を自分の所有物であると信じていることが必要である。

　3．占有者が任意にその占有を中止したときは、取得時効は中断する。

　4．取得時効が成立してその効果を生じるときには、占有者は、それまで正当な権原なく物を占有していたことを理由とする損害賠償責任を負わない。

解説　本問は、取得時効の基本的な要件・効果について問うものである。民法162条によれば、取得時効は、占有者が①所有の意思をもって、②平穏に、かつ、公然と、③一定の期間占有を継続することによって成立する。その期間は、占有の開始時に、占有者が善意無過失であるとき（占有物が自分のものではないと知らず、かつ、知らないことに過失がないとき）には10年間（同条2項）、それ以外のときには20年間（同条1項）とされている。

1．正しい。取得時効が成立するためには、占有者が所有の意思をもって占有をすることが必要である（民162条）。所有の意思をもってする占有を自主占有といい、所有の意思のない占有（すなわち他人の所有を前提としてする占有）を他主占有という。所有の「意思」という表現をとっているが、占有者の主観的な意思によって決まるのではなく、占有を成立させた原因（権原）の客観的な性質によって定まるものとされている（→問題31）。

2．誤り。民法162条1項は、占有者の善意・悪意を問わずに20年間占有が継続することで取得時効が成立すると定め、同条2項は、占有者が占有開始の時に善意無過失である場合に、必要とされる占有の期間が10年に短縮されると定めている。このように、占有者の善意は取得時効のための要件とはなっておらず、ただ時効完成に必要な占有の期間の長さに影響を与えるだけである。

3．正しい。占有者が任意にその占有を中止したり、他人によってその占有を奪われたときには、取得時効は中断する（民164条）。ただし、占有者が占有回収の訴え（民200条）を提起して勝訴し、現実にその物の占有を回復したときは、占有は失われなかったものとみなされ（民203条）、取得時効が中断しなかったことになる（最判昭44・12・2民集23・12・2343）。もっとも、本肢のように、占有者が任意に占有を中止したのであれば、占有回収の訴えを提起する余地はない。

4．正しい。時効の効果は、その起算日にさかのぼる（民144条）。その結果、取得時効が成立するときには、時効の起算日である占有開始の時から、占有者は正当な権原を有していたものとして扱われる。このため、不法占有を理由とする損害賠償責任も負わないこととなる。

正解　2

☞取得時効の要件と効果

問題31　Aが、Bの所有する甲土地を、25年間継続して占有している。この場合に関する以下の記述のうち、Aが甲土地の所有権を時効によって取得する可能性がないものを1つ選びなさい。

1．Aは、甲土地の所有者であると称するCから甲土地を購入したことにより占有を開始した。この場合において、Cが甲土地の所有者でないことをAが知らず、その知らないことにつき過失もなかったとき。

2．Aは、甲土地の所有者であると称するCから甲土地を購入したことにより占有を開始した。この場合において、Cが甲土地の所有者でないことをAが知っていたとき。

3．Aは、Bから甲土地を賃借して占有し、賃料を払い続けているが、内心で甲土地を返還しないままいずれ自分の物にしてしまうつもりでいたとき。

4．Aは、甲土地がBの所有する土地であると知りながら、Bと何ら契約を結ぶことなく勝手に建物を建てて甲土地の占有を開始したとき。

民
法

解説　所有権の取得時効の完成には、他人の物を、所有の意思をもって、平穏に、かつ、公然と占有するという事実状態が、20年間（占有開始当初に善意無過失であれば10年間）継続することが必要である（民162条）。本問はこのうち、「所有の意思をもって」する占有に関する問題である。所有の意思をもってする占有とは、所有者と同じように物を排他的に支配しようとする占有であり、自主占有とよぶ。これに対して、所有の意思なしにする占有とは他人が所有者であることを前提としてする占有であり、他主占有とよぶ。

1．可能性がある。自主占有か否かは、占有者がその物を占有することになった原因（権原という）の客観的性質によって判断される。売買契約は、買主に物の所有権を与える契約であるから、売買に基づく占有は自主占有である。そして、この性質は、売主が無権利者であったとしても変わりがない。

2．可能性がある。自主占有か否かは、占有者が、自分は真の所有者でないことを知っていたか否かによって左右されない。自分が真の所有者でないことを知っていた（または過失によって知らなかった）という事情は、時効期間に影響するだけである。

3．可能性がない。賃貸借は他人の所有物を使用することを目的とする契約であるから、賃貸借に基づく占有は、他人が所有者であることを前提とした占有、つまり、他主占有である。これは、占有者がその内心に自己の所有物とする意思をもっていたとしても変わらない。

4．可能性がある。不法占有者のする占有は、真の所有者を排除して自分のものとする意思によるものと考えられるから、自主占有と認められる。

正解　3

☞所有の意思をもってする占有

問題32　消滅時効の完成に関する以下の記述のうち、正しいものを１つ選びなさい。
　　1．消滅時効期間は、その権利が発生した時点から進行を開始する。
　　2．債権の消滅時効期間は、民法その他の法律に別段の定めがない限り、20年である。
　　3．所有権は、他人の妨害によって所有物を利用することができない期間が継続すると、時効によって消滅する。
　　4．身分権や人格権は、消滅時効の対象にならない。

解説　消滅時効が完成するためには、権利が行使されない状態が、所定の期間継続することが必要である。また、権利のなかには、消滅時効の対象とならないものも少なくない。

1．誤り。債権は、「債権者が権利を行使することができることを知った時」から５年（民166条１項１号）、または「権利を行使することができる時」から10年（同項２号）で消滅時効にかかるとされている。また、債権または所有権以外の財産権は、「権利を行使することができる時」から20年で消滅時効にかかるとされている（同条２項）。いずれの場合も、権利が「発生」した時ではなく、「権利を行使することができる時」またはそれ以降に「債権者が権利を行使することができることを知った時」が、起算点とされている。権利不行使を理由として権利を消滅させるのが消滅時効であるが、権利行使ができない場合にまでそのような不利益を権利者に負わせるのは適当ではないという考えによる。ここにいう「権利を行使することができる」とは、権利を行使するための法律上または性質上の障害（典型的には停止条件や期限）がないことをいい、たとえば証書の紛失や病気、権利の存在や行使可能性の不知などのように、権利者が個人的事情により権利を行使することができないだけの場合は含まれない。

2．誤り。債権の消滅時効期間については、肢１の解説を参照。ただし、例外規定もある（民167条〜169条・724条・724条の２）。

3．誤り。民法166条２項は「債権又は所有権以外の財産権」について、原則として20年で消滅時効にかかると規定している。「所有権以外の」と規定されていることから、所有権は時効によって消滅することはないと解されている。ただし、他人が物を時効取得すると、その反射として、元の権利者の所有権が消滅する。債権または所有権以外の財産権としては、地上権や地役権といった権利が典型例としてあげられる。

4．正しい。民法166条２項は、「財産権」に限定して消滅時効期間を定めている。このため、夫婦や親子といった親族法上一定の地位にあることに基づいて認められる身分権や、人の生命・身体・名誉など人格的な利益を基礎とする人格権のような非財産権は、ここに含まれない。したがって、これらの権利は、時効によって消滅することはないと解されている。

正解　4

消滅時効の完成

> **問題33**　典型的な物権と典型的な債権との違いについて述べた以下の記述のうち、誤っているものを1つ選びなさい。
> 　1．物権は物を支配する権利であるのに対し、債権は人に行為を求める権利である。
> 　2．物権の譲渡は譲渡の合意のほかに対抗要件を備えなければ効力を生じないが、債権の譲渡は譲渡の合意のみによって効力を生じる。
> 　3．物権はその種類および内容が法律によって定められたものに限定されるが、債権にはそのような制約はない。
> 　4．物権は絶対的かつ排他的な権利であるが、債権は相対的かつ非排他的な権利である。

解説　物権とは物に対する直接的支配権であり、絶対性および排他性を備えた権利である。これに対して、債権は特定の人に対して一定の行為を請求しうる権利であり、相対性および非排他性を特徴とする。

1．正しい。一般に、物権とは「物に対する直接の支配権」、債権とは「特定の債務者に対して一定の行為を要求しうる権利」と定義される。

2．誤り。物権の変動は、意思表示のみによって生じる（民176条）。対抗要件は、生じた物権変動を第三者に対抗するための要件であり（民177条）、譲渡の効力は合意のみによって生じる。債権譲渡についても、譲渡の効力は合意のみによって生じることを前提として、通知または承諾が対抗要件とされている（民467条）。

3．正しい。物権の種類や本質的な内容を当事者が自由に決めることはできない（民175条）。これを物権法定主義という。それに対して、債権に関しては契約自由の原則が妥当し、債権の種類や内容を当事者は契約によって自由に決めることができる。

4．正しい。物権の排他性とは、同一物につき互いに両立しえない物権が2つ以上成立することはないことをいう。たとえば、Aが甲土地の（単独）所有者であることは、同時にA以外の者が甲土地の所有者でないことを意味する。これに対して、債権には排他性がなく、債務者がそのすべてを履行することは不可能な（その意味で両立しえない内容の）債務も複数成立する余地がある。たとえば、同一日時に俳優Aが劇場Bに出演する契約αとテレビ局Cのトークショーに出演する契約βを締結する場合、BのAに対する債権があることは、CのAに対する債権の成立の妨げとはならない。もっとも、AはBに対する債務とCに対する債務のいずれか一方しか履行することができないので、履行されなかった債務は履行不能となり、債務不履行の問題を生じる。

正解　2

物権と債権の違い

問題34　物権的請求権に関する以下の記述のうち、誤っているものを1つ選びなさい。

1．Aは、自転車（甲）を所有している。Bは、甲を自分のものと誤信して乗って帰った。このとき、Aは、Bに対して、甲の返還を請求することができる。

2．Aは、土地を所有している。Bは、その土地の上に乙建物を建てて所有し、A所有の土地を不法に占拠している。このとき、Aは、その土地につき所有権移転登記を備えていなくても、Bに対して、乙建物の収去を請求することができる。

3．Aは、土地を所有している。隣人Bの建てた丙建物の一部が、A所有の土地の上に立っている。Bが隣地との境界線の位置を誤認したことに過失がないとき、Aは、Bに対して、丙建物の越境部分を収去するよう請求することができない。

4．Aは、家屋を所有している。隣人Bの庭に立っている大木（丁）が、朽ちてAの所有する家屋の上に倒れそうになっている。このとき、Aは、Bに対して、丁が自分の家屋の上に倒れてくることを防止するための措置を請求することができる。

解説　物権の内容の実現が侵害され、または侵害の危険がある場合、物権を有する者は、侵害者または侵害する危険のある物を支配する者に対して、侵害状態または侵害の危険を除去するよう請求することができる。このような権利を物権的請求権とよんでいる。

1．正しい。物の所有者が、その物の占有を喪失した場合、その物を正当な権原なく占有する者に対して、返還（引渡しまたは明渡し）を請求することができる。物権に基づくこの請求権を、物権的返還請求権という。

2．正しい。物権的請求権の行使は、その請求の基礎となる物権を相手方に対して主張することであり、不動産物権変動の対抗要件は登記であるから（民177条）、Aは、土地の所有権移転登記を備えていなければ、第三者に対して乙建物の収去を請求することができないようにも思える。しかし、不法占拠者は、民法177条の第三者にあたらない（→問題36肢4の解説）。したがって、Aは、土地の所有権移転登記を備えていなくても、Bに対して物権的請求権を行使することができる。

3．誤り。物権に基づいて返還以外の方法で妨害の排除を求める権利を、物権的妨害排除請求権という。物権的請求権は、本来あるべき支配状態を回復するための権利であり、侵害者に故意や過失がなくても成立する。この点が物権的請求権と不法行為による損害賠償請求権等の最大の違いである。

4．正しい。物権が妨害されるおそれがある場合には、その妨害を予防するための作為または不作為を求めることができる。この権利を、物権的妨害予防請求権という。

正解　3

物権的請求権

問題35　ＡＢ間でＡが所有する甲土地をＢに売る旨の契約が締結された。この場合に関する以下の記述のうち、誤っているものを１つ選びなさい。

1. ＡからＢへの甲土地の所有権移転の効果は、引渡しや所有権移転登記がされていなくても生じる。
2. ＡとＢは、その合意により、甲土地の所有権の移転時期を定めることができる。
3. Ｂは、Ａから甲土地の引渡しを受ければ、のちにＡから同じく甲土地を買い受けたＣに対して、自分が甲土地の所有者であると主張することができる。
4. ＡからＢへの所有権移転登記がされていなくても、ＡＢ間の売買の後にＡから甲土地を買い受けたＣがＢの所有権取得を認めるならば、Ｂは、甲土地の所有権取得をＣに対して主張することができる。

解説　物権の設定および移転は、当事者のした意思表示のみの効果として生じる（民176条）。ただし、その物権の設定および移転の効果は、対抗要件を備えなければ第三者に対抗することができない（民177条または178条）。

1. 正しい。物権変動が効力を生じるためには、原則として当事者の意思表示さえあれば十分であり、登記や引渡しなどその他の行為をする必要はない。このような考え方を意思主義とよぶ。これに対して、意思表示のほかに特定の行為をしないと物権変動の効力が発生しないとする立法主義を形式主義とよぶ。

2. 正しい。意思主義とは、物権変動が生じる時期を両当事者が自由に決めることができることをも含む考え方である。たとえば、売買契約が締結された際、１ヵ月後に代金完済と引換えに所有権を売主から買主へ移転する旨の特約がされると、その特約で定められた時に所有権移転の効果が生じる。

3. 誤り。民法上、動産譲渡の対抗要件は引渡しである（民178条）。これに対して、不動産物権変動の対抗要件は、引渡しではなく、登記である（民177条）。したがって、Ｂは、登記をしなければＣに所有権取得を対抗することができない。

4. 正しい。ＡＢ間では、意思表示のみの効果として物権変動が生じている。この場合、第三者Ｃは、登記がされていないこと（登記欠缺）を主張して未登記の物権変動の効果を否認することができる。しかし、Ｃは、登記欠缺を主張せずに、承認してもよい。後者の場合、Ｂは、Ｃに対して登記なしに所有権取得を主張することができる。

正解 3

🔑 意思主義と対抗要件主義

> **問題36**　Aは、甲土地を所有している。Bは、甲土地をAから譲り受け
> て、Cに売り渡した。以下のうち、Cが、所有権移転登記を備えなけれ
> ば甲土地の所有権取得を対抗することができない者を、判例がある場合
> には判例に照らして、1つ選びなさい。
> 1．A
> 2．Bから甲土地を贈与されたD
> 3．Bの相続人E
> 4．正当な権原なしに甲土地を占有するF

解説　不動産の物権の取得、喪失、変更は不動産登記法その他の法律の定め
るところに従って登記をしなければ、第三者に対抗することができない（民
177条）。ここにいう「第三者」とは、物権変動の当事者（本問ではBおよびC）
以外の者を広く包含しうる概念であり、同条の趣旨に照らしてその意義を考
える必要がある。判例においては、「第三者」は、当事者およびその包括承
継人以外の者であって、登記欠缺を主張する正当な利益を有する者に限定し
て理解されている（第三者制限説：大連判明41・12・15民録14・1276）。
1．対抗することができる。不動産がA→B→Cと順に譲渡されたとき、B
　の前主であるAは、Cからみて民法177条の第三者にあたらない（最判昭
　39・2・13判夕160・71）。Aは、Bへの所有権移転により無権利になって
　おり、BC間の権利移転を否定しても自ら権利者となるわけではなく、「登
　記欠缺を主張する正当な利益を有する」とはいえないからである。
2．対抗することができない。同一不動産の譲受人Dは、譲渡人Bとの間の
　有効な契約に基づいて目的物に対して権利を取得している。譲渡契約の有
　償無償は、DがCの登記欠缺を主張する資格を有するか否かという問題と
　の関係では意味をもたない。
3．対抗することができる。物権変動の当事者およびその包括承継人は、民
　法177条の第三者ではない。Bの相続人Eは、包括承継人であって、被相
　続人Bの当事者としての地位を承継する。
4．対抗することができる。不動産について何の権利も有しない無権利者は、
　民法177条の第三者にあたらない（前掲・大連判明41・12・15）。したがって、
　正当な権原なしに甲土地を不法占拠するFは第三者に含まれない（最判昭
　25・12・19民集4・12・660）。

正解　2

🔑 民法177条の第三者

問題37　Ａは、自己の所有する甲土地をＢに譲渡したが、ＡからＢへの所有権移転登記はされていなかった。その後にＡがＣにも甲土地を譲渡して、Ｃへの所有権移転登記がされた。以下のうち、ＢがＣに対して甲土地の所有権取得を対抗することができない可能性がある場合を、判例がある場合には判例に照らして、１つ選びなさい。
1.　ＣがＡＢ間の譲渡の事実を知っていた場合
2.　ＡＣ間の譲渡が虚偽表示によってされていた場合
3.　Ｂの登記具備をＣが詐欺により妨害していた場合
4.　Ｃが未成年者Ｂの法定代理人であった場合

解説　民法177条は文言上、第三者の善意を要件としていない。つまり、二重譲渡の第二譲受人が先行する第一譲渡を知っていたかどうか（主観的態様）を問わない体裁をとる。判例も、善意悪意不問を原則とする考え方に立っている（最判昭32・9・19民集11・9・1574）。もっとも、第三者の主観的事情次第では、未登記でも物権変動の対抗力が例外的に認められる場合がある。

1.　対抗することができない可能性がある。判例において、先行する物権変動の事実を知っており、かつ登記欠缺を主張することが信義則に反する者は背信的悪意者として、登記欠缺を主張する正当な利益を有しないとされている（背信的悪意者排除論：最判昭43・8・2民集22・8・1571）。背信的悪意者排除論は、悪意者であっても、登記欠缺を主張することが信義則に反しない場合には第三者に含まれることを含意する。これに対して、学説では悪意者・善意有過失者を全般的に排除する考え方も相当有力である。

2.　対抗することができる。虚偽表示（民94条1項）による契約は無効である。Ｃは無権利者であるから、Ｂは、登記なしに所有権取得の効果をＣに対抗することができる（→問題36肢4の解説）。

3.　対抗することができる。詐欺または強迫により登記を妨害した者に対しては、民法177条の原則に対する例外として、登記なしに物権変動の効果を主張することができる（不登5条1項）。

4.　対抗することができる。他人のために登記を申請する義務を負う第三者は、その登記がないことを主張することができない（不登5条2項）。ＣはＢの法定代理人としてＡからＢへの所有権移転登記の申請義務を負うため、Ｂは、Ｃに甲土地の所有権取得を対抗することができる。ただし、Ｂの登記原因がＣの登記の登記原因の後に生じたときは、この限りでない（同項ただし書）。

正解　1

民法177条の第三者の主観的態様

問題38　動産に関する物権の譲渡の対抗要件に関する以下の記述のうち、誤っているものを１つ選びなさい。

1．ＡがＢに預けていた絵画甲をＢに売った場合、ＡとＢは、意思表示だけで甲の引渡しを行うことができる。

2．ＡがＢに自転車乙を売ったが、引き続き乙を手元に置く場合でも、Ａが以後乙をＢのために占有するという意思表示をすれば、引渡しが認められる。

3．ＡがＣに預けているタンス丙をＢに売った場合、ＡがＣに対して丙を以後Ｂのために保管するよう命じ、Ｃがこれを承諾することによって、引渡しが認められる。

4．Ａが所有する自動車丁をＢに売った場合、引渡しをしなくても、丁の登録名義をＢにすれば、Ｂは対抗要件を備えたことになる。

解説　動産に関する物権の譲渡の対抗要件は、引渡しである（民178条）。動産物権変動が当事者の意思表示に基づいて生じる場合として、動産所有権の譲渡のほかに、動産質権の設定もある。しかし、動産質権の設定においては、目的物の引渡しは対抗要件ではなく、効力要件とされている（民344条）。

　引渡しには４つの態様がある。現実の引渡し（民182条１項）、簡易の引渡し（同条２項）、占有改定（民183条）、指図による占有移転（民184条）である。現実の引渡しとは、物の支配を現実に移転することを意味し、日常用語でいう「引渡し」とほぼ同じ意味である。

1．正しい。「簡易の引渡し」とは、現実の占有を譲受人Ｂのもとにとどめたまま、譲渡人Ａが目的物をＢに引き渡す旨の意思表示をすることにより、引渡しがされたと認められることをいう。本肢はこれにあたる。

2．正しい。「占有改定」とは、現実の占有を譲渡人Ａのもとにとどめたまま、Ａが以後譲受人Ｂのために目的物を占有すると宣言することにより、引渡しがされたと認められることをいう。本肢はこれにあたる。

3．誤り。「指図による占有移転」とは、現実の占有を第三者Ｃにゆだねている譲渡人Ａが、Ｃに以後譲受人Ｂのために目的物を占有するよう指図し、これを譲受人Ｂが承諾することによって、引渡しがされたと認められることをいう。本肢はこれにあたるようにみえるが、指図による占有移転のためには、ＣではなくＢの承諾が必要となる。

4．正しい。民法が定める対抗要件は引渡しであるが、例外的に船舶、自動車、航空機など、登記・登録制度が存在し、かつその下ですでに登記または登録されている動産に関しては、登記または登録が対抗要件となる（商687条、道路運送車両５条、航空３条の３など）。

正解 3

🔑動産に関する物権の譲渡の対抗要件

> **問題39**　以下の記述のうち、AがBとの売買により物（甲）を即時取得するための要件として、誤っているものを1つ選びなさい。
> 　1．甲が動産であること。
> 　2．AとBとの間の売買が無効であること。
> 　3．AがBから売買を原因として甲の占有を取得すること。
> 　4．Aが、甲の占有を取得した時に、Bが甲の所有者であると過失なく信じていたこと。

解説　即時取得の要件を問うものである。即時取得について、民法192条は、つぎのとおり定めている。「取引行為によって、平穏に、かつ、公然と動産の占有を始めた者は、善意であり、かつ、過失がないときは、即時にその動産について行使する権利を取得する。」

1．正しい。上に引用したとおり、即時取得の対象となる物は動産に限られる。動産の物権変動を公示する手段は引渡しであり、不動産登記ほど確実なものではないこと、他方で動産は頻繁・大量に取引されることから、動産取引の安全を特に保護するものである。

2．誤り。即時取得は、権利者らしい外観を過失なく信頼して取引した者を保護する（取引安全の）ための制度であり、前主が無権利者であるために権利を取得できない場合に適用がある。ところが、権利の取得原因である売買が無効である場合には、仮に売主が権利者であったとしても、その取引によって買主は目的物の所有権を取得することができないのだから、買主を保護する必要はない。このため、取得の原因である売買（取引）が有効であることが即時取得の要件とされている。

3．正しい。即時取得は、「取引行為によって」動産の「占有を始めた者」に権利の取得を認めるものである（民192条）。したがって、本問では、Aが、Bとの売買を原因として占有を始めること、すなわちBから占有を取得することが、即時取得の要件となる。なお、占有取得の方法には、現実の引渡し、簡易の引渡し、指図による占有移転、占有改定があるが、このうち占有改定の場合には民法192条にいう「占有を始めた」ことにならないとするのが判例である（大判大5・5・16民録22・961、最判昭35・2・11民集14・2・168）。

4．正しい。即時取得は、「動産の占有を始めた者」が「善意であり、かつ、過失がないとき」に認められる（民192条）。本問でいえば、占有を取得したAが、Bからその占有を取得した時に、Bが甲の所有権を有すると過失なく信じていたことが必要である。

正解　2

🔑即時取得

> **問題40**　占有に関する以下の記述のうち、正しいものを1つ選びなさい。
> 1．占有は、物を所持することのみによって取得される。
> 2．自宅にある家財道具の占有は、自宅を一時留守にすると失われる。
> 3．物を他人に貸して引き渡した者は、その物の占有を失う。
> 4．占有者は、所有の意思をもって占有するものと推定される。

解説　占有は、自己のためにする意思をもって物を所持することによって取得される（民180条）。民法は、占有にさまざまな法的効果を付与するのみならず、占有を物権の一種とし（占有権）、その侵害に対して占有の訴えにより、物権的な保護を与えている。

1．誤り。占有は、「所持」という客観的要素と「自己のためにする意思」という主観的要素の両方が備わって取得される（民180条）。「自己のためにする意思」とは、物の所持による事実上の利益を自己に帰属させようとする意思をいう。物を所持するだけで、「自己のためにする意思」が欠ける場合は、占有は取得されない。たとえば、甲土地にボール乙が投げ込まれても、一般に甲土地の所有者には乙について自己のためにする意思はなく、乙の占有を取得しない。

2．誤り。物の「所持」が認められるためには、現に物を身につけている必要はなく、物がある人の事実的支配下にあると認められる客観的関係があれば足りる。たとえば留守中の自宅にある所有物についても、この意味の事実的支配は当然認められる。また、たとえば遠隔地にある別荘についても、同様の事実的支配は認められうる。このように、物の所持は、相当程度観念化されたものとして理解されている。

3．誤り。占有権は代理人によっても取得することができる（民181条）。この場合の占有を代理占有（または間接占有）という。たとえば、不動産が賃貸された場合、目的物を直接に占有するのは賃借人であるが、賃貸人も、賃借人の占有を通じて間接的にその物を占有する。

4．正しい。占有の性質に関して、「占有者は、所有の意思をもって、善意で、平穏に、かつ、公然と占有をするものと推定」（民186条1項）される。所有の意思をもってする占有を自主占有という（→問題31）。自主占有は、取得時効（民162条）や無主物の帰属（民239条1項）等の所有権取得原因の要件とされている。これに対して、所有の意思なしに行われる占有を他主占有とよぶ。賃借人または受寄者が目的物を他人（賃貸人または寄託者）の所有物として占有する場合がこれにあたる。

正解　4

🔑占有の意義と性質

問題41　占有の訴えに関する以下の記述のうち、誤っているものを1つ選びなさい。

1．Aは、Bから借りた時計をCの自宅に置き忘れた。この場合、Aは、占有回収の訴えによってCから時計を取り戻すことができない。

2．Aは、Bから借りた時計をCに無理矢理奪われた。Cが、その時計をさらに善意のDに売却して、引き渡した。この場合、Aは、占有回収の訴えによってDから時計を取り戻すことができない。

3．Aは、Bから借りた甲土地を駐車場として使用していたが、Cが粗大ゴミを甲土地上に頻繁に投棄するようになった。Aが費用を負担して、そのゴミを除去した。この場合、Aは、Cに対して損害賠償を請求することはできない。

4．Aは、Bから借りた乙土地上に丙建物を築造して居住していたが、大雨でC所有の隣地の崖が軟化し、土砂崩れの危険が生じている。この場合、Aは、Cに対して土砂崩れを予防するための措置を請求することができる。

解説　民法は物の占有者に対して、その占有の効力として、占有の訴えを通して物権的な保護を与えている（民197条）。占有の訴えには、占有回収の訴え、占有保持の訴え、占有保全の訴えの3種類がある。これらは、所有権に基づく返還請求権、妨害排除請求権、妨害予防請求権に対応している。

1．正しい。占有者は、その占有する物を侵奪されたときは、占有物の返還および損害賠償の請求をすることができる（民200条1項）。これを占有回収の訴えという。本肢において、Cは、Aの時計の占有を奪ったわけではない。このため、Aは、Cを相手に占有回収の訴えを提起することはできない。

2．正しい。占有回収の訴えは、侵奪者の善意の特定承継人に対しては提起することができない（民200条2項本文）。これに対し、侵奪の事実を知っている悪意の特定承継人に対しては提起することができる（同項ただし書）。

3．誤り。占有侵奪以外の方法で占有を妨害された占有者は、妨害者に対して、その妨害の停止および損害の賠償を請求することができる（民198条）。これを占有保持の訴えという。本肢においては、Aは、ゴミの除去費用として相当な額について、Cに対して損害賠償を請求することができる。

4．正しい。占有者は、その占有を妨害されるおそれがある場合、妨害による損害はまだ発生していないが、妨害の予防または損害賠償の担保を請求することができる（民199条）。これを占有保全の訴えという。大雨のように自然力を原因とする場合であっても、妨害の危険が現存する以上、占有保全の訴えを提起することができる。

正解　3

占有の訴え

問題42　以下の文中のカッコ内に入る語の組み合わせとして、正しいものを1つ選びなさい。

　所有権の取得は、承継取得と（　　a　　）取得に大別することができる。承継取得とは、前主の法的地位をそのまま承継することをいう。たとえば、売買契約や相続による取得がこれに該当する。承継取得はさらに、売買契約のような（　　b　　）承継と、相続のような（　　c　　）承継に分類されている。
　（　　a　　）取得の代表的なものとして、遺失物の拾得、埋蔵物の発見、（　　d　　）による取得等がある。この場合は、承継取得と異なり、取得者は前主の法的地位に付着していた負担や瑕疵を当然には承継しない。

1．a＝即時　　b＝包括　　c＝特定　　d＝遺贈
2．a＝原始　　b＝特定　　c＝包括　　d＝時効
3．a＝原始　　b＝包括　　c＝特定　　d＝時効
4．a＝即時　　b＝特定　　c＝包括　　d＝遺贈

解説　所有権の取得は、承継取得と原始取得に分類される。したがって、aには「原始」が入る。
　承継取得は、売買・贈与・交換などの原因に基づいて他人の個々の権利を取得する特定承継と、相続（民896条）のように他人の権利義務を一括して取得する包括承継とに分けられている。したがって、bには「特定」が、cには「包括」が入る。遺贈は意思表示に基づく物権変動であり、承継取得に該当する（なお遺贈には、特定遺贈と包括遺贈とがある〔民964条〕）。承継取得の場合、前主の権利に付着していた諸制限もあわせて承継される。
　原始取得に分類されるのは、無主物の帰属（民239条）、遺失物の拾得（民240条）、埋蔵物の発見（民241条）、添付（民242条～248条）、取得時効（民162条）、即時取得（民192条）などである。したがって、dには「時効」が入る。取得される権利の内容はケースバイケースであり、前主の法的地位に付着していた負担や瑕疵は、承継取得と異なり承継されないことが多い。ただし、一律にそうであるわけではない。たとえば、不動産を時効取得した者は、その不動産を他人の制限物権の負担付きのものとして占有を開始していたときは、制限物権付きの所有権を取得する。これに対して、そうした制限のない不動産として占有していた場合は、負担のない所有権を取得する（大判大9・7・16民録26・1108を参照）。

正解　2

🔑所有権の取得態様

問題43　不動産の共有に関する以下の記述のうち、正しいものを１つ選びなさい。
1．各共有者は、共有不動産上に持分を有するにすぎないから、共有不動産の全体を使用収益することはできない。
2．各共有者は、自己の持分を処分するために、他の共有者の同意を得なければならない。
3．共有不動産を不法に占拠する者がある場合、各共有者は、単独で明渡しを求めることができる。
4．共有者の１人が死亡すると、その者に相続人がいる場合であっても、その持分は他の共有者に帰属する。

解説　共有とは、同一物を複数人が持分割合に応じて共同で所有する法律関係である。特段の定めがなければ、各共有者の持分は均等と推定される（民250条）。広義では、合有、総有などの共同所有形態をも含むが、本問では、民法が規定する狭義の共有関係のみをとりあげる。
　共有不動産全体についての処分や変更（形状または効用の著しい変更を伴わないものを除く。民251条１項かっこ書参照）については、他の共有者の同意（したがって、共有者の全員一致）を必要とする（同項）。これに対し、共有不動産の管理に関する事項は、各共有者の持分の価格に従って、その過半数により決せられる（民252条１項本文）。ただし、保存行為については、各共有者がこれを単独で行うことができる（同条５項）。
1．誤り。各共有者は、共有不動産の全部に対して権利を有しており（民249条１項）、持分の割合に応じて共有物の全部につき権利を行使することができる。
2．誤り。各共有者は、自己の持分を自由に処分することができる。明文の規定はないが、持分（権）の所有権としての性質と、処分を認めても他の共有者の持分に影響が及ばないことから、当然に認められている。
3．正しい。保存行為は、各共有者が単独で行うことができる（民252条５項）。共有物の修繕などのように物の現状を維持するための行為がその代表例である。このほかに、共有者が、共有物に対する侵害者（たとえば不法占拠者）に対して、所有権（持分権）に基づく物権的請求権の行使として明渡しを求めることも、保存行為にあたるとするのが判例である（大判大10・7・18民録27・1392を参照）。
4．誤り。共有者の１人が死亡しても、相続人がいるときには、その共有者の持分は相続人に承継される。共有者の１人が、その持分を放棄したとき、または死亡して相続人がないときは、その持分は他の共有者に帰属する（民255条）。

正解　3

共有

問題44　共有物の分割に関する以下の記述のうち、正しいものを１つ選びなさい。
　　１．共有物を分割するには、共有者全員の同意を必要とする。
　　２．共有者間で共有者の存命中は共有物を分割しないという内容の合意をした場合、各共有者はこの合意に拘束される。
　　３．共有者は、共有物の分割について共有者間で協議が調わないときは、その分割を裁判所に請求することができる。
　　４．共有者が裁判分割を請求した場合、裁判所は現物分割をしなければならない。

解説　各共有者は、共有物の分割をいつでも請求することができる（民256条１項）。民法は、単独所有が私的所有の形態として望ましい状態であり、共同所有から単独所有への移行を制約するような規律を置くべきではないという発想に基づき、共有関係を規律している。

１．誤り。上記のとおり、各共有者はいつでも共有物の分割を請求することができる。共有物の分割は共有物の変更（民251条１項）にあたらず、むしろ共有者相互間で、共有物の各部分につき、その有する持分の交換または売買がされるものと理解されている（最判昭42・8・25民集21・7・1729）。

２．誤り。共有者は、共有物を分割しないという内容の契約をすることができるが、その期間は５年を超えることができない（民256条１項ただし書）。また、この契約は更新することができるが、その期間も５年を超えることができない（同条２項）。

３．正しい。共有者間で協議が調えば、共有物をどのように分割しても構わない。協議が調わない場合または協議をすることができない場合には、裁判所に分割を請求することができる（民258条１項）。

４．誤り。民法258条２項によると、裁判分割の場合、裁判所は、「共有物の現物を分割する方法」（１号。現物分割）または「共有者に債務を負担させて、他の共有者の持分の全部又は一部を取得させる方法」（２号。賠償分割）により、共有物の分割を命じることができる。これらの方法による分割が適当でない場合に初めて、競売による代金分割が行われる（同条３項）。令和３年の改正により、判例（最判平8・10・31民集50・9・2563）により認められていた賠償分割の方法が明記された。なお、従来の判例が認めていた、①現物分割で生じた価格の過不足を金銭の支払で調整する方法（部分的価格賠償。最大判昭62・4・22民集41・3・408）や、②一部の共有者についてのみ現物分割し、残りの共有者の共有関係を維持する方法（一部分割。最判平4・1・24判時1424・54）なども、引き続き現物分割の一種として認められる。

正解　3

🔑共有物の分割

問題45　用益物権に関する以下の記述のうち、誤っているものを1つ選びなさい。
　1．用益物権は、建物や動産に設定することができる。
　2．地上権は、一定範囲内の地下または空間に及ぶことがある。
　3．永小作権の存続期間は、50年を超えることができない。
　4．承役地の所有者は、承役地のうち地役権の行使対象となっている部分を自らも使用することができる。

解説　用益物権とは、制限物権のうち、目的物の使用収益を目的とする物権の総称である。具体的には、地上権、永小作権、地役権、共有の性質を有しない入会権の4種類が認められている。

　地上権（→問題46）は、他人の土地において工作物または竹木を所有するため、その土地を使用する権利である（民265条）。永小作権は、小作料を支払って他人の土地において耕作または牧畜をする権利である（民270条）。両者は土地の使用目的の違いに着眼して区分されている。

　地役権（→問題47）は、設定行為で定めた目的に従い、他人の土地（承役地）を自己の土地（要役地）の便益に供する権利である（民280条）。共有の性質を有しない入会権は、慣習に従うほか、地役権の規定が準用される（民294条）。

1．誤り。用益物権はいずれも土地を対象とする。建物や動産については賃借権または使用借権といった債権的な利用権を設定するしかない。

2．正しい。地下または空間は、工作物を所有するため、上下の範囲を定めて地上権の目的とすることができる（民269条の2）。

3．正しい。永小作権の存続期間は20年以上50年以下とされている（民278条1項）。

4．正しい。地役権は一定の目的の範囲で地役権者に承役地の共同利用を認める権利である。したがって、承役地所有者は地役権者の利用を妨げない範囲で自己も承役地を利用することができる（民288条1項）。また、同一の土地上に複数の地役権を設定する可能性も排除されていない。

正解　1

用益物権の意義と種類

民

法

問題46　地上権と土地の賃借権との比較に関する以下の記述のうち、誤っているものを１つ選びなさい。なお、これらの権利は、建物所有を目的とするものではないものとする。

1. 地上権者は、土地所有者の同意がなくても地上権を譲渡することができる。これに対して、賃借人は、賃貸人の同意なしに賃借権を譲渡することができない。
2. 地上権の存続期間については、特に制限はない。これに対して、賃借権の存続期間については、賃貸借契約において50年を超える期間を定めることができない。
3. 地上権設定契約も、土地の賃貸借契約も、設定契約または賃貸借契約に定められた存続期間の満了後に、地上権者または賃借人が土地の使用を継続し、それに対して土地所有者または賃貸人が異議を述べないときは、更新される。
4. 地上権も賃借権も、その登記をすることによって、土地の譲受人に対してその権利を対抗することができる。

解説　地上権も賃借権も目的物の利用を目的とする権利であるが、地上権は物権であるのに対して、賃借権は債権であることから、いくつかの点において違いが生じる。ただし、建物所有を目的とする場合には、地上権と賃借権のいずれを設定したときも、借地権という共通の名称で包括され、借地借家法の同一の規律が適用される。

1. 正しい。明文の規定はないが、地上権は物権であるから、その自由譲渡性は当然に認められる。地上権が抵当権の目的となる（民369条２項）ことはその１つの現れである。他方、賃借権の譲渡には、賃貸人の承諾が必要とされており、賃借権の自由譲渡性は制限されている（民612条）。
2. 正しい。地上権の存続期間について特に制約はないが（民268条１項）、賃借権の存続期間は50年を超えることはできない（民604条１項）。
3. 誤り。地上権設定契約については、地上権者による期間満了後の使用の継続による更新に関する規定は存在せず、存続期間も含めて当然に更新されるとは考えられていない。賃貸借については、期間満了後に賃借人が使用を継続した場合には、賃貸人がこれを知りながら異議を述べなければ、従前の賃貸借と同一の条件で賃貸借をしたものと推定される（民619条）。
4. 正しい。地上権は物権の一種であり、登記をしなければ第三者に対抗することができない（民177条）。賃借権は債権であるため賃貸人に対してしか主張することができないことになりそうであるが、不動産賃借権は登記が可能であり（不登３条８号）、登記された賃貸借はその後の譲受人に対抗することができる（民605条）。

正解 3

地上権と土地賃借権との比較

> **問題47**　通行地役権と民法210条による公道に至るための他の土地の通行権（隣地通行権）を比較した以下の記述のうち、誤っているものを1つ選びなさい。
> 1．通行地役権、隣地通行権のいずれにおいても、通行の対価または償金として一定額の金員を支払うべき場合と支払わなくてもよい場合の両方がある。
> 2．隣地通行権は他の土地に囲まれて公道に通じない土地の所有権から、通行地役権は要役地の所有権から、それぞれ分離して譲渡することができない。
> 3．通行地役権の場合、権利者は設定行為で定められた承役地上の特定部分しか通行することができない。これに対し、隣地通行権の場合には、権利者は周囲の他の土地のどの部分を通行してもよい。
> 4．通行地役権は、設定行為によるほか、時効によっても取得される。これに対し、隣地通行権は、土地相互間の客観的関係から法律上当然に発生する。

民

法

解説　地役権とは、他人の土地（承役地）を自己の土地（要役地）の便益に供するための用益物権であり、原則として設定行為によって生じる（→問題45の解説）。隣地通行権は、他の土地に囲まれて公道に通じない土地の所有者が、公道に至るため、その土地を囲む他の土地を通行する権利であり（民210条1項）、土地の客観的位置関係から当然に発生する法定の権利である。

1．正しい。通行地役権は設定行為の定めに応じて、有償の場合も無償の場合もある。隣地通行権においては、隣地の損害に対して通行権者は償金を支払わなければならない（民212条1項）が、分割により公道に通じない土地が生じたときには、償金を支払う必要がない（民213条1項）。

2．正しい。地役権は、承役地を要役地の便益に供する権利である。そのため、設定行為に別段の定めがない限り、要役地の所有権が移転すれば、地役権もそれに随伴して移転する（民281条1項）が、地役権のみを単独で譲渡することはできない（同条2項）。隣地通行権も、隣地上に法律上当然に課せられる物的負担であり、土地から分離して処分することはできない。

3．誤り。通行地役権においては、通行することのできる部分が通常は設定行為等において特定される。隣地通行権においても、通行の場所および方法について、通行権者のために必要で、かつ、隣地のために損害が最も少ないものを選ばなければならず（民211条1項）、どこを通行してもよいわけではない。

4．正しい。地役権は、設定行為によるほか（民280条）、継続的に行使され、かつ外形上認識可能なものについては時効によっても取得することができる（民283条）。これに対して隣地通行権は、上記のとおり、法定の通行権である。

正解　3

通行地役権と隣地通行権

問題48　以下の文中のカッコ内に入る語の組み合わせとして、正しいものを１つ選びなさい。

　民法の定める担保物権には、（　a　）、（　b　）、（　c　）、（　d　）がある。一定の条件を満たせば当事者の意思に関係なく法律上当然に成立するものを法定担保物権とよび、（　a　）、（　b　）がこれに属する。他方、当事者の契約によって発生するものを約定担保物権とよび、（　c　）、（　d　）がこれに属する。（　a　）、（　c　）は、担保目的物を債権者が占有し、債権の弁済があるまでその返還を拒むことによって弁済を促すのに対し、（　d　）は目的物の占有を担保権設定者のもとにとどめるところに特徴がある。（　b　）、（　c　）、（　d　）の権利者は、目的物が競売された場合に優先的に配当を受けることができるが、（　a　）にそのような効力は認められていない。

1．a＝留置権　　　b＝先取特権　　　c＝抵当権　　　d＝質権
2．a＝留置権　　　b＝先取特権　　　c＝質権　　　　d＝抵当権
3．a＝先取特権　　b＝留置権　　　　c＝質権　　　　d＝抵当権
4．a＝先取特権　　b＝留置権　　　　c＝抵当権　　　d＝質権

解説　担保物権とは、制限物権のうち、目的物の交換価値を債権担保の目的で支配することを目的とする物権の総称である。民法には留置権、先取特権、質権、抵当権の４種類が規定されている。これらを典型担保物権とよび、その他の担保物権を非典型担保物権とよぶ。典型担保物権中の法定担保物権と約定担保物権の区別は問題文のとおりである。留置権と先取特権は法定担保物権であり、質権と抵当権は約定担保物権である。担保目的物を債権者が占有する留置権や質権については、担保権者は債権の弁済を受けるまで目的物の返還を拒むことで弁済を促すことができる。これを担保物権の留置的効力という。これに対して抵当権は、目的物の占有を抵当権設定者のもとにとどめるところに特徴がある。留置的効力はない。したがって、ｃには質権が、ｄには抵当権が入る。
　担保物権には一般に優先弁済的効力（目的物の価値から優先弁済を受ける権利）が認められる。しかし、留置権にはこれがない（民295条１項・303条・342条・369条１項）。したがって、ａには留置権が、ｂには先取特権が入る。もっとも、留置権者は、被担保債権の弁済まで買受人に対して目的不動産の引渡しを拒むことができ（民執59条４項・188条）、動産の場合は目的物の提出を拒むことで競売手続の進行を阻止することができる（民執124条・190条）。このため、留置権者には事実上の優先弁済権があるともいわれる。

正解　2

担保物権

> **問題49**　Ａを売主、Ｂを買主とする売買契約における給付の客体に関する以下の記述のうち、誤っているものを１つ選びなさい。
> 　1．ＡＢ間で、Ａの所有する中古自動車の売買契約が締結された。この場合、Ａは、当該中古自動車を給付するか、それと同種かつ同等の他の自動車を給付するかを決めることができる。
> 　2．ＡＢ間で、特定の品質のコシヒカリ米10kgの売買契約が締結された。この場合、特段の合意がなければ、Ａが、当該品質を有するコシヒカリ米のうちどのコシヒカリ米を給付するかを決めることができる。
> 　3．ＡＢ間で、Ａが倉庫に保管している牛肉1000kgのうち100kgの売買契約が締結された。この場合、特段の合意がなければ、Ａが、当該倉庫に保管された牛肉のうちどれを給付するかを決めることができる。
> 　4．ＡＢ間で、Ａの所有する土地1000m²のうち100m²の売買契約が締結された。この場合、特段の合意がなければ、Ａが、当該土地のどの部分を給付するかを決めることができる。

解説　債権は、さまざまな観点から分類されている。債権総則には、特定物債権、種類債権、金銭債権、利息債権、選択債権に関する規定がある。本問は、それらのうち、特定物債権、種類債権、選択債権と、制限種類債権とよばれる債権につき、給付の客体がどのようにして決まるかを問題とするものである。

1．誤り。物の個性に注目して指定された目的物を特定物といい、特定物の引渡しを目的とする債権を特定物債権という。中古自動車は、その状態が１台ごとに異なっていることから、同じ車種の２台の車であっても個性があると考えられる。このため、本肢のＢの債権は特定物債権にあたる。特定物債権においては、まさにその特定の物を引き渡すことが債務の内容であり、債務者Ａが勝手に他の物を給付の客体とすることはできない。

2．正しい。物の個性に注目せず種類のみで指定された目的物を種類物といい、種類物の引渡しを目的とする債権を種類債権という（民401条１項参照）。本肢のＢの債権はこれにあたる。種類債権においては、給付の客体は、両当事者の合意、債権者の同意を得た債務者による指定、債務者による給付に必要な行為の完了により定まる（同条２項）。これによると、ＡＢ間に合意がないのであれば、Ａが、給付するコシヒカリ米を定めることになる。

3．正しい。特定の範囲のものに制限された種類物の引渡しを目的とする債

　権を、制限種類債権とよぶ。本肢のＢの債権は、特定の倉庫に所在するという制限つきの種類物たる牛肉を目的とするため、これにあたる。制限種類債権は、特定前でも制限内の種類物が全部滅失することにより履行不能となる、債務者は特定前にも制限内の種類物につき保存義務を負いうる等の点で、種類債権と異なる。しかし、制限内の種類物からの特定の方法は、種類債権についてと同じである。

4．正しい。債権の目的が数個の給付のなかから選択によって定められる債権を、選択債権という（民406条参照）。Ｂの債権は、土地という個性が重視される物（すなわち特定物）の引渡しを目的とするため、制限種類債権ではなく選択債権にあたる。選択債権において給付される物については、合意がなければ、まずは債務者（本肢ではＡ）が選択権をもつ（民406条）。

正解　1

債権の種類

> **問題50**　債権に関する以下の記述のうち、正しいものを１つ選びなさい。
> 1．金銭に見積もることができないものを目的とする債権を発生させることはできない。
> 2．実現不可能なことを目的とする債権を発生させることはできない。
> 3．ある行為をしないことを目的とする債権を発生させることはできない。
> 4．死者を当事者とする債権を発生させることはできない。
> 5．複数人を債権者または債務者とする債権を発生させることはできない。

解説　債権とは、特定の人に対して一定の行為を請求することのできる権利と定義される。債権の帰属主体を債権者といい、請求の相手方を債務者という。そして、請求することのできる内容を債権の目的という。債務とは、債権を債務者の側からとらえた表現である。本問は、債権債務の目的および当事者に関する問題である。

1．誤り。債権は、金銭に見積もることができないものであっても、その目的とすることができる（民399条）。たとえば、僧侶ＡがＢとの間で、ＡがＢのために念仏供養をする旨の契約を結んだ場合、仮に念仏供養それ自体が金銭的価値と無縁の宗教上の儀式であるとしても、この契約に基づき、ＢのＡに対する念仏供養を目的とする債権が成立する（東京地判〔裁判年月日不明〕新聞986・25）。

2．誤り。たとえば、すでに焼失してしまい存在しない絵画の売買契約など、実現不可能なことを内容とする契約も有効に成立させることができる。この契約に基づいて生じる債務は、実現不可能なことを目的とするが、このような債務も発生しうる。この場合、この債務は履行することができないため、債権者は履行請求権をもたないが（民412条の２第１項）、債務者は、債務不履行（履行不能）の責任を負ったり（同条２項）、債権者から契約を解除されたりすることがある（民542条1項1号）。

3．誤り。債権債務の目的となりうる一定の行為には、あることをすること（作為）だけでなく、あることをしないこと（不作為）も含まれる。不作為を目的とする債務の例としては、債務を履行する過程で知った情報を他者に漏らさないことを目的とする債務、債権者と同種の営業活動をしないことを目的とする債務がありうる。

4．正しい。権利義務の帰属主体となりうるのは、生きている人のみである（民３条１項・882条参照。→問題４肢１および問題５）。債権は権利の一種であり、債務は義務の一種であるから、債権債務の帰属主体となりうるのも、

　やはり生きている人に限られる。

5．誤り。民法には、債権者が複数いる場合として、分割債権（民427条）、不可分債権（民428条）、連帯債権（民432条）が定められており、債務者が複数いる場合として、分割債務（民427条）、不可分債務（民430条）、連帯債務（民436条）が定められている。債権の目的が不可分な給付であれば不可分債権・不可分債務となり、可分な給付であれば、原則として分割債権・分割債務となる。ただし、債権の目的が可分な給付であるもののうち、法令の規定または当事者の意思表示によって複数人が連帯して債権を有する場合、この債権を連帯債権といい、複数人が連帯して債務を負う場合、この債務を連帯債務という（分割債権、不可分債権、不可分債務および連帯債務については、→問題60および問題61も参照）。

正解　4

債権の目的および当事者

問題51　債権の効力に関する以下の記述のうち、誤っているものを１つ選びなさい。

1．債権者は、債務者に対して債務を履行するよう求めることができる。
2．債権者は、債務の履行期が到来してもその履行がない場合、あらかじめ債務者に対して催告をすることなく、その履行を求めて直ちに裁判所に訴えを提起することができる。
3．債権のなかには、履行の強制をすることができず、債務者が任意に履行しなければ実現されないものがある。
4．債権者は、履行の強制により債権の内容が実現されたときは、損害賠償を請求することができない。

解説　本問は、債権の効力に関する問題である。債権には、４つの権能があるとされている。請求力、給付保持力、訴求力、執行力である。

1．正しい。このように、債権者が債務者に対して任意の履行を求めることができる権能を、債権の請求力という。また、債権者は、債務者がこれに応じて行った給付を保持することができる。債権のこのような権能を給付保持力という。
2．正しい。債権者が債務者に対して履行を求めて訴えを提起し、勝訴判決を得ることができる権能を、債権の訴求力という。訴求力は、債権の本来的な効力として認められているものであり、任意の履行がない場合にはじめて認められるものではない。もっとも、実際には、債権者が債務者に対し任意の履行を求めたにもかかわらず、これに応じなかった場合にはじめて訴訟が提起されるのが通常である。
3．正しい。履行の強制とは、債務者が任意に履行しないときに、債権者が国家の助力を得て債権の内容を強制的に実現することをいう。これは、債権の執行力によるものである。もっとも、履行の強制は、債務者の人格の自由・意思の自由など他の尊重されるべき利益を害することもあり、それらの利益との衡量を要する。そのため、履行の強制は、債務の性質がこれを許さないときはすることができない（民414条１項ただし書）。夫婦の同居義務（大決昭５・９・30民集９・926）や芸術家の創作義務がこれにあたる。
4．誤り。債権者は、債務が履行されないことにより損害を受けたときは、損害の賠償を請求することができる。この損害賠償は、債権の本来的内容が実現されない場合に認められる債権の効力の１つである。履行が遅れたことにより損害が生じることはあり、それは、履行の強制により最終的に債権が実現されても償われるものではない。そのため、履行の強制は、損害賠償請求を妨げないとされている（民414条２項）。

正解　4

債権の効力

> **問題52**　金銭債務（特定の通貨または特定の種類の通貨を目的とするものを除く）の不履行に関する以下の記述のうち、誤っているものを1つ選びなさい。
> 1．金銭債務は履行不能になることがない。
> 2．債権者は、損害について証明しなくても、所定の利率により計算された損害賠償を請求することができる。
> 3．法定利率を下回る利率で利息を支払うべきことが約定された場合、債務不履行による損害賠償の額は、その約定利率によって計算された額となる。
> 4．債務者は、弁済のために用意していた金銭を強盗に奪われたために弁済期に弁済できなかったときでも、債務不履行責任を免れない。

解説　金銭の支払を目的とする債権を金銭債権、それに対応する債務を金銭債務という。特定の通貨または特定の種類の通貨を目的とする場合を除けば、金銭債権の目的は、通貨という物の引渡しではなく、通貨に化体した価値の移転である。たとえば、10万円の金銭債権では、特定の1万円札10枚の引渡しをすることは求められておらず、どのような形であれ10万円の価値を表す通貨を引き渡すことが求められているにとどまる。そのため、いくつかの特徴的な取扱いがされている。

1．正しい。金銭債務においては、物の引渡しとしての側面が重視されないため、種類物の給付を目的とする種類債務とは異なり、目的物が特定することはない。そのため、特定後の滅失等による履行不能の問題は生じない。

2．正しい。金銭債務については、不履行による損害賠償責任についても特徴がある。すなわち、損害賠償を請求する債権者は、損害の証明をする必要がない（民419条2項。損害額の定め方は肢3の解説を参照）。

3．誤り。金銭債務の不履行による損害賠償の額は、原則として法定利率によって定まる（民419条1項本文）。ただし、約定利率のほうが法定利率よりも高い場合には、約定利率により定まる（同項ただし書）。常に約定利率によるわけでないことに注意が必要である。約定利率は、弁済期まで元本を利用することができることの対価としての性質をもつものであり、本来は、弁済期後の損害（遅延損害）について定めるものではないが、弁済期を徒過すると約定利率よりも低い法定利率による遅延損害金を支払えばよくなるというのは不合理であるため、このように規定されている。なお当事者は、約定利率とは別に、遅延損害について約定することもできる。（民420条1項）

4．正しい。金銭債務については、債務不履行が不可抗力によるものでも債務者は免責されない（民419条3項）。債務者の責めに帰することができない事由によるものである場合も同様に解されている。

正解　3

🔑金銭債務の不履行

> **問題53**　以下のうち、履行遅滞による損害賠償請求のために必要ではないものを1つ選びなさい。ただし、金銭債務の履行遅滞については考えないものとする。
> 1．履行期の経過
> 2．損害の発生
> 3．債権者の過失の不存在
> 4．債務者の同時履行の抗弁権の不存在
> 5．債務者の責めに帰することができない事由の不存在

解説　債務の本旨に従った履行がされないことを債務不履行という。一般に、債務不履行の態様には、履行遅滞、履行不能、不完全履行の3つがあるとされている。履行遅滞は履行が可能であるのに履行すべき時に履行がされない場合、履行不能は履行が不可能な場合、不完全履行は履行としてされた行為が債務の本旨に従った履行とはいえない場合をいう。本問は、このうちの履行遅滞について、損害賠償請求権の成立要件を問題とするものである。

1．必要である。債務者が履行すべき時期（履行期）を経過していなければ、そもそも履行遅滞にならない。

2．必要である。債権者に損害が発生しない場合は、債権者に発生した損害の塡補を目的とする損害賠償請求権は生じない（民415条1項本文参照）。

3．必要ではない。債務者の履行遅滞について、債権者に過失のないことは、損害賠償請求権の成立要件とされていない。もっとも、債務不履行に関して債権者にも過失があった場合、損害の全部につき債務者に責任を負わせることは、公平とはいえない。そこで、このような場合には、賠償額が減額されることがある（民418条）。債権者の過失の程度によっては債務者が免責されることもあるが、常に損害賠償が認められなくなるわけではない。

4．必要である。債務者に同時履行の抗弁権（→問題71）がある場合、履行期が経過しても、債務者は、相手方（債権者）からの債務の履行の提供がない限り、自己の債務の履行をしないことが正当化される（民533条）。つまり、相手方からの債務の履行と引換えに自己の債務を履行すればよい。したがって、損害賠償責任の発生には、債務者に同時履行の抗弁権のないことが必要である。

5．必要である。民法415条1項ただし書は、債務の不履行が債務者の責めに帰することができない事由によるものである場合には、債権者は損害賠償を請求することができないと規定している。なお、金銭債務については民法419条3項に特則がある（→問題52肢4の解説参照）。

正解　3

🔑 履行遅滞による損害賠償の要件

問題54　以下のうち、売主の目的物引渡債務が履行不能となった場合における買主の主張として認められることがないものを1つ選びなさい。
1．代金支払債務の履行の拒絶
2．売主に対する損害賠償の請求
3．契約の解除
4．売主の目的物引渡債務の履行請求

解説　履行不能とは、債務の履行が契約その他の債務の発生原因および取引上の社会通念に照らして不能であることをいう（民412条の2第1項）。目的物の引渡債務でいえば、たとえば、目的物が滅失した場合のように、引渡しが物理的に不可能な場合のほか、動産の二重売買の売主が一方の買主に目的物を引き渡したことによりもう一方の買主に対する引渡債務の履行ができなくなる場合も、履行不能と評価される。もっとも、履行することができない原因が債務者の個人的事情にある場合（たとえば売主に資金がないために売買目的物を調達することができない場合）には、履行不能とされないことが多い。

本問は、履行不能の効果について、売主の目的物引渡債務を例にとって問うものである。

1．認められることがある。目的物引渡債務の履行不能が、当事者双方の責めに帰することができない事由によるものであるときは、債権者は、自らの反対給付の履行を拒むことができる（民536条1項）。すなわち、買主は、代金支払債務の履行を拒絶することができる。

2．認められることがある。債務の履行が不能であるときは、債権者（本肢では買主）に損害賠償請求権が認められる（民415条1項本文・2項1号）。ただし、履行不能が、債務者の責めに帰することができない事由によるものであるときは、損害賠償請求権は生じない（同条1項ただし書）。

3．認められることがある。民法542条1項1号が、履行不能による契約解除権を認めている。その際、損害賠償請求権とは異なり、履行不能が、債務者の責めに帰することができない事由によるものであっても、解除権の発生は妨げられない。これは、契約の解除が、債務者に対する制裁ではなく、存在意義を失った契約の拘束から当事者を解放するための手段と理解されているからである。

4．認められることがない。債務の履行が契約その他の債務の発生原因および取引上の社会通念に照らして不能であるときは、その債務の履行請求は認められない（民412条の2第1項）。

正解　4

履行不能の法律上の効果

問題55　債務不履行による損害賠償の範囲に関する以下の記述のうち、誤っているものを１つ選びなさい。
　　１．損害賠償は、債務不履行と因果関係のある損害についてのみ認められる。
　　２．損害賠償は、財産的損害だけでなく非財産的損害についても認められることがある。
　　３．債務不履行によって通常生ずべき損害は、賠償の対象になる。
　　４．特別の事情によって生じた損害は、当事者がその特別の事情を実際に予見していたときにのみ、賠償の対象になる。

解説　本問は、債務不履行による損害賠償の対象になる損害の範囲に関する問題である。

１．正しい。債務不履行による損害賠償における損害とは何かについて、主要な考え方が３つある。①債務不履行がなかったと仮定した場合の債権者の仮定的財産状態と債務不履行があった後の債権者の現実の財産状態の差額（または差）であるとする考え方、②債務不履行によって債権者が特定の法益に被った損失とする考え方、③債権が実現されない事実やそれを起点に債権者に生じた不利益となった事実とする考え方である。①②においては損害概念のなかにすでに債務不履行との因果関係が含まれている（債務不履行と因果関係のない損害はありえない）。③においても、この意味での損害のうち債務不履行と事実としての因果関係があるものだけ（債務不履行がなければ生じなかったと考えられる損害だけ）が賠償の対象になるとされている。

２．正しい。損害賠償は、財産上の不利益（財産的損害）だけでなく、精神的苦痛ないし不利益（非財産的損害。精神的損害ともいう）についても認められる。非財産的損害を賠償する金銭を慰謝料という。不法行為については民法710条に非財産的損害の賠償に関する規定があるのに対し、債務不履行については明文の規定がない。しかし、医療過誤により重篤な後遺症が残った場合を典型として、非財産的損害についても、財産的損害と同じく、債務不履行による損害賠償の範囲に関する判断準則に照らして賠償の対象となることがある。

３．正しい。債務不履行と因果関係があると認められる損害のすべてが賠償の対象となるわけではない。賠償の対象となる損害は、民法416条に従って定められる。同条１項によると、債務不履行によって通常生ずべき損害（通常損害）は当然に賠償の対象となる。

４．誤り。民法416条２項によると、特別の事情によって生じた損害は、当事者がその特別事情を予見すべきであったときに、賠償の対象となる。実際に予見していたときに限られるのではない。予見の主体および時期については学説上争いがあるが、判例は、同項の「当事者」を債務者、予見可能性の判断基準時を債務不履行時と解している（大判大７・８・27民録24・1658）。

正解　4

債務不履行による損害賠償の範囲

> **問題56**　債務不履行による損害賠償に関する以下の記述のうち、正しい
> ものを1つ選びなさい。
> 　1．債務不履行による損害賠償は金銭による賠償とされ、別の方法に
> 　　よることはできない。
> 　2．定められた履行期を過ぎても債務が履行されない場合、債権者は、
> 　　債務者に対して相当の期間を定めて履行を催告し、この期間内に履
> 　　行がない場合にはじめて履行遅滞による損害賠償を請求することが
> 　　できる。
> 　3．当事者は、債務不履行が生じた場合に支払うべき損害賠償額を、
> 　　あらかじめ合意することはできない。
> 　4．受寄物を過失により盗まれた受寄者が、寄託者たる所有者に目的
> 　　物の価額相当額を損害賠償金として支払った場合、これにより受寄
> 　　者がその物の所有権を取得する。

解説　本問は、債務不履行による損害賠償に関して、その方法、賠償額に影響を与える事由、損害賠償による代位を問題とするものである。

1．誤り。債務不履行による損害賠償は、原則として金銭によって行われる（金銭賠償の原則：民417条）。簡便な解決が実現できるというのがその理由である。しかし、民法417条は、別段の意思表示による例外を認めている（民法421条は、当事者が金銭以外の方法による損害賠償を予定した場合について定めている）。

2．誤り。定められた履行期が経過すれば、特段の事情がない限り、履行しないことは法的に許されない。履行遅滞による損害賠償は、この許されないことにより債権者に損害を生じさせた債務者に責任を負わせるものであるから、債権者の催告は、損害賠償請求権の成立要件ではない。履行遅滞による損害賠償責任が生じる時期は、債務の履行期によって異なる。①確定期限のある債務については、その期限の到来した時から（民412条1項）、②不確定期限のある債務については、その期限の到来した後に債務者が履行請求を受けた時または債務者が期限の到来を知った時のいずれか早い時から（同条2項）、③期限の定めのない債務については、債務者が履行請求を受けた時から（同条3項）である。なお、催告が必要となることがあるのは、契約の解除（→問題73肢1）をしようとする場合である（民541条本文）。

3．誤り。裁判で債務不履行による損害賠償が認められるためには、損害の発生とその金額の証明が必要になる。しかし、この証明は困難なことがめずらしくなく、それゆえに争いが長期化することもある。そこで、これを

避けるため、債務不履行による損害賠償の額を当事者があらかじめ合意しておくことがある。これを損害賠償額の予定という（民420条1項）。

4．正しい。債権者が損害を塡補するための賠償金を受けとったのに、なお損害塡補の対象とされた権利を失わないとすると、債権者は二重に利得することになり、公平ではない。そこで、債権者が損害賠償として債権の目的物の価額の全部を得たときには、債務者がその目的物の権利につき、当然に、債権者の地位にとって代わる（民422条）。これを損害賠償による代位という。もっとも、この制度は債権者から所有権を奪うことを目的とするものではない。本肢のような場合において、債務者たる受寄者が窃取した者から目的物の返還を受けたときは、債権者たる寄託者は、賠償金の返還と引換えに目的物の返還を請求することができると解されている。

民

法

正解 4

🔑 債務不履行による損害賠償

問題57　Aは、Bに対し、100万円の貸金債権（甲債権）を有しており、その弁済期が到来している。この場合に関する以下の記述のうち、誤っているものを１つ選びなさい。

1．Bが甲債権について任意に弁済をしないときは、Aは、Bに対する履行の強制を裁判所に請求することができる。
2．Aが甲債権を保全する必要があるときは、Bは、自己の有する財産に対する処分権を失う。
3．Aは、甲債権を保全する必要があるときは、BがCに対して有する金銭債権をBに代わって行使することができる。
4．Aは、甲債権を保全する必要があるときは、BとCがともにAを害することを知ってしたBの財産をCに贈与する旨の契約の取消しを裁判所に請求することができる。

解説　物の引渡債権の債務者が債務を任意に履行しない場合、債権者は、裁判所の手続を通じて強制的にその物の引渡しを実現することができる。これに対し、金銭債権の債務者が債務を任意に履行しない場合、債権者は、裁判所の手続を通じて債務者の一般財産を換価し強制的に債権の回収を行うことができる（民414条）。これを債務者からみると、金銭債権の債務者は、その有する一般財産をもって債権者に対して責任を負う。この意味で、債務者の一般財産を責任財産という。責任財産が不足すると、債権者は、自己の債権の回収に困難をきたすため、責任財産を保全する必要に迫られる。しかし、責任財産は債務者に属するので、債務者が自由にできるのが原則である。民法は、このような債務者の自由に配慮しながら、債権者の責任財産保全の必要性に応えるため、債権者代位権、詐害行為取消権という２つの制度を設けている。本問は、これら責任財産保全の制度に関する問題である。

1．正しい。民法414条がこのことを定める。債務の履行を求めて裁判所に訴えることができるという債権の効力を訴求力といい、こうして得た勝訴判決をもって債務者の財産に強制執行をして債権の実現をすることができるという債権の効力を、執行力という（→問題51）。

2．誤り。債権者が、その有する債権を回収するため、債務者の財産を差し押さえた場合は、債務者は、その財産を処分することができなくなる。しかし、債権者の有する債権を保全する必要があることのみを理由に、債務者が自己の財産の処分権を失うことはない。

3．正しい。債務者が無資力の状況、すなわち自己の責任財産をもってすべての債権者に債務を弁済することができない状況において、その有する債権の行使が可能であるにもかかわらず行使しない場合、債権者は、債務者

に代わって、その債権を行使することができる（民423条1項）。これを債権者代位権という（→問題58）。

4．正しい。債務者が責任財産を減少させる行為をした場合、債権者は、一定の要件の下で、事後的にその行為の取消しを裁判所に請求することができる（民424条1項）。これを詐害行為取消権という（→問題59）。本肢のような場合、Aは、ＢＣ間の贈与契約の取消しを裁判所に請求することができる。

民

法

正解　2

✧責任財産の保全総論

> **問題58**　AがBに対して100万円の貸金債権（甲）を有し、BがCに対して150万円の売買代金債権（乙）を有している。この場合におけるAの債権者代位権に関する以下の記述のうち、誤っているものを1つ選びなさい。ただし、A以外にBの債権者は存在しないものとする。
> 　1．Aが乙を行使するには、Bが乙を除けば甲の弁済をする資力のないことが必要である。
> 　2．Aが乙を行使するには、甲が乙よりも先に成立していることが必要である。
> 　3．Aが乙の消滅時効の完成を阻止するために乙の履行を催告するときには、甲の弁済期が到来している必要はない。
> 　4．Aによる乙の行使は、甲の金額の範囲に限って認められる。

解説　債権者代位権は、債権者が自己の債権（被保全債権という。本問では甲がこれにあたる）を保全するために、債務者に属する権利を行使することができる権利である（民423条1項）。
1．正しい。債権者代位権の行使は、債務者の財産管理の自由に介入するものである。このため、その介入が正当化される場合にのみ認められる。この正当化の事由として、代位権を行使する者の債権を保全する必要性のあることが求められる（民423条1項本文）。そして、ここにいう債権保全の必要性とは、債権者が介入しなければ債務者の責任財産が減少し、債権の満足を得られなくなること（債務者の「無資力」）であるとされている。
2．誤り。詐害行為取消権（民424条）の場合と異なり、債権者代位権に関しては、甲と乙の成立の先後は問われない。債権者代位権は債務者の権利不行使による責任財産の減少防止をはかるものであるため、代位権行使の時点で被保全債権が存在することで十分と考えられるからである。
3．正しい。債権者が自己の債権を行使しえない時点で債務者の権利を行使することができるとすることは時期尚早であり、濫用のおそれもあることから、原則として、被保全債権が弁済期にあることが必要であるとされている（民423条2項本文）。しかし、被保全債権の弁済期を待っていては、その間に債務者の責任財産が減少・消滅してしまう場合には、弁済期の前であってもその保全を行う必要性がある。そこで、債務者の財産の保存行為については、被保全債権の弁済期の前であっても、債権者が債務者に代位して行うことができるとされている（同項ただし書）。債権の消滅時効の完成猶予・更新の効果を生じさせる措置は、保存行為にあたる。
4．正しい。債権者代位権は債権の保全に必要な限りで認められるものであるため、債権者は、被保全債権額の範囲に限って、債務者に属する権利を行使することができる（民423条の2）。

正解　2

債権者代位権

問題59　詐害行為取消権に関する以下の記述のうち、誤っているものを１つ選びなさい。

1．債務者のした行為のうち財産権を目的としないものは、詐害行為の取消しの対象にならない。
2．債務者のした行為によってもなお債権者が債権の十分な満足を得ることができるときは、債権者は、その行為を詐害行為として取り消すことができない。
3．債務者がした贈与を詐害行為として取り消すためには、その贈与に際して債務者と贈与の相手方とが債権者を害するために通謀していたことが必要である。
4．詐害行為取消権は、裁判上でしか行使することができない。

解説　詐害行為取消権は、弁済資力のない債務者が責任財産を減少させる行為をした場合に、債権者がその行為を取り消し、責任財産を回復する権利である（民424条１項）。

1．正しい。詐害行為取消権は責任財産を保全するためのものであるため、債務者のした行為であっても財産権を目的としないものは取消しの対象にならない（民424条２項）。

2．正しい。詐害行為取消権は債務者の財産管理の自由に介入するものであるため、その介入が正当化される場合、すなわち、債務者の行為によって債権者が害される場合にのみ認められる（民424条１項）。債務者に弁済の資力があり、債権者が債権の十分な満足を得られるのであれば、債務者の行為により債権者が害されることはないので、詐害行為の取消しには、本肢のような要件が課されている。

3．誤り。いったんされた行為を取り消すことは、行為の相手方（受益者）の法的地位に影響を及ぼし、取引安全を害するおそれがある。そこで、詐害行為の取消しは、受益者が「債権者を害することを知らなかったとき」はすることができないとされている（民424条１項ただし書）。しかし、債務者と受益者との通謀までは原則として要件とされていない（民424条の３の場合を除く）。

4．正しい。民法424条１項は、債権者は詐害行為の取消しを「裁判所に請求することができる」としている。詐害行為取消権は、裁判外では行使することができない。なぜなら、詐害行為取消権は他人のした行為を取り消すものであり、第三者の利害に大きな影響を及ぼすものであるから、要件が満たされているかを裁判所に判断させ、また、取消しの効果を明確にすることが適当であると考えられるからである。　　　　　　**正解　3**

　詐害行為取消権

問題60　多数当事者の債権関係に関する以下の記述のうち、誤っている
ものを１つ選びなさい。

1．ＡＢは、等しい持分で共有する甲土地を1000万円でＣに売却し
た。この場合、別段の意思表示がない限り、ＡＢは、この売買契約
によって生じる代金債権として、それぞれがＣに対して500万円の
支払を求める債権を取得する。

2．ＡＢＣは、共同で１棟の建物をＤから購入した。この場合、ＡＢ
Ｃは、この売買契約によって生じる建物の引渡しを求める債権を行
使するときは、それぞれ単独でＤに対して全部の履行を求めること
ができる。

3．ＡＢＣは、共有する１棟の建物をＤに売却した。この場合、Ｄは、
この売買契約によって生じる建物の引渡しを求める債権を行使する
ときは、ＡＢＣ全員に対して同時に履行の請求をしなければならな
い。

4．ＡＢが連帯して100万円の金銭債務をＣに対して負担している。
この場合、Ｃは、ＡＢいずれか一方に対して全部の履行を請求する
ことも、ＡＢ両方に同時に全部の履行を請求することもできる。

解説　当事者の一方または双方が複数である債権関係を多数当事者の債権関
係という。多数当事者の債権関係については、特に、①請求の方法、②債権
者または債務者の１人に生じた事由の他の者への影響の有無、③債権者の１
人が弁済を受け、または債務者の１人が弁済等をした場合における債権者相
互間または債務者相互間の利益調整が問題となる。このうち、本問は①に関
するものである（連帯債務に関する②③については→問題61を参照）。

1．正しい。債権の目的がその性質上可分である場合において、数人の債権
　者があるとき、別段の意思表示がない限り、各債権者は、それぞれ等しい
　割合で債権を有する（民427条）。このような各債権者の債権を、分割債権
　という。

2．正しい。債権の目的がその性質上不可分である場合において、数人の債
　権者があるとき、この債権を不可分債権という（民428条）。この場合、各
　債権者は、単独ですべての債権者のために全部または一部の行を請求す
　ることができ、債務者は、すべての債権者のために各債権者に対して履行
　をすることができる（民428条の準用する民432条）。

3．誤り。債務の目的がその性質上不可分である場合において、数人の債務
　者が債務を負担するとき、この債務を不可分債務という（民430条）。この
　場合、債権者は、債務者の１人に対しての履行を請求することも、すべて

の債務者に対して同時または順次に履行を請求することもできる（民430
条の準用する民436条）。
4．正しい。債務の目的がその性質上可分である場合において、法令の規定
　または当事者の意思表示によって数人が連帯して債務を負担するとき、こ
　の債務を連帯債務という（民436条）。連帯債務の債権者は、連帯債務者の
　１人に対して全部または一部の履行を請求することも、全連帯債務者に対
　して同時または順次に全部または一部の履行を請求することもできる（同
　条）。

民

法

正解 3

🔑多数当事者の債権関係

問題61　連帯債務に関する以下の記述のうち、正しいものを１つ選びなさい。
1．数人が共同してある建物の買主となった場合、その代金債務は、特約がない限り、連帯債務となる。
2．連帯債務者の１人が債務の全部を弁済したときは、他の連帯債務者の債務も消滅する。
3．債権者が連帯債務者の１人に対して債務の全部を免除したときは、他の連帯債務者の債務も消滅する。
4．債務の一部を弁済した連帯債務者は、自己の負担部分を超えて弁済をした場合にのみ、他の連帯債務者に対して求償をすることができる。

解説　本問は、多数当事者の債権関係のうち連帯債務について、その成立、連帯債務者の１人について生じた事由の他の連帯債務者への影響、連帯債務者の１人が債務を弁済した場合の連帯債務者間の利益調整を問うものである。

1．誤り。同一内容の可分給付につき複数人が債務を負う場合には、原則として分割債務となる（民427条）。例外として、当事者間に連帯の特約がある場合および法令の規定により連帯とする定めがある場合（たとえば、民719条・761条、商511条１項）には連帯債務となる。本肢のような場合、連帯の特約があるとされることも多いが、特約がなければ分割債務となる。
2．正しい。連帯債務においては、各連帯債務者が債権者に対して全部給付義務を負うが、連帯債務者の１人が全部の弁済をしたときには、債権の目的が達せられるため、他の連帯債務者の債務も消滅する。
3．誤り。連帯債務者の１人について生じた事由は、原則として他の連帯債務者に影響を及ぼさない（相対的効力事由：民441条本文）。もっとも、弁済をはじめとする債権者に満足を得させる事由は他の連帯債務者との関係でも債務を消滅させるほか、民法438条、439条１項および440条に他の連帯債務者にも影響を及ぼす事由（絶対的効力事由）が定められている。
　　本肢のような連帯債務者の１人への免除の場合、債権者は、その連帯債務者に履行を請求しないという意思を有しているだけであって、他の連帯債務者も免責することを意図していないのが通常である。このため、免除の効力は、他の連帯債務者に及ばないこととされている（民441条）。すなわち、他の連帯債務者は、引き続き全額の弁済をする義務を負う。そして、他の連帯債務者が弁済をしたときは、免除を受けた債務者に対して、求償権を取得する（民445条）。

4．誤り。連帯債務者は、債権者に対しては全部給付義務を負うが、連帯債
務者相互の間では負担部分に応じた責任を負う。弁済など「自己の財産を
もって共同の免責を得た」連帯債務者は、他の連帯債務者に対して求償を
することができる。その際、自己の負担部分を超えて弁済をする必要はな
い。一部弁済をした連帯債務者は、他の連帯債務者に対し、弁済額のうち
各自の負担部分に応じた額の求償をすることができる（民442条1項）。

民
法

正解　2

連帯債務

問題62　保証に関する以下の記述のうち、誤っているものを１つ選びなさい。なお、この保証は連帯保証ではないものとする。

1. 保証契約が有効に成立するために、主たる債務者の同意が必要である。
2. 保証契約は、書面でしなければ効力を生じない。
3. 債権者が保証人に債務の履行を請求したときは、主たる債務者が破産手続開始の決定を受けたとき、またはその行方が知れないときを除き、保証人は、まず主たる債務者に催告すべき旨を述べて履行を拒むことができる。
4. 保証債務は、主たる債務が消滅したときは、消滅する。

解説　本問は、多数当事者の債権関係のうち保証債務について、成立、主たる効力、保証債務と主たる債務の関係を問うものである。

1. 誤り。保証とは、債務者が債務を履行しない場合に、他の者がその履行をする責任を負うことをいう（民446条１項）。ここにいう債務者を「主たる債務者」、債務を「主たる債務」、他の者を「保証人」、保証人が負う債務を「保証債務」という。保証債務は、保証人が債権者に対して負う債務であり、債権者と保証人になる者との間の保証契約に基づき発生する。主たる債務者は保証の成否に重大な関心をもつことが通常であるが、保証契約の成立に主たる債務者の同意が必要とされているわけではない。

2. 正しい。保証人にとって保証契約は債務を負担するだけの無償契約であり、場合により重大な負担になるにもかかわらず、比較的軽率にされることがめずらしくない。そこで、保証を慎重にさせ、保証意思を外部からも明確にわかるようにするため、保証契約は書面でしなければ効力を生じないこととされている（民446条２項。保証契約の内容を記録した電磁的記録もここでいう書面に含まれる〔同条３項〕）。

3. 正しい。保証人の責任は、主たる債務者が履行しないときに備えた補充的なものである。そのため、保証人は、債権者に対して、①債権者が保証人に保証債務の履行を請求したときに、主たる債務者にまず催告するよう求めること（催告の抗弁：民452条）、②主たる債務者に弁済の資力があり、かつ執行が容易なことを証明して、まず主たる債務者の財産に執行することを求めること（検索の抗弁：民453条）ができる。本肢は①について述べたものである。ただし、連帯保証の場合は、上記①②は認められない（民454条）。

4. 正しい。保証債務は、主たる債務の履行を担保するためのものであることから、いくつかの点で主たる債務に付き従った法的扱いを受けるという性質（付従性）を有する。その１つとして、主たる債務の消滅により保証債務は消滅する（消滅における付従性）。

正解　1

保証債務

問題63　債権の譲渡に関する以下の記述のうち、誤っているものを１つ選びなさい。
1．債権は、譲渡の当時、現に発生していないものでも、譲渡することができる。
2．債権の譲渡は、債務者の事前の同意がなくても有効に成立する。
3．債権の譲渡は、譲渡人から債務者への口頭での通知があれば、債務者および債務者以外の第三者に対抗することができる。
4．債権が譲渡されても、債務者は、対抗要件が備えられた時までに譲渡人に対して生じた事由をもって譲受人に対抗することができる。

解説　AがBに対してもつ債権を AC 間の契約によりCに移転し、CのBに対する債権とするように、債権者が債権を、その同一性を変えずに、契約により他に移転することを債権譲渡という。
1．正しい。債権は、原則として譲渡可能とされている（民466条１項本文）。そして、債権の譲渡は、その意思表示の当時、現に発生していないもの（将来債権）でも可能である（民466条の６第１項）。譲渡契約の当時において目的とされる債権の発生可能性が低かったとしても、譲渡契約の効力は影響を受けない。しかし、譲渡の目的とされる債権がその発生原因や金額等によって特定されている必要はある。将来の一定期間に発生し、または弁済期が到来すべき複数の債権を譲渡の目的とするときは、その期間の始期と終期を明確にすることなどにより、債権を特定することができる（最判平11・１・29民集53・１・151）。
2．正しい。債権譲渡は、譲渡人と譲受人の間の契約である。誰が債権者であるかは債務者の利害に影響を生じうるが、譲渡契約の有効な成立に債務者の関与を要しない。
3．誤り。債権譲渡の効力は、譲渡人と譲受人の間の合意のみにより生じる。しかし、その効力を債務者その他の第三者に対抗するためには、対抗要件を備える必要がある。民法が定める対抗要件は、債務者に対しては譲渡人から債務者への債権譲渡の通知または債務者による承諾であり（民467条１項）、債権の二重譲受人等の債務者以外の第三者に対しては、この通知または承諾が確定日付のある証書によって行われることである（同条２項）。なお、確定日付のある証書とは、公正証書や内容証明郵便など民法施行法５条に定められたものをいう。
4．正しい。債務者は、「対抗要件具備時までに譲渡人に対して生じた事由」（たとえば、同時履行の抗弁、譲渡された債権の発生原因たる契約の無効、取消原因の存在、弁済による債務の消滅など）をもって、譲受人に対抗することができる（民468条１項）。これは、債権譲渡によって債務者が不利益を被ることがないようにするためである。

正解　3

債権の譲渡

> **問題64**　債務者Ａが債権者Ｂに対して金銭債務を負っており、引受人Ｃがこの債務の引受けを行った。この場合に関する以下の記述のうち、誤っているものを１つ選びなさい。
>
> 　1．この債務の引受けが併存的債務引受であったとき、ＡはＢに対する債務を免れる。
> 　2．この債務の引受けが併存的債務引受であったとき、Ｂに弁済をしたＣは、Ａに対して求償をすることができる。
> 　3．この債務の引受けが免責的債務引受であったとき、Ａは、Ｂからの支払請求を拒むことができる。
> 　4．この債務の引受けが免責的債務引受であったとき、Ｂに弁済をしたＣは、Ａに対して求償をすることができない。

解説　債務者が負担する債務と同一の内容の債務を契約によって第三者が負担することを、債務引受という。債務引受には、併存的債務引受と免責的債務引受がある。それぞれの場合における債権者（本問ではＢ）・債務者（Ａ）・引受人（Ｃ）の間の債権関係を確認し、それと関連づけながら、債務引受が成立し、効力を生じるための要件も確認しておくことが大切である。

1．誤り。併存的債務引受では、債務者が債務を負いつつ、引受人が新たに負う債務と「併存」する（民470条１項）。債務者と引受人は、連帯債務を負うことになる。このため、ＡのＢに対する債務は消滅せずに残ることとなる。

　なお、債務者の債務内容に変化がないため、併存的債務引受は、債権者と引受人の二者間の契約ですることができる（同条２項）。併存的債務引受はさらに、債務者と引受人の契約で成立させることもできるが、このときは、債権者が引受人となる者に対して承諾をした時に、その効力を生じる（同条３項）。併存的債務引受は、債権者にとって利益になるだけで不利益をともなわないが、債権者の意思に反する場合にまで引受人に対する債権を発生させることは適切でないからである（第三者のためにする契約に関する民537条３項も参照）。

2．正しい。肢１の解説のとおり、併存的債務引受が行われると、債務者と引受人は、連帯債務を負うことになるので、弁済をした者は、他方に対して求償をすることができる（民442条１項参照）。

3．正しい。免責的債務引受では、債務者が債務を「免責」され、新たに引受人のみが債務者となる（民472条１項）。このため、債務者と引受人とが契約をしただけでは効力を生じず、債務者に対する債権を失うこととなる債権者が引受人に対して承諾をすることによって効力を生じる（同条３

項)。

　　他方、免責的債務引受は、債権者と引受人との間の契約で成立させることもできる。この場合には、債権者から債務者にその旨を通知した時に効力を生じる（同条2項)。債務者の承諾は不要であり、債権者から債務者への一方的な通知で足りる。というのも、債権者は、債務者への一方的通知のみで、債務を免除できるからである（民519条)。

4．正しい。肢3の解説のとおり、免責的債務引受によって、債務者は債務を免れる。債権者は、債務者を完全に免責し債権関係から離脱させる意思を有しているし、引受人もこれを承諾しているので、免責を受けた債務者は、引受人との関係でも免責される。このため、引受人が弁済しても求償をすることはできない（民472条の3)。

民

法

正解 1

🔑 債務引受の効果

問題65　弁済に関する以下の記述のうち、正しいものを 1 つ選びなさい。
1．債務者以外の者がした給付は、弁済としての効力を認められない。
2．弁済の時期と場所は、別段の定めがない限り、債権者が定める。
3．債務者が、債権者ではないが債権者としての外観を有する者を債権者と過失なく信じて弁済をした場合、それにより債権は消滅する。
4．債務者が、債務の一部についてのみ弁済の提供をしたときであっても、債権者はその受領を拒むことができない。

解説　弁済とは、債務者または第三者によって債権の内容である給付行為がされ、それによって債権が消滅することをいう。本問は、弁済を、誰が、いつ、どこで、誰に対して、どのようにするべきかを問題にするものである。
1．誤り。弁済をすべき者は債務者であるが、それ以外の第三者が給付行為をした場合に、それが弁済の効力を認められることがある（民474条 1 項）。これを第三者弁済という。第三者弁済は、債務の性質や第三者と債務者との関係により、効力を認められないことがある。たとえば、弁済をするについて正当な利益を有する者でない第三者が債務者の意思に反して給付をしても、弁済の効力は認められない（同条 2 項本文）。ただし、債務者の意思に反することを債権者が知らなかったときは別である（同項ただし書）。
2．誤り。弁済には、なすべき時期（弁済期または履行期という）と場所がある。弁済期、弁済の場所のいずれについても、債権者と債務者は合意によって決めることができる。合意がないときは、弁済期は、契約など法律行為によって生じる債権については法令の規定（たとえば、民573条・591条・624条・633条など）により定まる。不法行為による損害賠償債権については損害発生の時である（最判昭37・9・4民集16・9・1834）。弁済の場所は、民法484条 1 項により定まる。
3．正しい。弁済は、債権者その他の弁済受領権限を与えられた者に対してしなければ効力を生じないのが原則である。しかし、給付を受領した者が取引上の社会通念に照らして弁済受領権者らしい外観を有しており、給付者がその者を弁済受領権者であると過失なく信じて給付行為をしたときは、弁済の効力が認められる（民478条）。これは表見法理の一種であり、弁済者の信頼を保護し、取引社会の安全を保護することを目的とする。
4．誤り。弁済の提供は、債務の本旨に従ってされる必要があり（民493条）、原則として債務の全部についてされる必要がある。債務者が債務の一部についてしか弁済の提供をしないときは、債権者は受領を拒絶することができる。この場合、弁済の効力はもちろん、弁済提供の効果も生じない（なお、不足額がごくわずかな金額にとどまる場合には、弁済提供の効果が認められることがある〔最判昭35・12・15民集14・14・3060〕）。

正解 3

🔑弁済

問題66　弁済の提供および弁済供託に関する以下の記述のうち、誤っているものを1つ選びなさい。
1．債権者があらかじめ弁済の受領を拒んでいるときは、債務者は、弁済の準備をしたことを債権者に通知して受領の催告をすることにより、履行遅滞の責任を免れる。
2．持参債務の債務者が、自らの住所で弁済をする準備をした旨を債権者に通知して受領の催告をしたことでは、弁済の提供をしたことにならない。
3．債務者が弁済の提供をした場合において、債権者がその受領を拒んだときは、債務者は、弁済の目的物を供託することができる。
4．債務者が債権者のために弁済の目的物を供託した場合、債権者が供託所でその還付を受けた時にその債権は消滅する。

解説　本問は、弁済の提供および弁済供託に関する問題である。
1．正しい。債務者は、弁済の提供をすることにより、その時から履行遅滞の責任を免れる（民492条）。弁済の提供は、債務の本旨に従って現実にしなければならない（民493条本文。これを現実の提供という）。すなわち、債務者は、弁済が完了するために自らすべきことをすべて行い、後は債権者が受領しさえすればよいという状態にする必要がある。ただし、これには例外がある。債権者があらかじめ受領を拒んでいる場合と、債務の履行について債権者の行為を要する場合である。これらの場合には、債務者は、弁済の準備をしたことを通知して受領の催告をすればよい（同条ただし書。これを口頭の提供という）。
2．正しい。持参債務とは、債務者が債権者の住所で弁済をすべき債務をいう。したがって、債務者は、債権者の住所で現実の提供をしなければ、弁済の提供をしたことにならない。
3．正しい。債権者が債務を弁済したくてもできない場合、債務者は債務を免れることができず、履行遅滞の責任を負う可能性もある。このような事態を避けるため、弁済供託という制度がある。これは、債務者が弁済の目的物を債務の履行地の供託所に提出して管理をゆだねるというものである（民495条1項参照）。債務者は、この弁済供託をすることによって債務を消滅させることができる。債権者は、供託所から弁済の目的物の還付を受けることによって、弁済の目的物を取得することができる（民498条参照）。民法では、494条以下に弁済供託の原因（弁済供託ができる場合）・効果等の概要を定め、供託手続に関する詳細については供託法が定めている。弁済供託の原因は、①弁済の提供がされたにもかかわらず、債権者がその受

領を拒んだとき、②債権者が弁済の受領をすることができないとき、③弁済者が債権者を確知することができないとき（弁済者に過失がある場合を除く）のいずれかを満たすことである（民494条）。

4．誤り。弁済供託によって債権消滅の効果が発生するのは、弁済供託をした時である（民494条1項柱書後段）。債権者が弁済の目的物の還付を受けた時ではない。さもないと、債務者は、弁済供託をした後も、債権者が還付を受けるまでは遅滞の責任を負いうることになってしまい、弁済供託制度の意義が大きく減殺されるからである。

正解　4

弁済の提供および弁済供託

民

法

> **問題67**　相殺に関する以下の記述のうち、誤っているものを１つ選びなさい。
> 1．相殺は、自働債権の弁済期が到来していないときでも、することができる。
> 2．相殺の意思表示の効力は、双方の債務が互いに相殺に適するようになった時にさかのぼって生じる。
> 3．債権が時効によって消滅したとしても、その消滅前に相殺適状にあったときは、債権者は、その債権を自働債権として相殺をすることができる。
> 4．金銭債権の債権者Ａが債務者Ｂを殴って重傷を負わせた場合、ＡのＢに対する金銭債権とＢのＡに対する損害賠償債権について、Ａから相殺することはできないが、Ｂから相殺することはできる。

解説　ＡとＢが互いに金銭債務を負担しあっている場合のように、２人が互いに同種の目的を有する債務を負担する場合において、双方の債務が弁済期にあるときは、各債務者は、他方に対する意思表示（相殺の意思表示）によって、互いの債務の額が重なりあう範囲（「対当額」）において互いの債務を消滅させることができる。これを相殺という（民505条１項）。上記のように、双方の債務が互いに相殺に適するようになった状態を、相殺適状という。また、相殺の意思表示をする者が有する債権を自働債権、相殺される者の債権を受働債権という。本問は、相殺の基本的な要件・効果に関する問題である。

1．誤り。相殺は、自働債権と受働債権の双方が弁済期にあるときにのみ、することができる（民505条１項本文）。これが必要とされるのは、相殺される者の期限の利益を保護するためである。そこで、自働債権の弁済期さえ到来していれば、相殺をする者は、受働債権について期限の利益を放棄して弁済期を到来させることにより（民136条２項本文）、相殺をすることができる。受働債権の弁済期が未到来のまま相殺の意思表示がされたときは、その意思表示は、受働債権の期限の利益を放棄して弁済期を到来させる意思を含むものと解される。

2．正しい。相殺は、当事者の一方から相手方に対する意思表示によってされる（民506条１項前段）。相殺適状により当然に相殺の効力が生じるとする外国の立法例もあるが、わが国では、当事者が知らないうちに債権が消滅することは好ましくないと考えられ、このように定められている。相殺の効力は、相殺の意思表示時に生じるのではなく、相殺適状の時にさかのぼって生じる（同条２項）。このように遡及効が認められる理由は、相殺適状になれば両債権は当然に清算されたものと考えるのが当事者の通常の

意思であること、法律関係の簡便な処理が可能になることにある。

3．正しい。民法508条がこのことを定めている。相殺適状による当然清算への期待を保護するためとされる。

4．正しい。2つの同種の債権が対立していても、①当事者が相殺禁止の意思表示をしたとき（民505条2項）、②自働債権に相手方の抗弁権が付着しているとき、③受働債権が悪意による不法行為に基づく損害賠償債権であるとき（民509条1号）、④受働債権が人の生命または身体の侵害による損害賠償債権であるとき（同条2号）、⑤受働債権が差押禁止債権であるとき（民510条）、⑥差押えを受けた債権を受働債権とし、差押え後に取得した債権を自働債権として相殺しようとするとき（民511条）等、相殺できないことがある。

　このうち、本肢は③または④に該当する。③のような相殺が禁止されているのは、金銭債権を有する者がその回収のために債務者に不法行為を行い、これによる損害賠償債務と相殺することを認めると不法行為を誘発することになるし、このような加害者を保護する必要はないからである。また、④のような相殺が禁止されているのは、不法行為の被害者に損害賠償金の現実の給付を得させる必要があるからである。このような趣旨にかんがみ、被害者からする相殺（③または④の損害賠償債権を自働債権とする相殺）は許されている（最判昭42・11・30民集21・9・2477）。

正解 1

相殺

問題68　AがBに対して金銭債権（甲）を有していた。この場合に関する以下の記述のうち、誤っているものを１つ選びなさい。

　　１．Bは、Aとの間で、金銭の支払に代えて絵画乙を給付することにより甲を消滅させる旨の契約をし、Aに絵画乙を給付することによって、甲を消滅させることができる。

　　２．AとBが、Bの債務の内容を絵画乙の給付に変更することを内容とする更改契約を締結した。この場合、甲は消滅する。

　　３．Aは、Bの同意がなくても、免除によって甲を消滅させることができる。

　　４．Aが死亡し、BがAを相続した。この場合、甲にCの質権が設定されていたとしても、甲は消滅する。

解説　本問は、各種の債権消滅原因に関する問題である。

１．正しい。AB間でされているのは代物弁済である。代物弁済とは、債務者が、債権者との間で、その負担した給付に代えて他の給付をすることにより債務を消滅させる旨の契約をし、実際にその給付をすることをいう（民482条）。代物弁済は弁済と同一の効力を有することから、代物弁済により債権は消滅することになる。

　　代物弁済は、肢２の更改と似たところがあるが、①債権が消滅するためには、他の給付が実際にされなければならないこと、②債権が単純に消滅するのみであり、それに代わる新たな債権が発生するわけではないことにおいて、更改と異なる。

２．正しい。AB間でされているのは更改である。更改とは、当事者が①給付の内容の重要な変更、②債務者の交替、③債権者の交替をすることにより、もとの債務を消滅させ、新たな債務を成立させる契約である（民513条）。本肢では、給付の内容の重要な変更が行われている。

　　なお、債権者の交替は債権譲渡により、債務者の交替は免責的債務引受により、債務の内容の変更は代物弁済や変更契約等によっても実現することができる。また、更改の場合、旧債務の消滅により、旧債務につき存した担保や抗弁権が消滅することがある。このような効果を債権者が欲することはあまりないため、更改の存在意義は大きくない。

３．正しい。AB間でされているのは、免除である。免除は、債権者が債務者に対する一方的な意思表示によって、債権を消滅させるものである（民519条）。利益といえども押し付けるべきではないとして、免除を契約によってされるものとする外国の立法例もあるが、わが国では、免除は単独行為とされている。

4．誤り。土地の所有者と抵当権者、債権者と債務者のような、相対立する
2つの法的地位が同一人に帰属することを混同という。混同が生じると、
通常は、2つの法的地位をそのまま存続させておく意味がなくなる。そこ
で、たとえば所有権と他の物権との混同では他の物権が消滅し（民179条
1項本文）、債権者と債務者との混同ではその債権が消滅する（民520条本
文）。しかし、混同により消滅することになる権利が第三者の権利の目的
になっているときは、第三者を害することは適当でないため、混同による
権利の消滅は生じない（民179条1項ただし書・同条2項後段・520条ただし
書）。本肢は、甲が第三者Cの質権の目的になっているため、この場合に
あたる。

正解　4

🗝各種の債権消滅原因

問題69　契約の成立に関する以下の記述のうち、正しいものを１つ選びなさい。
1．代金が一定額以上の売買は、契約書を作成しなければ成立しない。
2．不動産の売買は、登記をしなければ成立しない。
3．贈与は、受贈者が目的物を受けとらなければ成立しない。
4．書面によらない消費貸借は、借主が目的物を受けとらなければ成立しない。

解説　契約は、申込みと承諾という意思表示の合致のみによって成立するのが原則である（諾成主義の原則：民522条１項）。また、契約自由の原則の一内容として方式自由の原則があるとされており、法令に特別の定めがある場合を除き、契約の成立には書面の作成その他の方式を具備することを要しない（民522条２項。不要式行為という）。しかしながら、例外的に、契約における意思表示を一定の方式で（たとえば、書面によって）することや、目的物の引渡しが契約の成立要件とされている場合がある。契約締結の方式が定められている場合を要式行為（要式契約）、契約成立のために目的物の引渡しを要する場合を要物契約という。たとえば、保証契約は、書面でしなければならない要式行為である（民446条２項）。また、消費貸借は、書面でする場合を除き（民578条の２第１項）、要物契約である（民587条）。

1．誤り。売買契約は、不要式の諾成契約である（民555条）。売買は、代金額の多少にかかわらず合意のみによって成立する。契約の成立に契約書の作成は必要ない。
2．誤り。売買契約は、目的物が不動産であるときも不要式の諾成契約であることに変わりがない。したがって、不動産売買の成立に登記は必要ない。登記は、売買によって生じる所有権の移転（民176条）を第三者に対抗するために必要な要件（対抗要件）である（民177条）。
3．誤り。贈与も、売買と同じく、不要式の諾成契約であり（民549条）、その成立に目的物の授受は必要ない。もっとも、書面によらない贈与は、履行が終わった部分を除き、各当事者が解除をすることができる（民550条）。
4．正しい。書面によらない消費貸借は要物契約である（民587条）。書面によらない消費貸借は、当事者の合意があっても、借主が目的物を受けとらなければ、成立しない。したがって、書面によらない消費貸借の合意が成立した後、貸主が翻意して借主に目的物を引き渡すことを拒絶しても、借主は、貸主に対して消費貸借契約に基づき目的物の引渡しを請求することはできない。以上に対し、書面でする消費貸借は諾成契約である（民587条の２第１項）。もっとも、借主は、貸主から目的物を受けとるまで、契約の解除をすることができる（同条２項）。

正解 4

契約の成立

> **問題70**　隔地者間の申込みと承諾に関する以下の記述のうち、誤っているものを1つ選びなさい。
> 1．申込みの意思表示も承諾の意思表示も、相手方に到達した時に、その効力を生じる。
> 2．承諾期間の定めのある申込みは、申込者が撤回をする権利を留保したのでない限り、撤回することができない。
> 3．承諾期間を定めずにされた申込みは、申込者が撤回をする権利を留保していなくても、承諾がされるまではいつでも撤回することができる。
> 4．申込みを受領した者が、申込みに変更を加えてこれを承諾した場合、それだけでは契約は成立しない。

解説　申込みは契約の内容を示してその締結を申し入れる意思表示であり、申込みに同意する意思表示が承諾である。申込みとそれに対する承諾により、契約は成立する（民522条1項）。

1．正しい。意思表示は、相手方に到達した時に効力を生じるのが民法の原則である（民97条1項）。申込みも承諾も、この原則に従って効力を生じる。このため、契約は、申込みに対する承諾の意思表示が相手方に到達した時に成立する。

2．正しい。申込者が、申込みを自由に撤回することができるのでは、相手方の利益が著しく害されかねない。このため、民法は、申込みの撤回を制限している。その1つとして、承諾期間の定めのある申込みは、撤回することができない（民523条1項本文）。ただし、申込者は、撤回をする権利を留保することができる（同項ただし書）。

3．誤り。承諾期間を定めずにされた申込みは、申込者が承諾の通知を受けるのに相当な期間を経過するまでは、撤回することができない（民525条1項本文）。ただし、この場合も、申込者は、撤回をする権利を留保することができる（同項ただし書）。なお、対話者に対して承諾期間を定めないでした申込みについては、その対話が継続している間は、いつでも撤回することができる（民525条2項）。

4．正しい。承諾者が申込みに変更を加えてこれを承諾したときは、その意思表示は、その申込みを拒絶するとともに、変更した内容で新たな申込みをしたものとみなされる（民528条）。したがって、申込みに変更を加えてこれを承諾した時点では、契約は成立しない。新たな申込みの相手方（つまり当初の申込者）がこれを承諾すれば、契約が成立する。

正解　3

🔑申込みと承諾による契約の成立

問題71　同時履行の抗弁に関する以下の記述のうち、誤っているものを1つ選びなさい。
1．同時履行の抗弁は、相手方の債務の弁済期が未到来であっても主張することができる。
2．同時履行の抗弁を主張することができる債務者は、自己の債務の弁済期が経過しても、履行遅滞を理由とする損害賠償責任を負わない。
3．動産売買における売主の目的物引渡債務は、特約のない限り、買主の代金支払債務と同時履行関係に立つ。
4．請負人の仕事完成債務は、特約のない限り、注文者の報酬支払債務より先に履行されなければならない。

民法

解説　双務契約から生じる債務は、互いに、相手の債務が履行されるからこそ自らも債務を履行するという対価的関係にある。このような債務について、当事者の一方が、相手方が履行期の到来にもかかわらず債務を履行しない場合にも、自らの債務を履行しなければ履行遅滞に陥るというのでは、公平に反する。そこで、同一の双務契約から生じる対価的債務の間では、一方当事者は、相手方が債務の履行の提供をするまで自己の債務の履行を拒絶することができるのが原則である（民533条）。これを、同時履行の抗弁という。
1．誤り。相手方の債務の弁済期が到来していないときは、同時履行の抗弁を主張することができない（民533条ただし書）。相手方の期限の利益を保護するためである。
2．正しい。同時履行の抗弁を主張することができる債務者は、自己の債務の弁済期が経過しても、履行遅滞にならない。したがって、相手方は、履行遅滞を理由とする損害賠償請求（民415条1項）も契約の解除（民541条）もすることができない。
3．正しい。動産売買における売主の目的物引渡債務と買主の代金支払債務は、互いに対価的関係に立ち、弁済期に関する特約のない限り、同時履行関係に立つ。なお、土地の売買については、売主の登記協力義務と買主の代金支払義務とが同時履行の関係に立つとされている。したがって、特段の事情ないし特約のない限り、売主が登記協力義務の履行を提供した場合には、買主は、目的物の引渡しがないことを理由に、代金の支払を拒むことができない（大判大7・8・14民録24・1650）。
4．正しい。請負契約は、完成した仕事に対して注文者が報酬を支払う契約である（民632条）。その債務の履行期について、建物の建設請負など仕事の目的物の引渡しを必要とする場合には、目的物の引渡しと報酬の支払は、特約のない限り、同時に履行されなければならない（民633条本文）。引渡しを要しない場合には、仕事の完成が先履行となる（同条ただし書・民624条1項）。結局、請負人の仕事完成債務は、特約のない限り、注文者の報酬支払債務に対して先履行の関係に立つ。

正解　1

同時履行の抗弁

問題72　ＡとＢは、双務契約により、ＡはＢに対して甲債務を、ＢはＡに対して乙債務をそれぞれ負担した。この場合の危険負担と解除に関する以下の記述のうち、誤っているものを１つ選びなさい。

1. 当事者双方の責めに帰することができない事由によって、甲債務を履行することができなくなった。この場合、Ｂは、甲債務の不履行を理由に、契約の解除をすることができない。
2. 当事者双方の責めに帰することができない事由によって、甲債務を履行することができなくなった。この場合、Ｂは、契約の解除をしなくても、乙債務の履行を拒絶することができる。
3. Ｂの責めに帰すべき事由によって、甲債務を履行することができなくなった。この場合、Ｂは、甲債務の不履行を理由に、契約の解除をすることができない。
4. Ｂの責めに帰すべき事由によって、甲債務を履行することができなくなった。この場合、Ｂは、乙債務の履行を拒絶することができない。

解説　双務契約において、対価的関係に立つ債務の一方が債務者の責めに帰することができない事由により履行することができなくなった場合に、その債務の債権者、つまり他方の債務（反対債務）の債務者は、なおその債務を履行しなければならないか。この問題に関する制度としては、契約の解除（民540条以下）と危険負担（民536条）がある。解除は契約の拘束力から債権者を解放する制度であり、危険負担は債権者に反対債務の履行拒絶権を与える制度である。

1. 誤り。債権者が債務不履行を理由に契約の解除をする場合、損害賠償を請求する場合とは異なり（民415条１項ただし書参照）、債務不履行が債務者の責めに帰することができない事由によるときであっても、契約の解除は妨げられない（民541条〜543条）。
2. 正しい。民法536条１項は、当事者双方の責めに帰することができない事由によって債務を履行することができなくなったときは、債権者（履行不能になった債務の債権者をいい、本肢のＢにあたる）は、反対給付の履行を拒むことができると定める。一方の債務の履行ができなくなったのであるから、他方の債務の履行も要しないとするのが、公平と考えられるからである。なお、Ｂは、甲債務の不履行を理由に、契約の解除をすることもできる（肢１の解説参照）。その場合、契約から発生した債権債務（甲債務および乙債務）は消滅するから、Ｂは乙債務の履行を拒絶することができる。以上のように、双務契約上の一方の債務が当事者双方の責めに帰する

ことができない事由によって履行不能となった場合、その債務の債権者は、契約を解除するか否かにかかわらず、自身の債務の履行を拒絶することができる。

3．正しい。民法543条は、債務の不履行が債権者の責めに帰すべき事由によるものであるときは、債権者は、契約の解除をすることができないと定める。帰責事由のある債権者に契約の拘束力からの離脱を認める必要はないからである。

4．正しい。民法536条2項前段は、債権者の責めに帰すべき事由によって債務を履行することができなくなったときは、その債権者は、反対給付の履行を拒むことができないと定める。Aが甲債務を履行することができなくなったのがBの帰責事由による場合にまで、Aが乙債務の履行を受けられなくなるのは不当と考えられるからである。ただし、Aが甲債務の履行を免れたことにより利益を得たときには、これをBに償還することが必要である（同項後段）。

正解 1

🔑危険負担と解除

問題73　売買契約の解除に関する以下の記述のうち、正しいものを１つ選びなさい。
1．買主が定められた期日に代金を支払わない場合、売主は、直ちに契約の解除をすることができる。
2．ＡとＢが共同で買主となり、売主Ｃとの間で契約を締結した。この場合、Ｃの債務不履行を理由に契約の解除をするためには、ＡまたはＢのどちらか一方が解除の意思表示をすれば足りる。
3．売主の債務不履行を理由に契約の解除をした買主は、売主に対し、すでに支払った代金の返還を請求することができる。
4．売主の債務不履行を理由に契約の解除をした買主は、売主に対し、損害賠償を請求することができない。

解説　双務契約の当事者は、相手方が債務を履行しない場合、契約の解除をすることができる。本問は、解除権の発生要件、行使方法および解除の効果に関する問題である。
1．誤り。債務者の債務不履行を理由に契約の解除をする場合、債権者は、原則としてまず相当期間を定めて履行の催告をしなければならず、その期間が経過したにもかかわらず債務が履行されないときに、契約の解除をすることができる（民541条）。したがって、履行遅滞があっても、直ちに契約の解除をすることができるわけではない。もっとも、債務の全部の履行が不能であるときや、債務者がその債務の全部の履行を拒絶する意思を明確に表示したとき等、債権者が催告をしても契約をした目的を達するのに足りる履行がされる見込みがないことが明らかであるときは、債権者は、催告をせず直ちに契約の解除をすることができる（民542条１項）。
2．誤り。契約の解除は、解除権を有する当事者が、相手方に解除の意思表示をすることによって効力を生じる（民540条１項）。本肢のように、契約の一方当事者が複数の場合、解除の意思表示は、その全員によってまたはその全員に対してされなければならない（民544条１項。解除権の不可分性）。本肢では、解除の意思表示はＡとＢによってされなければならない。
3．正しい。契約の解除がされた場合、両当事者は互いに原状回復義務を負う（民545条１項本文）。買主は、すでに代金を支払っていれば、支払った代金の返還を請求することができる。この場合、売主は、代金額に、代金受領の時から法定利率で計算した利息を付さなければならない（同条２項）。他方、売主は、すでに目的物を引き渡していれば、その返還を請求することができる。この場合、買主は、目的物受領の時以後に生じた果実をも返還しなければならない（同条３項）。
4．誤り。債務不履行により損害を被った債権者は、契約の解除とともに、債務者に対し、債務不履行を理由とする損害賠償請求（民415条）をすることができる（民545条４項）。

正解　3

🔑解除

問題74　有償契約と無償契約とを比較した以下の記述のうち、誤っているものを1つ選びなさい。

1．書面によらない贈与は、履行が終わっていない部分について、各当事者が任意に解除をすることができる。売買は、書面によらないものであっても、当事者が任意に解除をすることはできない。
2．賃貸人は、賃貸借の目的物を修繕する義務を負う。使用貸主は、使用貸借の目的物を修繕する義務を負わない。
3．受任者は、委任が有償のときは、善良な管理者の注意をもって委任事務を処理する義務を負う。委任が無償のときは、自己のためにするのと同一の注意をもって委任事務を処理する義務を負う。
4．受寄者は、寄託が有償のときは、善良な管理者の注意をもって寄託物を保管する義務を負う。寄託が無償のときは、自己の財産に対するのと同一の注意をもって寄託物を保管する義務を負う。

解説　契約のなかには、有償であるか無償であるかによって、当事者の義務や責任の内容が異なる場合と、そうではない場合とがある。本問は、その違いに関する知識を問うことを通じて、それぞれの契約における当事者の義務や責任の内容に関する理解を確かめることをねらいとする。

1．正しい。書面によらない贈与は、各当事者が解除をすることができる。ただし、履行の終わった部分については解除ができない（民550条）。売買には、このような規定はない。
2．正しい。賃貸人は、目的物を使用収益させる義務を負い（民601条）、その使用収益に必要な修繕をする義務を負う（民606条1項本文）。これに対して、使用貸主は、借主が目的物を使用収益することを妨げない義務を負うが、積極的に使用収益させる義務は負わない（民593条を民601条と比較せよ）。したがって、使用貸主は修繕義務を負わない。
3．誤り。受任者は、報酬の有無にかかわらず、委任の本旨に従い、善良な管理者の注意をもって委任事務を処理する義務を負う（民644条）。
4．正しい。無償で寄託を受けた受寄者は、自己の財産に対するのと同一の注意をもって寄託物を保管する義務を負う（民659条）。これに対し、有償で寄託を受けた受寄者は、善良な管理者の注意をもって寄託物を保管する義務を負う（民400条参照）。肢3の委任の場合との違いに注意が必要である。

正解 3

有償契約と無償契約の比較

問題75　売買契約の成立時に、買主が売主に10万円の解約手付を交付した。この場合に関する以下の記述のうち、誤っているものを1つ選びなさい。

1．当事者双方がどちらも契約の履行に着手していない場合、売主は、買主に対して手付金と同額を現実に提供して、契約の解除をすることができる。
2．売主が契約の履行に着手した場合、買主は、手付金を放棄しても契約の解除をすることができない。
3．買主が、手付金を放棄して契約の解除をした。この場合、契約の解除により売主に20万円の損害が発生したとしても、売主は、買主に損害賠償を請求することができない。
4．売主が債務を履行しない場合、買主は、これを理由に契約の解除をし、損害の賠償を請求することができる。

解説　手付は、売買契約締結時に交付される金銭である。手付は、解約手付と推定されるというのが判例（大判昭7・7・19民集11・1552、最判昭29・1・21民集8・1・64）・通説である。解約手付が交付された場合、相手方が契約の履行に着手するまでは、買主は手付を放棄することにより、売主は交付された手付の倍額を買主に対して現実に提供することにより、理由のいかんを問わず契約の解除をすることができる（民557条1項本文）。

1．誤り。売主が解約手付に基づく解除権を行使するには、買主に対して手付金の「倍額」を現実に提供しなければならない。手付金と同額を提供するだけでは、売主は損得なしの状態になる。それでは、買主が解除をするためには手付金の額の損をすることと均衡しない。
2．正しい。解約手付に基づく解除権は、その相手方が契約の履行に着手した後は、行使することができない（民557条1項ただし書）。したがって、売主が契約の履行に着手した場合、買主は、手付金を放棄しても契約の解除をすることができない。これに対し、買主は、自身が契約の履行に着手していても、売主が契約の履行に着手していない限り、手付金を放棄して契約の解除をすることができる。自ら契約の履行に着手した当事者に解約手付に基づく解除権を認めても、契約の履行に着手した当事者が不測の損害を受けることはないからである。
3．正しい。解約手付に基づき契約の解除がされた場合、相手方は、解除者に対して損害賠償を請求することができない（民557条2項）。この場合の相手方の損害は、手付金額により填補されると解されているためである。
4．正しい。解約手付が交付された場合であっても、各当事者は、相手方の債務不履行を理由として契約の解除をすることができる。この場合、解除者は、相手方に対し、損害賠償の請求をすることができる（民545条4項・415条）。

正解 1

🔑解約手付

> **問題76**　Aは、自己のアトリエにある絵画甲をBに売却する契約を締結した。この場合に関する以下の記述のうち、誤っているものを１つ選びなさい。
> 　１．契約において、甲の引渡場所は定められなかった。この場合、甲の引渡場所は、Aのアトリエである。
> 　２．契約において、Aが甲をBの住所に郵送することが定められたが、郵送費をどちらが負担するかは定められなかった。この場合、郵送費は、AとBが半額ずつ負担する。
> 　３．契約において、契約から３日後に甲を引き渡すことが定められたが、代金の支払時期は定められなかった。この場合、代金の支払時期も契約から３日後である。
> 　４．契約において、Aが甲をBの住所に持参することが定められたが、その日時も、代金の支払時期も定められなかった。この場合、代金支払の場所は、Bの住所である。

解説　売買の目的物の引渡しおよび代金支払の場所および時期は、当事者が契約で自由に決めることができる。民法は、これらの事項につき、当事者が契約で定めなかった場合に適用される任意規定を置いている。

１．正しい。特定物の引渡債務は、特約のない場合、債権発生時に目的物が存在した場所で弁済されなければならない（民484条１項）。絵画甲は特定物であるから、甲の引渡場所は、Aのアトリエである。

２．誤り。売買契約に関する費用であれば、当事者双方が等分して負担することになる（民558条）。契約に関する費用とは、契約書の作成費用、目的物の鑑定費用など、契約を締結するための費用をいう。しかし、甲をBの住所に郵送する費用は、契約を締結するための費用ではなく、契約によって成立したAの債務を弁済するための費用である。債務を弁済するための費用は、原則として、債務者が負担する（民485条本文）。

３．正しい。売買の目的物の引渡債務に期限が付された場合、代金の支払についても同一の期限を付したものと推定される（民573条）。本肢では、甲の引渡しは契約から３日後と定められているので、Bの代金債務の弁済期も、特約のない場合、契約から３日後である。

４．正しい。売買契約から生じる売主の引渡債務と買主の代金債務とは、特約のない限り、同時履行関係に立つ（民533条）。そして、代金の支払が目的物の引渡しと同時にされるべきときは、特約のない限り、代金を支払うべき場所は、目的物の引渡場所である（民574条）。本肢では、甲の引渡時期も、代金の支払時期も定められていないので、代金の支払は引渡債務の履行と同時にされるべき場合にあたる。したがって、Bは、甲の引渡場所であるBの住所で、代金を支払わなければならない。

正解　2

売買の目的物の引渡しと代金の支払

> **問題77**　売買の効力に関する以下の記述のうち、誤っているものを1つ選びなさい。
> 　　1．売主は、買主に対し、売買の目的である権利の移転についての対抗要件を備えさせる義務を負う。
> 　　2．他人の所有する物を目的物とする売買契約も有効である。
> 　　3．売買契約に基づいて買主に引き渡された目的物の品質が、その契約の内容に適合しないものであるときは、買主は、売主に対し、履行の追完を請求することができる。
> 　　4．売買契約に基づいて買主に引き渡された目的物の品質が、その契約の内容に適合しないものである場合、買主は、目的物が引き渡されてから1年以内にその旨を売主に通知しないときは、契約を解除することができなくなる。

解説　本問は、売買の効力に関する問題である。

1．正しい。民法560条がこのことを定める。

2．正しい。他人の所有する物を目的物とする売買契約も有効である。しかし、売主が目的物を所有していないため、その所有権は当然には買主に移転しない。売主は、目的物の所有権を取得して買主に移転する義務を負う（民561条）。

3．正しい。引き渡された目的物が種類、品質または数量に関して契約の内容に適合しないものであるときは、買主は、売主に対し、履行の追完を請求することができる（民562条1項本文）。追完の方法には、目的物の修補、代替物の引渡し、不足分の引渡しがある。売主は、買主に不相当な負担を課すのでなければ、買主が請求するのと異なる方法による履行の追完をすることができる（同項ただし書）。たとえば、売主が買主に引き渡した冷蔵庫が、初期不良により正常に動作しないという場合に、買主が売主に対して修理することを請求したとしても、売主は、同機種の別の物を代わりに給付することで追完をすることができる。なお、買主は、相当の期間を定めて履行の追完の催告をし、その期間内に履行の追完がないときは、不適合の程度に応じて代金の減額を請求することができる（民563条1項）。また、買主は、債務不履行に関する規定に従って、売主に対して損害賠償（民415条）を求めることや、契約の解除（民541条・542条）をすることができる（民564条）。

4．誤り。種類または品質に関する契約不適合の場合、買主は、その不適合を知った時から1年以内にその旨を売主に通知しなければ売主の担保責任を追及することができない（民566条本文）。この通知期間は、買主が不適合を知った時から起算されるのであって、目的物の引渡しの時から起算されるのではない。また、売主が引渡しの時にその不適合を知り、または重大な過失によって知らなかったときは、この期間制限は適用されない（同条ただし書）。

正解 4

売買の効力

問題78 以下の文中のカッコ内に入る語の組み合わせとして、正しいものを1つ選びなさい。

　民法の定める典型契約のうち、物の貸し借りに関する契約には、消費貸借、使用貸借、賃貸借の3種類がある。このうち、（　a　）においては、借主は借りた物自体を返還する必要がなく、借りた物と同種・同等・同量の物を返還することが借主の債務内容となる。残る2つの契約類型では、借主は、借りた物自体を返還しなければならないが、そのうち借主が目的物を無償で使用できるのは（　b　）、借主が使用にあたって対価を支払う必要があるのは（　c　）である。

1．a＝消費貸借　　　b＝使用貸借　　　c＝賃貸借
2．a＝消費貸借　　　b＝賃貸借　　　　c＝使用貸借
3．a＝使用貸借　　　b＝消費貸借　　　c＝賃貸借
4．a＝使用貸借　　　b＝賃貸借　　　　c＝消費貸借
5．a＝賃貸借　　　　b＝使用貸借　　　c＝消費貸借
6．a＝賃貸借　　　　b＝消費貸借　　　c＝使用貸借

解説　物の貸し借りに関する契約は、貸借型契約とよばれることがある。このうち、消費貸借は、借主が「種類、品質及び数量の同じ物をもって返還をすること」（民587条）を債務として負うものである。このため、借主は、貸主から借りた物自体は消費してしまってもよい。典型例として、金銭の貸し借りがあげられる。したがって、aには「消費貸借」が入る。なお、利息付きの消費貸借（民589条）は有償契約、利息付きでない消費貸借は無償契約である。

　貸し借りの目的物自体を返還しなければならない契約のうち、借主が目的物を無償で使用できるのは使用貸借（民593条）、対価たる賃料を支払う必要があるのは賃貸借（民601条）である。このため、bには「使用貸借」、cには「賃貸借」が入る。前者は無償契約であり、後者は有償契約である。なお、賃貸借においては、貸主を賃貸人、借主を賃借人という。

正解　1

🗝貸借型契約

問題79　消費貸借に関する以下の記述のうち、誤っているものを1つ選びなさい。
　1．代替性のない物は、消費貸借の目的物とすることができない。
　2．AがBから50万円を借りたが、その際に利息の特約は付されなかった。この場合、Aは、利息を支払う必要はない。
　3．AがBから50万円を借りたが、返還の時期は定められなかった。この場合、Aは、Bから返還の請求を受けた時から相当期間内に弁済すれば、履行遅滞とならない。
　4．AがBから50万円を借り、返還時期は2年後と定められた。この場合、Aは、1年後に50万円をBに返還することはできない。

解説　消費貸借は、借主が、目的物を消費することを前提に、借りた物と同種、同等、同量の物を返還する義務を負う契約である（民587条）。消費貸借の目的物は金銭が一般的であるが、それに限られない。たとえば農業分野では、種苗の消費貸借が行われることがある。
1．正しい。消費貸借は、借りた物と同種、同等の物が存在することを前提とする。したがって、消費貸借の目的物となるのは、金銭や大量生産される製造物など代替物に限られる。絵画や土地など、物の客観的性質により取引上代替性のない物である不代替物を、消費貸借の目的物とすることはできない。
2．正しい。貸主が利息を得るためには、当事者間で利息の特約をすることが必要である（民589条1項）。なお、利息の特約はされていたが、利率の定めはされなかった場合の利率は、その利息が生じた最初の時点の法定利率となる（民404条1項）。また、商人間において金銭の消費貸借がされたときは、利息支払の合意がされていなくても、借主は法定利率により利息を支払う義務を負う（商513条1項）。
3．正しい。当事者が返還時期を定めなかったときは、貸主が返還の催告をし、相当期間が経過した時に返還義務の履行期が到来する（民591条1項）。その意味で、民法591条1項は、民法412条3項の特則である。したがって、借主は、返還の請求を受けた時から相当期間内に弁済すれば、履行遅滞とならない。
4．誤り。借主は、返還時期の定めの有無にかかわらず、いつでも返還をすることができる（民591条2項）。当事者が返還時期を定めた場合に、借主がその時期の前に目的物を返還すると、貸主が損害を受けることもあるが、そのような場合には、貸主は借主に対し、その被った損害の賠償を請求することができる（同条3項）。

正解　4

消費貸借

> **問題80**　甲建物の賃貸借に関する以下の記述のうち、誤っているものを
> 1つ選びなさい。
> 　1．賃貸人が甲建物の老朽化による雨漏りを知ったにもかかわらず、
> 　　相当期間内に必要な修繕をしない。この場合、賃借人は、自ら修繕
> 　　をし、賃貸人に対してその費用の支払を請求することができる。
> 　2．賃借人は、賃貸人に無断で甲建物を第三者に転貸してはならない。
> 　3．賃借人は、賃貸人の同意を得ずに甲建物にエアコンを取り付けた
> 　　場合、賃貸借終了時にそれを取り外した状態で甲建物を返還しなけ
> 　　ればならない。
> 　4．期間の定めのある賃貸借において、賃貸人が賃借人の賃料不払を
> 　　理由に契約の解除をした。この場合、解除の効力は賃貸借契約成立
> 　　時にさかのぼって生じる。

解説　本問は、賃貸借の基本的な効力に関する問題である。

1．正しい。賃貸人は、目的物を使用・収益させる義務（民601条）の一環
として、使用収益に必要な修繕義務を負う（民606条1項本文）。目的物の
修繕が必要であるときは、賃借人は、賃貸人がすでにこれを知っているの
でない限り、遅滞なくその旨を賃貸人に通知しなければならない（民615
条）。賃借人がその旨の通知をし、または賃貸人がその旨を知ったにもか
かわらず、賃貸人が相当の期間内に必要な修繕をしないときは、賃借人は、
その修繕をすることができる（民607条の2第1号）。この場合、その費用
は賃借物について賃貸人の負担に属する必要費（民608条1項）にあたるた
め、賃貸人に対して、直ちにその償還を請求することができる。建物の老
朽化による雨漏りの修理は、目的物の使用収益に必要な修繕であるから、
賃借人は、そのために支出した費用の償還を賃貸人に請求することができ
る。

　なお、賃借人の責めに帰すべき事由によって賃貸物の修繕が必要となっ
たときは、賃貸人は修繕義務を負わない（民606条1項ただし書）。

2．正しい。賃借人は、賃貸人の承諾を得なければ、賃借権の譲渡または賃
借物の転貸をすることができない（民612条1項）。これは、人によって使
用の仕方が違うため、賃借権の譲渡または賃借物の転貸により賃貸人の利
益を害するおそれがあることを理由とする。賃貸人は、賃借権の無断譲渡
または賃借物の無断転貸があったときは、契約の解除をすることができる
（同条2項）。しかし、賃貸人の利益を害さない場合にまで解除を認める必
要はない。そこで、賃借権の無断譲渡または賃借物の無断転貸がされても、
「賃貸人に対する背信行為と認めるに足りない特段の事情がある場合」に

民

法

は、民法612条2項に基づく解除は認められない（最判昭28・9・25民集7・9・979）。なお、借地上の建物譲渡の場合については、裁判所が賃貸人の承諾に代わる許可を与えることができる制度がある（借地借家19条）。

3．正しい。賃借人は、賃貸借終了時に、目的物を契約締結時の原状で返還する義務を負う（民621条参照）。賃借建物に、照明器具やエアコンなどを取り付けた賃借人は、それを取り外して建物を返還しなければならない。なお、借地借家法が適用される建物賃貸借については、賃借人が賃貸人の同意を得てエアコンなどの造作を取り付けたときは、賃借人に造作買取請求権が生じる場合がある（借地借家33条1項）。本問では、賃貸人の同意を得ていないので、この造作買取請求権が生じる余地もない。

4．誤り。賃貸借のような継続的な契約においては、解除に遡及効を認める意味はない。したがって、賃貸借の解除は、将来に向かってのみ効力を生じる（民620条前段）。

正解　4

賃貸借の効力

> **問題81**　賃借権の対抗要件に関する以下の記述のうち、誤っているものを１つ選びなさい。
> 1．不動産の賃貸借において、賃借人は、賃借権設定登記をしたときは、その後に当該不動産の所有権を譲り受けた者に対して、賃借権を対抗することができる。
> 2．建物の所有を目的としない土地の賃貸借において、賃借人は、土地の引渡しを受けたときは、その後に当該土地の所有権を譲り受けた者に対して、賃借権を対抗することができる。
> 3．建物の所有を目的とする土地の賃貸借において、賃借人は、借地上に建てた所有建物につき自己名義の所有権保存登記をしたときは、その後に当該土地の所有権を譲り受けた者に対して、土地の賃借権を対抗することができる。
> 4．建物の賃貸借において、賃借人は、建物の引渡しを受けたときは、その後に当該建物の所有権を譲り受けた者に対して、賃借権を対抗することができる。

解説　賃借権は債権であるから、賃借人は、賃貸人以外の第三者に対して、賃借権を対抗することができないのが原則である。しかし、不動産の賃借権は、登記をすれば、その後に当該不動産につき物権を取得した者その他の第三者に対抗することができる（民605条）。また、借地借家法には、建物の所有を目的とする地上権または土地賃借権（借地権）および建物賃借権について、登記以外の方法で賃借権の対抗力を得る方法が定められている。
1．正しい。上述のとおり、不動産の賃借権は、登記をすれば、第三者に対抗することができる。もっとも、賃借権に基づく登記請求権が認められていないため、賃借人は、賃貸人の任意の協力を得なければ賃借権を登記することができない。
2．誤り。建物所有を目的としない土地賃借権には借地借家法の適用はなく（借地借家2条1号参照）、登記をすることによってしか対抗力を得ることができない（民605条）。また、建物所有を目的とする土地賃貸借でも、建物の場合（→肢4）と異なり、引渡しだけで賃借権を対抗することができるわけではない（借地借家10条参照）。
3．正しい。借地権は、土地の賃借権または地上権の登記がなくても、借地上に建物が存在し、その建物の所有権が借地人名義で登記されている場合には、第三者に対抗することができる（借地借家10条1項）。
4．正しい。借地借家法31条により、建物の賃借人は、賃借権の登記がなくても、建物の引渡しを受けることにより、その後にその建物について物権を取得した者に対して賃借権を対抗することができる（借地借家31条）。

正解 2

🔑賃借権の対抗要件

問題82　Bは、Aから賃借した物を、Aの承諾を得てCに賃貸した。この場合に関する以下の記述のうち、正しいものを1つ選びなさい。
1．Aは、Cに対して修繕義務を負わない。
2．Aは、Bに対して修繕義務を負わない。
3．Cは、Bに対して賃料支払義務を負わない。
4．Cは、Aに対して賃料支払義務を負わない。

解説　賃借人は、賃貸人の承諾を得なければ、転貸借をすることができない（民612条1項）。賃借権の譲渡についても同様である。

　賃借人Bが、賃貸人Aの承諾を得て、Cに賃借物を賃貸した場合、AB間の賃貸借はそのまま存続する。AB間の賃貸借を原賃貸借、BC間の賃貸借を転賃貸借（転貸借）といい、Aは（原）賃貸人、Bは（原）賃借人または転貸人、Cは転借人とよばれる。このとき、原賃貸人と転借人との間には、契約関係は存在しない。しかし、民法は、転借人は、原賃貸人に対して、転貸借に基づく債務を直接履行する義務を負うと定めている（民613条1項前段。原賃貸借に基づく原賃借人の債務の範囲を限度とする）。これは、たとえば、BがCから賃料を受けとっていながらAに賃料を支払わないなど、Aに不当な不利益が生じないようにすることを目的とする。したがって、転借人は原賃貸人に対して直接義務を負うが、原賃貸人は転借人に対して直接に義務を負わない。

1．正しい。AとCとの間に賃貸借契約は存在しない。また、上述のとおり、民法613条1項前段は、原賃貸人が転借人に対して直接に義務を負うとは定めていない。Cに対して修繕義務を負うのは、Cの賃貸人Bである。
2．誤り。Aは、賃貸借契約の相手方であるBに対して修繕義務を負う（民606条1項）。
3．誤り。Cは、転貸借契約の相手方であるBに対して、賃料を支払う義務を負う。
4．誤り。AとCとの間に賃貸借契約は存在しない。もっとも、民法613条1項前段により、Cは、Aに対しても、AB間の賃貸借に基づくBの債務の範囲を限度として、賃料支払義務を負う。もちろん、Cは、AまたはBのどちらか一方にのみ賃料を支払えばよい。ただし、Cは、Bへの賃料支払期限より前に、Bに賃料を支払った場合、その支払の事実をもってAからの賃料請求を拒むことはできない（同条1項後段）。Cから直接に賃料の支払を受ける機会を、Aから不当に奪うことのないようにするためである。

正解　1

🔑転貸借

> **問題83**　屋外駐車場として使用する目的で、土地の賃貸借契約が締結された。この場合に関する以下の記述のうち、誤っているものを１つ選びなさい。
> 1．賃貸借契約に期間の定めがなかった場合、賃借人は、いつでも解約の申入れをすることができる。
> 2．賃貸借契約に期間の定めがなかった場合において、賃貸人が解約を申し入れたときは、特約のない限り、賃貸借契約は、解約申入れの意思表示が賃借人に到達した日に終了する。
> 3．賃貸借契約に期間の定めがあった場合、賃借人が期間満了前に契約の更新を申し入れたとしても、賃貸人は、更新を拒絶することができる。
> 4．賃貸借契約に期間の定めがあった場合において、期間満了後も賃借人が使用収益を継続し、賃貸人がこれを知りながら異議を述べなかったときは、契約が更新されたものと推定される。

解説　賃貸借の更新と終了に関する問題である。土地賃貸借のうち、建物所有を目的とするものには、借地借家法が適用される。しかし、本問の賃貸借は、建物所有を目的とするものではないので、同法は適用されない。

1．正しい。期間の定めのない賃貸借の当事者は、いつでも解約の申入れをすることができる（民617条1項）。これに対し、建物所有を目的とする土地賃貸借の場合には、借地借家法の適用があり、契約において期間が定められていないときには借地権（建物所有を目的とする地上権または賃借権）の存続期間は30年となる（借地借家3条本文）。

2．誤り。期間の定めのない土地の賃貸借は、特約のない限り、解約申入れの意思表示が相手方に到達した日から1年後に終了する（民617条1項1号）。

3．正しい。民法上、賃貸借の更新をするかどうかは各当事者の自由である（契約自由の原則）。賃貸人が契約の更新を拒絶するために正当な事由は不要である。

　　これに対し、建物所有を目的とする土地賃貸借の場合には、賃借人は、建物がある限り、契約の更新を請求することができる（借地借家5条1項本文。ただし、更新がされない「定期借地権」もある〔借地借家22条・23条〕）。このとき、賃貸人は遅滞なく異議を述べることにより更新を阻止することができるものの（借地借家5条1項ただし書）、この異議を述べるためには正当な事由が必要である（借地借家6条）。

4．正しい。賃借人が期間満了後に目的物の使用収益を継続し、賃貸人がこ

れを知りながら異議を述べなかったときは、従前の契約と同一の条件で契約を更新したものと推定される（民619条１項前段）。もっとも、この場合、各当事者は民法617条の規定により解約の申入れをすることができる（民619条１項後段）。

これに対し、借地借家法の適用がある賃貸借のうち更新があるものについては、賃借人が期間満了後も目的物の使用を継続する場合において、賃貸人が遅滞なく異議を述べなかったときは、従前の契約と同一の条件で契約を更新したものとみなされる（借地借家５条２項）。

正解 2

賃貸借の更新・終了

問題84　ＡＢ間でＡがＢに甲建物を賃貸する旨の契約が結ばれ、ＡはＢに甲建物を引き渡した。以下の記述のうち、賃貸借が終了しないものを1つ選びなさい。
　1．Ａの過失により、甲建物が全部滅失した場合
　2．甲建物が朽廃しその効用を失った場合
　3．Ｂの過失により甲建物が一部滅失し、残存部分のみでは、Ｂが賃借をした目的を達することができなくなったため、これを理由に、Ｂが賃貸借契約を解除する旨の意思表示をした場合
　4．Ｂが死亡した場合

解説　本問は、賃貸借契約の特殊な終了原因に関する問題である。
1．終了する。目的物が全部滅失した場合には、賃貸借は終了する（民616条の2）。そのような場合には、賃貸借の目的が達成されえなくなるから、賃貸借は、目的物が滅失した原因にかかわらず、当然に終了する。
2．終了する。目的物が滅失していなくても、目的物の使用および収益をすることができなくなった場合には、賃貸借は終了する（民616条の2。建物の朽廃により賃貸借が終了したとする判例として最判昭32・12・3民集11・13・2018も参照）。
3．終了する。目的物の一部が滅失し、残存部分のみでは賃貸借の目的を達することができない場合には、賃借人に解除権が認められている（民611条2項）。賃借人に帰責事由がある場合でも、解除が妨げられることはない。
4．終了しない。使用貸借が借主の死亡によって終了すると定められている（民597条3項）のに対して、賃貸借には、賃借人の死亡によって終了する旨の規定は置かれていない。賃借人が死亡した場合は、賃借権は相続されることになる。

正解　4

🔑 賃貸借の特殊な終了原因

問題85　以下の文中のカッコ内に入る語の組み合わせとして、正しいものを１つ選びなさい。

　民法の定める典型契約のうち、雇用、請負、委任、寄託は、役務提供型契約とよばれることがある。これらをいくつかの観点から分類すると、まず、（　ａ　）、（　ｂ　）、（　ｃ　）においては、役務それ自体が給付の目的とされるのに対して、（　ｄ　）においては、役務の結果（仕事の完成）が目的とされる。また、（　ａ　）においては、役務提供者が相手方の指揮命令に従って役務を提供しなければならないのに対して、（　ｂ　）においては、役務提供者が裁量により役務提供の態様や方法を決めることができるという違いがある。これらに対し、（　ｃ　）においては、物の保管という限定された役務が問題となる。

1．ａ＝委任　　　ｂ＝雇用　　　ｃ＝寄託　　　ｄ＝請負
2．ａ＝委任　　　ｂ＝請負　　　ｃ＝寄託　　　ｄ＝雇用
3．ａ＝雇用　　　ｂ＝委任　　　ｃ＝請負　　　ｄ＝寄託
4．ａ＝雇用　　　ｂ＝委任　　　ｃ＝寄託　　　ｄ＝請負

解説　役務提供型契約のうち、請負は、役務自体ではなく役務の結果を給付の目的とする点で、他の３つと異なる。請負人の債務は仕事の完成であり、注文者は「仕事の結果に対してその報酬を支払う」（民632条）。したがって、問題文のｄに入る語は、請負である。

　つぎに、役務自体が給付の目的となる契約のうち、寄託は、物の保管という特定の役務を対象とする点に特徴がある（民657条）。問題文のｃに入る語は、寄託である。

　委任の役務の対象は、法律行為である（民643条）。しかし、法律行為でない事務を役務の対象とする契約（これを、「準委任」という）にも、委任の規定が準用される（民656条）。これに対し、雇用の役務の対象には、何ら限定はない（民623条）。委任と雇用の違いは、給付される役務の内容ではなく、給付の態様にある。弁護士への委任に典型的にみられるように、受任者は、いつ、どこで、どのように給付をするかを自らの裁量により決めることができる。これに対し、労働者は、使用者の指揮命令に従って役務を提供しなければならない。したがって、ａには雇用が、ｂには委任の語が入る。

正解　4

🗝 役務提供型契約

問題86　以下の記述のうち、誤っているものを1つ選びなさい。
1．労働者は、原則として、自ら労働に従事しなければならず、自己に代わって第三者に従事させることができない。
2．請負人は、原則として、請け負った仕事を自ら完成させなければならず、自己に代わって第三者に完成させることができない。
3．受任者は、原則として、委任された法律行為を自ら行わなければならず、自己に代わって第三者に行わせることができない。
4．受寄者は、原則として、寄託物を自ら保管しなければならず、自己に代わって第三者に保管させることができない。

解説　本問は、役務提供型契約とよばれる典型契約のうち、債務者が自ら債務を履行しなければならず、他人に債務の履行をゆだねてはならないことを原則とする契約と、そうではない契約の区別を問うものである。
1．正しい。雇用は、労働者の個性に着目して締結される。したがって、労働者は、使用者が承諾した場合を除き、自ら労働に従事しなければならない（民625条2項）。労働者が使用者の承諾なしに自己に代わって第三者を労働に従事させたときは、使用者は、契約を解除することができる（同条3項）。
2．誤り。請負は仕事の完成を目的とし（民632条）、仕事を完成する方法は、請負人にゆだねられている。したがって、請負人は、履行補助者を使って債務を履行することができるだけでなく、下請負人を利用することもできる。しかし、請負人は、自らが仕事を完成する義務を負っているのであるから、自己の指揮・監督をまったく離れた態様で仕事を第三者にさせることはできないと解されている。
3．正しい。委任は、当事者間の信頼関係を基礎とする契約であるから、受任者は、委任された法律行為を自分で行わなければならない。受任者は、委任者の許諾を得たとき、またはやむをえない事由があるときでなければ、復受任者を選任することができない（民644条の2第1項）。
4．正しい。寄託は、寄託者が受寄者を信頼して特定の受寄者に物の保管を依頼する契約である。したがって、受寄者は、寄託者の承諾を得たとき、またはやむをえない事由があるときでなければ、寄託物を第三者に保管させることができない（民658条2項）。

正解　2

🔑 自己執行義務

> **問題87**　請負に関する以下の記述のうち、正しいものを１つ選びなさい。
> 　1．請負には、無償の請負と有償の請負とがある。
> 　2．請負における仕事とは物をつくることであり、それ以外の仕事の完成を目的とする契約は、請負ではない。
> 　3．請負人は、注文者に生じた損害を賠償すれば、いつでも契約の解除をすることができる。
> 　4．請負が仕事の完成前に解除された。この場合において、請負人がすでにした仕事の結果のうち可分な部分の給付によって注文者が利益を受けるときは、請負人は、注文者が受ける利益の割合に応じて報酬を請求することができる。

解説　請負は、請負人がある仕事を完成する義務を負い、注文者がその仕事の結果に対して報酬を支払う義務を負う契約である（民632条）。請負は、役務の提供それ自体を目的とするのではなく、仕事の完成を目的とする点に特徴がある。報酬は、仕事の「結果」に対して支払われるので、請負人は、役務を給付しても、仕事が完成しなければ、報酬を請求することができないのが原則である。また、請負において、仕事の完成は注文者の利益のためにされるので、注文者は、請負契約成立後も、請負人が仕事を完成するまでは、いつでも請負人の損害を賠償して契約の解除をすることができる（民641条）。

1．誤り。請負契約は、有償契約である（民632条）。無償で仕事を完成することを内容とする契約も、契約自由の原則により有効に成立する。しかしながら、それは請負ではなく、非典型契約である。

2．誤り。請負の目的となる仕事の内容に限定はない。たとえばクリーニングや物の運送なども、請負契約における「仕事」にあたる。

3．誤り。仕事の完成はもっぱら注文者の利益のためにされるので、注文者は、仕事が完成するまでは、いつでも請負人の損害を賠償して契約の解除をすることができる（民641条）。これに対し、請負人は、注文者の利益のために仕事を完成する義務を負うため、注文者と異なり、任意に契約を解除することができない。

4．正しい。請負が仕事の完成前に解除された場合において、請負人がすでにした仕事の結果のうち可分な部分の給付によって注文者が利益を受けるときは、その部分については仕事の完成があったものとみなされる（民634条柱書前段・同条２号）。したがって、請負人は、注文者が受ける利益の割合に応じて、注文者に対して報酬を請求することができる（同条柱書後段）。

正解　4

請負

問題88　委任に関する以下の記述のうち、誤っているものを１つ選びなさい。なお、受任者は商人でないものとする。
1．委任契約に基づいて、委任者の代理人として売買契約を締結した受任者は、代理行為の相手方から受領した売買代金を委任者に交付しなければならない。
2．受任者は、当然に、委任者に報酬の支払を請求することができる。
3．受任者は、委任事務を処理するについて費用を要するときは、委任者に費用の前払を請求することができる。
4．受任者は、いつでも委任契約を解除することができる。

解説　委任は、委任者が受任者に法律行為をすることを委託する契約である。委任は、請負と異なり、法律行為の実行による結果の実現（仕事の完成）ではなく、法律行為をすること自体を給付の内容とする（民643条）。受任者は、有償・無償の区別にかかわらず、委任の本旨に従い、善良な管理者の注意をもって委任事務を処理する義務を負う（民644条）。この点は、寄託の場合と異なる（民659条参照）。これは、委任者が受任者を信頼して法律行為を委託するという、委任の特殊な信頼関係に基づくものとされている。

1．正しい。受任者は、委任事務を処理するにあたって受けとった金銭その他の物を、委任者に引き渡さなければならない（民646条１項）。

2．誤り。委任は、無償が原則であり、受任者は、特約のある場合にのみ報酬を請求することができる（民648条１項）なお、商人が営業の範囲内において受任をしたときは、特約がなくても、相当な報酬を請求することができる（商512条）。

3．正しい。委任事務を処理するについて費用を要する場合、受任者は、委任者にその前払を請求することができる（民649条）。

4．正しい。委任は、当事者の信頼関係を基礎とするため、各当事者は、いつでも委任契約を解除することができるとされている（民651条１項）。ただし、相手方に不利な時期に委任の解除をしたときは、やむをえない事由があった場合を除き、その解除により相手方に生じた損害を賠償しなければならない（同条２項１号）。また、受任者の利益をも目的とする委任を解除した委任者は、やむをえない事由があった場合を除き、受任者に生じた損害を賠償しなければならない（同項２号）。

正解　2

民

法

委任

問題89　寄託に関する以下の記述のうち、誤っているものを１つ選びなさい。
1．寄託者は、受寄者が寄託物を受けとるまで、契約の解除をすることができる。
2．特定物の寄託者は、寄託物の返還時期の定めがある場合であっても、いつでも寄託物の返還を請求することができる。
3．特定物の受寄者は、寄託者の承諾を得なければ、寄託物を使用することができない。
4．寄託物の性質によって受寄者に損害が生じた場合には、寄託者は、受寄者がその性質を知っていた場合であっても、損害賠償義務を負う。

解説　本問は、寄託についての基本的な理解を問うものである。

1．正しい。寄託は寄託者のために締結されるものであるから、有償寄託であれ無償寄託であれ、寄託者は、受寄者が寄託物を受けとるまで、契約の解除をすることができる（民657条の２第１項前段）。ただし、受寄者がその契約の解除によって損害を受けたときは、寄託者はその損害を賠償しなければならない（同項後段）。これに対し、受寄者は、書面によらない無償寄託の場合を除き（同条２項）、寄託物を受けとる前であっても、契約の解除をすることができない。もっとも、寄託物を受けとるべき時期を経過しても寄託者が寄託物を引き渡さない場合には、受寄者は、引渡しの催告をしたうえで、契約の解除をすることができる（同条３項）。

2．正しい。寄託者にとって保管の必要がなくなったにもかかわらず保管を継続させる意味はないので、寄託者は、返還時期の定めがある場合であっても、いつでも寄託物の返還を受寄者に請求することができる（民662条１項）。ただし、受寄者がこれによって損害を受けたときは、寄託者はその損害を賠償しなければならない（同条２項）。これに対し、受寄者は、返還時期の定めがある場合には、やむをえない事由がなければ、期限前に寄託物を返還することができない（民663条２項）。

3．正しい。寄託の目的は寄託者のために寄託物の原状を維持して保管することであるから、受寄者が保管の目的を超えて寄託物を使用することは、原則として認められない（民658条１項）。

4．誤り。寄託者が寄託物の性質または瑕疵から生じた損害を受寄者に賠償しなければならないのは当然である（民661条本文）。もっとも、①寄託者が過失なくその性質または瑕疵を知らなかったときや、②受寄者がこれを知っていたときは、寄託者は損害賠償義務を負わないとされている（同条ただし書）。

正解　4

寄託

> **問題90**　組合に関する以下の記述のうち、正しいものを１つ選びなさい。
> 　1．組合契約における出資は、金銭によって行わなければならない。
> 　2．組合の業務執行は、業務執行者を選任した場合を除いて、組合員全員の同意を得て行われなければならない。
> 　3．組合の金銭債権者は、債権発生時に組合員の損益分配の割合を知らなかったときは、各組合員に対し等しい割合で債務の履行を求めることができる。
> 　4．契約で組合の存続期間を定めなかった場合、各組合員はいつでも組合を脱退して、組合財産の分割を求めることができる。

解説　組合は、互いに出資をして共同の事業を行うことを目的とする契約である（民667条１項）。
1．誤り。組合の当事者は全員出資をする必要がある（民667条１項）が、出資は金銭による必要はない。金銭以外の動産や不動産、さらに、労務（同条２項参照）や信用など、財産的価値のあるものであれば何でもよい。
2．誤り。組合の事業執行は、内部的業務執行（事業利益を各組合員に分配する事務など）と、外部的業務執行（組合が事業を遂行するために外部の者と契約を締結する行為など）とに分かれる。業務執行者が選任されていない場合、内部的業務は、組合員の過半数の同意で決定し、各組合員がこれを執行する（民670条１項）。外部的業務執行については、組合員の過半数の同意を得て行うものとされている（民670条の２第１項）。なお、常務については、各組合員が単独で執行することができる（民670条５項本文・670条の２第３項）。
3．正しい。組合の債権者は、組合に対し、組合財産を引当てとして、弁済を請求することができる（民675条１項）。このほか、債権者は、各組合員に対し、その個人財産を引当てとして、組合員の損失分担の割合に応じて弁済を請求することもできる。損失分担の割合は、組合員の合意があればそれにより、合意がなければ出資の価額に応じて決まる（民674条１項）。しかしながら、債権者がその債権の発生時に組合員の損失分担の割合を知らなかったときは、債権者は、各組合員に対して等しい割合で弁済を請求することができる（民675条２項）。
4．誤り。存続期間を定めなかったときは、各組合員はいつでも組合を脱退することができる（民678条１項本文。例外につき、同項ただし書参照）。この場合、脱退した組合員は持分の払戻しを受けることができる。もっとも、組合は他の組合員により存続するため、組合の活動に不可欠な財産を維持する必要がある。そこで、組合は、脱退した組合員の出資の種類を問わず、金銭で持分の払戻しをすることができるとされている（民681条２項）。

正解 3

民
法

組合

問題91　事務管理の効果に関する以下の記述のうち、誤っているものを
1つ選びなさい。
1．管理者は、事務管理の開始後、管理の継続が本人の意思に反する
ことが明らかになったときは、本人の利益になる場合であっても、
事務管理を中止しなければならない。
2．管理者は、事務を管理するにあたって受領した金銭を本人に引き
渡す義務を負う。
3．管理者は、事務の管理に対する報酬を本人に請求することができる。
4．管理者は、本人の意思に反しない事務管理につき、本人のために
有益な費用を支出した場合、本人に対して費用の償還を請求するこ
とができる。

解説　事務管理は、法律上の義務なくして、他人のためにする意思で他人の
事務の管理を始めることによって成立する（民697条1項）。ただし、本人の
意思または本人の利益に反することが明らかな場合には、民法700条ただし
書の趣旨などから、事務管理は成立しないと解されている。本問は、事務管
理によって当事者が負う義務に関する問題である。
1．正しい。事務管理の継続が本人の意思に反し、または本人の利益に適合
しないことが明らかな場合、管理者は事務管理を中止しなければならない
（民700条ただし書）。
2．正しい。受任者の義務と責任に関する民法645条から647条の規定は、事
務管理に準用される（民701条）。したがって、管理者は、事務を管理する
にあたって受領した金銭を本人に引き渡す義務を負う（民701条の準用する
民646条1項）。
3．誤り。民法は、他人の委託を受けて事務処理を行う委任および準委任に
ついてさえ、報酬の特約がなければ、受任者は報酬を請求することができ
ないと定める（民648条1項）。事務管理における管理者は、本人の委託な
しに勝手に本人の事務を管理するのであるから、本人に報酬を請求するこ
とはできない。
4．正しい。管理者は、事務の管理に際して本人のために有益な費用を支出
したときは、本人にその償還を請求することができる（民702条1項）。た
だし、管理者が本人の意思に反して事務管理をしたときは、本人が現に利
益を受けている限度においてのみ、費用の償還を請求することができる
（同条3項）。
　本人の意思に反する場合の事務管理の成否と民法702条3項との関係に
ついては、見解が分かれる。一方に、本人の意思に反していても、そのこ
とが明らかでない場合には事務管理が成立することを前提として、本項は、
償還請求することができる費用を限定する規定であるとする見解がある。
他方に、本人の意思に反するときには事務管理が成立しないことを前提と
して、本項は、不当利得に基づく償還請求はすることができることを注意
的に定めた規定とする見解もある。

正解　3

事務管理

問題92　不当利得の「法律上の原因なく」（民703条）利益を受けることという要件に関する以下の記述のうち、誤っているものを１つ選びなさい。

1. 売主Ａと買主Ｂが建物の売買契約を締結し、Ａは建物を引き渡し、Ｂは代金を支払った。その後、建物が落雷により焼失した。この場合、Ｂは、Ａに対して不当利得に基づいて、代金の返還を請求することができる。
2. Ａは、２年前から、Ｂが所有する土地で、自己の所有地ではないと知りながら、家庭菜園を営んでいた。Ｂは、つい最近になってこのことに気がついた。この場合、Ｂは、Ａに対して不当利得に基づいて、土地の使用利益の返還を請求することができる。
3. Ａは、Ｂの預金通帳と印鑑を盗んで、Ｃ銀行からＢの預金300万円の払戻しを受けた。この払戻しは、民法478条により有効とされた。この場合、Ｂは、Ａに対して不当利得に基づいて、300万円の返還を請求することができる。
4. 労働者Ａは、使用者Ｂから、給与の支払として25万円を受けとった。しかし、ＡＢ間の雇用契約上、Ａに支払われる報酬は20万円とされていた。この場合、Ｂは、Ａに対して不当利得に基づいて、過剰に支払った５万円の返還を請求することができる。

解説　本問は、不当利得に基づく返還義務が発生する具体的場面を問うことにより、民法703条の「法律上の原因なく」という要件についての理解を深める問題である。

1. 誤り。Ａは代金を保持しているのに対して、Ｂは建物を失ったが、Ａの代金保持は、ＡＢ間の売買契約という法律上の原因があるためである。したがって、Ａは代金を適法に保持することができ、ＢのＡに対する不当利得返還請求権は発生しない。
2. 正しい。Ａの得た土地の使用利益は、ＡＢ間で何らの法律上の原因がないにもかかわらず取得された利得である。
3. 正しい。Ａが取得した300万円は、ＡＢ間で何らの法律上の原因がないにもかかわらず取得された利得である。なお、民法478条については問題67肢３を参照。
4. 正しい。Ａが取得した25万円のうち、契約上支払われるべきだった額を上回る５万円の部分は、ＡＢ間で法律上の原因がないにもかかわらず取得された利得である。

正解　1

🔑不当利得の要件

問題93　不法行為の要件に関する以下の記述のうち、判例がある場合には判例に照らして、正しいものを１つ選びなさい。
　1．不法行為が成立するためには、加害者が法律上「○○権」という名で保護されている権利を侵害することが必要である。
　2．不法行為の要件の１つである過失とは、「ついうっかり」といったような精神的に緊張感が欠けている状態を指す。
　3．不法行為が成立するためには、被害者に損害が発生したことが必要であるが、その損害は財産上のものである必要はない。
　4．不法行為が成立するための因果関係の立証には、一点の疑義も許されない自然科学的な証明が必要である。

解説　民法709条は、「故意又は過失によって他人の権利又は法律上保護される利益を侵害した者は、これによって生じた損害を賠償する責任を負う」と規定している。すなわち、条文上、不法行為の成立要件として、①加害者の故意または過失、②被害者の権利または法律上保護される利益の侵害、③損害の発生、④加害者の故意・過失と被害者の権利・利益侵害との間の因果関係（「故意又は過失『によって』」と規定されている）および⑤権利・利益侵害と損害との間の因果関係（「『これによって』生じた損害を賠償する」と規定されている）が要求されている。このほか、民法712条・713条は、加害者が責任能力を有しないときは、不法行為が成立しないことを定めている（→問題４肢４）。

　不法行為の成立要件に関しては諸説あるが、本問は、不法行為の成立要件に関する、条文または判例の基本的な知識を問うものである。
1．誤り。平成16年に民法典の規定は現代語化されたが、それ以前は、「他人の権利を侵害したる者は」と規定されていた。そこで、いかなる権利・利益が不法行為法上の保護の対象となるのかについて、判例の変遷があった。かつて、判例は、浪花節のレコードを複製したことが「他人の権利を侵害した」といえるかが問題となった事案において、浪花節は著作権の保護の対象にならないと判示した（桃中軒雲右衛門事件：大判大３・７・４刑録20・1360）。この判決は、「著作権」であれば不法行為法の保護を受けるが、そうでなければ不法行為法の保護の対象にならない旨を判示したものととらえられた。しかし、その後、大学湯事件（大判大14・11・28民集４・670）により、判例は変更された。この事件では、不法行為の侵害行為の対象は、所有権・地上権・債権・無体財産権・名誉権など１つの具体的な権利の場合もあるが、そのような意味ではまだ「権利」とよべない程度のものであっても、法律上保護される１つの利益である場合もありえ、われ

われの法律観念上、その侵害に対し不法行為に基づく救済を与えることが必要であると思われる利益であればよい、と判示されている。この判例を受けて、民法709条の文言は、平成16年の民法改正の際に、「他人の権利又は法律上保護される利益」に変更された。

2．誤り。過失の内容について、本肢のような主観的な心理状態とする定義もありえ、実際かつてはそのように説かれていた。しかしながら、現在では、過失とは客観的な注意義務違反をいうと解されている。たとえば、大阪アルカリ事件（大判大5・12・22民録22・2474）では、硫煙を排出した工場に対し、その周辺の農家の地主らが米麦の減収分の損害の賠償を求めた事案において、「損害を予防するが為め」「事業の性質に従い相当なる設備を」施していれば、故意・過失はないと判示している。

3．正しい。不法行為が成立するには損害の発生が要件とされているが、ここにいう損害には精神的損害も含まれている（民710条・711条）。そして、精神的損害に対して支払われる賠償金を慰謝料という。

4．誤り。不法行為が成立するためには、事実のレベルで、加害行為（故意または過失ある行為）から被害者の権利・利益の侵害（または損害）が生じたという関係が必要であるとされている。この事実のレベルでの因果関係のことを事実的因果関係とよんでいる。因果関係の証明度について、最判昭50・10・24民集29・9・1417は、「訴訟上の因果関係の立証は、一点の疑義も許されない自然科学的証明ではなく、経験則に照らして全証拠を総合検討し、特定の事実が特定の結果発生を招来した関係を是認しうる高度の蓋然性を証明することであり、その判定は、通常人が疑を差し挟まない程度に真実性の確信を持ちうるものであることを必要とし、かつ、それで足りるものである」と判示している。したがって、一点の疑義も許されない自然科学的証明までは要求されていない。

正解 3

不法行為の要件

問題94　自転車に乗っていたＡが過失によりＢに衝突し、Ｂが負傷した。この場合に関する以下の記述のうち、判例がある場合には判例に照らして、誤っているものを１つ選びなさい。

　　1．Ｂは負傷したが、仕事に何の影響もなく、給与も事故前と同様に支払われていた。この場合には、Ｂの逸失利益についての賠償は認められない。
　　2．Ｂの精神的損害に対する賠償額は、裁判所の裁量により定まる。
　　3．Ａに制裁を与えるため、裁判所は、Ｂがこうむった実損害を超える賠償を命じることができる。
　　4．衝突につきＢにも過失があった場合、裁判所は、Ａの負う損害賠償額を減額することができる。

解説　本問は、不法行為に基づく損害賠償額の算定に関する問題である。
1．正しい。判例は、損害とは、不法行為がなければ被害者が置かれていたであろう財産状態と不法行為があったために被害者が置かれている財産状態との差額である、ととらえている（損害＝差額説。たとえば、最判昭56・12・22民集35・9・1350）。そして、損害は、積極的損害・逸失利益（消極的損害）・精神的損害という３つの項目に分けられている。積極的損害とは、被害者が不法行為によって直接に支出・負担した費用である。逸失利益とは不法行為がなければ得られたであろう利益である。精神的損害とは、被害者が不法行為によってこうむった精神的苦痛である。本問では、逸失利益が問題となっているが、前掲・最判昭56・12・22は、交通事故により負傷した被害者に収入の減少がなかった事案において、「特段の事情のない限り、労働能力の一部喪失を理由とする財産上の損害を認める余地はない」と判示している。
2．正しい。裁判所は、諸般の事情を斟酌して精神的損害の額を算定することができ、算定根拠を示す必要はない（大判明43・4・5民録16・273）。
3．誤り。実際の損害額の２倍・３倍の額の賠償を認めて、加害者に対する制裁を行うことを「懲罰的損害賠償」という。アメリカ合衆国カリフォルニア州で下された懲罰的損害賠償を認める判決の執行を日本で行うことができるかが問題となった事案において、最判平9・7・11民集51・6・2573は、「我が国の不法行為に基づく損害賠償制度は、被害者に生じた現実の損害を金銭的に評価し、加害者にこれを賠償させることにより、被害者が被った不利益を補てんして、不法行為がなかったときの状態に回復させることを目的とするものであり……、加害者に対する制裁や、将来における同様の行為の抑止、すなわち一般予防を目的とするものではない」と判示している。
4．正しい。民法722条2項は、「被害者に過失があったときは、裁判所は、これを考慮して、損害賠償の額を定めることができる」と定めており、この規定は賠償額の減額を認める規定であると解されている。

正解　3

損害賠償額の算定

問題95　不法行為に基づく損害賠償責任に関する以下の記述のうち、誤っているものを１つ選びなさい。

1．責任無能力者を監督する法定の義務を負う者は、その責任無能力者が第三者に加えた損害を賠償する責任を負うが、監督の義務を怠らなかったときは、この責任を免れる。

2．ある事業のために他人を使用する者は、被用者がその事業の執行について第三者に加えた損害を賠償する責任を負うが、被用者の選任およびその事業の監督について相当の注意をしたときは、この責任を免れる。

3．土地の工作物の占有者は、その工作物の設置または保存に瑕疵があることによって他人に生じた損害を賠償する責任を負うが、損害の発生を防止するのに必要な注意をしたときは、この責任を免れる。

4．土地の工作物の所有者は、その工作物の設置または保存に瑕疵があることによって他人に生じた損害を賠償する責任を負うが、損害の発生を防止するのに必要な注意をしたときは、この責任を免れる。

5．動物の占有者は、その動物が他人に加えた損害を賠償する責任を負うが、動物の種類および性質に従い相当の注意をもってその管理をしたときは、この責任を免れる。

解説　本問は、民法典に規定されている、特殊な不法行為責任に関する問題である。

1．正しい。民法714条の定めるこうした責任を、監督義務者責任という。

2．正しい。民法715条の定めるこうした責任を、使用者責任という。ただし、免責については、実際にこれを認める裁判例はほとんどないといわれている。

3．正しい。民法717条の定めるこうした責任を、工作物責任という。

4．誤り。工作物責任において、占有者が免責された場合の所有者の責任（民717条1項ただし書）には、免責の余地がないという意味で、本肢は誤りである。また、所有者は、占有者が損害の発生を防止するのに必要な注意を怠らなかった場合に補充的な責任を負うにすぎないという意味でも、本肢は誤りである。

5．正しい。民法718条の定めるこうした責任を、動物占有者責任という。

正解　4

特殊な不法行為責任

問題96　不法行為が成立する場合であっても、加害者が支払う損害賠償額が減額されるときや、損害賠償をしなくてもよくなるときがある。以下のうち、損害賠償の減額事由にも、損害賠償請求権の消滅事由にもあたらないものを１つ選びなさい。
　　1．過失相殺
　　2．無過失責任
　　3．損益相殺
　　4．消滅時効

解説　損害賠償の減額事由、損害賠償請求権の消滅事由には具体的にどのようなものがあるのかを問うものである。
1．賠償額の減額事由にあたる。不法行為に基づく損害賠償請求の要件が満たされたとしても、被害者に過失があったときには、裁判所はこれを考慮して賠償額を減額することができる（民722条2項）。これを過失相殺という。
2．賠償額の減額とも、損害賠償請求権の消滅とも無関係である。無過失責任とは、加害者に故意・過失がなくても、被害者は不法行為を理由とする損害賠償を請求することができるという考え方・制度である。たとえば、大気汚染防止法25条は、「工場又は事業場における事業活動に伴う健康被害物質……の大気中への排出……により、人の生命又は身体を害したときは、当該排出に係る事業者は、これによって生じた損害を賠償する責めに任ずる。」と規定し、加害者の故意・過失を要件としていない。これは、損害賠償の減額、賠償請求権の消滅とは無関係なものである。
3．賠償額の減額事由にあたる。被害者が、不法行為によって損害をこうむると同時に、同一の原因によって利益を得た場合には、損害と利益との間に同質性がある限り、その利益の額を賠償されるべき損害から控除する。これを損益相殺という。民法に損益相殺を明文で認める規定はないが、判例上、損益相殺の考え方を認めるものがある（最判昭38・5・24集民66・165）。たとえば、最大判平5・3・24民集47・4・3039は、夫が交通事故により死亡したため、妻が加害者に対し、夫の損害賠償請求権を相続したとして請求をした事案において、妻が取得する遺族年金のうち、支給を受けることが確定している部分については、損益相殺の考え方に従って処理をした。
4．損害賠償請求権の消滅事由にあたる。不法行為を理由とする損害賠償請求権は、被害者が損害と加害者を知った時から3年（民724条1号）または、不法行為の時から20年（同条2号）で消滅時効にかかり、消滅する。ただし、「人の生命又は身体を害する不法行為による損害賠償請求権」については、被害者が損害と加害者を知った時から「5年」（民724条の2）または、不法行為の時から20年で消滅時効にかかる。

正解　2

損害賠償額の減額、損害賠償請求権の消滅

民
法

問題97　親族関係に関する以下の記述のうち、誤っているものを1つ選びなさい。
1．AとBとが婚姻をした。この婚姻によりBの父CとAとの間に、姻族関係が発生する。
2．Aの弟Dは、Aと直系血族の関係にある。
3．AのおじEは、Aと3親等の関係にある。
4．Aは、異性のいとこFと婚姻をすることができる。

解説　本問は、親族関係に関する基本的知識を問うものである。民法は、6親等内の血族、配偶者、3親等内の姻族を親族としている（民725条）。血族とは、法的親子関係の連鎖でつながる者をいう。親等とは、親族関係の遠近を数える単位であり、1つ世代を上がるまたは下がるごとに1親等と数える。

1．正しい。姻族とは、血族の配偶者および配偶者の血族をいう。本肢におけるCは、Aの配偶者の血族でありAの姻族である。また、仮にAの弟に配偶者がいれば、血族の配偶者であるため、その者もAの姻族である。民法725条3号は3親等内の姻族を親族としている。AとCの間のように、自己の配偶者の直系血族（「直系」という言葉の意味については、肢2の解説を参照）との間の親等は、Aの配偶者であるBとCとの間の世代数を数える。つまり、AとBのように、配偶者の間には親等はない。したがって、AとCとの間には、AとBの婚姻により、1親等の姻族関係が発生する。

2．誤り。直系とは、ある者からみて、祖父母・父母や子・孫のように、世代を直上または直下した形でつながる関係をいう。AとAの弟Dとの関係は、父母という同一の祖先から分岐した形でつながる関係であり、直系の関係にはない。こうした関係を傍系という。

3．正しい。AとAのおじEとの間も傍系である。傍系血族間の親等は、Aから同一の祖先であるAの祖父母までさかのぼり、そこからおじに下るまでの世代数を数えるので、2＋1＝3親等となる。なお、ある者からみて、父母・祖父母・おじ・おばのように、自分よりも前の世代にある血族を尊属といい、子・孫・おい・めいのように、自分より後の世代にある血族を卑属という。したがって、Aからみて、おじEは、Aの傍系尊属となる。

4．正しい。民法734条1項は、3親等内の傍系血族の間での婚姻を禁じているが、AとAのいとこFの間は4親等あるので、同条1項の婚姻障害には該当しない。

正解　2

親族の範囲

> **問題98**　婚姻の要件に関する以下の記述のうち、誤っているものを1つ選びなさい。
> 1．婚姻が成立するためには、婚姻の届出が必要である。
> 2．婚姻は、当事者間に婚姻をする意思がないときは、無効である。
> 3．直系姻族の間では、婚姻をすることができない。
> 4．成年被後見人が婚姻をするときは、その成年後見人の同意を要する。
> 5．男女とも、18歳にならなければ婚姻をすることができない。

解説　本問は、婚姻の要件に関する問題である。婚姻の要件として、当事者の婚姻をする意思と届出という方式が必要である。また、民法731条〜736条に婚姻をすることができない場合（婚姻障害）が列挙されている。なお、令和4年法律第102号（令和6年4月1日施行）により、女の再婚禁止期間（民733条）は削除されることになっている。

1．正しい。婚姻が有効に成立するには、当事者に婚姻をする意思があるだけでなく、届出という方式も必要である（民739条1項。同2項および戸籍法74条も参照）。

2．正しい。民法742条1号がこのことを定める。

3．正しい。民法735条は、直系姻族間の婚姻を禁止している。姻族とは、血族の配偶者および配偶者の血族をいい、直系とは、ある者からみて、祖父母・父母や子・孫のように、世代を直上または直下した形でつながる関係をいう。したがって、直系姻族とは、たとえば、妻と夫の父母、あるいは夫と妻の父母の間の関係を指す。そして、夫婦がたとえ離婚して姻族関係が終了したとしても（民728条1項）、民法735条により、元妻は元夫の父と婚姻することはできず、元夫は元妻の母と婚姻することはできないこととなる。

4．誤り。成年被後見人が婚姻をする際には、その成年後見人の同意を要しない（民738条）。婚姻に関しては、成年被後見人の意思をできる限り尊重するべきであるという考えに基づいている。ただし、成年被後見人に意思能力がない場合は、当該婚姻は無効となる。

5．正しい。民法731条がこのことを定める。

正解　4

婚姻の要件

民

法

問題99　婚姻の効力に関する以下の記述のうち、誤っているものを１つ選びなさい。
1．夫婦であっても、同居する義務はない。
2．夫婦は互いに貞操義務を負う。
3．夫が日常の家事に関して第三者と契約をしたとき、妻はその契約により生じた債務について、連帯してその責任を負う。
4．夫婦は、婚姻に際し、夫の氏と妻の氏のいずれを称するかを定めなければならず、そのいずれとも異なる氏を称するものとすることはできない。

解説　婚姻により、さまざまな効果が発生する。婚姻の効果は、夫婦間に生じるのみにとどまらず、夫婦の婚姻中に生まれた子に対しても生じる（たとえば、民法772条の嫡出推定）。さらには、配偶者の血族とも親族関係が発生する（民725条3号）。本問は、このような婚姻の効果に関する問題である。

1．誤り。夫婦は同居する義務を負う（民752条）。合意または家庭裁判所の審判（家事別表第2第1項）によって同居の具体的態様が決められたにもかかわらずこれに従わない場合、同居義務の不履行が生じる。この場合について、大決昭5・9・30民集9・926は、間接強制もすることができないと判示している。ただし、同居義務違反は、悪意の遺棄（民770条1項2号）として離婚原因となりうることに注意が必要である。

2．正しい。民法は、婚姻の効力として正面から貞操義務を規定してはいない。しかしながら、不貞行為が離婚原因となることから（民770条1項1号）、配偶者には互いに貞操義務があると考えられている。

3．正しい。民法761条がこの旨を規定する。「日常の家事に関して」第三者と結ぶ契約とは、たとえば、クリーニング店に服のクリーニングを頼む場合のように、夫婦の共同生活に通常必要とされる一切の事務に関する契約のことであると解されている。

4．正しい。民法750条は、「夫又は妻の氏を称する」と規定している。

正解　1

🔑婚姻の効力

問題100　離婚に関する以下の記述のうち、正しいものを１つ選びなさい。
1. 夫婦間で協議が調っていれば、裁判所による判決を経なくても、離婚をすることができる。
2. 夫婦の一方に不貞な行為があったことを理由に、他の一方が離婚訴訟を提起した。この場合、裁判所は、離婚を認容する判決を下さなければならない。
3. 夫婦であったＡとＢが離婚した後にＡが死亡した。この場合、Ｂは、Ａの相続人となる。
4. 夫婦が婚姻中に子をもうけた場合、離婚後も共同してその子について親権を行う。

解説　本問は、離婚に関する基本的な制度枠組みについて問うものである。
1. 正しい。民法は、協議離婚（民763条以下）と、裁判離婚（民770条以下）という、２つの離婚の方式について規定している。その他にも、調停離婚・審判離婚（家事244条・284条）、和解離婚（人訴37条）という方式も存する。協議離婚の場合、民法764条が同739条を準用しており、離婚届を出すことにより効力を生じることとなる。
2. 誤り。民法770条１項１号では、配偶者の不貞行為が裁判離婚の離婚原因とされている。しかし、同条２項は、「裁判所は、前項第１号……に掲げる事由がある場合であっても、一切の事情を考慮して婚姻の継続を相当と認めるときは、離婚の請求を棄却することができる」と規定している。したがって、不貞行為があったとしても、裁判所は、場合によっては離婚請求を棄却することができる。
3. 誤り。離婚により、配偶者としての関係は終了することになる。婚姻の効果として認められる配偶者の相続権（民890条）についても、離婚により将来に向かって消滅することになる。
4. 誤り。婚姻中は、父母が共同して親権を行う（民818条３項本文）が、離婚後は、父母のどちらか一方のみが親権を行うこととなる（民819条１項〜３項）。

正解　1

離婚

問題101　以下の文中のカッコ内に入る語の組み合わせとして、正しいものを1つ選びなさい。

　民法772条1項は、「妻が婚姻中に懐胎した子は、夫の子と推定する」と規定する。夫の子と推定される場合において、（　a　）は、子が嫡出であることを否認することができる。この否認権は、嫡出否認の訴えによって行使することになるが、この訴えは、（　a　）が子の出生を知った時から（　b　）年以内に行使しなければならない。

1．a＝夫または妻　　　b＝3
2．a＝夫または妻　　　b＝1
3．a＝夫　　　　　　　b＝3
4．a＝夫　　　　　　　b＝1

解説　本問は、嫡出推定・否認制度に関する問題である。なお、本問については、令和4年法律第102号（令和6年4月1日施行）によって全面的に改正されていることに注意が必要である。

　民法772条1項は、問題文のように規定するが、婚姻中に懐胎したのか否か判断が難しい場合もあるため、同条2項は、「婚姻の成立の日から200日を経過した後又は婚姻の解消若しくは取消しの日から300日以内に生まれた子は、婚姻中に懐胎したものと推定する」と規定し、出生時を基準とする推定ルールも設けている。民法772条の推定が及ぶ場合について、民法774条は「夫は、子が嫡出であることを否認することができる」と規定し、夫のみに否認権を与えている。したがって、aには「夫」が入る。この規定は、明治民法822条を受け継いでいるが、妻に否認権を認めない理由について、明治民法の起草者の1人梅謙次郎は、妻に否認させるのは実際難しいことと妻の不品行を法廷で主張する権利を与えると風俗を害することをあげている。現在は、否認権者を夫のみに限定することに対して、批判的な意見もある。

　さらに、嫡出否認の訴えには期間制限が設けられており、夫が子の出生を知った時から1年以内に提起しなければならない（民777条）。したがって、bには「1」が入る。この規定も、明治民法825条の規定を受け継いだものである。梅謙次郎は、夫が自己の子でないと知っている以上、直ちに抗議すべきは当然であり、1年以上放置した場合は自己の子であると承認したものというべきである、と述べている。また、事柄の性質上証拠保全が難しいこと、妻の不品行の有無を歳月を経たのちに提起することは風俗を害することもその趣旨としてあげている。

　以上のように、嫡出否認の訴えには出訴権者・出訴期間について厳格な制限があるが、これを緩和するために、民法772条2項の期間内に子が生まれたとしても、一定の場合に嫡出推定は及ばないとすることが、判例上認められている（たとえば、最判昭44・5・29民集23・6・1064）。

正解 4

嫡出推定・否認制度

問題102　普通養子縁組に関する以下の記述のうち、誤っているものを1つ選びなさい。
　1．養親となる者は、20歳に達していなければならない。
　2．養親となる者は、自分より年長の者であっても、養子とすることができる。
　3．養子縁組をするには、縁組の届出をしなければならない。
　4．養子縁組がなされると、養子は、養親の嫡出子の身分を取得する。

解説　本問は、普通養子縁組に関する基本的な制度枠組みを問うものである。養子制度とは、血縁関係を基礎とせずに人為的に親子関係を創設する制度である。養子縁組には、実親との親子関係を終了させる特別養子縁組（民817条の2以下）と実親との親子関係を終了させない普通養子縁組（民792条以下）がある。

1．正しい。養親としての適格として、養親が20歳に達していることが要求されている（民792条）。成年年齢（18歳）と異なることに注意が必要である。
2．誤り。民法793条は、年長者を養子とすることを禁止している。
3．正しい。民法802条2号が、当事者が縁組の届出をしないときを普通養子縁組の無効事由としており、そのことにより普通養子縁組には縁組の届出が必要であることが明らかにされている。
4．正しい。養子は、縁組の日から、養親の嫡出子の身分を取得する（民809条）。実親との親子関係は維持されるが、親権については、養親の親権に服する（民818条2項）。

正解　2

普通養子縁組

問題103　親権に関する以下の記述のうち、誤っているものを１つ選びなさい。
1．嫡出でない子を父が認知した場合において、父と母が婚姻関係にないときは、親権者は、父または母のどちらか一方である。
2．子は、親権者が指定した場所に、その居所を定めなければならない。
3．親権者と子との間で利益が相反する行為についても、親権者は子の不利益にならないように配慮すれば、代理行為をすることができる。
4．父母がいずれも死亡して、未成年者に親権を行う者がいない場合、後見が開始する。

解説　本問は、単独親権か共同親権か、親権の主たる効果は何か等、親権の基本的な制度枠組みに関する問題である。

1．正しい。嫡出子については、父母の婚姻中は父母の共同親権に服することになるが（民818条3項本文）、嫡出でない子については、父または母の単独親権に服する（民819条4項参照）。認知された子は、父母が婚姻をすれば準正により嫡出子の身分を取得するため（民789条1項）、父母の共同親権に服することになる。本問では、父と母が婚姻関係にないので、認知された子の親権者は、父または母のどちらか一方となる。

2．正しい。民法820条は、親権者に子を監護し教育する権利を与えるとともに、義務を負わせている。このような親権の人格的な側面のことを、一般に身上監護権という。身上監護権の具体的内容として、民法は、子の人格を尊重するとともに、その年齢および発達の程度に配慮し、かつ、子の心身の健全な発達に有害な影響を及ぼす言動をしないことを義務付ける一方（民821条）、居所指定権（民822条）および職業許可権（民823条）を定めている（これらの改正は、令和4年12月16日の公布の日から施行されている）。

3．誤り。親権者は、子の財産に関する法律行為について、子を代理する権限を有する（民824条本文）。しかし、親権者と子との間で利益が相反する行為については、親権者は、子のために特別代理人を選任することを家庭裁判所に請求しなければならない（民826条1項）。特別代理人を選任せずに、親権者が子を代理して法律行為をしたときは、無権代理となる（大判昭11・8・7民集15・1630）。

4．正しい（民838条1号）。父母が死亡した場合には、後見が開始する。また、父母の一方が生存していても、親権を失っている場合や停止された場合、子の財産管理権を失っている場合にも、後見が開始する。未成年後見の制度は、親権を補完する意味をもっている。

正解　3

親権

問題104　相続人に関する以下の記述のうち、誤っているものを１つ選びなさい。
1．被相続人が配偶者Ａを遺して死亡した場合、Ａは相続人である。
2．被相続人に子がおらず、配偶者Ｂと父Ｃを遺して死亡した場合、Ｃは相続人である。
3．被相続人が死亡した時にその妻Ｄは被相続人の子Ｅを懐胎しており、のちに無事出産した。この場合、Ｅは相続人である。
4．被相続人が子Ｆと弟Ｇを遺して死亡した場合、Ｇは相続人である。

解説　民法は相続人となる者の範囲を画一的に定めている（民887条１項・889条１項・890条）。本問は、誰が相続人となるのかを問うものである。

1．正しい。相続人は、配偶者相続人と血族相続人の２種類に分けられる。このうち、配偶者相続人は、常に相続人となる（民890条）。

2．正しい。血族相続人には、被相続人の子（民887条１項）、直系尊属（民889条１項１号）、兄弟姉妹（民889条１項２号）の３カテゴリーがあり、この順に相続の順位が第１順位、第２順位、第３順位となる。そして、第１順位の子がいる場合、直系尊属も兄弟姉妹も相続人にならない。第２順位の直系尊属は、子がいない場合にはじめて相続人となる（民889条１項柱書）。

3．正しい。条文にはないが、ある者の相続人となる者は、被相続人死亡時に権利主体として存在しているものでなければならない、という原則がある（被相続人と相続人の同時存在の原則）。もっとも、この原則の例外として民法886条の規律がある。同条は、１項において「胎児は、相続については、既に生まれたものとみなす」と規定している。死産となった場合には、この擬制ははたらかないが（同条２項）、本肢のケースでは、被相続人が死亡した時点で胎児であった子は相続人となる。

4．誤り。血族相続人のうち、第３順位の兄弟姉妹は、第１順位・第２順位の血族相続人がいない場合にはじめて相続人となる（民889条１項２号）。

正解　4

相続人

問題105　相続によって相続人が被相続人から承継するものに関する以下の記述のうち、誤っているものを１つ選びなさい。

1. 被相続人が金銭債務を負っていたとき、相続の開始により、その債務は相続人に承継される。
2. 被相続人が扶養請求権を有していたとき、相続の開始により、その扶養請求権は相続人に承継される。
3. 被相続人が委任契約の当事者であったとき、被相続人の死亡により、その委任契約は終了する。
4. 相続人として被相続人の配偶者のみがいる場合、被相続人が所有していた祖先の墓が、相続の開始により、配偶者以外の者に帰属する場合がある。

解説　相続は、被相続人から相続人への財産の移転をもたらす。本問は、相続によっていかなる財産・いかなる権利義務・いかなる地位が移転するのかを問うものである。

1. 正しい。相続人は、相続開始の時から、被相続人の財産に属した一切の権利義務を承継するのが原則である（民896条本文）。物権、債権、債務、さらには善意・悪意といった地位等も一体として包括的に承継される。被相続人が金銭債務を負っていたときは、この原則的な処理に従うことになる。

2. 誤り。民法896条本文に定められた原則の例外として、被相続人の一身に専属する権利義務については、相続による承継の対象とならない（同条ただし書）。扶養請求権は、まさに一身に専属する権利であるとされており、相続性が否定されている。

3. 正しい。民法896条本文の原則により、契約当事者たる地位も相続人に移転すると解されている。たとえば、被相続人が売買契約の売主であった場合には、相続人は売主の担保責任を負うべき地位に置かれることになる。しかし、個別的に、死亡を法律関係の終了原因とする規定が置かれている場合がある。委任契約は、受任者または委任者の死亡が契約の終了事由となっている（民653条1号）。その他にも、使用借主の死亡も契約の終了事由となっている（民597条3項）。

4. 正しい。民法896条本文に定められた原則の例外として、系譜、祭具および墳墓の所有権は、慣習に従って祖先の祭祀を主宰すべき者が承継する（民897条1項本文）。

正解　2

相続の客体

問題106　相続の承認および放棄に関する以下の記述のうち、正しいものを１つ選びなさい。
1. 相続人はいつでも、相続について、単純承認、限定承認または放棄をすることができる。
2. 単純承認をした場合、相続人は、被相続人が有していた積極財産の限度でのみ、被相続人の債務を弁済する責任を負う。
3. 相続人が数人あるときは、限定承認は、共同相続人の全員が共同してしなければならない。
4. 相続人が数人あるときは、相続放棄は、共同相続人の全員が共同してしなければならない。

解説　相続人個人の意思を尊重するためには、相続するか否かの選択肢を認めることが望ましいといえる。しかし他方で、被相続人の債権者など、相続には相続人以外の利害関係人もおり、法律関係を安定させる要請もある。そのような相反する要請を考慮して、民法は、一定の期間内に限り、相続人に単純承認・限定承認・放棄という３つの選択肢を認めている。

1. 誤り。相続人は、自己のために相続の開始があったことを知った時から３ヵ月以内に、相続について、単純承認、限定承認または放棄をしなければならない（民915条１項）。限定承認または放棄をせずにこの期間を経過した場合は、単純承認をしたものとみなされる（民921条２号）。
2. 誤り。単純承認とは、被相続人の権利義務を無限に相続人が承継することである（民920条）。これにより、被相続人の積極財産（プラスの財産）も消極財産（債務などのマイナスの財産）も、相続人がすべて包括的に引き継ぐことになる。「無限に」とは、相続人の固有財産が被相続人の負った債務の引き当てになることを意味している。
3. 正しい。限定承認とは、相続によって得た財産の限度においてのみ被相続人の債務および遺贈を弁済すべきことを留保して、相続の承認をすることである（民922条）。これにより、相続人は被相続人の積極財産も消極財産も包括的に引き継ぐが、被相続人の負った債務（および遺贈）の引当てとなる財産は、被相続人の積極財産に限定される。相続人が数人ある場合、限定承認は、相続人全員が共同でしなければならない（民923条）。
4. 誤り。相続放棄をした者は、相続開始時から相続人でなかったものとみなされる（民939条）。放棄には相続人全員が共同して行わなければならないという制限はなく、単独で行うことができる。

正解　3

✐ 相続の承認および放棄

> **問題107**　遺言の方式に関する以下の記述のうち、誤っているものを1つ選びなさい。
>   1．自筆証書によって遺言をする場合、パソコンで作成し、印刷した相続財産目録を、遺言書に添付することができる。
>   2．自筆証書によって遺言をする場合、遺言書に押印があれば、氏名の自書は不要である。
>   3．公正証書によって遺言を作成する場合、証人の立会いが必要である。
>   4．秘密証書によって遺言をする場合、パソコンで作成し、印刷した文書を、遺言書とすることができる。

民
法

解説　遺言には、7つの方式があるが、死亡の危急に迫った者（民976条）など、特別方式の遺言が認められている場合以外は、普通方式の遺言、すなわち、自筆証書遺言、公正証書遺言、または秘密証書遺言によりしなければならない（民967条）。本問は、これら3つの普通方式の遺言それぞれについての方式に関する要件を問う問題である。遺言の効力が発生する時に遺言者は存在しない。そこで、文書の真実性を確保する必要があるが、3つの普通方式の遺言では、そのための仕組みが異なっている。

1．正しい。自筆証書遺言をするには、遺言者が、遺言書の全文、日付および氏名を自書し（すなわち、自身で手書きし）、これに印を押さなければならない（民968条1項）。この方式は、自書させることにより文書の真実性を確保している。もっとも、遺言者の負担を軽減し、自筆証書遺言の利用を促進するため、平成30年法律第72号により自書の要件が一部緩和された。すなわち、自筆証書にこれと一体のものとして相続財産の全部または一部の目録を添付する場合には、その目録については、自書することを要しないこととなった（同条2項前段）。こうして、パソコンにより相続財産の目録を作成することが可能となった。ただし、同項後段による署名・押印が必要である。

2．誤り。自筆証書遺言を作成するには、遺言書に押印があるだけでは足りず、氏名の自書も必要となる（民968条1項）。

3．正しい。公正証書遺言では、公証人が証書を作成することにより文書の真実性が確保されている。公正証書によって遺言をするには、つぎのような方式に従わなければならない（民969条）。①証人2人以上の立会いがあること、②遺言者が遺言の趣旨を公証人に口授すること、③公証人が、遺言者の口述を筆記し、これを遺言者および証人に読み聞かせ、または閲覧させること、④遺言者および証人が、筆記の正確なことを承認した後、各

自これに署名し、印を押すこと、⑤公証人が、その証書は前各号に掲げる方式に従って作ったものである旨を付記して、これに署名し、印を押すこと。このように、証人の立会いが必要とされている。なお③～⑤については、令和5年法律第53号（施行日未定）により、民法からは規定が削除され、公証人法37条および40条で規定されることになっている。

4．正しい。秘密証書遺言では、署名押印、封印と公証人の関与により文書の真実性が確保されている。秘密証書によって遺言をするには、つぎのような方式に従わなければならない（民970条）。①遺言者が、その証書に署名し、印を押すこと、②遺言者が、その証書を封じ、証書に用いた印章をもってこれに封印すること、③遺言者が、公証人1人および証人2人以上の前に封書を提出して、自己の遺言書である旨ならびにその筆者の氏名および住所を申述すること、④公証人が、その証書を提出した日付および遺言者の申述を封紙に記載した後、遺言者および証人とともにこれに署名し、印を押すこと。このように、遺言者は証書に署名し、押印することは求められているが、証書を自書することは求められていない。したがって、パソコンで作成し、印刷した文書を遺言書とすることができる。

正解 2

✍ 遺言の方式

> **問題108**　遺留分に関する以下の記述のうち、正しいものを1つ選びなさい。
> 　　1．被相続人の兄弟姉妹は、遺留分を有する。
> 　　2．相続人が被相続人の子2人のみである場合、各相続人は、遺留分として、遺留分を算定するための財産の価額の4分の1の額を受ける。
> 　　3．遺留分を侵害する贈与や遺贈は、無効である。
> 　　4．相続放棄をせずに、遺留分を放棄することはできない。

民法

解説　本問は、誰がどれだけ遺留分を有するか、遺留分を侵害する贈与や遺贈の効力はどうなるのか、遺留分の放棄はできるのか、といった遺留分に関する条文の知識を問うものである。

1．誤り。遺留分が認められる者を一般に遺留分権利者という。遺留分権利者は、兄弟姉妹を除く法定相続人、すなわち被相続人の配偶者、子、直系尊属である（民1042条1項）。

2．正しい。民法1042条1項により、遺留分の割合は、配偶者か子が相続人に含まれる場合には2分の1、直系尊属のみが相続人の場合は3分の1となる。この割合は、相続財産の中に占める遺留分の割合を示すものであり、遺留分権利者全員が全体としてこれだけの割合をもつことになる。そして、個々の遺留分権利者がもつ遺留分の割合は、そこから各自の法定相続分の割合を乗じた割合となる（同条2項）。したがって、相続人として子が2人のみがいた場合、それぞれの遺留分の割合は、1／2（全員の遺留分の割合）×1／2（各自の法定相続分）＝1／4となる。遺留分を算定するための財産の価額は、被相続人が相続開始の時において有した財産の価額にその贈与した財産の価額を加えた額から債務の全額を控除した額である（民1043条1項）。

3．誤り。遺留分を侵害する内容の贈与・遺贈も、無効ではない。個々の遺留分権利者は、自らの遺留分が侵害された場合、遺留分侵害額に相当する金銭の支払請求権を有するにすぎない（民1046条1項）。この請求権を遺留分侵害額請求権という。

4．誤り。民法1049条は遺留分の放棄を認めており、相続放棄をすることなく遺留分を放棄することができる。

正解　2

遺留分

Ⅳ 刑　　法

　刑法ベーシック〈基礎〉コースは、「刑法の基礎」「犯罪論」「刑法各論」の３分野から出題されている。刑法学は、刑法総論と刑法各論とに分けられるのがふつうであるが、「刑法の基礎」と「犯罪論」をあわせたものが刑法総論に対応する。

　「刑法の基礎」（問題１から問題15まで）においては、犯罪と刑罰の基礎理論、刑罰の種類と適用、刑法の基本原則等にかかわる事柄のうち、刑法学を学ぶにあたり、ぜひとも知っておいてほしい事項について出題した。条文をつねに参照し、必要に応じて各自が使用する教科書の関連部分と照らしあわせながらそれぞれ問題を解き、解説を読むならば、基本的な事項に関する正確な理解が得られることであろう。

　刑法総論（問題16から問題75まで）の中核部分は「犯罪論」であり、ここから最も多くの問題が出題されている。犯罪の成立要件と犯罪の成否の限界に関し、条文を参照すれば簡単に解決が得られる問題から、かなり高度な理解を前提とする問題まで、バラエティーに富んだ設問がここには含まれている。刑法総論の犯罪論はすぐれて体系的な学問領域である。この体系性は、学問の全体を論理的に首尾一貫したものとすることにより、法的判断が非合理な考慮によって左右され、いい加減なものにならないようにするためのものであって、それだけに犯罪論をマスターするのは容易なことではない。教科書を何度も繰り返して読んでほしいし、本書の問題にも繰り返し何度も取り組んでほしい。

　刑法各論（問題76から問題113まで）は、個別の犯罪（たとえば、殺人罪、強盗罪、放火罪等）を規定した各刑罰法規の解釈論を内容とするものであるが、このベーシック〈基礎〉コース問題集においては、特に重要な犯罪類型にかかわる基本的事項しかとりあげられていない。刑法各論については、スタンダード〈中級〉コース問題集を利用してより本格的に勉強し実力を養ってほしいと願う。

問題1　以下の文中のカッコ内に1〜4のいずれかの語をあてはめたとき、bに入る語として、正しいものを1つ選びなさい。

　犯罪と刑罰に関する法的ルールの全体を刑事法とよぶが、それは大きく3つに分けることができる。

　まず、どのような行為が犯罪となり、それにどのような刑罰が科せられるべきかを定めるのが（　a　）であり、それは犯罪と刑罰の内容を定めるものであるから実体法に属する。つぎに、具体的に犯罪事実を確認し刑を科す手続について定める（　b　）がある。さらに、刑を執行する過程における犯罪者の処遇にかかわるのが（　c　）であり、そのうち、特に刑務所内における法律関係や処遇を規律するのが（　d　）である。

1．刑事訴訟法
2．犯罪者処遇法
3．刑法
4．行刑法

解説　本問は、犯罪と刑罰に関する法の体系に関する問題である。

　犯罪と刑罰に関係する法的なルールをまとめて「刑事法」とよぶが、それは国家の刑罰権の発動・実現を規律し、コントロールするための法規範のすべてである。刑事法は、①刑法、②刑事訴訟法、③犯罪者処遇法という大きな3つのグループからできている。

　犯罪と刑罰の内容を定める実体法が「刑法」であり、犯罪事実を確認し刑を科す手続について定める手続法が「刑事訴訟法」である。したがって、問題文中のaに入るのは、肢3の刑法であり、問題文中のbに入るのは、肢1の刑事訴訟法である。さらに、刑を執行する過程では、犯罪者が立ち直って将来再び罪を犯すことなく社会生活を送れるようにするため、各種の指導、教育、援助、監督等の措置が必要となる。これについて規定するのが「犯罪者処遇法」である（問題文中のc）。ただし、「犯罪者処遇法」という名前の法律があるわけではなく、たとえば、「刑事収容施設及び被収容者等の処遇に関する法律」や「更生保護法」等がこれに属する法律である。特に刑事施設内における法律関係や処遇（これを矯正処遇という）は、犯罪者処遇法のなかでも「行刑法」とよばれる法的ルールによって規律される（問題文中のd）。

正解　1

犯罪と刑罰に関する法の体系

> **問題2**　刑罰に関するア説〜ウ説についての以下の記述のうち、誤っているものを1つ選びなさい。
>
> 　ア説：刑罰は何らかの目的を実現するために存在するのではなく、あくまでも行為者が行った犯罪に対する非難として科されるべきものである。
> 　イ説：刑罰の目的は、刑罰によって一般人を威嚇し、一般人が犯罪に出るのを予防することにある。
> 　ウ説：刑罰の目的は、行為者を処罰することによって、その行為者が再び犯罪に出るのを予防することにある。
>
> 　1．ア説は、人間が自由意思をもたず行動の選択ができない存在であるという立場を前提としている。
> 　2．イ説は、刑罰が過酷なものになる危険があると批判されている。
> 　3．ウ説は、再犯の危険性が消えるまで処罰を継続してもよいという考えに至りうるため、重大な人権侵害を招く危険があると批判されている。
> 　4．ア説からは、罪刑均衡の原則が導かれる。

解説　本問は刑罰の意義・目的に関する問題である。

1．誤り。刑罰とは行為者が行った犯罪に対する報い（応報）であると説明する立場を応報刑論といい、ア説のように、いかなる目的のためにも科されてはならないとする見解を、絶対的応報刑論という。この見解によれば、人間は自由な意思を有し、理性にしたがって善悪を区別して行動できる存在であるとされている。刑罰とは、自由な行動選択が可能であるにもかかわらず、あえて犯罪行為に出たことに対する非難であり、犯罪者は、あえて犯罪を行ったことに対する報いとして、それに見合った苦痛・害悪として、刑罰を受けなければならない。そして、何らかの目的を実現するために人間を利用することは許されないため、犯罪予防の目的から刑罰を科してはならないとされる。しかし、このように徹底した立場に対しては、刑罰制度を犯罪予防のための制度として機能させるべきであるという刑事政策的な要請を無視できないのではないかという批判が向けられている。

2．正しい。法律による刑罰の予告や行為者の処罰を通じて、一般人が犯罪に出るのを予防するという考え方を一般予防論といい、イ説のように、威嚇を通じて予防効果をあげることを目指す見解を消極的一般予防論という。刑罰を威嚇の手段と捉える本説に対しては、犯罪予防のために刑罰が

過酷なものになる危険性があると批判されている。

3．正しい。ウ説のように、行為者の再犯を防止することが刑罰の目的であるとする見解を、特別予防論という。この見解の主唱者であるリストは、目的刑主義を唱え、社会学的な視点から行為者を分類し、それに応じた刑罰を科すべきであると主張した。そして、改善可能な行為者には教育を施すべきであるとする一方で、改善不能な犯人は長期または終身的な隔離をすべきであるとも主張した。特別予防論に対しては、人権保障の観点から問題があると指摘されている。

4．正しい。罪刑均衡の原則とは、犯罪に見合った刑罰しか科してはならないとする原則である。こうした考え方は、刑罰を、犯罪に見合った非難や報いであるととらえる応報刑論（ア説）から導かれる。

正解　1

刑罰の意義・目的

問題3　以下の文中のカッコ内に入る語として、正しいものを1つ選び
なさい。

　日本では、犯罪に対する刑法上の法律効果としては、基本的には刑罰
のみが予定されているが、多くの国では、刑罰を科すこととならんで
（　　　）に付することが認められている。これを二元主義という。
（　　　）とは、犯罪が行われたとき、再犯を防止するために行為者に
付される、自由の剥奪または自由の制限をともなう措置のことをいい、
非難としての意味をもたないものである。二元主義をとる刑法の下で
は、刑事制裁は、責任を要件とし責任によって制約される刑罰と、行為
者の危険性を要件とし危険性がある限度で付せられる（　　　）との、
言い換えれば「行為」に対する刑罰と「行為者」に対する（　　　）と
の2本立てとなる。

　1．保全処分　　2．予防拘禁　　3．保護処分　　4．保安処分

刑

法

解説　本問は、刑罰と保安処分に関する問題である。
　カッコ内に入る語は「保安処分」である。保安処分には、精神障害が原因
で犯罪を行った者に対する精神病院への収容処分や、薬物中毒やアルコール
中毒が原因で犯罪を行った者に対する薬物やアルコールの禁絶措置等がある
（改正刑法草案は、その97条以下において、精神障害者に対する「治療処分」およ
びアルコールや薬物の中毒者に対する「禁絶処分」を設けることを提案していた）。
　少年（20歳未満の者）に対する保護処分（少年24条）は、福祉的要請に基づ
くこと、刑罰による責任追及を回避すること、少年の健全育成の見地から必
要な保護がなされることから、保安処分とは異なる。
　なお、現行法上、精神障害者について「自傷他害のおそれ」があるとされ
た場合、刑法ではなく行政法上の手段として、「精神保健及び精神障害者福
祉に関する法律」による入院の措置が認められることがある（精神29条以下
参照）。この措置は、犯罪等の加害行為の危険にも対処しようとするもので
はあるが、あくまでも精神医療のための制度であり、入院が認められるかど
うかは、その者が犯罪をしたかどうかとは関係がない。殺人、放火、傷害、
強制性交、強盗等の重大事件で心神喪失を理由に不起訴や無罪となったり、
心神耗弱を理由に刑を減軽されたりした人に対し、裁判官と医師（精神保健
審判員）の合議体で入院や通院を命令できる手続を定めた、「心神喪失等の
状態で重大な他害行為を行った者の医療及び観察等に関する法律」が2003
（平成15）年に成立し、2005年7月から施行された。

正解　4

刑罰と保安処分

問題4 以下の記述のうち、死刑廃止論の根拠として、適切でないもの
を1つ選びなさい。
　1．刑罰は、犯罪防止の効果をもつと考えられるときにはじめて正当
　　化されるが、死刑は、犯人に凶悪犯罪を思いとどまらせる威嚇力を
　　もたない。
　2．個人の生命に最高の価値を認めている法が生命を奪う刑を認める
　　ことは、矛盾した態度である。
　3．犯罪については社会も少なからず責任を負うべきであり、行為者
　　個人にすべての責任を負わせて極刑に処するのは不当である。
　4．最高裁判所は、死刑は「残虐な刑罰」（憲法36条）にあたるとし
　　ている。

解説　本問は、死刑存置論と死刑廃止論に関する問題である。
死刑は、生命を奪うことを内容とする刑罰である（刑11条）。殺人罪（刑199条）
や強盗殺人罪（刑240条）等のほか、人の殺害を内容としない犯罪でも、内
乱罪（刑77条）や現住建造物等放火罪（刑108条）等の重大犯罪に対して規定
されている。しかし、世界的に見ると、死刑を廃止した国が多く、日本にも、
死刑を廃止すべきとの主張（死刑廃止論）がある。
1．適切である。死刑廃止論は、死刑に凶悪犯罪を防止する威嚇力はない（証
　明されていない）とし、それを根拠の1つとしている。これに対し、死刑
　を存置すべきとする死刑存置論は、死刑を廃止すれば凶悪犯罪が増加しな
　いという保証はなく、罪もない多くの人々の生命が失われるおそれがある
　と主張する。
2．適切である。肢2は、生命に最高の価値を認めている法が生命を奪う死
　刑を認めることは矛盾であると批判するものであり、死刑廃止論の根拠と
　なっている。
3．適切である。肢3は、犯罪者個人に犯罪の全責任を負わせて極刑＝死刑
　に処すのは不当であると批判するものであり、死刑廃止論の根拠となる。
4．適切ではない。憲法は、生命を奪う刑罰があることを予定しており（憲
31条）、判例も、死刑が直ちに「残虐な刑罰」（憲36条）にあたるとはいえな
いとしている（最大判昭23・3・12刑集2・3・191）。これは、死刑存置論の
根拠の1つとなっている。

正解 4

🔑死刑存置論と死刑廃止論

> **問題5**　罪刑法定主義に関する以下の記述のうち、正しいものを1つ選びなさい。
> 1．犯罪と刑罰は、国会が法律で定めなければならないが（法律主義）、法律の委任がある場合には、その事項が特定されていなくても、内閣が政令で定めることができる。
> 2．行為時に犯罪とされていなかった行為を行為後に犯罪として処罰することはできないが（遡及処罰の禁止）、行為時に犯罪とされていた行為であれば、行為後に法定刑を重く変更して重く処罰することができる。
> 3．犯罪と刑罰は、法律で定めてさえいれば、内容は不明確であってもよい。
> 4．刑法の秘密漏示罪（刑法134条）には医師の秘密漏示を処罰すると定めてあるが、看護師の秘密漏示を処罰するとは定めていないので、看護師の秘密漏示を刑法の秘密漏示罪で処罰することはできない。

解説　本問は、罪刑法定主義に関する問題である。

1．誤り。法律主義（憲31条）の例外として、内閣は、「特にその法律の委任がある場合」には、政令に罰則を設けることができるが（憲73条6号但書）、ここにいう「委任」は、委任する事項が特定されたものでなければならない（最大判昭27・12・24刑集6・11・1346）。

2．誤り。遡及処罰の禁止（憲39条）の趣旨は、刑の変更にもあてはまる。刑法は、「犯罪後の法律によって刑の変更があったときは、その軽いものによる」と定めており（刑6条）、明文で、重い刑の遡及適用を禁止している。

3．誤り。犯罪と刑罰は、その内容が不明確であってはならない（明確性の原則）。どのような行為が犯罪にあたるかが不明確な刑罰法規は、憲法31条に違反し、無効である（最大判昭50・9・10刑集29・8・489）。

4．正しい。被告人に不利益な類推解釈は許されないので（類推解釈の禁止）、刑法の秘密漏示罪を看護師の秘密漏示に適用することはできない（もっとも、看護師の秘密漏示は、保健師助産師看護師法44条の4により処罰される）。

正解　4

罪刑法定主義

> **問題6**　以下の記述のうち、誤っているものを1つ選びなさい。
> 1．罪刑法定主義の「法律なければ犯罪はない」という原則の要請から、刑法の法源は、国会において法律の形式で立法された法律に限ることを原則（法律主義）としている。
> 2．罰則の委任の一種として、法律において処罰の対象となる行為の枠を一応定めたうえで、構成要件の細目を政令以下の命令に委任する、いわゆる「白地刑罰法規」は、法律主義に反しない。
> 3．条例は、政令以下の命令と異なり地方議会の議決を経て立法される点で罪刑法定主義の民主主義的要請を満たしているといえるので、法律の範囲内である限りにおいて、罰則規定制定の包括的委任が認められている。
> 4．一定の先例拘束性が認められる判例は、法源として法律と同様の効力を有することが認められている。

解説　本問は、罪刑法定主義に関する問題である。
1．正しい。憲法31条は「何人も、法律の定める手続によらなければ、その生命若しくは自由を奪はれ、又はその他の刑罰を科せられない」と規定しており、刑法の法源は、国会で立法された狭義の法律に限定することが大原則になっている。法律主義は、成文法主義ともいう。
2．正しい。白地刑罰法規は、刑法典上の犯罪としては中立命令違反罪（刑94条）があるが、多くは行政取締法規等の特別法規に存在する。白地刑罰法規が他の法令特に法律により下位の法規に補充を委任する場合には、法律主義の見地から憲法73条6号但書の適用を受けるため、その委任は具体的・個別的に特定される必要がある（猿払事件：最大判昭49・11・6刑集28・9・393）。
3．正しい。地方自治法14条3項は「普通地方公共団体は、法令に特別の定めがあるものを除くほか、その条例中に、条例に違反した者に対し、2年以下の懲役若しくは禁錮、100万円以下の罰金、拘留、科料若しくは没収の刑又は5万円以下の過料を科する旨の規定を設けることができる」と定めている。同規定は、地方公共団体に罰則制定の包括的委任を定めているが、地方議会の議決を経て立法されている点で法律に準ずるものとされ、法律による授権がある程度具体的に限定され法律主義の趣意に反しない限り、罰則の制定は憲法31条・73条6号但書に違反しない（最大判昭37・5・30刑集16・5・577、最大判昭60・10・23刑集39・6・413）。
4．誤り。確定した最高裁判例は先例拘束性を有し、それ以降の同様の争点について下級審は先例に従うのが原則である点で事実上法源性があるため、判例の法源性を肯定する見解もある。しかし、刑法においては法律主義の原則から、判例は、形式的には法源でありえず、法律上裁判官を拘束するものではないとするのが通説・判例の立場（最大判昭33・5・28刑集12・8・1718、最大判昭49・5・29刑集28・4・114）である。

正解　4

罪刑法定主義

> **問題7**　刑法の解釈に関する以下の記述のうち、正しいものを1つ選び
> なさい。
> 　1．法規の解釈にあたり、その言葉や文章の日常的な普通の意味や文
> 　　法に従って解釈することを「文理解釈」というが、罪刑法定主義が
> 　　支配する刑法の解釈としては、この文理解釈のみが許容される。
> 　2．法規の文言を日常的な意味よりも少し広げて解釈することを「拡
> 　　張解釈」というが、拡張解釈と類推解釈を区別することは原理的に
> 　　不可能なので、刑法の解釈としては拡張解釈も許されないとするの
> 　　が一般的である。
> 　3．規定の文言をいくら拡張しても事実に適用できない場合、すなわ
> 　　ち、その事実について直接に適用できる規定がない場合に、類似し
> 　　た事実に適用される規定を用いて同じ結論に到達することを「類推
> 　　解釈」というが、類推解釈を許容するかどうかは罪刑法定主義の原
> 　　則とは無関係である。
> 　4．法の解釈にあたり、その規定が果たすべき目的を考慮し、社会生
> 　　活の要求に照らして妥当な結論を得ようとする解釈方法を「目的論
> 　　的解釈」というが、刑罰法規の解釈にあたっても、類推解釈になら
> 　　ない限りは、このような目的論的解釈が許される。

刑

法

解説　本問は、刑法の解釈に関する問題である。

　刑罰法規を事件に適用する前提として、法規のもつ意味内容を理解し明確
にすることを刑法の解釈という。一般に、解釈の種類として、言葉や文章の
日常的な普通の意味や文法に従って解釈する「文理解釈」、日常的な意味よ
りも少し広げて解釈する「拡張解釈」、逆に、日常的な意味よりもせまく解
釈する「縮小解釈」、規定の文言をいくら拡張しても入らない場合、すなわ
ち、その事件について直接に適用できる規定がない場合に、類似した事例に
適用される規定を用いて同じ結論に到達する「類推解釈」等がある。

　罪刑法定主義は、その行為を処罰する規定があらかじめ存在しない限り行
為を処罰できないとする原則であるから、適用法規の不存在を前提とする類
推解釈を認めることはできない。もし事実が類似しているからといって刑罰
法規の適用を認めるとすれば、罪刑法定主義の原則は骨抜きになってしまう
であろう（肢3は誤り）。

　他方、刑法の解釈にあたっても、刑法の目的に照らして妥当な結論を得る
ように努めなければならない。犯罪は法益の侵害に向けられたものであり、
刑罰法規は法益保護のために存在する。刑法の解釈は、法益を最も適切に保
護するためにはどうすべきかという見地からの解釈、すなわち、保護法益を

基準とする解釈でなければならない。刑法の解釈にあたっては、法規を類推解釈することまでは許されないとしても、法益保護の見地から法規を目的論的に解釈して、場合によっては、文言を拡張して理解することは許されなければならない（肢4が正しく、肢1は誤り）。

　法規の文言をどこまで拡張できるかの限界ははっきりとした線を引けるようなものではないから、実際には、類推解釈と拡張解釈の限界はそれほど明らかなものではない。しかし、それだからといって、およそ拡張解釈が許されないとすれば、刑法は社会の変化に対応できず、法益保護の目的を十分に果たせないということになってしまうであろう（肢2は誤り）。

正解　4

🔑 刑法の解釈

刑

法

> **問題8**　以下の文中のカッコ内に入る語の組み合わせとして、正しいものを1つ選びなさい。
>
> 　財産刑とは、犯人から金銭その他の財産を奪う刑罰である。現行法上は、（　a　）、（　b　）、（　c　）という3種類の財産刑が存在する。（　a　）は、1万円以上の金銭を支払わせるものであり、（　b　）は、1000円以上1万円未満の範囲で言い渡される金銭刑である。（　c　）は、主刑と同時に付加して言い渡されるもので、物の所有権を剥奪して国庫に帰属させる処分である。（　a　）、（　b　）を完納することができない者は、一定期間（　d　）に留置される。
>
> 1．a＝罰金　　b＝過料　　c＝追徴　　d＝保護観察所
> 2．a＝罰金　　b＝科料　　c＝没収　　d＝労役場
> 3．a＝過料　　b＝罰金　　c＝追徴　　d＝保護観察所
> 4．a＝科料　　b＝罰金　　c＝没収　　d＝労役場

解説　本問は、財産刑に関する問題である。

　財産刑は犯罪者からその財産的利益を剥奪する刑罰であり、現行刑法は、罰金、科料、没収の3種類を設けている（刑9条）。罰金（刑15条）と科料（刑17条）は、一定額の金銭を国庫に納付させる刑罰をいい、両者は金額上の差があるにすぎない。科料は、自由刑の拘留（刑16条）に相当するもので、軽犯罪法上の犯罪など軽微な犯罪について法定されている。いずれの金額も、貨幣価値の変動にともない、財産刑としての機能が低下しないように、金額の引上げが何度かの改正により行われてきた。現在は、1991年に「罰金の額等の引上げのための刑法等の一部を改正する法律」が制定され、刑法等に定める罰金および科料の額等は原則的にこれまでの2.5倍に引き上げられ、その結果、罰金は1万円以上、科料は1000円以上1万円未満となっている。なお、罰金刑には、罰金だけを科す場合（刑210条等）、他の刑と併科する場合（刑256条2項等）、他の刑と選択的に科す場合（刑92条等）がある。過料は、刑事罰ではなく、違法行為を原因として科される行政罰であり、たとえば刑事訴訟法160条の過料がそれにあたる。

　罰金・科料を完納することができない者は、労役場に留置されることになっている。その期間については、罰金では1日以上2年以下、科料では1日以上30日以下となっており、罰金の併科または罰金・科料の併科は3年、科料の併科は60日を超えることができない（刑18条1項〜3項）。なお、保護観察所は、地方裁判所所在地等に設置されており、①保護観察の実施、②犯罪予防の観点

による世論啓発指導、社会環境の改善、住民活動の助長、保護観察対象の在監（院）者の帰住地の環境調整、更生緊急保護の実施、保護司の教育訓練等を行う。

　一方、没収（刑19条）は物の所有権を剥奪して国庫に帰属させる処分であり、現行刑法は、①犯罪行為を組成した「組成物件」、②犯罪行為の用に供し、または供しようとした「供用物件」、③犯罪行為から生じた「生成（産出）物件」、犯罪行為により得た「取得物件」、または犯罪行為の報酬として得た「報酬物件」、④生成物件、取得物件、報酬物件の対価として得た「対価物件」につき、裁判所の裁量に基づく任意的没収を認めている。没収すべき物が没収不能となった場合に、それに代わるべき一定の金額を国庫に納付すべきことを命ずるのが追徴（刑19条の2）である。

　以上から、aには罰金、bには科料、cには没収、dには労役場が入る。

正解 2

8ᜆ 財産刑

> **問題9**　罰金刑に関する以下の記述のうち、正しいものを1つ選びなさい。
>   1．罰金刑の最低額は1000円である。
>   2．罰金刑は、最も軽い自由刑である拘留刑よりも重い刑罰である。
>   3．財産がまったくないなど、明らかに罰金を完納することができない被告人については、罰金刑を科しても意味がないので、作業が義務づけられている懲役刑が選択される。
>   4．罰金刑は、民事上の強制執行が可能だから、懲役刑と異なりその執行が猶予されることはない。

解説　本問は、罰金刑に関する問題である。

1．誤り。罰金は1万円以上であり（刑15条前段）、科料は1000円以上1万円未満である（刑17条）。なお、罰金の上限については、各本条に定められている。刑法典に規定された罪に対する罰金の最高額は500万円である（刑96条の5）。

2．正しい。罰金刑は、禁錮刑より軽く、拘留刑よりも重い（刑9条・10条1項）。

3．誤り。罰金を完納することができない者は、1日以上2年以下の期間、労役場に留置される（刑18条1項）。そのため、罰金または科料の言渡しをするときは、その言渡しとともに、罰金または科料を完納することができない場合における留置の期間を定めて言い渡さなければならない（同条4項）。

4．誤り。50万円以下の罰金の言渡しを受けた者が一定の条件を満たす場合、情状により、裁判が確定した日から1年以上5年以下の期間、罰金刑の執行を猶予することができる（刑25条）。

刑

法

正解　2

罰金刑

問題10　現行刑法上の刑罰に関する以下の記述のうち、正しいものを1つ選びなさい。
　　1．刑罰の種類は、死刑、懲役、禁錮、罰金、拘留、過料および没収の7種類である。
　　2．懲役には、無期懲役と有期懲役とがあり、有期懲役の上限は15年である。
　　3．賭博によって得た現金は、没収することができるが、犯人に費消されて没収することができないときは、その価額を追徴することができる。
　　4．無期の禁錮と有期の懲役とでは、有期の懲役のほうが重い。

解説　本問は、現行刑法上の刑罰に関する問題である（なお、懲役と禁錮を廃止して拘禁刑に一本化する改正刑法が、令和7年6月1日に施行される）。

1．誤り。過料ではなく、科料である。他は、すべて正しい（刑9条）。過料は、刑罰ではない。なお、没収は、それ以外の刑罰に付加してのみ言い渡すことができる。没収を付加刑といい、それ以外の刑罰を主刑という。

2．誤り。有期懲役の上限は、法定刑としては20年であり（刑12条1項）、刑の加重により30年にまで引き上げることができる（刑14条2項）。

3．正しい。賭博によって得た現金は、犯罪行為によって得た物であり、没収することができるが（刑19条1項3号）、犯人が費消するなどして没収することができないときは、その価額を国庫に納付させることができる。この処分を追徴という（刑19条の2）。追徴は、刑罰ではなく、犯罪による不法な収益を犯人に保持させないための換刑処分である。

4．誤り。主刑は、死刑、懲役、禁錮、罰金、拘留、科料の順に軽くなるが（刑10条1項本文）、無期の禁錮と有期の懲役とでは、無期の禁錮の方が重い（刑10条1項ただし書）。

正解　3

現行刑法上の刑罰

問題11　以下の記述のうち、誤っているものを1つ選びなさい。
1．没収は、付加刑であり、主刑を言い渡す場合にこれに加えてしか言い渡すことができない。
2．殺人において人の首を絞めるために使用したネクタイは、没収することができる。
3．賭博によって得た現金は、没収することができない。
4．窃取した1万円札を両替した千円札10枚は、没収することができる。

解説　本問は、没収に関する問題である。

1．正しい。没収は、財物の所有権を剥奪し国庫に帰属させることを内容とする財産刑である。付加刑であり（刑9条）、主刑を言い渡す場合にこれに加えて言い渡すことができるだけである。

2．正しい。没収することができる（刑19条1項）のは、(1)犯罪行為を組成した物（組成物件：1号）、(2)犯罪行為の用に供し、または供しようとした物（供用物件：2号）、(3)犯罪行為によって生じた物（生成物件）、犯罪行為によって得た物（取得物件）、犯罪行為の報酬として得た物（報酬物件）（以上、3号）、(4)(3)の物の対価として得た物（対価物件：4号）である。殺人の道具として使用した物は、供用物件である。

3．誤り。賭博によって得た財物は、取得物件であり、没収することができる。

4．正しい。金銭は、両替してもその性質には変更がないので、両替した金銭を没収することができる（大判大7・3・27刑録24・248）。

正解　3

没収

問題12　以下の記述のうち、判例がある場合には判例に照らして、誤っているものを１つ選びなさい。
　　1．刑法６条にいう「刑の変更」は、特定の犯罪を処罰する刑そのものに変更が生じるものでなければならない。
　　2．犯罪後の法律によって法定刑が重くなった場合は、その軽いものを適用する。
　　3．犯罪後の法律によって法定刑が軽くなった場合は、その重いものを適用する。
　　4．犯罪後の法律によって労役場留置の期間に変更があったときは、その軽いものを適用する。

　〔参照条文〕刑法
　（刑の変更）
　第６条　犯罪後の法律によって刑の変更があったときは、その軽いものによる。

解説　本問は、刑法の時間的適用範囲に関する問題である。
1．正しい。執行猶予の条件に関する刑法25条における「２年以下の懲役」から「３年以下の懲役」への変更（昭和22年法律124号）は、特定の犯罪を処罰する刑の種類または量を変更するものではないから、刑法６条にいう「刑の変更」に当たらないとされた（最判昭23・6・22刑集2・7・694）。
2．正しい。事後的に刑を加重することは、遡及処罰禁止の考え方にしたがって、行動の予測可能性を害するから、すでに許されないものと解される。
3．誤り。重いものを適用することは、遡及処罰禁止の考え方には反しないものの、刑法６条によって、軽いものを適用する。
4．正しい。判例によれば、刑法６条の精神によるとされる（大判昭16・7・17刑集20巻425頁）。

正解　3

刑法の時間的適用範囲

問題13　以下の文中のカッコ内に入る語の組み合わせとして、正しいものを１つ選びなさい。

　刑法は、（　a　）から直接に刑を決めて言い渡すのではなく、（　a　）に加重・減軽の修正を加えて（　b　）を形成し、その範囲内で（　c　）を決めさせることにしている。

1．a＝法定刑　　b＝宣告刑　　c＝処断刑
2．a＝宣告刑　　b＝処断刑　　c＝法定刑
3．a＝法定刑　　b＝処断刑　　c＝宣告刑
4．a＝処断刑　　b＝法定刑　　c＝宣告刑

刑
法

解説　本問は、法定刑・処断刑・宣告刑に関する問題である。
　犯罪が成立すると、それに対してどのような刑が科せられるべきかが問題となる。裁判所により言い渡される判決の結論部分（主文）は、たとえば殺人の場合であれば、「被告人を懲役８年に処する……押収してあるハンターナイフ１丁はこれを没収する……」といったものである。このように行為者に対し具体的に言い渡される刑のことを「宣告刑」という。
　有罪であることが確認された被告人に対し、法律上認められた範囲内で、言い渡すべき刑を確定する裁判所の作用のことを（広義の）刑の量定ないし量刑とよぶ。宣告刑が終着点だとすると、出発点はそれぞれの刑罰法規にある刑、すなわち「法定刑」である。刑法は、法定刑を出発点として、これに加重または減軽の操作を加えたうえで「処断刑」を作り、その範囲内で量刑判断を行って最終的な宣告刑を決めることにしている。要するに、法定刑→処断刑→宣告刑という段階的な操作が行われることを予定しているのである。せまい意味で量刑というときは、処断刑の範囲内で宣告刑を決めることをいう。問題文中のカッコ内には、順番に、法定刑、法定刑、処断刑、宣告刑の語が入る。したがって、肢３が正解となる。
　たとえば、詐欺未遂の事実については、詐欺罪の法定刑である「10年以下の懲役」を出発点として、未遂減軽（刑43条本文）を行うかどうかを判断し、行うときには、刑法68条３号に従って「５年以下の懲役」という処断刑を作り、その範囲内でたとえば２年の懲役を宣告刑として言い渡し、さらに、同法25条を適用して、３年間、刑の執行を猶予することをつけ加えることになる。

正解　3

法定刑・処断刑・宣告刑

> **問題14**　以下の記述のうち、誤っているものを１つ選びなさい。
> 　１．懲役・禁錮についてだけではなく、罰金刑についても、その執行
> 　　を猶予することができる。
> 　２．刑の執行を猶予する場合は、必ず保護観察に付する。
> 　３．刑の全部ではなく、その一部の執行を猶予することができる。
> 　４．刑の全部の執行猶予の言渡しを取り消されることなくその猶予期
> 　　間を経過したときは、刑の言渡しに基づく法的効果は将来に向かっ
> 　　て消滅する。

解説　本問は、刑の執行猶予に関する問題である。

１．正しい。３年以下の懲役もしくは禁錮または50万円以下の罰金の言渡し
　を受けたときは、情状により裁判が確定した日から１年以上５年以下の期
　間、その刑の全部の執行を猶予することができる（刑25条１項）。なお、
　科料については執行猶予を付けることはできない。

２．誤り。初度目の刑の全部の執行猶予の場合、その期間中保護観察に付す
　ることができる（裁量的保護観察：刑25条の２第１項・25条１項前段）。再度
　の執行猶予の場合は保護観察に付する（必要的保護観察：刑25条の２第１項
　後段・25条２項）。刑の一部の執行猶予の場合は、その期間中保護観察に付
　することができる（刑27条の３）。

３．正しい。一定の条件の下で、３年以下の懲役または禁錮の言渡しを受け
　た場合、犯情の軽重・犯人の境遇その他の情状を考慮して、再び犯罪をす
　ることを防ぐために必要であり、かつ、相当であると認められるときは、
　１年以上５年以下の期間、その刑の一部の執行を猶予することができる
　（刑27条の２第１項）。

４．正しい。刑の全部の執行猶予の言渡しについて、猶予期間満了前に有効
　な取消しが行われることなくその猶予の期間を経過したときは、刑の言渡
　しは、効力を失う（刑27条）。「効力を失う」とは、刑の言渡しに基づく法
　的効果が将来に向かって消滅し、執行猶予の言渡しを取り消されて刑が執
　行されるおそれのある状態から解放されるという意味である。

正解　2

刑の執行猶予

> **問題15**　以下の記述のうち、法人の犯罪能力を肯定する見解の根拠として、適切でないものを１つ選びなさい。
> 　１．法人は、それを構成する自然人とは独立した社会的存在として反社会的活動を行うことができる。
> 　２．現行の刑法典も、法人による犯罪を認めており、死刑に相当する「法人の解散」を予定している。
> 　３．法人の活動に関連して生じる法益侵害を防止するには、法人自体に刑事制裁を加えることが最も有効な手段である。
> 　４．法人の機関は法人の意思を実現することができる地位にあるから、法人の機関の行為はそのまま法人の行為とみることができる。

解説　本問は、法人の犯罪能力に関する問題である。

１．適切である。自然人以外に、法人（その他の団体）が犯罪の主体となれるかどうかについては従来から議論がある。法人の犯罪能力否定説の根拠は、刑事責任は倫理的非難を本質的内容とするが、法人には責任非難の対象となるような意思決定・行為を行い、そこから生じる責任を負担する能力、すなわち行為能力と責任能力がないというところにある。これに対し、法人の犯罪能力肯定説の根拠の第１は、法人はそれを構成する自然人とは独立した社会的存在として反社会的活動を行い、またそれにともなう社会の側からの非難を受けるという意味で行為能力と責任能力を有するという点にある。

２．適切でない。現行刑法典に規定された各犯罪はもっぱら自然人を主体として予定したものであり、法人はその主体たりえないとするのが判例であり、学説においても異論はない。刑法８条ただし書により、特別刑法・行政刑法に限って法人に犯罪能力を認めたものと解されている。独占禁止法95条の４は「事業者団体の解散」を規定する。法人の犯罪能力を肯定する学説もこのことに反対するものではなく、特別の法律の規定によって法人を犯罪の主体にして処罰の対象とすることは可能であり、現に行政刑法の分野で多くみられるように、法人に対して罰金を科している法人処罰規定は、法人が犯罪を行えるとする考え方を前提としたときはじめてうまく解釈・運用できると考えるのである。

３．適切である。個人を処罰するだけでは法人自体の違法行為を抑止することはできず、罰金等の刑罰による非難が将来の法人の活動をコントロールする機能を果たしうる以上、法人自体を刑事責任を問いうる主体として認めることは、刑事政策的に合理的でもあるというところにも法人の犯罪能力を肯定する根拠がある。

4．適切である。法人の活動は、その機関である自然人の意思によって支配可能であり、機関である自然人が法人の意思を実現できる地位にあり、機関の行為はそのまま法人の行為とみることができるということから、法人の行為能力を認めることができるとされ、これが法人の犯罪能力を肯定する根拠の1つとなっている。

　なお、特別法で、法人処罰を認めたものは少なくない。現在では法人処罰規定の多くが両罰規定という形式をとっている。両罰規定とは、法人の代表者または従業者が違反行為をしたときに、これら自然人のほかに、業務主たる法人にも刑（罰金刑）を科すものである（たとえば、公害罪法〔人の健康に係る公害犯罪の処罰に関する法律〕4条参照）。

正解 2

🔑法人の犯罪能力

問題16　以下の文中のカッコ内に入る語の組み合わせとして、正しいものを１つ選びなさい。

　犯罪とは、（　a　）に該当する違法で（　b　）な（　c　）である。（　c　）が特定の犯罪の（　a　）に該当したとしても、たとえば、（　d　）により違法性が阻却される場合には、犯罪は成立しない。また、（　c　）が特定の犯罪の（　a　）に該当する違法なものであったとしても、（　e　）が阻却される場合には、犯罪は成立しない。たとえば、心神喪失者の（　c　）は、（　e　）能力を欠くため、（　e　）が阻却され、犯罪とならない。

1．a＝構成要件　　　c＝意思　　　e＝責任
2．b＝有責　　　　　c＝行為　　　e＝罪責
3．a＝構成要件　　　c＝行為　　　d＝正当防衛
4．b＝有責　　　　　c＝意思　　　d＝正当防衛

解説　本問は、犯罪の定義・成立要件に関する問題である。

　犯罪は、構成要件に該当する違法で有責な行為と定義される。つまり、犯罪とは、構成要件該当性、違法性、責任（有責性）という３つの成立要件を充たす行為である。これによれば、行為が特定の犯罪の構成要件に該当したとしても、正当防衛（刑36条１項）により違法性が阻却（否定）される場合には、犯罪は成立しない。また、行為が特定の犯罪の構成要件に該当する違法なものであったとしても、責任が阻却される場合には、犯罪は成立しない。たとえば、心神喪失者の行為（刑39条１項）、刑事未成年者の行為（刑41条）には責任能力がなく、責任が阻却されるため、犯罪は成立しない。

　（　a　）には構成要件、（　b　）には有責、（　c　）には行為、（　d　）には正当防衛、（　e　）には責任がそれぞれ入るので、正解は、肢３である。

刑

法

正解　3

犯罪の定義・成立要件

問題17　以下の文中のカッコ内に入る語の組み合わせとして、正しいものを１つ選びなさい。

　（　a　）と（　b　）は分けて考えるべきである。（　a　）とは、当該（　c　）によって保護されている利益、すなわち（　d　）をいう。これに対して（　b　）とは、行為が向けられる対象としての人または物をいう。たとえば、公務執行妨害罪（刑法95条１項）における（　b　）は公務員であるが、（　a　）は「公務の適正な遂行」である。このように、（　a　）が何であるかは条文自体から出てくるものではなく、（　c　）の解釈によってはじめて明らかになるものである。また、単純逃走罪（刑法97条）のように（　b　）のない犯罪はあるが、（　d　）のない犯罪はない。

　　1．a＝行為の客体　　b＝保護の客体　　c＝法律　　　　d＝法益
　　2．a＝保護の客体　　b＝行為の客体　　c＝刑罰法規　　d＝法益
　　3．a＝行為の客体　　b＝保護の客体　　c＝法律　　　　d＝権利
　　4．a＝保護の客体　　b＝行為の客体　　c＝刑罰法規　　d＝権利

解説　本問は、行為客体と保護の客体に関する問題である。

　構成要件要素としての行為の客体は、行為が向けられる対象としての人または物をいう。殺人罪（刑199条）における「人」、窃盗罪（刑235条）における「他人の財物」などがその例である。保護の客体とは、刑罰法規によって保護されている利益、すなわち（保護）法益をいう。殺人罪の保護の客体は「人の生命」であり、窃盗罪の保護の客体は「財物の本権または占有」である。公務執行妨害罪の行為の客体は「公務員」であるのに対して、保護の客体は「公務（の適正な遂行）」である。このように、何が保護の客体（法益）であるかは、刑罰法規自体から出てくるものではなく、当該刑罰法規の解釈によってはじめて明らかになるものである。また、単純逃走罪（刑97条）や重婚罪（刑184条）のように行為の客体のない犯罪はあるが、保護の客体（法益）のない犯罪はない。したがって、（a）には保護の客体、（b）には行為の客体、（c）には刑罰法規、（d）には法益が入る。

正解　2

🔑 行為の客体と保護の客体

問題18　以下の文中のカッコ内に入る語として、使用されないものを1つ選びなさい。

　犯罪によっては、たとえ（　a　）が行われても、そこから一定の結果が発生しない限りは構成要件該当性が認められないものがある。このような犯罪を結果犯とよぶが、結果犯においては、（　a　）のほかに、（　b　）および（　c　）が構成要件要素となる。

1. 実行行為
2. 故意
3. 結果
4. 因果関係

解説　本問は、犯罪の成立に一定の結果発生を必要とするか否かを基準とした分類である結果犯と挙動犯の構成要件該当性に関する問題である。

　犯罪によっては、たとえ「実行行為」が行われても、一定の結果が発生しない限りは構成要件該当性が認められないものがある。このような犯罪を結果犯とよび、実行行為が行われるだけで構成要件該当性が認められる挙動犯（または単純行為犯）と区別する。たとえば、殺人罪（刑199条）、傷害罪（刑204条）、器物損壊罪（刑261条）等が結果犯の例であり、住居侵入罪（刑130条）、偽証罪（刑169条）、暴行罪（刑208条）等が挙動犯の例である。結果犯については、実行行為のほか、「結果」と「因果関係」とが構成要件要素となる。aには「実行行為」、bには「結果」、cには「因果関係」が入る。したがって、カッコ内に入る語として使用されないのは、肢2の「故意」である。

正解　2

結果犯と挙動犯

問題19　以下の記述のうち、判例がある場合には判例に照らして、正しいものを１つ選びなさい。

1. Xは、A所有の家屋を不法に占拠し、後日その家屋を取り壊した。Xには住居侵入罪のほか、不動産侵奪罪と建造物損壊罪が成立する。

2. Xは、春闘の一環として、ビラ貼り目的で夜間に甲郵便局におもむき、宿直員に声をかけながら同局舎内に立ち入り、ガラス窓等にビラ約1000枚を貼り付けたところを郵便局長に発見され、同局舎から退去を要求されたが、それに応じなかった。Xには、不退去罪は成立しない。

3. Xは人から預かった貴金属を勝手に売りさばこうと思い、逃亡中に知り合ったYに事情を打ち明けて、売れた金額の１割を渡す約束で処分先を紹介してもらった。Yは横領罪の幇助犯となる。

4. Xは、Aから監禁されたが、Aがうたた寝した隙にAを殴って脱出した。Xの行為は緊急避難である。

解説　本問は、状態犯と継続犯についての知識を問う問題である。

　状態犯とは、一定の法益侵害（結果）が発生することによって犯罪は終了し既遂とされるが、その後、法益侵害の状態が継続しても、もはや犯罪事実と認められないものをいう。たとえば窃盗罪が状態犯の典型例であり、窃盗犯人が窃取した物を運搬したり、保管したりしても、盗品等に関する罪（刑256条２項）が成立するわけではない（不可罰的事後行為）。これは、犯罪完成後の法益侵害状態で行われた行為（窃盗でいえば領得行為）が、当初の構成要件（窃盗罪）によって評価され尽くしているからである。したがって、当初の構成要件が予定していない新たな法益侵害が生じた場合、たとえば窃取した猟銃で人を殺害した場合などには、別罪（この場合は殺人罪）が成立する。

　以上のような状態犯に対して継続犯とは、一定の法益侵害（結果）の発生によって犯罪は既遂に達するが、その後も法益侵害の状態が継続する限り、犯罪が継続するものである。たとえば逮捕監禁罪（刑220条）や住居侵入罪（刑130条）などがその典型例である。犯罪そのものが継続中であるので、これに対する共犯は可能であり、また継続中の犯罪に対しては正当防衛も可能である。さらに、犯罪が継続中は、公訴時効（刑訴250条）も進行しない。

1. 誤り。不動産侵奪罪は状態犯であり、その既遂後の毀損行為自体は不可罰的事後行為となる。

2. 正しい。政治的意見ビラの配布自体は表現の自由により保障されているとしても、管理権者の意思に反して住居等へ立ち入ることは住居等侵入罪となるし（最判平21・11・30刑集63・9・1765、最判昭58・4・8刑集37・3・

215等)、さらに住居等侵入罪は侵入から退去まで継続する犯罪であるから、その後の不退去罪は最初の住居等侵入罪に吸収され、住居等侵入罪が成立するのみである（最決昭31・8・22刑集10・8・1237）。

3．誤り。横領罪は横領（領得）行為があれば犯罪が終了する状態犯であり、継続犯ではない。逃亡中のⅩにはすでに横領罪が終了しているので、Ｙは横領罪の共犯とはならない。ただし、Ｙには盗品等有償処分あっせん罪（刑256条2項）が成立する。

4．誤り。監禁罪（刑220条）は継続犯であり、監禁の継続中は急迫不正の侵害があるといえるので、Ⅹの行為は正当防衛である。

刑

法

正解　2

状態犯と継続犯

問題20　以下の文中のカッコ内に入る語の組み合わせとして、正しいものを1つ選びなさい。

　犯罪は、法益の侵害ないし危険を内容とするのが一般的であり、これを（　a　）というが、それをさらに2分して、現実に法益を侵害することを要件とする（　b　）と、法益を危険にさらすことで足りる（　c　）とに分類する。

1．a＝侵害犯　　　b＝実質犯　　　　c＝形式犯
2．a＝侵害犯　　　b＝具体的危険犯　c＝抽象的危険犯
3．a＝実質犯　　　b＝侵害犯　　　　c＝危険犯
4．a＝実質犯　　　b＝結果犯　　　　c＝挙動犯

解説　本問は、犯罪の成立に一定の法益侵害を必要とするか否かを基準とした分類である侵害犯と危険犯に関する問題である。
　一定の結果が発生することが構成要件要素となっている犯罪が結果犯であり、一定の行為が行われれば構成要件該当性が認められるのが挙動犯（単純行為犯）である。これに対し、実質的にみて、その処罰規定が保護している法益が侵害されることが犯罪成立の要件となっている犯罪を「侵害犯」、法益が危険にさらされることが犯罪成立の要件となっている犯罪を「危険犯」とよぶ。これらをまとめて「実質犯」とし、法益の侵害も危険も要件とされていないものを「形式犯」とよぶこともある。したがって、肢3が正解となる。
　なお、結果犯の多くは同時に侵害犯であるが、結果犯であるが危険犯である犯罪（たとえば放火罪）や、挙動犯であるが侵害犯である犯罪（たとえば住居侵入罪）もある。危険犯は、具体的危険犯と抽象的危険犯とに分類される。前者は、法文上（または解釈上）特に危険の発生が犯罪成立の要件とされるものであり、これに対し、後者は、一定の行為を行うことが類型的に高度の危険を有するとして直ちに禁止・処罰に値するものとされ、その行為が具体的な諸事情の下でいかなる意味で（またどの程度に）危険であったかをいちいち認定することは不要とされるものである。放火罪の規定を例にとれば、現住建造物等放火罪（刑108条）および他人所有非現住建造物等放火罪（刑109条1項）は抽象的危険犯であり、自己所有非現住建造物等放火罪（刑109条2項）および建造物等以外放火罪（刑110条）は（条文上特に「公共の危険」の発生が要件として規定されているところから）具体的危険犯である。

正解　3

侵害犯と危険犯

問題21　以下の記述のうち、判例がある場合には判例に照らして、誤っているものを1つ選びなさい。
　1．現住建造物等放火罪（刑法108条）は、法文上、公共の危険が発生することが要件として規定されておらず、危険犯ではない。
　2．建造物等以外放火罪（刑法110条1項）は、法文上、公共の危険が発生することが要件として規定されており、危険犯である。
　3．遺棄罪（刑法217条）は、法文上、人の生命および身体に対する危険という文言はないものの、危険犯である。
　4．偽計業務妨害罪（刑法233条）は、法文上、人の業務を妨害した者を処罰すると規定されているが、侵害犯ではない。

〔参照条文〕刑法
（現住建造物等放火）
第108条　放火して、現に人が住居に使用し又は現に人がいる建造物、汽車、電車、艦船又は鉱坑を焼損した者は、（中略）に処する。
（建造物等以外放火）
第110条　放火して、前2条に規定する物以外の物を焼損し、よって公共の危険を生じさせた者は、（中略）に処する。
2　（略）
（遺棄）
第217条　老年、幼年、身体障害又は疾病のために扶助を必要とする者を遺棄した者は、（中略）に処する。
（信用毀損及び業務妨害）
第233条　虚偽の風説を流布し、又は偽計を用いて、人の信用を毀損し、又はその業務を妨害した者は、（中略）に処する。

解説　本問は、危険犯に関する問題である。
1．誤り。現住建造物等放火罪は、法文上、危険の発生が要件として規定されていないが、現住建造物等を放火する行為を一般的な危険があるとして処罰の対象とする（抽象的）危険犯である。
2．正しい。建造物等以外放火罪は、法文上、危険の発生が要件として規定されている（具体的）危険犯である。
3．正しい。遺棄罪は、遺棄行為をもって当然に人の生命・身体に対して危険を発生させるおそれがあることを想定し、これを処罰の理由としたものであることから、遺棄することによって直ちに成立し、その行為の結果、現実に人の生命・身体に対する危険を発生させたか否かを問わないとされ

る（大判大4・5・21刑録21・670）。人の生命・身体に対する（抽象的）危険犯である。

4．正しい。法益が侵害されることを要件とする犯罪を侵害犯というのに対し、法益が侵害される危険が発生することを要件とするにすぎない犯罪を危険犯という。業務妨害罪は、人の業務に対し、妨害の結果を発生させるおそれのある行為をすることによって成立する犯罪であり、現実に妨害の結果を発生させたことを必要としないとされる（大判昭11・5・7刑集15・573）。よって、危険犯である。

正解　1

🔑 危険犯

問題22　以下の文中のカッコ内に入る犯罪の組み合わせとして、正しいものを1つ選びなさい。

　即成犯とは、一定の法益の侵害または危険が発生することによって、犯罪事実が完成し同時に終了するものであり、（　a　）等がこれにあたる。継続犯とは、一定の法益侵害の状態が継続している間、その犯罪事実が継続するものであり、（　b　）等がこれにあたる。状態犯は、一定の法益侵害の発生によって犯罪事実が終了し、その後、法益侵害の状態が継続しても、それはもはや犯罪事実とはみられないものをいう。（　c　）がこれにあたる。

1. a＝監禁罪　　b＝窃盗罪　　c＝傷害罪
2. a＝窃盗罪　　b＝傷害罪　　c＝殺人罪
3. a＝傷害罪　　b＝殺人罪　　c＝監禁罪
4. a＝殺人罪　　b＝監禁罪　　c＝窃盗罪

刑法

解説　本問は、犯罪の終了時期をめぐる分類である即成犯・継続犯・状態犯に関する問題である。

　犯罪は、犯罪の内容とされている法益侵害の態様（つまり、構成要件化されている法益侵害の態様）により、即成犯（即時犯）、継続犯、状態犯の3つに分類される。たとえば、殺人罪（刑199条）は即成犯、監禁罪（刑220条）は継続犯、窃盗罪（刑235条）は状態犯である。したがって、肢4が正解となる。

　継続犯と状態犯は区別が困難であり、見解が分かれているが、ある見解は、どの部分が構成要件とされているかによって両者を区別する。すなわち、法益侵害の事態を生じさせる行為（たとえば、傷害のない状態から傷害のある状態に変更を生じさせる行為）そのものが構成要件化されていれば状態犯であり、法益侵害の事態の継続（たとえば、監禁されている事態）そのものが構成要件化されていれば継続犯であるとする。これによれば、傷害罪（刑204条）は状態犯であり、通説も、そう考えている。

　これに対し、一度発生した傷害がその後もさらに悪化を続ける場合は継続犯であるとする見解もある。この見解では、状態犯か継続犯かは、犯罪類型に関する分類ではなく、具体的な遂行形態に関する分類とされる。

正解　4

即成犯・継続犯・状態犯

> **問題23**　不作為犯に関する以下の記述のうち、判例がある場合には判例に照らして、正しいものを1つ選びなさい。
> 1．一般に、不作為犯は、真正不作為犯と不真正不作為犯に分けられ、不退去罪や保護責任者不保護罪は不真正不作為犯である。
> 2．不真正不作為犯の成立要件としての作為義務は、法律上の規定に基づくものでなければならない。
> 3．不作為犯は、放火罪についても成立が認められる余地がある。
> 4．不作為犯の因果関係は、期待された作為がなされていれば結果が発生しなかったことについて確実性はなくても、その可能性があれば認められる。

解説　本問は、不作為犯に関する問題である。

1．誤り。不作為犯は、条文において行為が不作為の形式で規定されている真正不作為犯と、条文において不作為が明記されていない不真正不作為犯に分けられる。不退去罪は、「退去しなかった」（刑130条後段）、保護責任者不保護罪は、「その生存に必要な保護をしなかった」（刑218条後段）という不作為の形式で規定されている真正不作為犯である。

2．誤り。不真正不作為犯の成立要件としての作為義務は、法律上の規定に基づくものでなくてもよく、たとえば、先行行為、排他的支配、保護の引受けなども、作為義務の発生根拠となる（最決平17・7・4刑集59・6・403）。

3．正しい。放火罪でも、不作為犯の成立する余地はある。大判大7・12・18刑録24・1558、大判昭13・3・11刑集17・237、最判昭33・9・9刑集12・13・2882は、放火罪について不作為犯の成立を認めている。

4．誤り。不作為犯において因果関係が認められるためには、期待された作為がなされていれば結果が発生しなかったことが合理的な疑いを超える程度に確実であったといえることが必要であるとされている（最決平元・12・15刑集43・13・879）。

正解 3

🔑不作為犯

> **問題24**　つぎの〔事例〕に関する以下の記述のうち、誤っているものを1つ選びなさい。
>
> 〔事例〕
> 　Xとその恋人Yは、Yの子A（7歳）を連れて海水浴に行き、人気のない浜辺の浅瀬で、XがAに泳ぎ方を教え、Yがこれをそばで見ていたところ、XとYが両者の将来のことで口論を始めた隙に、突然Aが波にさらわれ溺れ始めた。XもYも、Aを助けなければAの生命の危険性が高まることを認識していたが、それを意に介さず、救助しないで、Xはその場を立ち去り、Yは立ちつくしただけで放置したため、Aは溺死した。鑑定の結果、Aが溺れ始めた時点ですぐに助けて病院に搬送して医師の治療を受けていれば、確実にAは死亡しなかったであろうといえる状況であった。また、その浜辺の浅瀬の深さ、潮の流れ、波の高さ等を考慮すると、泳げない人では助けられない状況であったところ、Xは泳げたが、Yはまったく泳げなかった。
>
> 1．Xには、Aに対し先行行為に基づく社会的依存関係があり、排他的支配関係があるから、不作為による保護責任者遺棄致死罪が成立する。
> 2．Yには作為可能性がないから、Aに対し不作為による保護責任者遺棄致死罪が成立しない。
> 3．Aが溺れ始めた時点で救出していれば、80パーセントの確率で救命可能であった場合、Xには、Aに対し不作為による保護責任者遺棄致死罪が成立する。
> 4．Xは、Aが溺れ始めた時点で救出しようと思い、Aを海から救い出した後、自車にAを乗せ搬送したが、途中でAが泣き叫び続けたので煩わしくなり、病院で救命措置をとらなければ死ぬかもしれないことを予想しつつ、死んでも構わないと思い、人に発見されにくい場所に降ろして立ち去った結果、Aは衰弱死した。Xには殺人罪が成立する。

解説　本問は、不作為犯に関する問題である。
1．正しい。XはAの親ではないが、Aに泳ぎ方を教えている最中に突然溺れ始めたことから、先行行為に基づき結果が発生しないようにする社会的依存関係があるため刑法上の作為義務を負うことになり、不作為による保護責任者遺棄致死罪が成立する。

2．正しい。Ｙは、Ａの親権者であることから保障人的地位に基づく作為義務があるようにみえるが、まったく泳げないＹには作為可能性がないので、Ａの溺死について不作為による保護責任者遺棄致死罪は成立しない。なお、作為可能性が不真正不作為犯の成立要件であることは明らかであるが、その体系的位置づけに関しては、構成要件要素と解するのが通説であるが、違法要素ないし責任要素と解する見解もある。

3．誤り。不作為犯の因果関係が問題となった事案について、最高裁は、救命が「合理的な疑いを超える程度に確実であったと認められるから」、行為者の不作為と被害者の死亡結果との間には因果関係は認められるとしている（最決平元・12・15刑集43・13・879）。救命可能性が80パーセントでは不十分である。

4．正しい。Ｘには、自己の不注意な「先行行為」により溺れたＡを救出していったん自車で病院へ搬送しようとする「引き受け行為」が存在し、Ｘの支配領域内に置いた（排他的支配）。Ｘは、Ａが死んでも構わないと思っているので、殺人罪の未必の故意もある。Ｘは、Ａを人に発見されそうにない場所に降ろして立ち去ったところ、Ａは衰弱死した。Ｘには、殺人罪が成立する（東京地判昭40・9・30判時429・13、最決平17・7・4刑集59・6・403）。

正解　3

🔑 不作為犯

問題25　以下の記述のうち、誤っているものを１つ選びなさい。
1．結果犯において実行行為と結果との間の因果関係が否定された場合、その既遂犯は成立しないが、未遂を処罰する規定があるものについては、未遂犯は成立しうる。
2．結果的加重犯において基本犯の実行行為があったが、これと加重結果との間の因果関係が否定された場合、その結果的加重犯は成立しないが、基本犯は成立する。
3．不作為から結果が生じることはありえないので、不作為犯の成立に因果関係は不要である。
4．結果を構成要件要素としない挙動犯においては、実行行為と結果との間の因果関係は不要である。

解説　本問は、因果関係に関する問題である。
1．正しい。殺人罪のように結果を構成要件要素とする犯罪を結果犯といい、結果犯が成立するためには、実行行為と結果のほかに両者の間の因果関係が必要である。したがって、因果関係が否定された場合、既遂犯は成立しない。ただし、未遂を処罰する規定がある場合には、未遂犯が成立する。たとえば、殺人罪の場合、殺人罪の実行行為と人の死亡という結果の間に因果関係がなければ殺人罪は成立しないが、殺人未遂罪は成立する。
2．正しい。結果的加重犯とは、基本となる犯罪（基本犯）の実行行為から重い結果（加重結果）が生じた場合を構成要件として規定し、加重された刑を科せられる犯罪をいう。傷害致死罪がその典型である。結果的加重犯においては、基本犯の実行行為と加重結果との間に因果関係が存在することが必要であるから、これが否定された場合には、結果的加重犯は成立しない。ただし、この場合であっても、基本犯は成立する。たとえば、傷害罪（基本犯）の実行行為（暴行など）と死亡結果との間の因果関係が否定された場合、傷害致死罪は成立しないが、基本犯である傷害罪または暴行罪は成立する。
3．誤り。殺人罪などの結果犯については、それが作為によって実現される作為犯の場合と同様、不作為によって実現される不作為犯の場合にも因果関係が必要である。期待された作為をしていれば結果は生じなかったであろうといえる場合に、不作為の因果関係は認められる。
4．正しい。住居侵入罪のように結果を構成要件要素としない犯罪を挙動犯（単純行為犯）という。挙動犯は、結果を要件としないのであるから、因果関係も不要である。

正解 3

因果関係

刑

法

問題26　以下の文中のカッコ内に入る語の組み合わせとして、正しいものを1つ選びなさい。

　犯罪が成立するためには、行為と結果との間に因果関係が必要である。「その行為がなかったならば、その結果は生じなかったであろう」という関係を条件関係というが、因果関係があるというためには、条件関係がなければならない。このように理解したとき、XがAに傷害を負わせ、そのためAが救急車で病院に搬送される途中、救急車が交通事故を起こし、Aが死亡した場合、Xの行為とA死亡との間に、条件関係は（　a　）。YがBの飲み物にこっそりと致死量の毒薬を入れ、事情を知らないBがこれを飲んだ後、毒薬が効き始める前に、たまたまBのそばを通りかかったZがBの頭部を銃撃し、Bを即死させた場合、Yの行為とB死亡との間に、条件関係は（　b　）。この場合、因果関係は（　c　）。

1. a＝存在する　　　　b＝存在する　　　　c＝存在する
2. a＝存在する　　　　b＝存在する　　　　c＝存在しない
3. a＝存在する　　　　b＝存在しない　　　c＝存在しない
4. a＝存在しない　　　b＝存在する　　　　c＝存在しない
5. a＝存在しない　　　b＝存在しない　　　c＝存在しない

解説　本問は、条件関係に関する問題である。

　行為と結果との間に因果関係が必要である。因果関係があるというためには、条件関係がなければならない。その条件関係は、伝統的には、「その行為がなかったならば、その結果は生じなかったであろう」という関係のことをいう。このような理解を前提としたとき、XがAに傷害を負わせ、そのためAが救急車で病院に搬送される途中、救急車が交通事故を起こし、Aが死亡した場合、Xの行為がなければ、Aは傷害を負うことはなく、Aが傷害を負わなければAは救急車で運ばれて、救急車の事故に遭って死亡することはなかったであろうといえるので、Xの行為とA死亡という結果との間に条件関係は存在するといえる（なお、Xの行為からA死亡という結果が生じることが相当である、あるいは、Xの行為の危険がA死亡という結果に実現したということは困難であるから、両者の間に因果関係が存在するとはいえないであろう）。

　一方、YがBの飲み物にこっそりと致死量の毒薬を入れ、事情を知らないBがこれを飲んだ後、毒薬が効き始める前に、たまたまBのそばを通りかかったZがBの頭部を銃撃し、即死させた場合、Yの行為がなくても、Bは（Zの行為によって）死亡したであろうといえるので、Yの行為とB死亡との間に、条件関係は存在しない。よって、因果関係も存在しない。

　したがって、a＝存在する、b＝存在しない、c＝存在しないとなる。

正解　3

条件関係

問題27　つぎの〔事例〕に関する以下の記述のうち、正しいものを1つ選びなさい。

〔事例〕

　Xは、Yをそそのかして甲に対して通常であれば軽傷で済む程度の暴行を加えさせたところ、甲に心臓疾患があったため、甲は心臓が停止し死亡した。なお、甲の心臓疾患について、Xは知っていたが、Yは知らず、一般人の立場からも認識できなかった。

1．条件説によれば、XとYのそれぞれの行為と甲の死亡結果との間の条件関係は認められるが、Yの行為により因果関係が中断するので、Xの行為と甲死亡との間の因果関係は認められない。
2．主観的相当因果関係説によれば、Xの行為と甲の死亡結果との間の因果関係は認められる以上、Yの行為と甲の死亡結果との間の因果関係も認められる。
3．客観的相当因果関係説によれば、一般人の立場から甲の特殊事情が認識できなかった以上、XとYのそれぞれの行為と甲の死亡結果との間の因果関係は認められない。
4．折衷的相当因果関係説によれば、Xの行為と甲の死亡結果との間の因果関係は認められるが、Yの行為と甲の死亡結果との間の因果関係は認められない。

解説　本問は、行為時の特殊事情が存在する場合の因果関係の判断基底・基準に関する問題である。
1．誤り。条件説によれば、その行為が被害者の特殊事情とあいまって致死の結果を生ぜしめたときは因果関係が肯定されるので、XとYの行為と甲死亡との間の因果関係が肯定される。因果関係の中断とは、本事例で甲が搬送された病院で地震により建物が倒壊して死亡した場合のように、因果の過程で自然現象や他人の故意ある行為が介在したような場合に、存在する条件関係が切断するという論理であり、本問の事例には適さない。
2．誤り。主観的相当因果関係説によれば、行為者が特殊事情を知っていたか、または知りえたかが判断の基礎となるから、Xについては因果関係が認められるが、Yについては認められない。
3．誤り。客観的相当因果関係説によれば、一般人を基準に相当性判断を行うが、その判断基底は行為時の全事情・予見可能な行為後の事情を基礎にするため、甲に疾患があることが判断の基礎となることから、XとYのそれぞれの行為と甲死亡との間の因果関係が認められることになる。
4．正しい。折衷的相当因果関係説によれば、行為時に一般人が知りえた事情と行為者が特に知っていた事情を判断基底にするため、甲の疾患につき認識のなかったYには因果関係は認められないが、認識していたXには認められることになる。

正解　4

因果関係の判断基底・基準

問題28　結果的加重犯に関する以下の記述のうち、正しいものを１つ選びなさい。

1.　Ｘは、留守中の他人の家の窓ガラスを割ってやろうと思って石を投げたところ、割れたガラスの破片で、たまたまそのとき窓の下に寝ていた家人が負傷した。この場合、結果的加重犯としての傷害罪が成立する。

2.　Ｘは、Ａを監禁していたが、ＡがＸのことを侮辱したので腹を立て、思わずＡの顔面を殴ったところ、Ａの前歯が折れてしまった。この場合、監禁罪の結果的加重犯としての監禁致傷罪は成立しない。

3.　Ｘは、病気で寝たきりとなっていた叔父Ａを自宅に引き取って看病していたが、しだいに看病がわずらわしくなり、Ａが死ねばよいと思って、Ａを冬の厳寒の夜に戸外に放置したところ、Ａが凍死してしまった。Ｘには、結果的加重犯である保護責任者遺棄致死罪が成立する。

4.　Ｘは、Ａ所有の建物が無人の倉庫だと思って放火したところ、実は、Ａが住居として使用しているものであった。この場合、軽い非現住建造物等放火罪の故意があるので、結果的加重犯として、重い現住建造物等放火罪が成立する。

解説　本問は、結果的加重犯に関する問題である。

1.　誤り。結果的加重犯とは、基本となる犯罪（基本犯）の実行行為から重い結果（加重結果）が生じた場合を構成要件として規定し、加重された刑を科せられる犯罪をいう。傷害罪（刑204条）は、故意犯としての側面と暴行罪（刑208条）の結果的加重犯としての側面をあわせもつ。つまり、傷害の故意で傷害結果を発生させた場合だけでなく、暴行の故意で傷害結果を発生させた場合にも、傷害罪は成立しうる。もっとも、本問の場合、Ｘは留守中であると誤認していたのだから、人に対する暴行の故意は認められない。ガラスを割るという器物損壊罪（刑261条）の故意で、傷害結果を生じさせたにすぎないので、傷害罪は成立しない。

2.　正しい。監禁致傷罪は、監禁の手段から傷害の結果が生じた場合にのみ成立するものであり、単に監禁の機会に行われた暴行・脅迫は、監禁罪に吸収されない（最判昭28・11・27刑集7・11・2344）。

3.　誤り。ＸはＡの死に対して故意があり、寝たきりの病人を冬の厳寒の夜に戸外に放置することには、殺人の実行行為性も認められるので、Ｘには殺人罪（刑199条）が成立する。

4.　誤り。本肢では、軽い犯罪の故意で重い犯罪の結果が生じており、抽象的事実の錯誤が問題となっている。結果的加重犯とは関係がない。

正解　2

結果的加重犯

問題29　以下の行為のうち、違法性が阻却されるものを1つ選びなさい。
1. 教師が、教室内で盗みをはたらいた児童を懲戒するために、その顔面を殴打する行為
2. 大学におけるボクシングの試合で、相手が反則をしたので、報復として、自らも反則をして、相手の耳にかみつく行為
3. 他人の懐中物をスリ取ったところ気づかれたので、それを投げ捨てて逃げ出したスリを、通行人が捕まえるために足払いをかけて転倒させる行為
4. 弁護士が、弁護の依頼を受けた被告人Aを無罪にするために、記者会見をして、確実な根拠・資料はなかったが、真犯人はBであると発表する行為

刑

法

解説　本問は、正当行為（刑35条）に関する問題である。
1. 暴行罪の違法性は阻却されない。教師が懲戒行為として体罰を加えることは、体罰を禁止する学校教育法11条ただし書に違反し違法である。
2. 暴行罪の違法性は阻却されない。目的が正当で、目的達成のための手段が相当であり、社会通念上正当なものと認められる限りで、一般的正当行為として違法性が阻却される。しかし、相手の反則に対する報復として反則行為に出ることは、目的において正当とはいえず、手段においても相当とはいえない。
3. 暴行罪の違法性が阻却される。何人も、逮捕状がなくても現行犯人を逮捕することができ（刑訴213条）、私人による現行犯人の逮捕は、法令行為として違法性が阻却される。現行犯人を逮捕しようとする者は、その際の状況からみて、社会通念上逮捕のために必要かつ相当であると認められる限度内の実力を行使することが許され、その実力行使が刑罰法令に触れることがあるとしても、刑法35条によって処罰されない（最判昭50・4・3刑集29・4・132）。スリの現行犯人を逮捕するために足払いをかけて転倒させる程度の行為は、逮捕のために必要かつ相当と認められる限度内の実力行使といえる。
4. 名誉毀損罪の違法性は阻却されない。弁護士が被告人の利益を擁護するためにした正当な弁護活動であると認められるときは、違法性が阻却される。正当な弁護活動といえるかについては、法令上の根拠をもつ職務活動であるかどうか、弁護目的の達成との間にどのような関連性があるか、弁護を受ける被告人自身が行った場合に違法性が阻却されるかどうかという点が考慮される。本肢の例は、訴訟手続内において行われたものではないから、訴訟活動の一環として正当性を基礎づけることはできない。また、その行為は訴訟外の救援活動であり、弁護目的との関連性も間接的であり、被告人自身が行った場合であっても、違法な行為というべきであるから、正当な弁護活動の範囲を超えている（最判昭51・3・23刑集30・2・229）。

正解　3

🔑正当行為

> **問題30**　以下の記述のうち、判例がある場合には判例に照らして、正しいものを1つ選びなさい。
>
> 1．Ｘは、保険会社から保険金をだまし取るつもりで、Ａの承諾を得て、Ａが運転する自動車に自分の車を追突させ、Ａに軽いムチ打ち症を負わせた。軽い傷害の場合は、被害者の承諾は有効であり、Ｘの行為は傷害罪の違法性が阻却される。
> 2．Ｘは、12歳のＡが化粧をして酒を飲んでいたので、てっきり成人だと思い、さらにＡにわいせつな行為をすることについての承諾がないのに、これがあると誤信して、Ａに対してわいせつな行為を行った。Ｘに不同意わいせつ罪は成立しない。
> 3．Ｘは、Ａに刑事処分を受けさせる目的で虚偽の告訴を行ったが、Ａがそれに承諾していたときは、虚偽告訴罪は成立しない。
> 4．Ｘは、不倫関係にあったＡをうとましく思い、心中する意思がないのに「一緒に死のう」とだまし、信じたＡの承諾を得て、致死量の睡眠薬を飲ませてＡを死亡させた。Ｘには、承諾殺人罪が成立する。

解説　本問は、被害者の承諾に関する問題である。

1．誤り。被害者の承諾（同意）は、法益の放棄を理由として、仮に、構成要件に該当する行為であるとしても、その行為の違法性を阻却する場合があると解されている。個人が放棄できるのは、財産のような個人的法益だけであるから、個人的法益に対する罪についてのみ、違法性阻却の効果が生じる。生命に関しては、承諾殺人罪（刑202条）が存在することから、生命侵害についての被害者の承諾は違法の減少効果を生ずるだけである。問題となるのは、傷害罪（刑204条）である。判例は、承諾が犯罪目的などの公序良俗に反し、社会的相当性の限度を超える場合は可罰的であるとしている（本肢と同様の事案について、最決昭55・11・13刑集34・6・396は、傷害罪の成立を認めている）。

2．正しい。2023（令5）年に改正された不同意わいせつ罪（刑176条）の構成要件は、16歳未満の者について、そもそも被害者の承諾は無意味とするものであって（同条3項。ただし、当該16歳未満の者が13歳以上である場合については、その者が生まれた日より5年以上前の日に生まれた行為者に限り、この条項が適用される）、承諾の有無およびその錯誤は同罪の成否に何ら影響を及ぼさない。しかし、この場合に不同意わいせつ罪が成立するためには、被害者が16歳未満であるとの認識を必要とし、Ｘは、Ａが成人であると思っていた以上、故意を欠き同罪は成立しない。

3．誤り。虚偽告訴罪（刑172条）については、国家の審判作用を侵害する

国家的法益に対する罪とみる立場と、個人が不当に処罰を受けないという個人的法益と国家的法益をともに侵害する罪とみる立場との対立があるが、判例（大判大元・12・20刑録18・1566）は、後者の立場にたち、被告訴者の承諾があっても虚偽告訴罪の違法性は阻却されず、犯罪は成立するものと解している。なお、軽犯罪法1条16号は、「虚構の犯罪又は災害の事実を公務員に申し出た者」を処罰している。

4．誤り。被害者の承諾が有効とされるためには、それが真意でかつ自由な意思から出たものであることが前提であるが、承諾の動機について錯誤がある場合、それが有効かどうかについては争いがある。Aには、死ぬことについては錯誤はないが、その動機について重大な錯誤がある。このようなケースで、最高裁は、「被害者は被告人の欺罔の結果被告人の追死を予期して死を決意したものであり、その決意は真意に添わない重大な瑕疵ある意思であることが明らかである」（最判昭33・11・21刑集12・15・3519）として、承諾の有効性を否定して、殺人罪（刑199条）の適用を認めた。学説では、Aには単なる動機の錯誤があるにすぎず、生命を放棄することそれ自体には錯誤がないとして、承諾の有効性を肯定し、承諾殺人罪（刑202条）の成立を肯定する見解（法益関係的錯誤説）も有力である。

刑

法

正解 2

✎被害者の承諾

問題31　以下の記述のうち、判例・裁判例に照らして、正しいものを１つ選びなさい。

1．Ｘは、運転免許停止中であったので、友人のＡに相談したところ、「免許証不携帯程度の違反ならば、名前を使ってもよい」との承諾を得た。ある日、Ｘは飲酒検問を受けた際に、警察官に「名前はＡですが、免許証は家に忘れました」といい、交通事件原票の供述書欄に「Ａ」と署名した。Ｘに私文書偽造罪は成立しない。

2．開業医であるＸは、外国人Ａと交際していたが、Ａはかつて母国の軍人として戦地に派遣された経験があり、そのときの悲惨な経験から重度の心的外傷後ストレス障害（PTSD）に苦しめられていた。ある日、ＡはＸに対して、「この苦しみから逃れるために、自分を安楽死させてほしい」と懇願した。Ｘは悩んだ末、Ａを苦しみから救おうと決心し、自分の病院でＡに致死量の毒薬を点滴に混ぜてＡの血管内に注入してＡを死亡させた。Ａの嘱託は有効であり、Ｘの嘱託殺人罪の違法性を阻却する。

3．Ｘは、自衛隊の海外派遣に反対する内容のビラを、防衛省Ａ宿舎の各号棟の各室玄関ドアの新聞受けに投かんする目的で、その敷地内に立ち入り投かんした。なお、この宿舎はその敷地内に計10棟の集合住宅が建っており、敷地はフェンス等で囲まれ、フェンスの開口部付近には宿舎管理者名でビラの投かん等を禁止する旨の表示板が設置されていた。仮に、Ａ宿舎の居住者の多くがＸの立入りを特に問題視しておらず、なかにはＸの考えに同調する者もいたとしても、ビラの投かん目的での敷地内への立入りが管理者の意思に反し、その承諾が存在しない以上、Ｘにつき住居侵入等罪が成立する。

4．Ｘは、交通事故を装って保険金をだまし取る目的で、友人Ａの運転する車がＸの運転するバイクに接触し、Ｘが転倒して軽微なケガをするという計画を立てた。Ｘは計画どおり転倒し、全治１週間の擦過傷を負った。Ｘがケガをすることについての承諾は、保険金詐欺という犯罪を目的としたものではあるが、そのケガが当初の計画どおり軽傷にとどまるので、Ａの傷害罪の違法性を阻却する。

解説　本問は、承諾（同意）の意義に関する問題である。

1．誤り。私文書偽造罪における「偽造」とは、名義人と作成者との人格の同一性を偽ることであるが、甲が乙から頼まれて乙名義の文書を代筆する場合は、作成者も規範的には乙と解されるので、偽造とはならない。しかし、交通事件原票中の供述書は、その文書の性質上、作成名義人（本問でいえば「Ｘ」）以外の者がこれを作成することは法令上許されないので、この供述書を他人の名義で作成した場合は、その承諾は無効となり、名義人

と作成者が別人格と評価され、私文書偽造罪が成立する（最決昭56・4・8刑集35・3・57）。

2．誤り。医療における患者の自己決定権の尊重から、死を望む患者の意思が真意であれば、一定の要件のもとで、その生命に対する要保護性が失われるとする考えがある。東海大学安楽死事件における横浜地判平7・3・28判時1530・28はこのような立場から、①耐え難い肉体的苦痛があること、②死期が切迫していること、③肉体的苦痛除去・緩和の方法を尽し他に代替手段がないこと、④生命短縮を承諾する患者の明示の意思表示があることを要件として、（苦痛から逃れさせるために積極的に殺害する）積極的安楽死が合法となる余地を示した（名古屋高判昭37・12・22高刑集15・9・674参照）。本問では、特に精神的苦痛が問題になっているなど、そもそも積極的安楽死が許容されるケースではない。Aの嘱託が真意に出たものであったとしても、嘱託殺人罪の違法性は阻却されない。

3．正しい。住居侵入等罪の保護法益については、住居権に求める住居権説、住居の平穏に求める平穏説、誰に住居への立入りを認めるかに関しての決定の自由に求める新住居権説の対立がある。住居権説は、戦前の家父長制度のもとで理解された考えであり、単独で財産管理ができない者には住居権が認められず、夫の不在中に不倫目的で、妻の承諾を得て住居に立ち入った者に住居侵入等罪が認められていた（大判大7・12・6刑録24・1506）。これに対して、平穏説からは、住居への立入りが平穏を害するものでない限り、居住者の承諾は有効であり、住居侵入罪とならない（ただし、住居の平穏は、夫婦共通の利益であることから、不倫目的での立ち入りのケースでは、平穏説からも住居侵入等罪を認める見解もある）。また、新住居権説は、住居権を財産権の所在とは独立に解し、住居の実質的な管理・支配権限として理解する（最判昭58・4・8刑集37・3・215）。この説からは、Xの立入りは管理権限者の意思に反する立入りであると判断され、住居侵入等罪が成立する（最判平20・4・11刑集62・5・1217）。

4．誤り。被害者の承諾が違法性を阻却するか否かについては、判例は、承諾を得た動機、目的、行為の手段、方法、態様、生じた結果の重大性等を総合的に考慮して違法性阻却の是非を判断する総合判断説をとっている。したがって、本問のように、犯罪目的での承諾は、そもそも無効となり（最決昭55・11・13刑集34・6・396）、傷害罪の違法性は阻却されない。これに対し、最近は、個人の自己決定権を重視する立場から、承諾に基づく傷害を原則的に適法と解し、生命に危険が及ぶような重大な傷害に限って違法とする説も有力になっている。そのような立場からは、本問でのAには傷害罪は成立しないことになる。

正解　3

承諾（同意）の意義

問題32　正当防衛（刑法36条1項）が成立するための要件に関する以下の記述のうち、判例に照らして、誤っているものを1つ選びなさい。
1. 行為者が侵害を予期していたからといって、直ちに侵害の急迫性が失われるわけではない。
2. 防衛行為は、防衛の意思をもってなされることが必要であり、相手の加害行為に対し憤激または逆上して反撃を加えたときには、防衛の意思を認めることはできない。
3. 防衛に名を借りて侵害者に対し積極的に攻撃を加える行為は、正当防衛のための行為と認めることはできない。
4. 急迫不正の侵害に対する反撃行為は、自己または他人の権利を防衛する手段として必要最小限度のものであること、すなわち、防衛手段として相当性を有することが必要である。

解説　本問は、正当防衛の成立要件に関する問題である。
1. 正しい（最判昭46・11・16刑集25・8・996、最決平29・4・26刑集71・4・275）。
2. 誤り（前掲・最判昭46・11・16）。
3. 正しい。防衛に名を借りて侵害者に積極的に攻撃を加える行為は、防衛の意思を欠く結果、正当防衛のための行為と認めることはできない（最判昭50・11・28刑集29・10・983）。
4. 正しい（最判昭44・12・4刑集23・12・1573）。

正解　2

正当防衛の成立要件

問題33　以下の記述のうち、正しいものを１つ選びなさい。

1. 人の故意または過失に基づかない法益侵害に対する「対物防衛」を否定する立場からは、「不正の侵害」とは、何らかの犯罪構成要件に該当する行為を意味する。
2. ＡとＢは、些細なことから口論となり、互いに素手で殴り合っていたが、Ｂがカバンの中からカッターナイフを取り出して切りかかってきたので、Ａも手元にあったハサミで応戦し、Ｂの右手に傷害を与えた。Ｂの傷害の結果については、互いにケンカの最中に起こったことであるから、正当防衛を問題にする余地はない。
3. 正当防衛は、「急迫不正の侵害」に対して行う反撃行為であるから、警察官など特別の職業に就いている者以外には、他人の権利を防衛するための正当防衛が成立する余地はない。
4. 高校生のＡは、同級生のＢから殴打され、Ｂが「先生に言うなよ」と言って立ち去ろうとしたので、思わずかっとなって、背後からＢを突き飛ばしてケガを負わせた。この場合、正当防衛は成立しない。

刑

法

解説　本問は、正当防衛の要件に関する問題である。

1. 誤り。「不正の侵害」とは、その行為が必ずしも犯罪構成要件に該当する場合に限られず、法秩序全体から違法と評価される場合であってもよい。
2. 誤り。いわゆる喧嘩闘争においては、互いに攻撃と防御の応酬であるから、正当防衛を論じる余地はないが、一方の攻撃が急激に質的に変化した場合には、正当防衛の成否が問題となる余地はある。本肢の場合、Ｂがカッターナイフを取り出した段階で、喧嘩闘争のバランスが崩れたのであり、Ｂの攻撃はＡにとって急迫不正の侵害であるといえる。
3. 誤り。刑法36条１項は、「急迫不正の侵害に対して、自己又は他人の権利を防衛するため、やむを得ずにした行為は、罰しない」と規定しており、何人も他人のために正当防衛を行うことができる。
4. 正しい。急迫不正の侵害に対して反撃をする際に、一般には、興奮、狼狽、憤激といったような感情がともなうなど、積極的な防衛のための意思がなくとも、正当防衛は成立しうるが、本肢の場合は、侵害がすでに終了しており、過去のものとなっているので、正当防衛を行うことはできない。

正解　4

🔑正当防衛の要件

> **問題34**　正当防衛と緊急避難に関する以下の記述のうち、誤っているものを1つ選びなさい。
> 　　1．緊急避難を責任阻却事由と解すれば、緊急避難行為に対し反撃する行為は正当防衛となりうる。
> 　　2．正当防衛行為により法益を侵害される者は、正当防衛に対抗して正当防衛を行うことはできないが、緊急避難として正当防衛行為者に「危難」を転嫁することはできる。
> 　　3．緊急避難行為に対抗する行為は緊急避難となりうる。
> 　　4．緊急避難を違法性阻却事由と解すれば、これにより法益を侵害される者はこれに対し正当防衛を行うことはできない。

解説　本問は、正当防衛と緊急避難に関する問題である。

1．正しい。正当防衛は「不正」の侵害に対する反撃、つまり違法な侵害に対する反撃でなければならない。緊急避難を責任阻却事由と解すると、その行為は違法性が認められるため、危難を転嫁される者は、それに対し正当防衛で対抗することは可能である。

2．誤り。正当防衛行為により反撃を受ける侵害者は、不正な攻撃行為を行ったからこそ反撃を受けるのであって、その法益は保護されない。それゆえ、緊急避難の本質をどのように解するにせよ、侵害者にとって防衛行為は現在の危難とはならないので、緊急避難で対抗することはできない。

3．正しい。緊急避難行為により法益を脅かされる者にとっても、それは「危難」であることに変わりないから、危難を転嫁する者の避難行為に対して、退避可能ではなく、他に方法がない場合には（補充性の原則）、緊急避難行為で対抗することは可能である。

4．正しい。緊急避難を違法性阻却事由と解すると（通説の立場）、それは適法行為となるから、緊急避難行為により危難を転嫁される者は、これに正当防衛で対抗することはできない。

正解　2

問題35　以下の記述のうち、誤っているものを１つ選びなさい。
1. 正当防衛は、「急迫不正の侵害」に対するものであり、緊急避難は「現在の危難」に対するものであるが、この「急迫」と「現在」とは同じ意味である。
2. 正当防衛は「不正対正」の関係であるのに対し、緊急避難は「正対正」の関係である。
3. 正当防衛も、緊急避難も「やむを得ずにした行為」であることが要件とされているが、その内容は同じではない。
4. 緊急避難行為に対抗する行為は緊急避難とはなりえない。

解説　本問は、正当防衛と緊急避難に関する問題である。
1. 正しい。「急迫」と「現在」とは、判例・通説によれば同じ意味であり、法益侵害が現に存在しているか、また間近に差し迫っていることをいう。
2. 正しい。正当防衛は、急迫不正の侵害に対する反撃として防衛行為を行うことであるから、「不正対正」の関係であるのに対し、緊急避難は、現在の危難を避けるために、何ら不正のない他人の法益を侵害する場合である。避難行為者も「正」であるのに対し、それによって法益を侵害される者も「正」であるから、「正対正」の関係である。
3. 正しい。正当防衛は、「不正対正」の関係であるのに対し、緊急避難は「正対正」の関係であるので、前者のほうが後者よりその成立要件は緩やかであると解されている。そのことから、両者において「やむを得ずにした行為」という同じ言葉が使われているが、その内容は同じではないと解されている。緊急避難におけるそれは、本当にやむをえない場合、すなわち法益を守るために他人の法益を侵害する以外に他に方法がないという、補充性の原則を意味するのに対し、正当防衛における「やむを得ずにした行為」は、必ずしも厳密に他にとりうる方法がない場合に限られず、「必要かつ相当な」防衛行為であればよい、とされている。
4. 誤り。緊急避難の法的性質については、①一元的に違法性阻却事由であると解する見解、②一元的に責任阻却事由であると解する見解、③違法性阻却事由である場合と責任阻却事由である場合とがあるとする見解が主張されているが、①が通説である。この見解によると、緊急避難行為は適法行為であるから、その相手方はそれに対して正当防衛をすることはできないが、緊急避難を行うことは許される。

正解　4

正当防衛と緊急避難

問題36　過剰防衛に関する以下の記述のうち、誤っているものを１つ選びなさい。
1. 過剰防衛とは、急迫不正の侵害に対する防衛行為ではあるが、防衛の相当な程度を超えた場合のことをいう。
2. 過剰防衛が成立する場合、刑は必ず減軽または免除される。
3. 急迫不正の侵害がない場合には過剰防衛にもなりえない。
4. 手段の点について事実を誤認し、防衛の相当な程度を超えてしまった場合はむしろ誤想防衛の一種であり、故意が阻却される。

解説　本問は、過剰防衛に関する問題である。

防衛行為に「行き過ぎ」があったとき、すなわち、防衛行為が必要性・相当性の程度を超えたときが過剰防衛である（刑36条２項）。

1、3. 正しい。過剰防衛とされるのは、防衛行為が必要性・相当性の程度を超えたときに限られる。急迫不正の侵害が認められないときや、防衛の意思が否定されるときには過剰防衛にもならない。

2. 誤り。過剰防衛の場合、犯罪は成立するが、刑が減軽または免除されることがある。必要的減免ではない。

4. 正しい。この場合は、行為者の認識した事情は正当防衛の要件を満たす事実なのであるから、むしろ誤想防衛の一種であり、通説によると故意が阻却される。

正解　2

☞過剰防衛

問題37　以下の記述のうち、緊急避難（刑法37条）の法的性質につき、違法性阻却事由と考える説の根拠として、適切でないものを1つ選びなさい。

1．刑法37条は「法益の均衡」を要求している。
2．刑法37条においては、他人の法益を守るための緊急避難が認められている。
3．緊急避難行為に対抗して正当防衛をなしうるとするのは妥当でない。
4．緊急避難は、危難の発生と無関係な第三者を犠牲にすることによって危難を免れる行為である。

解説　本問は、緊急避難の法的性質に関する問題である。

緊急避難（刑37条）の法的性質をめぐっては、学説の対立がある。

1、2、3．適切である。通説は、緊急避難を違法性阻却事由として理解する。その根拠はつぎの点にある。

まず、肢2のように、刑法37条は、自己の法益ばかりでなく他人（まったく無関係の第三者でもよい）の法益を保全するための緊急避難を認めているが、もし別の行為に出ることを期待できない（したがって、その違法行為に出たことを非難できない）ことを理由とする責任阻却事由だとすれば、自己の法益または親族等近しい関係にある者の法益の保全に限定されるはずであり、まったくの第三者のための緊急避難行為の不可罰性は責任阻却（適法行為の期待不可能性）では説明できないことである。

つぎに、肢1のように、刑法37条は、責任（すなわち非難可能性）の判断には無関係であるはずの「法益の均衡」を緊急避難の要件としていることである。また、肢3のように、仮に緊急避難行為が違法であり責任が阻却されるにすぎないとすると、緊急避難行為に対する正当防衛が認められることになって不当である（たとえば、火災に巻き込まれた者が逃れるための唯一の手段として隣家の垣根を壊そうとする場合、これに対して正当防衛を行うことが可能だとすると不当である）ことである。

4．適切でない。通説の違法性阻却事由説に対する批判としては、本肢のように、無関係の第三者の法益を犠牲にする場合、それを法によって「正当化」される行為とし、したがって何の落ち度もない被害者に正当防衛の権利を認めない、というのは不当だというものである。このように、本肢は違法性阻却事由説の根拠ではなく、その批判の論拠となっている。

正解　4

緊急避難の法的性質

> **問題38**　緊急避難の成立要件に関する以下の記述のうち、正しいものを
> 1つ選びなさい。
> 　1. 「現在の危難」にいう「現在」とは、正当防衛における「急迫」
> 　　と異なり、現に存在することをいうから、危難が切迫していただけ
> 　　では、「現在の危難」があるとはいえない。
> 　2. 「現在の危難」にいう「危難」は、正当防衛における「不正の侵害」
> 　　と同様、違法なものでなければならないから、自然現象を含まない。
> 　3. 緊急避難における「やむを得ずにした行為」は、正当防衛におけ
> 　　る「やむを得ずにした行為」と異なり、侵害を回避する方法が他に
> 　　ない場合の行為に限られるから、侵害を回避する方法が他にあった
> 　　場合には、緊急避難は成立しない。
> 　4. 緊急避難は、避難行為によって「生じた害が避けようとした害の
> 　　程度を超えなかった場合に限り」成立するから、避難行為によって
> 　　大きな法益を守るために小さな法益を侵害した場合には、緊急避難
> 　　は成立しない。

解説　本問は、緊急避難（刑37条1項本文）の成立要件に関する問題である。
1. 誤り。「現在の危難」にいう「現在」とは、基本的に、正当防衛（刑36
条1項）における「急迫」と同じ意味と解されており、危難が切迫してい
れば、「現在の危難」があるといえる。
2. 誤り。「現在の危難」にいう「危難」は、正当防衛における「不正の侵害」
と異なり、違法なものでなくてよいから、自然現象を含む。
3. 正しい。緊急避難における「やむを得ずにした行為」は、侵害を回避す
る方法が他にない場合の行為に限られる（緊急避難では補充性が要件とされ
ている）。これに対し、正当防衛における「やむを得ずにした行為」は、
侵害を回避する方法が他にあったとしても、認められることがある（正当
防衛では「補充性」は要件とされていない）。
4. 誤り。緊急避難によって大きな法益を守るために小さな法益を侵害した
場合は、「生じた害が避けようとした害の程度を超えなかった場合」であ
るから、緊急避難が成立する。

正解　3

緊急避難の成立要件

問題39 以下の記述のうち、学説の対立にかかわらず、どの立場にたっても責任主義に反すると考えられるものを1つ選びなさい。

　1．両罰規定において業務主が処罰される根拠は、従業者の違反行為につき業務主の選任・監督上の過失が推定されるところにある。

　2．結果的加重犯が成立するためには、加重結果について予見可能性があれば足りる。

　3．「罪を犯す意思がない行為」は原則として処罰されないが、「法律に特別の規定がある場合は、この限りでない」（刑法38条1項ただし書）のであるから、過失のない行為を処罰することも許される。

　4．故意犯が成立するためには、犯罪事実の認識と当該行為の違法性の意識の可能性があれば足りる。

解説　本問は、責任主義に関する問題である。

1．責任主義に反するとはいえない。両罰規定における業務主の処罰根拠については、無過失責任説、過失擬制説、過失推定説、純過失説が対立するが、一方で、無過失責任説、過失擬制説は責任主義に反する。他方で、純過失説では取締り目的を達成できないという問題がある。そこで、取締り目的の達成と責任主義の調和をはかるものとして、従業者が業務上行う行為は業務主の選任・監督に基づく行為でもあるという点から、従業者の違反行為については業務主の過失が推定されているとする過失推定説が通説・判例である。したがって、過失推定説は責任主義に反するとはいえない。

2．責任主義に反するとはいえない。判例は、結果的加重犯が成立するためには基本犯と加重結果との間に因果関係があれば足りるとする（最判昭32・2・26刑集11・2・906）が、責任主義の見地からは、故意・過失が認められない限り非難できないのであるから、少なくとも加重結果につき過失がない限り結果的加重犯は成立しないと解すべきであると批判されている。この意味で、加重結果について予見可能性を要求することは、責任主義に反するとはいえない。

3．責任主義に反する。刑法38条1項ただし書にいう「特別の規定」とは、本文における故意犯処罰の原則の例外として過失犯を処罰する旨の明文規定をいうと解すべきであるから、過失のない行為を処罰することは、責任主義に反し許されない。

4．責任主義に反するとはいえない。判例は、故意犯が成立するためには犯罪事実の認識があれば足り、違法性の意識またはその可能性は不要であるとする立場であるとされているが（最判昭25・11・28刑集4・12・2463等）、違法性の意識の可能性がなくても非難可能性を認めることは責任主義に反すると批判されている。この意味で、故意犯が成立するために、少なくとも違法性の意識の可能性を要求することは、責任主義に反するとはいえない。

正解 3

刑法

責任主義

問題40　以下の文中のカッコ内にそれぞれ適切な語をあてはめたとき、dに入る語として、正しいものを１つ選びなさい。

　刑罰理論に関する（　a　）に立脚するとき、行為者が違法行為に出たその意思決定を道義的に非難することができ、そのような道義的非難こそが責任の本質であるとする（　b　）がとられる。それは、（　c　）とは異なり、行為者の性格にではなく、個々の行為における非難されるべき意思決定に対し責任を問うものであることから（　d　）の立場である。

1．道義的責任論
2．行為責任論
3．応報刑論
4．社会的責任論

解説　本問は、道義的責任論と社会的責任論に関する問題である。
　刑罰についての考え方の違いは、そのまま責任の本質についての見解の対立としてあらわれる。旧派の「応報刑論」によれば、違法行為を思いとどまることもできたのに、あえて違法行為に出たところに道義的非難が可能であり、これこそが責任の本質であるという。このような考え方を「道義的責任論」という。道義的責任論によれば、心神喪失状態で行われた行為（刑39条１項）や14歳未満の者の行為（刑41条）に対しては非難ができないから責任が問われない。また、道義的責任論の立場からは、責任が問われる根拠は個々の行為における非難されるべき意思決定であり、その意味で「行為責任論」がとられることになる。このようにして、ａには肢３の「応報刑論」、ｂには肢１の「道義的責任論」、ｄには肢２の「行為責任論」が入る。したがって、肢２が正解となる。
　これに対し、新派の目的刑論の立場からは、行為者が犯罪を思いとどまることができないという「性格の危険性」をもつことが刑を科す根拠であり、「危険な性格」をもつ人は、社会に迷惑がかからないようにするための刑罰（治療）を受けるべき義務があるとされる。社会的に危険な犯人が再犯防止のための刑を受けるべき負担こそが責任の本質ということになる。このような考え方を「社会的責任論」とよぶ。社会的責任論を徹底すれば、性格の危険性のあらわれとして違法行為が行われる限り、行為者が強度の精神病者であろうと、子どもであろうと、刑事責任を肯定しない理由はない（刑罰と保安処分の区別は否定される）。社会的責任論によれば、責任の問われる根拠は行為者の危険な性格であり、「性格責任論」の立場がとられることになる。現在では、応報刑論を基本とする立場が支配的であり、社会的責任論と（その帰結である）性格責任論は支持者を失っている。

正解　2

道義的責任論と社会的責任論

問題41　以下の記述のうち、正しいものを１つ選びなさい。

　1．責任能力とは、社会のルールに照らして、その行為を行ってよい
かどうかを判断し、そして、その判断に従って自己の行為をコント
ロールする能力であるから、後者のみを欠く者は、限定責任能力者
としてその刑が減軽される。

　2．責任能力判断の前提となる精神障害の有無および程度等について、
専門家である精神医学者の鑑定意見等が証拠となっている場合には、
これを採用しえない合理的な事情が認められるのでない限り、裁判
所はその意見を十分に尊重して責任能力を認定すべきである。

　3．刑法41条が、14歳未満の者を処罰しないと規定しているのは、14
歳未満の者が類型的に行為の是非弁別能力を欠いているからであり、
そのため、10歳程度の知能しかない成人も責任無能力者として無罪
となる。

　4．心神耗弱と認定された殺人事件の被告人について、その行為の残
虐さや、被害者の数、遺族の感情、社会に与えた影響などを考慮し
て、なお死刑を選択することは可能である。

解説　本問は、責任能力に関する問題である。

1．誤り。責任能力とは、行為の是非を弁別する能力と、それに従って自己
の行為を制御する能力であるから、問題文の前半部分は妥当であるが、こ
の２つの能力のうち、いずれか一方を欠けば心神喪失、つまり責任無能力
者とされる。

2．正しい。専門家たる精神医学者の意見が鑑定等として証拠となっている
場合には、鑑定人の公正さや能力に疑いが生じたり、鑑定の前提条件に問
題があったりするなど、これを採用しえない合理的な事情が認められるの
でない限り、その意見を十分に尊重して認定すべきである（最判平20・4・
25刑集62・5・1559）。

3．誤り。14歳未満の者を一律に処罰しないとする刑法41条の趣旨は、14歳
未満の年少者の人格的な可塑性を政策的に考慮したからであり、14歳以上
であれば、10歳程度の知能しかなくとも責任能力があれば処罰される。

4．誤り。心神耗弱者の行為は、必ずその刑が減軽されるから（刑39条2項）、
心神耗弱と認定された被告人が死刑になることは制度上ありえない。

正解　2

責任能力

問題42 以下の記述のうち、正しいものを１つ選びなさい。
1．Ｘは、精神の障害のため、物事の是非・善悪の判断はできるが、その判断に従って意思決定をコントロールすることがまったくできない状態で、Ａを殴って負傷させた。Ｘには傷害罪が成立するが、限定責任能力として必ず刑が減軽される。
2．Ｘは、失業のため収入がなくなり、空腹に耐えかねて、悪いこととは知りつつも、コンビニでパンを１つ万引きして食べてしまった。Ｘは当然に責任無能力状態にあり、窃盗罪は成立しない。
3．Ｘは、酒を飲むといつも大暴れする癖のあることを自覚していたが、「今日こそは注意するから大丈夫」と考えて、事情を知らないＡと一緒に酒を飲み始めたところ、やはり異常な酩酊状態（責任無能力状態）に陥り、Ａを殴りつけ、負傷させた。Ｘは責任無能力であるから、およそ犯罪の成立の余地はない。
4．満13歳のＸはＡをナイフで刺し、Ａは、数週間後に、その傷が原因で死亡した。Ａが死亡した時点においては、Ｘは満14歳に達していた。Ｘは責任無能力であり、犯罪は成立しない。

解説　本問は、責任能力に関する問題である。
1．誤り。判例（大判昭6・12・3刑集10・682）によれば、責任無能力である心神喪失とは、精神の障害により、事物の理非善悪を区別する能力、または、その弁識に従って行動する能力を欠如した状態をいうので、本肢のような場合は、Ｘは責任無能力である。限定責任能力とは、上記の能力が欠如するところまでは至っていないが、それが著しく減退した状態をいう。
2．誤り。このような場合に犯罪が成立しないことがあるとしても、それは、責任無能力となるのではなく、期待可能性が欠如することが理由である。
3．誤り。殴った時点では責任無能力状態であっても、飲酒以前の、責任能力のある状態で、飲酒すれば心神喪失の状態に陥って他人に危害を及ぼす危険な素質のあることを自覚している者には、飲酒を抑止するなどしてその危険の発生を防止する注意義務がある。判例は、それを怠って飲酒して、心神喪失状態で人を殺傷したときは、過失致死罪が成立するとしている（最大判昭26・1・17刑集5・1・20）。いわゆる「原因において自由な行為」の理論が過失犯において適用されたものとされるが、このように、加害行為時に責任能力がなくても、そのような状態に陥るについて責任が認められるときは、責任無能力として扱われるものではない。
4．正しい。実行行為の時点で責任能力がなければ、結果の発生時に責任能力があっても、責任無能力として犯罪は成立しない。

正解　4

責任能力

問題43　以下の文中のカッコ内に入る語の組み合わせとして、正しいものを１つ選びなさい。

　（　ａ　）は、（　ｂ　）を行う時点において同時に存在しなければならない。それでは、酒や薬物により自分を（　ｃ　）の状態にして、その状態で犯罪の結果を引き起こす場合にはどうなるであろうか。たしかに、先行する飲酒行為や薬物の使用行為（原因行為）の時点では完全な（　ａ　）はあるが、現実に結果を引き起こす行為（結果行為）の時点では（　ａ　）はないから、刑法39条１項の適用を認めて不処罰とせざるをえないことになりそうである。しかし、学説は、（　ｄ　）の段階では完全な（　ａ　）があったことを根拠として刑法39条の適用を否定しようとする。このような考え方のことを「原因において自由な行為の理論」という。

　　１．ａ＝責任能力　　　ｂ＝予備行為
　　２．ａ＝責任能力　　　ｃ＝限定責任能力
　　３．ｂ＝実行行為　　　ｄ＝原因行為
　　４．ｃ＝責任無能力　　ｄ＝結果行為

解説　本問は、原因において自由な行為の理論に関する問題である。
　ａには「責任能力」、ｂには「実行行為」、ｃには「責任無能力」、ｄには「原因行為」が入る。したがって、肢３が正解となる。原因において自由な行為の理論に関しては、責任能力は実行行為を行う時点において同時に存在しなければならないとする「責任能力と実行行為の同時存在の原則」の例外を認めるべきかどうか、いかなる根拠に基づいて例外を認めることができるかをめぐり見解の対立があり、異なった理論構成が提案されている。

正解　3

🔑原因において自由な行為の理論

問題44　故意に関する以下の記述のうち、誤っているものを1つ選びなさい。
1．構成要件に該当する事実の認識がないときは、それを認識することができたとしても、故意を認めることができないので、故意犯は成立しない。
2．構成要件に該当する事実を認識しながら、同時に、正当防衛にあたる事実がないのにあると誤信していたときは、通説によれば、故意を認めることができないので、故意犯は成立しない。
3．構成要件に該当する事実の認識があったというためには、特定の客体に結果が発生することの認識が必要であるから、どの客体に結果が発生するかを具体的に特定しないまま行為に出たときは、故意を認めることができず、故意犯は成立しない。
4．構成要件に該当する事実を認識していたとしても、違法性の意識がなく、かつ違法性を意識することができなかったときは、通説によれば、故意犯は成立しない。

解説　本問は、故意に関する問題である。
1．正しい。故意が認められるためには、構成要件に該当する事実を認識していることが必要である。よって、構成要件に該当する事実を認識していないときは、故意が認められない。構成要件に該当する事実を認識することができたときは、過失が認められるかが問題となる。
2．正しい。正当防衛にあたる事実がないのにあると誤信した場合を誤想防衛という。この場合、通説によれば、違法な事実の認識がないため故意が認められず、故意犯は成立しない。ただし、誤信した点に過失があれば、過失犯が成立しうる。これに対し、学説のなかには、誤信を避けることができなかったときは、故意犯も過失犯も成立しないが、誤信を避けることができたときは、構成要件に該当する事実の認識があった以上故意が認められ、故意犯が成立すると考える立場（厳格責任説）もある。
3．誤り。どの客体に結果が発生するかを具体的に特定しないまま行為に出た場合であっても、故意を認めることができる。たとえば、群衆に向かって爆弾を投げ込む場合、そのなかの誰が死亡するかを認識していなくても、殺人罪の故意は認められる。このような場合の故意を概括的故意という。
4．正しい。通説によれば、違法性の意識を欠いただけでは故意は否定されないが、違法性の意識の可能性すらない場合には、故意犯は成立しない。もっとも、その理由については、故意が認められないとする立場（制限故意説）と、故意は認められるが責任が阻却されるとする立場（責任説）とに分かれている。

正解 3

故意

問題45　故意について、結果発生の可能性を認識し、かつこれを認容したときに故意が成立するという見解（認容説）を採用した場合、以下の記述のうち、Bの死亡について殺人罪が成立しない場合を1つ選びなさい。

1. XがAを殺害する意図で拳銃でねらいをつけたところ、Aが隣にやってきたBと話を始めた。Xは、このままでは弾丸がBに当たるかもしれないが、それならそれでもよいと考えて引き金を引いた。その結果、弾丸はBに命中してBは死亡した。

2. Xは、群衆の中にAを発見し、Aを殺害する意図で群衆に向けて拳銃を乱射したが、どれくらいの人が死ぬかはわからなかった。その結果、付近にいたBが死亡したほか多数の死傷者が出た。

3. Xは、対立する暴力団の組員A、Bがいるのを発見し、どちらかには命中するだろうと考えて拳銃を発射した。その結果、Bに弾丸が命中し死亡した。

4. Xは、拳銃でAが大切にしている壺を壊そうとしたところ、Bがやってきて壺の横に座ってしまった。このままではBに当たるかもしれないとも思ったが、自分の技術であればBに当たることはないだろうと考えて、壺を狙って拳銃を発射した。その結果、弾丸はBに命中してBは死亡した。

解説　本問は、認容説を採用した場合の不確定的故意の限界に関する問題である。

認容説は、故意が成立するためには、認識的要素である結果発生の可能性の認識とあわせて少なくとも意思的要素である認容が必要であるとする。

1. 成立する。弾丸がBに当たるかもしれないというBに対する死亡結果発生の可能性を認識し、かつ、発生するならそれでもよいという認容が認められるから、殺人の未必の故意が認められ、殺人罪が成立する。

2. 成立する。一定の範囲内にあるいずれかの客体に死亡結果が発生することは確実に認識しているが、そのいずれの客体に結果が発生するかについては不確実な認識である概括的故意の場合である。この場合、一定の範囲内にある客体に対する死亡結果発生の認識と認容が認められるから、死亡結果が発生したBに対する殺人罪が成立する。

3. 成立する。死亡結果の実現を確実なものとして認識しているが、客体が択一的に特定されている択一的故意の場合である。この場合、A、Bのいずれについても死亡結果発生の可能性を認識し、かつ認容も認められるから、Bに対する殺人罪が成立する。

4. 成立しない。認識ある過失の場合であり、弾丸がBに命中するかもしれ

　ないというBに対する死亡結果発生の可能性は認識しているが、Bに当たることはないとしてBに対する結果発生の認容が認められないから、Bの死亡について未必の故意の成立は認められない。また、器物損壊の故意で殺人の結果を発生させているので抽象的事実の錯誤であり、Bの死亡について殺人罪の成立は認められない。

　なお、肢2、3、4については、認容説を採用しない場合であっても同様の結論になる。

正解　4

　不確定的故意

問題46　錯誤に関する以下の文中のカッコbに入る語として、正しいものを１つ選びなさい。

行為者が犯罪Aにあたる事実を実現しようとして行為し、しかも同じ犯罪Aにあたる事実が実現したが、しかし犯罪事実の具体的内容に関し錯誤がある場合を（　a　）とよぶ。これに対し、行為者が犯罪Aにあたる事実を実現しようとして行為し、現実には犯罪Bにあたる事実が実現した場合を（　b　）とよぶ。

1．客体の錯誤
2．方法の錯誤
3．具体的事実の錯誤
4．抽象的事実の錯誤

解説　本問は、具体的事実の錯誤と抽象的事実の錯誤の意義に関する問題である。

事実の錯誤のうちで、特に解決の難しいのは、①行為者が犯罪Aにあたる事実を実現しようとして行為し、しかも同じ犯罪Aにあたる事実が実現したのであるが、しかし犯罪事実の具体的内容に関し錯誤がある場合、および、②行為者が犯罪Aにあたる事実を実現しようとして行為し、現実には犯罪Bにあたる事実が実現した場合である。①を「具体的事実の錯誤」、②を「抽象的事実の錯誤」とよぶのが一般的である（肢４が正しい）。

なお、事実の錯誤の態様として、客体の錯誤と方法の錯誤とが重要である。たとえば、XがAを殺害しようと思ってピストルで撃ち、弾丸が命中して倒れたその人を確認したところ、AではなくBであったという「人違い」のケースが客体の錯誤であり、XがAを殺害しようとして発砲したが、弾丸はAには命中せず、たまたま背後を通りかかったBに当たってBが死亡したという「打撃のはずれ」のケースが方法の錯誤である。これらは具体的事実の錯誤の場合であるが、抽象的事実の錯誤との関係でも、客体の錯誤と方法の錯誤という錯誤の種類はそれぞれ問題となる（抽象的事実の錯誤については、→問題49とその解説を参照）。

正解　4

具体的事実の錯誤と抽象的事実の錯誤

問題47　以下の文中のカッコ内に入る語の組み合わせとして、正しいものを１つ選びなさい。

　具体的事実の錯誤（同一構成要件内の錯誤）のケースで、（　a　）の場合と異なり（　b　）の場合、学説中の（　c　）によれば発生結果については故意が否定されるが、（　d　）によれば故意が肯定される。

1. a＝客体の錯誤　　b＝方法の錯誤　　c＝具体的符合説
   d＝法定的符合説
2. a＝方法の錯誤　　b＝客体の錯誤　　c＝具体的符合説
   d＝法定的符合説
3. a＝客体の錯誤　　b＝方法の錯誤　　c＝法定的符合説
   d＝具体的符合説
4. a＝方法の錯誤　　b＝客体の錯誤　　c＝法定的符合説
   d＝具体的符合説

解説　本問は、具体的事実の錯誤のうち、方法の錯誤の取扱いについて対立する法定的符合説と具体的符合説に関する問題である。

　具体的事実の錯誤における客体の錯誤の場合（たとえば、XがAだと思って拳銃を撃ったら、実際はそれがBであり、Bが死亡したという「人違い」の場合）には、故意が阻却されないという結論で、判例・学説は一致している。しかし、その理由づけについては、法定的符合説と具体的符合説との間で対立がある。法定的符合説は、この場合、Xは、およそ「人」を殺そうと思って「人」を殺したのであるから、殺人の故意が認められるとする。これに対し、具体的符合説は、法定的符合説のように、殺人の故意をおよそ人を殺そうとする意思という抽象的なものとしてとらえることは妥当ではなく、行為者が現実に認識した「その人」を殺す意思と考えるべきであり、客体の錯誤の場合には、行為者が現実に認識した「その人」を殺す意思で、「その人」を殺したのであるから、殺人の故意が認められるとする。

　このような対立が、方法の錯誤の場合（たとえば、XがAを殺そうと思って拳銃を撃ったところ、手元が狂って、予想外のBに命中し、Bが死亡したという場合）において結論の相違となってあらわれる。法定的符合説によれば、この場合もXはおよそ「人」を殺そうと思って「人」を殺したのであるから、B殺害について殺人の故意が認められることになる（もっとも、この場合、Aに対しても殺人の故意を認め、殺人未遂の成立を肯定するかについては見解が分かれている。いわゆる故意の個数の問題がここに生じる。→問題48とその解説

を参照）。これに対し、具体的符合説によれば、ⅩはAに対してはⅩが現実に認識した「その人」を殺そうとする意思があるが、Bに対してそれがないから、B殺害については殺人の故意を認めることができないことになる。したがって、Aに対する殺人未遂罪と、過失が認められることを前提としてBに対する（重）過失致死罪（刑210条または211条後段）が成立し、両者は観念的競合になる。

　以上より、カッコ内aには「客体の錯誤」、bには「方法の錯誤」、cには「具体的符合説」、dには「法定的符合説」がそれぞれ入る。したがって、肢1が正解となる。

刑

法

🗝️法定的符合説と具体的符合説

問題48　以下の文中のカッコ内にそれぞれ適切な語をあてはめたとき、ｄに入る語として、正しいものを１つ選びなさい。

　事実の錯誤について、主観的認識と客観的事実とが同一の構成要件の範囲内で一致ないし符合すれば生じた結果に対する故意の成立を認める見解を（　ａ　）という。この説は、たとえばＡを殺そうとして発砲したところ実はＢでありＢが死亡したという客体の錯誤の場合にも、Ａを殺そうとして発砲したところ弾丸が隣にいたＢに当たりＢが死亡したという方法の錯誤の場合にも、生じた結果についての故意を認め、Ｂに対する殺人罪を成立させる。ただし、複数の客体に結果が発生したときには、判例のように、すべての客体との関係で故意犯の成立を認める（　ｂ　）と、行為者の意図に対応した重い結果の発生した客体についてのみ故意犯の成立を認める（　ｃ　）が主張されている。これに対し、（　ｄ　）は、Ａを殺そうとして発砲したところ実はＢでありＢが死亡したという客体の錯誤の場合には、「その人を殺そうと思ってその人を殺した」という理由でＢに対する殺人罪を認めるが、Ａを殺そうとして発砲したところ弾丸が隣にいたＢに当たりＢが死亡したという方法の錯誤の場合には、「その人を殺そうと思ったがあの人を死亡させてしまった」ということになるから、Ａに対する殺人未遂罪とＢに対する過失致死罪が成立するにすぎないとする。

　　１．法定的符合説
　　２．具体的符合説
　　３．一故意犯説
　　４．数故意犯説

解説　本問は、具体的事実の錯誤のうち、いわゆる併発・過剰事例についての法定的符合説と具体的符合説に関する問題である。
　ａには、肢１の「法定的符合説」が入る。法定的符合説によると、たとえば殺人罪の構成要件であれば、「およそ人を殺すつもりでおよそ人を殺した」以上、構成要件を完全に満たす事実が存在するので、故意の成立が認められる（ただし、行為と結果との間の因果関係が肯定されることが当然の前提である）。複数の客体に結果が発生したときに、すべての客体との関係で故意犯の成立を認める見解を「数故意犯説」といい、行為者の意図に対応した重い結果の発生した客体についてのみ故意犯の成立を認める見解を「一故意犯説」という（ｂには肢４の「数故意犯説」、ｃには肢３の「一故意犯説」が入る）。
　具体的符合説は、認識と事実との間のより具体的な合致を要求し、客体の錯誤については、「その客体」を侵害しようとする意思が行為者にあったことから故意の成立を認めるが、方法の錯誤の場合には、現実に結果が発生した「その客体」を狙うつもりはなかったことから、発生結果についての故意は阻却されるとする。したがって、ｄに入るのは、肢２の「具体的符合説」である。

正解　2

法定的符合説と具体的符合説

問題49　以下の文中のカッコ内に入る語の組み合わせとして、正しいものを１つ選びなさい。

（　ａ　）事実の錯誤とは、行為者が主観的に認識した事実と客観的に実現した事実とが異なる構成要件に該当することをいう。このような錯誤の場合、どのような範囲において、故意犯が成立するかについて、通説は、行為者が主観的に認識した事実の該当する構成要件と客観的に実現した事実の該当する構成要件が（　ｂ　）に符合する限度において、故意犯が成立すると解する。したがって、業務上横領罪（刑法253条）にあたる行為をしたのに、横領罪（刑法252条１項）にあたる事実を認識していた場合は、両罪の構成要件が（　ｂ　）に符合する限度において、（　ｃ　）が成立する。

1．ａ＝具体的　　　ｂ＝具体的　　　ｃ＝業務上横領罪
2．ａ＝抽象的　　　ｂ＝法定的　　　ｃ＝業務上横領罪
3．ａ＝抽象的　　　ｂ＝具体的　　　ｃ＝横領罪
4．ａ＝抽象的　　　ｂ＝法定的　　　ｃ＝横領罪

刑

法

解説　本問は、抽象的事実の錯誤に関する問題である。

　抽象的事実の錯誤とは、行為者が主観的に認識した事実と客観的に実現した事実とが異なる構成要件に該当することをいう。よって、ａには、「抽象的」が入る。このとき、どのような範囲において、故意犯が成立するかについて、通説は、行為者が主観的に認識した事実の該当する構成要件と客観的に実現した事実の該当する構成要件が法定的に符合する限度において、故意犯が成立すると解する。よって、ｂには、「法定的」が入る（なお、両者の構成要件の実質的な重なり合いについて、最決昭54・３・27刑集33・２・140、最決昭61・６・９刑集40・４・269）。したがって、たとえば、業務上横領罪（刑253条）にあたる行為をしたのに、横領罪（刑252条１項）にあたる事実を認識していた場合は、両罪の構成要件が法定的に符合する限度において、横領罪が成立する。よって、ｃには、「横領罪」が入る。

正解　4

抽象的事実の錯誤

問題50　以下の文中のカッコ内に適切な語をあてはめたとき、ａとｄに入る語の組み合わせとして、正しいものを１つ選びなさい。

　ＸがＡの飼い犬を狙って石を投げこれにケガをさせようとしたところ、狙いが外れて意外にも近くにいた飼い主のＡに当たってＡにケガをさせたというとき、Ｘは（　ａ　）にあたる事実を実現するつもりで、結果的には（　ｂ　）にあたる事実を実現したことになるから、これは（　ｃ　）の場合である。法定的符合説の考え方を適用すると、Ａにケガをさせたことについて故意の成立は認められない。行為者には、Ａのケガとの関係で（　ｄ　）のみが認められることとなる。

1．ａ＝暴行罪　　　　　ｄ＝暴行罪
2．ａ＝器物損壊罪　　　ｄ＝傷害罪
3．ａ＝器物損壊罪　　　ｄ＝過失傷害罪
4．ａ＝傷害罪　　　　　ｄ＝過失傷害罪

解説　本問は、法定的符合説による抽象的事実の錯誤と方法の錯誤の処理に関する問題である。

　このケースの場合、Ｘは、器物損壊罪（刑261条）にあたる事実を実現するつもりで、結果的には、傷害罪（刑204条）にあたる事実を実現したことになる（ａには「器物損壊罪」が、ｂには「傷害罪」が入る）。これは抽象的事実の錯誤（異なった構成要件にまたがる錯誤）であり、方法の錯誤の事例である（ｃには「抽象的事実の錯誤」が入る）。ここで法定的符合説の考え方によれば、Ｘには器物損壊罪の故意はあったが、傷害罪の故意はなかったのであり、事実と認識とはいかなる意味でも符合しないので、発生した傷害の結果について故意犯を認めることはできない（刑38条２項参照）。Ｘには、Ａの傷害の結果との関係で（重）過失傷害罪（刑209条または211条後段）のみが認められることになる（ｄには、「過失傷害罪」が入り、肢３が正解となる）。

　もっとも、法定的符合説によると、狙いどおり「犬」を傷害したときには器物損壊罪で３年以下の懲役が科されうるのに、より価値のある「人」を傷害すると過失傷害罪（刑209条）で30万円以下の罰金または科料にすぎないとすると、逆に刑が軽くなってしまい、処罰のバランスを失するのではないかという疑問が出てくる。そこで、学説のなかには、過失傷害罪のみにとどめず、故意の傷害罪と器物損壊罪を比較し、より軽い後者の罪の成立を認めてよいとする見解もある。これを抽象的符合説という。しかし、物が損壊された事実が全然ないのに器物損壊罪を認めることはできないとして、この説は一般には支持されていない。

正解　3

抽象的事実の錯誤と方法の錯誤

> **問題51**　過失の種類に関する以下の記述のうち、判例・裁判例がある場合には判例・裁判例に照らして、正しいものを１つ選びなさい。なお、業務上過失致死傷罪における業務とは、「社会生活上の地位に基づき反復継続して行う行為であって、かつその行為は他人の生命身体等に危害を加えるおそれあるもの」をいうものとする。
>
> 　1．　Xは、住宅街の道路上で、ある日、通行人の有無をよく確かめないままゴルフクラブの素振りをしていたところ、自転車で通りかかった主婦Aの胸をゴルフクラブのヘッド部分で強打したため、Aは死亡した。Xには業務上過失致死罪は成立せず、過失致死罪または重過失致死罪が成立する。
>
> 　2．　趣味で長年狩猟をしていたXは、草むらにいたAを熊と見間違えて発砲し、Aを死亡させた。Xには業務上過失致死罪は成立せず、過失致死罪または重過失致死罪が成立する。
>
> 　3．　乳児Aの母親Xは、添い寝をしながら授乳をしていて寝入ってしまい、寝返りを打ったためにAを窒息死させた。Xには業務上過失致死罪が成立する。
>
> 　4．　Xは、医師の免許を有していないが、医療行為により生計を立てようと考え、診療開始の初日に、初めての患者であるAの疼痛を鎮めるために塩酸モルヒネを注射したが、その量を誤ったためにAを死亡させた。Xの医療行為には反復継続の事実はないから、業務上過失致死罪は成立せず、過失致死罪または重過失致死罪が成立する。

解説　本問は、過失の種類に関する問題である。

1．正しい。ゴルフクラブなどの遊具の使用もその状況により危険な場合があるが、反復継続の事実、またはその意思がない場合には業務から除かれる。注意義務違反の程度が著しい場合には重過失致死傷罪が成立する。裁判例としては、大阪地判昭61・10・3判タ630・228があるが、同判決は、被告人が、相当数の通行人や車がある道路上で、通行人に当たる可能性の高い形態でゴルフクラブを素振りしたこと、またその行為は死傷の結果を惹起する危険性の高い行為であること、それにもかかわらず漫然と素振りを行い、後方からの通行人に対する注意を欠いていたことなどの事実を認定したうえで、被告人の重過失を肯定した。

2．誤り。業務というためには、行為が他人の生命身体等に危害を加えるおそれのあるものであることが必要であるが、これを反復継続して行う場合には、行為の目的が、これによって収入を得るためであると、その他の欲望を満たすためであるとは問わず、娯楽のためのものであっても業務に含

まれる（最判昭33・4・18刑集12・6・1090）。本問ではXには業務上過失致死罪が成立する。

3．誤り。業務というためには、「社会生活上の地位に基づく行為」であることが必要であり、子供の教育、家事、飲食などの自然的ないし個人的な生活活動は業務に含まれない。したがって、母親が乳児に反復継続して授乳する行為は業務とはいえない（大判昭2・10・16刑集6・413）。

4．誤り。反復継続性が要求されるのは、反復継続して危険な事務を行う場合、通常と比較して死傷結果を惹起する可能性が大きいため、より高度の注意義務が課せられるからである。そうすると、反復継続する意思がある場合は、同様に業務者としての高度の注意義務を課すことが適当であるから、1回限りの行為であっても、将来反復継続する意思で行われる以上は業務にあたる（福岡高裁宮崎支判昭38・3・29判タ145・199参照）。

正解　1

過失の種類

刑
法

> **問題52**　以下の記述のうち、判例がある場合には判例に照らして、誤っ
> ているものを1つ選びなさい。
> 1．刑法38条1項ただし書は、刑法典に規定する過失犯は「法律に特
>   別の規定がある場合」に限り例外的に処罰されるにすぎないことを
>   明らかにしている。
> 2．過失犯の未遂は、処罰されない。
> 3．過失とは注意義務違反をいうが、過失犯の成否は、行為者が精神
>   の緊張を欠いていたため、結果発生を予見できたのに予見しなかっ
>   たという予見義務違反の有無のみで決まる。
> 4．業務上過失致死傷罪にいう「業務」とは、人が社会生活上の地位
>   に基づいて反復継続して行う行為であって、その行為が他人の生
>   命・身体等に危害を加えるおそれのあることを要する。業務者には
>   特別の注意義務が課せられているため、法定刑が通常の過失よりか
>   なり重い。

解説　本問は、過失犯に関する問題である。

1．正しい。刑法38条1項ただし書は、犯罪事実を認識しつつあえて行う積
極的な反規範的意思活動であるのに対して、過失は不注意という消極的な
反規範的意思活動であるため、責任が類型的に軽いことを根拠に、例外的
に処罰される趣旨を明らかにしている。現行刑法典には、①失火罪（刑
116条）、②過失激発物破裂罪（刑117条2項）、③業務上・重過失失火罪、
業務上・重過失激発物破裂罪（刑117条の2）、④過失建造物等浸害罪（刑
122条）、⑤過失往来危険罪・業務上過失往来危険罪（刑129条）、⑥過失傷
害罪（刑209条）、⑦過失致死罪（刑210条）、⑧業務上過失・重過失致死傷
罪（刑211条）の各規定が掲載されている。

2．正しい。判例・通説の立場である新過失論によれば無論のこと、旧過失
論の多数においても、過失犯の実行行為性を認め、結果と分けるので、理
論的には過失犯の未遂も成立しうることになる。しかし、そもそも、未
遂は例外処罰である（刑44条）ところ、立法者は、例外処罰の対象となる
過失犯の未遂処罰には消極な態度をとり、現行刑法典上は過失未遂の処罰
規定は存在しない。

3．誤り。たしかに旧過失論による過失犯の成否は責任要素として、行為者
に当該結果に対する具体的予見可能性が存在したのにこれを怠り予見しな
かった予見義務違反の有無が問われる。しかし、通説であり、判例の立場
に親和的な新過失論によると、過失犯の成否は、過失犯の構成要件該当性
判断において、通常人を前提とした客観的注意義務違反が問われ過失犯の

実行行為性が判断されるが、予見可能性を前提とした予見義務違反に加え、結果回避可能性を前提とした結果回避義務違反の有無が問われる。こうして、構成要件該当性の問題として客観的注意義務違反が認められると、「通常人」は行為者と同じ属性、知的能力を持つ者を想定しているため、責任要素としての主観的注意義務違反は期待可能性等を除き、検討する必要性は乏しい（最決昭42・5・25刑集21・4・584）。したがって、本肢は、判例の立場からは誤っている。

4．正しい。本肢は、最判昭33・4・18刑集12・6・1090に従った業務上過失致死傷罪における「業務」の意義である。なお、犯罪によって業務の内容が異なるため、その定義も若干異なる。たとえば業務上失火罪では「職務として火気の安全に配慮すべき社会生活上の地位」をいうと定義されている（最判昭60・10・21刑集39・6・362）。業務上過失の刑の加重理由についてはいくつかの見解があるが、判例は、「一定の業務に従事する者は、通常人に比し特別な注意義務あることは論を俟たない」としている（最判昭26・6・7刑集5・7・1236）。

正解 3

🔑過失犯

> **問題53**　信頼の原則に関する以下の記述のうち、判例・裁判例に照らして、正しいものを１つ選びなさい。
> 　1．相手方が交通法規に違反していることを認識していたとしても、信頼の原則は適用されうる。
> 　2．相手方が誰であっても、信頼の原則は適用される。
> 　3．行為者自身が交通法規違反をしていたとしても、信頼の原則は適用されうる。
> 　4．交通法規を守らずに通行する例がかなり多い状況であることがよく知られている場合であったとしても、信頼の原則は適用されうる。

解説　本問は、信頼の原則に関する問題である。

　信頼の原則とは、複数の者が関与する事務において、その事務に関与する者は、他の関与者が規則を守り、適切な行動をとることを信頼するのが相当な場合には、その関与者と自己の行為とがあいまって結果が発生したとしても、過失責任を問われないという原則をいう。信頼の原則が適用されるためには、①一方が他方の関与者の適切な行動を当てにして信頼することのできる社会的状況が成立していること、②実際に他方の関与者の適切な行動を信頼していたこと、③他人の適切な行動を信頼することが客観的に相当であることが必要である。

1．誤り。たとえば、被害者が酒に酔ってふらふらと自転車を走らせているというように、行為者が他の交通関与者の交通法規違反を認識している場合には、相手方の適切な行動を信頼する状況が存在しないのであるから、そのような状況に応じた注意を尽くすことが要求されるのであり、信頼の原則は適用されない（東京高判昭32・11・19東高刑時報8・12・402）。

2．誤り。他の交通関与者が交通法規に従って行動することができない場合には、行為者はその相手方の適切な行動を当てにして信頼する根拠が失われる。したがって、幼児、老人、身体障害者、酩酊者等、その心身上の事情から、異常な行動をとりがちな者であり、行為者がそのことを認識している場合には、信頼の原則を適用することはできない（大阪高判昭45・8・21高刑集23・3・577）。

3．正しい。行為者に違反行為がある場合であっても、その違反行為と結果との間に因果関係がない場合、違反行為が結果発生の危険性を増大させるとはいえない場合等、違反行為が結果発生の直接の原因となっていない場合には、信頼の原則は適用されうる（最判昭42・10・13刑集21・8・1097）。

4．誤り。事故発生の危険性が高い場所・状況など、他の交通関与者が交通法規を守らずに通行する例がかなり多いことがよく知られている状況にある場合には、関与者の適切な行動を当てにして信頼することができる社会的状況が成立していないといえる。したがって、たとえば人家の立ち並んでいる狭い道路で歩行者に衝突した場合には、信頼の原則は適用されない（大阪高判昭30・11・25高刑特2・23・1217）。

正解 3

刑
法

🔑 信頼の原則

問題54　違法性の意識を故意成立の要件とする見解を厳格故意説とよぶが、この見解に対する批判として、適切でないものを1つ選びなさい。

1．刑法38条3項本文が「法律を知らなかったとしても、そのことによって、罪を犯す意思がなかったとすることはできない」と規定しているのは、違法性の意識が故意成立の要件でないとしたものにほかならない。
2．責任の本質に関する道義的責任論を前提とするときは、行為者が違法とされる「事実」を認識したというだけでは、直ちに強い非難に値する心理状態があるとはいえず、故意責任を肯定することはできない。
3．犯人がその行為を適法と思ったというだけで直ちに故意が阻却される（せいぜい過失犯しか成立しない）とするのは、結論として妥当でない。
4．確信犯を処罰できないことにもなりかねず、また犯行の反復により違法性の意識が鈍麻・減弱した常習犯人には、規範意識が強い抵抗力をもつ初犯者より軽い非難しか加えることができないということになりかねない。

解説　本問は、違法性の意識と故意に関する問題である。

　肢1、3、4は、厳格故意説に対する批判としてしばしば指摘される。逆に、肢2は、違法性の意識を故意の要件とすることの根拠にあげられるところであり、むしろ厳格故意説の立場から主張されることである。したがって、肢2が正解となる。

　多数説は、違法性の錯誤のため行為が違法でないと信じていたとしても故意は阻却されないが、例外的な状況において、違法性の意識を欠いたことにつき「相当の理由」があるとき、言い換えれば、行為が法的に許されないことを知るのが不可能であった場合には、行為者を非難できず、責任は否定されるとする。たとえば、公的機関（たとえば警察庁や検察庁）の判断に従った場合や、最高裁判所の判例を信頼した場合等には、たとえ後になってやはり行為は違法だったとされても、違法性の意識の可能性がなかったとされる場合がある。

正解　2

違法性の意識と故意

問題55　つぎの〔事例〕に関する以下の文中のカッコ内に入る語の組み合わせとして、正しいものを1つ選びなさい。

〔事例〕
　映画監督Xは、性的な場面を含む映画を制作し、上映した。この映画の内容は、刑法175条1項の「わいせつ」にあたり、Xの行為は、客観的には同条項のわいせつ物公然陳列罪に該当するものであった。しかし、Xは、その映画が映画界の自主規制機関である映倫（映画倫理機構）の審査を通過したことから、同条項の「わいせつ」にあたらないと考えており、また、そのように考えてもやむをえなかった。

　厳格故意説は、故意が認められるためには、犯罪事実の認識に加えて、違法性の意識も必要であるとする。厳格故意説によれば、（　a　）。
　制限故意説は、故意が認められるために、違法性の意識は不要であるが、犯罪事実の認識に加えて、違法性の意識の可能性が必要であるとする。制限故意説によれば、（　b　）。
　責任説は、故意が認められるためには、犯罪事実の認識があれば足りるが、違法性の意識の可能性がなかったときは、責任が阻却されるとする。責任説によれば、（　c　）。
　違法性の意識不要説は、故意が認められるためには、犯罪事実の認識があれば足りるとしつつ、違法性の意識の可能性があったかどうかを責任阻却に関して考慮しない。違法性の意識不要説によれば、（　d　）。

　ア．Xには、わいせつ物公然陳列罪の故意が認められないため、同罪は成立しない
　イ．Xには、わいせつ物公然陳列罪の故意は認められるが、責任が阻却されるため、同罪は成立しない
　ウ．Xには、わいせつ物公然陳列罪の故意および責任が認められ、同罪が成立する

　1．a＝ア　　　b＝ア　　　c＝イ　　　d＝ウ
　2．a＝ア　　　b＝イ　　　c＝ウ　　　d＝ウ
　3．a＝ウ　　　b＝ウ　　　c＝イ　　　d＝ア
　4．a＝イ　　　b＝イ　　　c＝ア　　　d＝ア

解説　本問は、違法性の意識の可能性と故意に関する問題である。東京高判

昭44・9・17高刑集22・4・595（黒い雪事件）を素材にしたものである。

　Ｘには、わいせつ物公然陳列罪に該当する事実の認識はあるが、違法性の意識および違法性の意識の可能性はない。そのため、厳格故意説および制限故意説によれば、わいせつ物公然陳列罪の故意が否定されるため、Ｘには同罪は成立しない。したがって、ａとｂにはアが入る。責任説によれば、わいせつ物公然陳列罪の故意は認められるが、責任が阻却されるため、Ｘには同罪は成立しない。したがって、ｃにはイが入る。違法性の意識不要説によれば、わいせつ物公然陳列罪の故意および責任は否定されず、Ｘには同罪が成立する。したがって、ｄにはウが入る。

正解　1

✍️ 違法性の意識の可能性と故意

問題56　以下の文中のカッコ内に入る語の組み合わせとして、正しいものを１つ選びなさい。

　たとえ他のすべての責任要素があっても、ごく例外的な事情の下で、（　a　）を期待できなかったということで責任を否定する考え方のことを（　b　）の理論という。この理論を肯定することは、責任の本質を非難可能性という規範的判断に求めることを意味する。判断の標準をめぐっては、行為者標準説、平均人標準説、国家標準説が対立する。このうちの（　c　）に対しては、すべてを理解することはすべてを許すことになるという批判がある。

　1．a＝中止行為　　b＝違法性の錯誤　　c＝平均人標準説
　2．a＝適法行為　　b＝期待可能性　　　c＝行為者標準説
　3．a＝適法行為　　b＝違法性の錯誤　　c＝国家標準説
　4．a＝救助行為　　b＝期待可能性　　　c＝平均人標準説

解説　本問は、期待可能性に関する問題である。

　行為の当時の具体的事情の下で、行為者に他の「適法行為」への意思決定を期待することができないという理由で、他のすべての責任要素が備わっていてもなお責任を問いえない場合があるのではないか。これが「期待可能性」の問題である。期待可能性の欠如による責任阻却を肯定することは、責任の内容を故意・過失という心理的事実と同視せず、責任の本質を非難可能性という規範的判断に求めることを意味する。

　判断の標準をめぐっては、責任判断の標準を行為者本人に置くとき、「行為者標準説」を支持するのが理論的に首尾一貫している。もっとも、その人を基準にすると、すべての行為者を許すことになってしまうという批判がある。すなわち、行為者が普段から乱暴者であったというとき、その行為者であれば傷害に出たのも仕方なかったから責任が否定されるということになってしまうのではないかというのである。

　以上より、aには「適法行為」、bには「期待可能性」、cには「行為者標準説」が入る。したがって、肢２が正解となる。

正解　2

期待可能性

問題57　以下の文中のカッコ内にそれぞれ適切な語をあてはめたとき、aとfに入る語の組み合わせとして、正しいものを1つ選びなさい。

　未遂は、すでに実行の着手に至っている点で（　a　）と区別され、犯罪の完成に至っていない点で（　b　）と異なる。未遂の概念は、広義では（　c　）を含むが、狭義では（　d　）のみを指す。未遂の態様として、（　e　）と（　f　）とが区別される。前者は実行行為が終了しなかった場合であり、後者は実行行為は終了したが結果が発生しなかった場合である。

　　1．a＝予備　　　f＝実行未遂
　　2．a＝既遂　　　f＝中止未遂
　　3．a＝予備　　　f＝障害未遂
　　4．a＝既遂　　　f＝着手未遂

解説　本問は、未遂に関する問題である。

　未遂とは、犯罪の実行に着手したが、これを遂げなかった場合のことをいう（刑43条）。すでに実行の着手に至っている点で「予備」と区別され、犯罪の完成に至っていない点で「既遂」と異なる（aには「予備」、bには「既遂」が入る）。

　未遂が処罰されるとき、これを未遂犯というが、それは、広義では「中止未遂」を含み、狭義では「障害未遂」のみを指す（cには「中止未遂」、dには「障害未遂」が入る）。中止未遂は、行為者が自己の意思により犯罪を中止した場合のことであり（刑43条ただし書）、障害未遂は、中止未遂にあたらない通常の未遂のことである。

　未遂の態様として、着手未遂と実行未遂（終了未遂）とが区別される。前者は実行行為が終了しなかった場合（たとえば拳銃を構えたが、発砲するまでに至らなかったとき）であり、後者は実行行為は終了したが結果が発生しなかった場合（たとえば発砲はしたが弾丸が外れたとき）である。着手未遂と実行未遂の区別は、中止犯における中止行為の要件を考えるうえで実益を有する。すなわち、着手未遂については、実行行為の継続をただ中止するという不作為があれば中止行為と認められうるが、実行未遂については、生じようとしている結果の発生を防止するための積極的作為を必要とするのである（eには「着手未遂」、fには「実行未遂」が入る）。したがって、肢1が正解となる。

正解　1

未遂

> **問題58**　以下の記述のうち、判例・裁判例に照らして、正しいものを1つ選びなさい。
>
> 　1．Xは、深夜、時計店に窃盗目的で侵入したが、持っていた懐中電灯で店内を照らしたところ、店の奥に手提げ金庫があったので、足のつきやすい時計よりも現金を盗もうと思い金庫のほうに行きかけたところでたまたま店に戻った店主に見つかり、その場で現行犯逮捕された。Xには窃盗未遂罪は成立しない。
>
> 　2．Xは、殺意をもってAの身体を日本刀で切りつけたが、後で鑑定が行われた結果、Aはその直前にすでに死亡していたことが判明した。Xの行為は、死体に対する損壊行為であるから、殺人未遂罪にはあたらない。
>
> 　3．Xは、Aにクロロホルム（麻酔剤）を吸引させて失神させ、直ちに自動車ごと海中に転落させて溺死させようと考え、クロロホルムを吸引させる行為を開始した。Xにはこの段階で殺人未遂罪が成立する。
>
> 　4．Xは、Aに自動車を衝突させ、転倒させてその動きを止め、その場で直ちに刃物でAを刺し殺すという計画を立て、この計画に基づいてAに自動車を衝突させた。この段階では、未だ具体的な殺人行為がなされていないので、Xには殺人未遂罪は成立せず、傷害罪が成立するにとどまる。

解説　本問は、未遂犯の成否に関する問題である。

1．誤り。被告人が、被害者A方店舗内において、所携の懐中電灯により店内を照らしたところ、電気器具類が積んであることはわかったが、なるべく金をとりたいので自己の左側に認めた煙草売場のほうに行きかけた際、被害者らが帰宅し、被告人を発見して取り押さえようとしたAの胸部を所携の果物ナイフで突き刺して同人を死亡させ、被害者Bに傷害を負わせたという事案の上告審において、原判決が被告人に窃盗の着手行為があったものと認め、刑法238条の「窃盗」犯人にあたるものと判断したのは相当であるとされた（最決昭40・3・9刑集19・2・69）。

2．誤り。犯人が行為当時被害者の生存を信じていたばかりでなく、一般人をもってしてもそのように信ずるであろうと考えられる状況下において、殺意をもって人を殺害するに足る行為がなされた場合には、たとえ後日鑑定の結果、行為の寸前に被害者が死亡していたことが判明するに至ったとしても、行為の危険性から判断して死体損壊罪とすべきではなく、殺人未遂罪と認定するのが相当であるとされた（広島高判昭36・7・10高刑集14・

5・310)。

3．正しい。クロロホルムを吸引させて失神させた被害者を自動車ごと海中に転落させて溺死させようとした場合において、クロロホルムを吸引させて失神させる行為が自動車ごと海中に転落させる行為を確実かつ容易に行うために必要不可欠であり、失神させることに成功すれば、それ以降の殺害計画を遂行するうえで障害となるような特段の事情が存しなかったなどの事実関係の下では、クロロホルムを吸引させる行為を開始した時点で殺人罪の実行の着手があったと認められるとされた（最決平16・3・22刑集58・3・187）。

4．誤り。本肢のようなケースの場合、Xが自動車を被害者に衝突させた時点で殺人に至る客観的な現実的危険性が認められるから、その時点で殺人罪の実行の着手があったものと認められるとされた（名古屋高判平19・2・16判タ1247・342）。

正解 3

未遂犯の成否

問題59　以下の記述のうち、判例・裁判例がある場合には判例・裁判例の趣旨に照らして、正しいものを１つ選びなさい。
1．Ｘは、通行人に毒入りジュースを飲ませてこれを殺害する目的で、道路上に致死量を超える毒薬を混入させたペットボトル入りのジュースを置いた。Ｘには殺人罪の実行の着手が認められる。
2．Ｘは、強盗の目的で、通行人Ｖに道を尋ねることを装い、Ｖを人気のない路地に誘い込んだ。Ｘには強盗罪の実行の着手が認められる。
3．Ｘは、殺害の目的で、身体障がいで歩行困難な老人Ｖをだまして家から連れ出し、冬の夜遅く人家から離れ人気のない、積雪のある山中に自動車で連行し、車外に出たＶをその場に置き去りにした。この場合、Ｖをだまして家から連れ出した段階で、Ｘには殺人罪の実行の着手が認められる。
4．Ｘは、Ｖをだまして警察官になりすましたＹに現金を受け取らせる計画で、前日に詐欺の被害にあったＶに、警察官を装い、「被害金を取り返すためには、預金を下ろして現金化して警察に協力する必要があり、間もなく警察官がＶ宅を訪問する」との嘘の電話をかけた。Ｘには詐欺罪の実行の着手が認められる。

解説　本問は、実行の着手に関する問題である。
1．誤り。裁判例は、「殺人の目的で、毒入りジュースの袋を農道脇に分散配置した行為は殺人罪の予備であり、被害者等によって拾得飲用される直前に着手があ」るとしている（宇都宮地判昭40・12・9下刑集7・12・2189）。したがって、道路上にジュースを置いた段階では、殺人罪の実行の着手は認められない。
2．誤り。独立しても犯罪となる一定の手段を要件とする結合犯の場合、その手段である行為に着手した段階で結合犯全体についての実行に着手したといえる。強盗罪については、財物強取の目的で、その手段である暴行・脅迫行為を開始したときに実行の着手が認められる（最判昭23・6・26刑集2・7・748）。Ｘは、人気のない路地に誘い込んだだけで、暴行・脅迫行為を開始していないから、強盗罪の実行の着手は認められない。
3．誤り。不作為犯の場合、作為義務者が作為義務に違反した不作為により結果発生の現実的危険を惹起した段階で実行の着手が認められる。歩行困難な老人を問題文のような山中に連行したことにより作為義務が発生し、他人の救助の予想されない場所に放置することにより生命に対する現実的危険が発生したといえるから、だまして家から連れ出した段階ではなく、

　　山中に放置した段階で殺人罪の実行の着手を認めることができる（前橋地
　　高崎支判昭46・9・17判時646・105）。
4．正しい。このような嘘の内容は、犯行計画上、被害者が現金を交付する
　　か否かを判断する前提となるよう予定された事項に係る重要なものであ
　　り、被害者に現金の交付を求める行為に直接つながる嘘が含まれており、
　　被害者が現金を交付してしまう危険性を著しく高めるものといえるから、
　　問題文のような嘘を一連のものとして被害者に述べた段階において、被害
　　者に現金の交付を求める文言を述べていないとしても、詐欺罪の実行の着
　　手を認めることができる（最判平30・3・22刑集72・1・82）。

正解　4

実行の着手

問題60　未遂犯の処罰根拠に関する以下の文中のカッコ内に入る語の組み合わせとして、正しいものを1つ選びなさい。

　　（　a　）によれば、行為者の危険な性格を徴表するものとしての犯罪的意思が外部にあらわれれば直ちに処罰されるべきことになる。現在支配的な（　b　）の陣営の内部においては、法益に対する危険結果惹起の側面、すなわち（　c　）を重視する見解と、行為の規範違反性の側面、すなわち（　d　）を強調する見解とが対立している。

1. a＝主観的未遂論　　b＝客観的未遂論　　c＝結果無価値
   d＝行為無価値
2. a＝客観的未遂論　　b＝主観的未遂論　　c＝結果無価値
   d＝行為無価値
3. a＝主観的未遂論　　b＝客観的未遂論　　c＝行為無価値
   d＝結果無価値
4. a＝客観的未遂論　　b＝主観的未遂論　　c＝行為無価値
   d＝結果無価値

解説　本問は、未遂犯の処罰根拠に関する問題である。

　犯罪の本質に関する立場の相違は、未遂犯の処罰根拠をめぐる見解の相違となってあらわれる。主観主義の犯罪理論に基づいて「主観的未遂論」が主張されるが、それによれば、行為者の危険な性格を徴表するものとしての犯罪的意思が外部にあらわれれば直ちに処罰されるべきことになる（aには「主観的未遂論」が入る）。

　現在支配的な客観主義の立場からは「客観的未遂論」が主張されるが、その陣営の内部において、法益に対する危険結果惹起の側面（すなわち結果無価値）を重視する見解と、行為の規範違反性の側面（すなわち行為無価値）を強調する見解とが対立している。前者の見解によれば、未遂犯の処罰根拠は、法益侵害（または犯罪事実の実現）の現実的・客観的な危険が惹起されたところに求められる。これに対し、後者の立場からは、一般人の目からみて危険とされる規範違反行為が行われたことが処罰の理由として重視される（bには「客観的未遂論」、cには「結果無価値」、dには「行為無価値」が入る）。したがって、肢1が正解となる。

　以上のような基本的見解の相違が結論の違いとなってあらわれるのは、実行の着手時期をどう判断するかの問題と、可罰的な未遂犯と不可罰的な不能犯とをどう区別するかの問題においてである。

正解　1

未遂犯の処罰根拠

> **問題61**　以下の記述のうち、正しいものを１つ選びなさい。
> 　1．犯罪の実行に着手しない限りは、処罰されることはない。
> 　2．犯罪の実行に着手し、これを遂げなかった場合のすべてが、処罰されるわけではない。
> 　3．犯罪の実行に着手し、これを遂げなかったときは、刑を減軽しなければならない。
> 　4．自己の意思により犯罪を中止したときには、刑を免除しなければならない。

解説　本問は、未遂および予備の処罰に関する問題である。

　刑法は、一定の犯罪について、「犯罪の実行に着手し」たことを要件として、未遂を処罰する（刑43条）。さらに、重大な犯罪については、未遂に至る前の段階の行為を、予備として処罰する。

1．誤り。犯罪の未遂に至らない、犯罪の予備が処罰される場合がある（殺人予備罪〔刑201条〕、強盗予備罪〔刑237条〕等）。

2．正しい。未遂を罰する場合は、各本条で定める（刑44条）。

3．誤り。障害未遂（刑43条本文）では、刑が任意的に減軽されるにすぎない。

4．誤り。中止未遂（刑43条ただし書）では、刑が必要的に減軽または免除される。

正解　2

🔑 未遂および予備の処罰

問題62　以下の記述のうち、誤っているものを１つ選びなさい。
1．殺人予備罪は、殺人罪の実現を目的とした準備行為であり目的犯として規定されている。
2．強盗予備の中止に中止犯規定を準用した判例はない。
3．予備罪は、自分自身が実行する犯罪を実現するために行う自己予備行為のみが処罰される。
4．予備罪にあたる行為は、その目的とした犯罪が既遂犯・未遂犯で処罰されれば、その既遂犯・未遂犯に吸収されて評価され、予備罪として独立に処罰されることはない。

解説　本問は、予備罪に関する問題である。
1．正しい（刑201条）。予備罪は、他に、内乱予備（刑78条）、外患誘致・外患援助予備（刑88条）、私戦予備（刑93条）、放火予備（刑113条）、通貨偽造等準備（刑153条）、支払用カード電磁的記録不正作出準備（刑163条の４）、身の代金目的略取等予備（刑228条の３）、強盗予備（刑237条）がある。
2．正しい。最大判昭29・1・20刑集8・1・41は、「予備罪には中止未遂の観念を容れる余地のないものである」としており、その後も強盗予備の中止に中止犯規定を準用した判例は出ていない。これに対し、通説は、強盗予備罪や通貨偽造準備罪などについては、刑の免除規定が存在しないことから、中止未遂規定の準用を認めないと刑の均衡を失するとの理由から、予備罪に中止犯の規定を準用すべきであると解している。
3．誤り。予備罪には、自己予備行為のみならず、他人の犯罪を実現させるために行う他人予備行為がある。内乱予備、外患誘致、通貨偽造等準備、支払用カード電磁的記録不正作出準備の各罪は、他人予備もあわせて処罰される。
4．正しい。予備罪にあたる行為は、その目的とした犯罪が既遂罪・未遂罪で処罰される場合は、共罰的事前行為として、当該既遂罪・未遂罪に吸収され包括一罪となる。

正解　3

問題63　以下の文中のカッコ内に入る語の組み合わせとして、正しいものを１つ選びなさい。

　不能犯と未遂犯を区別する基準をめぐる学説は、主観的未遂論にたつものと、客観的未遂論にたつものに大別される。主観的未遂論にたつものとしては、意思の危険性が外部にあらわれたかどうかを基準とする（　ａ　）、仮に行為者の認識が真実であれば結果発生の危険があったかどうかを基準とする（　ｂ　）がある。これに対して、客観的未遂論にたつものとしては、一般人が認識しえた事情および特に行為者が認識していた事情を基礎として行為の時点にたって一般人の立場から危険性の有無を判断する（　ｃ　）、事後的に判明した事情も含めて行為時に存在したすべての事情を基礎として科学的見地から危険性の有無を判断する（　ｄ　）がある。（　ｃ　）は、（　ｅ　）と親和性があり、（　ｄ　）は、（　ｆ　）と親和性がある。

1．ａ＝主観説　　　　　ｆ＝結果無価値論
2．ａ＝抽象的危険説　　ｆ＝行為無価値論（違法二元論）
3．ｃ＝具体的危険説　　ｅ＝結果無価値論
4．ｃ＝客観的危険説　　ｅ＝行為無価値論（違法二元論）

解説　本問は、不能犯と未遂犯に関する問題である。

　不能犯とは、行為者は犯罪を実現しようと思って行為したが、結果を発生させることがおよそ不可能であるため、未遂犯の成立に必要とされる危険性が認められず、未遂犯が成立しない場合をいう。

　未遂犯と不能犯を区別する基準に関する学説は、未遂犯の処罰根拠を行為者の意思の危険性に求める主観的未遂論を出発点とする見解と、未遂犯の処罰根拠を行為の危険性に求める客観的未遂論を出発点とする見解に大きく分けられる。前者には、意思の危険性が外部にあらわれたかどうかを基準とする主観説（ａには「主観説」が入る）、仮に行為者の認識が真実であれば結果発生の危険があったかどうかを基準とする抽象的危険説（ｂには「抽象的危険説」が入る）がある。これに対して、客観的未遂論にたつものとしては、一般人が認識しえた事情および特に行為者が認識していた事情を基礎として行為の時点にたって一般人の立場から危険性の有無を判断する具体的危険説（ｃには「具体的危険説」が入る）、事後的に判明した事情も含めて行為時に存在したすべての事情を基礎として科学的見地から危険性の有無を判断する客観的危険説（ｄには「客観的危険説」が入る）がある。なお、現在では、客観

的危険説を基本としつつ、これを修正する見解（修正された客観的危険説とよばれる）が有力である。これは、結果が発生しなかった原因を解明し、事実がどのようなものであれば結果が発生しえたかを科学的に明らかにしたうえで、結果をもたらしたはずの仮定的事実が存在しえたかを判断するものである。

　具体的危険説は、行為の時点を基準に危険性の有無を判断する点（事前判断）や、行為者の認識を考慮に入れる点に特徴があることから、行為無価値論（違法二元論）と結びつきやすい（ e には「行為価値論（違法二元論）」が入る）。一方、客観的危険説は、行為後に判明した事実をもとに科学的に危険性の有無を判断する点に特徴があり、結果無価値論から主張されることが多い（ f には「結果無価値論」が入る）。

刑

法

正解　1

不能犯と未遂犯

問題64　以下の記述のうち、誤っているものを１つ選びなさい。

1．抽象的危険説によれば、Ｘが人を殺そうとして、人に砂糖を混ぜた飲み物を飲ませたときであっても、人を死亡させるおそれのある毒薬を混ぜた飲み物であるとＸが勘違いをしていた場合には、殺人未遂罪の成立が認められる。

2．具体的危険説によれば、Ｘが人を殺そうとして、人に砂糖を混ぜた飲み物を飲ませたときであっても、人を死亡させるおそれのある毒薬を混ぜた飲み物であるとＸが勘違いをしていた場合には、殺人未遂罪の成立が認められることがある。

3．判例に照らすと、Ｘが人を殺そうとして、人に硫黄の粉末を混ぜた飲み物を飲ませたときであっても、殺人未遂罪の成立が認められることがある。

4．判例に照らすと、Ｘが人の金品をとろうとして、人のズボンのポケット（実はカラであった）に手を突っ込んだときであっても、窃盗未遂罪の成立が認められることがある。

解説　本問は、不能犯に関する問題である。

1．正しい。行為者の認識した事情を基礎に、一般人を基準として危険性を判断する抽象的危険説（主観的危険説）にたつと、人を死亡させるおそれのある毒薬を混ぜた飲み物を飲ませるという認識を基礎に、一般人を基準として危険性を判断することとなり、危険性が肯定される。よって、本肢の場合、殺人未遂罪の成立が認められる。

2．正しい。行為時において一般人が認識しえた事情と行為者が特に認識していた事情を基礎に、一般人を基準として危険性を判断する具体的危険説によれば、人を死亡させるおそれのある毒薬を混ぜた飲み物を飲ませると行為者が勘違いしているだけでなく、そのようなことを一般人が認識しえた場合には、人を死亡させるおそれのある毒薬を混ぜた飲み物を飲ませるという事実を基礎に、一般人を基準として危険性を判断することとなり、危険性が肯定される。よって、殺人未遂罪の成立が認められることがある。

3．誤り。判例は、硫黄の粉末を飲食物等に混入し服用させて人を毒殺しようとした場合について、その方法では、殺害の結果を惹起することは「絶対ニ不能」であるとし、殺人罪としては不能犯であるとした（大判大6・9・10刑録23・999）。よって、殺人未遂罪の成立は認められない。

4．正しい。判例は、通行人を引き倒してその懐中物を奪取しようとした場合、通行人が懐中物を所持することは、「普通予想シ得ヘキ事実ナレハ」、たまたま被害者が懐中物を所持していなかったとしても、強盗未遂罪を構成するとした（大判大3・7・24刑録20・1546）。よって、本肢の場合、窃盗未遂罪の成立が認められることがある。

正解 3

🔑不能犯

> **問題65**　中止犯に関する以下の記述のうち、正しいものを１つ選びなさい。
> 　１．犯罪の実行に着手した犯人が、後悔し、結果発生防止のために最大限の努力をしたが、結果が発生した場合、中止犯は成立せず、通常の未遂犯が成立する。
> 　２．中止犯が成立した場合、必ず刑を免除しなければならない。
> 　３．放火の実行に着手した犯人が、新聞配達員が近づいてきたことに気づき、放火の発覚を恐れて消火したため、放火未遂にとどまった場合、判例によれば、中止犯が成立する。
> 　４．放火の実行に着手した犯人が近隣住民に「火事だ」と叫んで走り去った後、近隣住民が消火したため、放火未遂にとどまった場合、中止犯は成立しない。

解説　本問は、中止犯に関する問題である。

１．誤り。中止犯（刑43条ただし書）は、未遂犯の規定（刑43条）の中に定められていることからも明らかなように、未遂犯の一種であり、一般に、結果が発生して犯罪が既遂に達した場合には成立しないと解されている。この点では、本肢の記述は正しい。しかし、既遂に達した場合には通常の未遂犯も成立しない。この点で、本肢の記述は誤り。

２．誤り。中止犯の法的効果は、刑の必要的減軽または免除である（刑43条ただし書）。

３．誤り。判例は、夜明けによる放火の発覚を恐れて犯罪を中止した場合、「自己の意思により」中止したとはいえず、中止犯は成立しないとしている（大判昭12・9・21刑集16・1303）。このように犯行の発覚を恐れて犯罪を中止した場合には中止犯は成立しないとする判例の立場からは、本肢の事例についても、中止犯は成立しない。

４．正しい。実行未遂の場合、すなわち、実行の着手があり、放置しておけば結果が発生する危険があった場合に「中止した」といえるためには、一般に、結果防止のための適切な措置を講ずることが必要とされる。そして、この措置は、単独で行われる必要はないが、自ら防止したのと同視しうること（判例は、これを「真摯な努力」とよんでいる）が必要とされている。たとえば、殺人の実行に着手して瀕死の重傷を負わせた場合、救命のための医療措置を自ら講ずることは必要でないが、救急車を呼ぶなどして被害者を病院へ運び、医師による手術を受けさせることが必要とされている。これに照らすと、単に「火事だ」と叫んで走り去っただけでは自ら消火したのと同視することはできず、「中止した」とはいえないことになる（大判昭12・6・25刑集16・998）。

正解　4

🔑中止犯

問題66　中止犯に関する以下の記述のうち、正しいものを１つ選びなさい。

1. ＸとＹが殺人を共謀し、この共謀に基づいてＹが殺人の実行に着手したが、Ｙが自己の意思により殺人を中止したため、殺人は未遂にとどまった。この場合、Ｙに中止犯が成立するが、ＸとＹは共同正犯の関係にあるので、Ｘにも中止犯が成立する。

2. Ｘは、強盗の目的で、凶器を携えて強盗先の住居に赴いたが、強盗の実行に着手する前に、自己の意思により強盗を中止した。この場合、Ｘに強盗予備罪が成立するが、判例によれば、中止犯の規定は予備罪にも適用されるので、Ｘに中止犯が成立する。

3. Ｘは、殺意をもって相手に包丁で切りかかり、瀕死の重傷を負わせたが、苦しむ相手の姿を見て反省し、直ちに救急車を呼んで病院で治療を受けさせたため、相手は一命をとりとめた。この場合、Ｘが救急車を呼ぶなどした行為は中止行為にあたるが、相手が苦しんでいたという外部的事情がきっかけとなっているので、自己の意思により中止したとはいえず、Ｘに中止犯は成立しない。

4. Ｘは、殺意をもって相手に包丁で切りかかったが、軽い切り傷を負わせるにとどまった。この場合、Ｘが相手が軽傷であることを知りつつ自己の意思により続けて切りかかることをせずに立ち去れば、Ｘに中止犯が成立する。

解説　本問は、中止犯に関する問題である。

1. 誤り。中止犯は、自己の意思により犯罪を中止した者にしか成立しない。

2. 誤り。判例によれば、中止犯の規定は予備罪には適用されない（最大判昭29・1・20刑集8・1・41）。

3. 誤り。外部的事情がきっかけとなっただけで、「自己の意思により」（任意性）の要件が充たされないことにはならない。外部的事情がきっかけであったとしても、反省して中止したのであれば、「自己の意思により」中止したといえる場合がある。たとえば、福岡高判昭61・3・6高刑集39・1・1は、大量の流血を見て驚愕すると同時に大変なことをしたと思い中止した殺人未遂の事案について、通常人であれば同様の中止行為に出るとは限らないことに加え、大変なことをしたとの思いには反省悔悟の情が込められていると考えられることも挙げて、任意性を肯定している。なお、最決昭32・9・10刑集11・9・2202は、被害者の苦しむ様子を見て驚愕恐怖し殺害を続行しなかった事案について、任意性を否定したが、それは、被告人からの悔悟の念があったとの主張を斥けた上での判断であり、反省の気持ちがあったのに任意性を否定したというものではない。

4. 正しい。放置しても結果が発生する危険性がない場合には、それ以上の行為をしないという不作為であっても、中止行為にあたる。

正解　4

🔑中止犯

> **問題67**　Ｘが、12歳のＡに対して、Ｂの財物を盗み取るよう命じて、Ａがこれを実行した。この場合に関する以下の記述のうち、判例の趣旨に照らして、正しいものの組み合わせを１つ選びなさい。
>
> 　ア．Ｘは刑事未成年者であるＡに命じて窃盗を実行させているが、常にＸに窃盗罪の間接正犯が成立するとは限らない。
> 　イ．Ａに窃盗罪の故意と是非弁別能力がある以上、ＸがＡを一方的に道具のように利用する余地はなく、Ｘには窃盗罪の間接正犯は成立しえない。
> 　ウ．Ｘに窃盗罪の間接正犯が成立しないときには、ＸにはＡとの間で窃盗罪の共同正犯が成立しうる。
> 　エ．Ａは刑事未成年者であるから、ＸにはＡとの間で窃盗罪の共同正犯が成立する余地はない。
>
> 　1．アウ　　　2．アエ　　　3．イウ　　　4．イエ

解説　本問は、間接正犯と共同正犯に関する問題である。

　刑事未成年者など責任能力のない者に犯罪を実行させた場合に、間接正犯が成立することがある。しかし、刑事未成年者が故意や是非弁別能力を有する場合には、通常、その刑事未成年者を一方的に道具のように利用したとはいえないため、責任能力のない者に命じて犯罪を行わせたからといって、常に間接正犯が成立するわけではない（アは正しい）。もっとも、刑事未成年者に故意や是非弁別能力があったとしても、その意思を抑圧して犯罪を行わせたときには、間接正犯が成立しうる（イは誤り）。最決昭58・9・21刑集37・7・1070は、自己の日頃の言動に畏怖し意思を抑圧されている12歳の養女を利用して窃盗を行ったとして、被告人に窃盗罪の間接正犯の成立を認めている。

　間接正犯の成立が否定されたときには、共同正犯や狭義の共犯が成立する可能性がある（ウは正しい）。最決平13・10・25刑集55・6・519は、被告人が12歳の長男に指示命令して強盗を行わせた事案について、長男が自らの意思により強盗の実行を決意した上、臨機応変に対処して強盗を完遂したとして、被告人に強盗罪の間接正犯の成立を否定し、共同正犯の成立を認めた。この場合、被告人と長男の行為は、強盗罪の共同正犯の構成要件に該当し、違法であるが、長男についてのみ責任阻却が認められ、その結果、被告人に強盗罪の共同正犯が成立することになる（エは誤り）。

正解　1

🔑間接正犯と共同正犯

> **問題68**　以下の記述のうち、正しいものを１つ選びなさい。
> 　１．共謀者のうちの誰も実行に出なかったとしても、共謀の事実さえあれば、共同正犯が成立する。
> 　２．共犯が成立するためには正犯に構成要件該当性と違法性がなければならないとする見解をとれば、間接正犯の成立が肯定される余地はなくなる。
> 　３．従犯を教唆した者には、教唆犯の刑が科される。
> 　４．窃盗を教唆したところ、被教唆者が強盗を行った場合、教唆者には強盗の教唆犯ではなく、窃盗の教唆犯が成立する。

解説　本問は、共犯の従属性・教唆犯に関する問題である。

１．誤り。共同正犯が成立するためには、共謀の事実があっただけでは足りず、共謀者のうちの少なくとも１人が実行に着手することが必要である。

２．誤り。間接正犯は正犯の一種であるから、その成否は、共犯の成否よりも先に、かつ、それとは別に論じるのが原則である。したがって、共犯の成立要件についてどのような見解をとったとしても、間接正犯の成立要件が満たされる場合には、間接正犯が成立する。

３．誤り。従犯を教唆した者には、従犯の刑が科される（刑62条２項）。なお、従犯を幇助した場合（間接幇助）については明文規定がないが、判例は従犯の成立を認める（最決昭44・7・17刑集23・8・1061）。

４．正しい。共犯が認識した事実と正犯が実現した事実との間に錯誤が生じた場合を共犯の錯誤といい、錯誤に陥った共犯に何罪の共犯が成立するかが問題となる。故意の成否の問題は、基本的に単独犯の錯誤論を用いて解決される。異なった構成要件間の錯誤（抽象的事実の錯誤）の場合には、両者の構成要件が実質的に重なり合っている限度で故意が認められ、その犯罪の共犯が成立する。本肢の事例の場合、窃盗罪の構成要件と強盗罪の構成要件とは軽い窃盗罪の限度で実質的に重なり合っているので、教唆者には窃盗罪の教唆犯が成立する（最判昭25・7・11刑集4・7・1261）。

正解　4

🔑共犯の従属性・教唆犯

問題69　共同正犯に関する以下の記述のうち、判例・裁判例の趣旨に照らして、誤っているものを１つ選びなさい。

1．Xが傷害の意思でAに暴行を加えて骨折させた後、YがXと意思を通じ共同してAに暴行を加えたが、XとYが共同して加えた暴行からは新たな傷害の結果は発生しなかった。XとYには傷害罪の共同正犯が成立する。

2．XがAから現金をだまし取ろうと企て、Aの息子を装ってAに電話をかけ、指定の場所に現金を送付するよう指示した後、YがXと意思を通じ、Aから送付された現金を指定の場所で受領した。XとYには詐欺罪の共同正犯が成立する。

3．Aに傷害を加えようと決意したXは、Yを誘い、Yと共同してAに竹刀で暴行を加えた後、傷害の結果が発生していない状況で、未だ傷害の意思を有するYに対し、「おれ帰る」とだけ言い残し、その竹刀を現場に置いたまま立ち去ったところ、Yは、犯意を継続し、その竹刀でAに暴行を加えて打撲傷を負わせた。XとYには傷害罪の共同正犯が成立する。

4．Xは、Aの殺害を決意したYと意思を通じて、Aの殺害に使用するための青酸ソーダを用意し、Yに渡したが、Yは、その青酸ソーダを使用するには至らなかった。XとYには殺人予備罪の共同正犯が成立する。

解説　本問は、共同正犯の諸問題に関する問題である。

1．誤り。本肢は、先行者が暴行により傷害の結果を惹起した後、後行者が先行者と意思を通じ暴行を加えたという傷害罪の承継的共同正犯の事例である。最決平24・11・6刑集66・11・1281は、後行者の共謀およびそれに基づく行為が、共謀加担前に既に生じていた傷害結果と因果関係を有することはないとして、傷害罪の承継的共同正犯を否定した。

2．正しい。本肢は、先行者が欺罔行為を行った後、後行者が先行者と意思を通じ、被害者の交付した物を受領したという詐欺罪の承継的共同正犯の事例である。最決平29・12・11刑集71・10・535は、詐欺を完遂するうえで欺罔行為と一体のものとして予定されていた受領行為に後行者が関与したとして、詐欺未遂罪の承継的共同正犯を認めた。このような理解からは、本肢の事例でも詐欺罪の承継的共同正犯が認められる（東京高判平30・3・20高検速報平成30・120）。

3．正しい。本肢では、Xが犯行の途中で現場から立ち去っているが、共犯関係の解消は認められず、XとYには傷害罪の共同正犯が成立する。最決

刑

法

平元・6・26刑集43・6・567は、本肢と類似の事例（残余者が被害者を死亡させた点で異なる）で、共犯関係の解消を否定した。従前の行為の物理的・心理的な因果性を遮断したときに共犯関係の解消が認められるとの前提に立ち、残余者により暴行が行われる危険のある状態のまま立ち去っているため、従前の行為の因果性が遮断されていないとしたものと考えられる。

4．正しい。判例（最決昭37・11・8刑集16・11・1522）は、予備罪の共同正犯を肯定している。学説としては、予備罪の共同正犯を認める肯定説、認めない否定説、私戦予備罪（刑93条）のような独立予備罪については共同正犯を認め、殺人予備罪（刑201条）などの従属予備罪については共同正犯を否定する二分説が主張されている。

正解 1

共同正犯の諸問題

刑

法

問題70　共同正犯に関する以下の記述のうち、判例に照らして、正しいものを１つ選びなさい。

　　1．刑法60条の解釈として、実行行為の一部を分担しない者でも、共同正犯となりうる。

　　2．刑法60条の解釈として、過失犯や結果的加重犯の共同正犯は一切認められない。

　　3．刑法60条の解釈として、各自の間に同一の構成要件を実現しようとする意思がなければならず、たとえば、殺人の故意のある犯人と傷害の故意しかない犯人とではおよそ共同正犯にはなりえない。

　　4．刑法60条における「すべて正犯とする」という趣旨は、たとえば、ＸとＹが合意のうえで共同してＡを殺害すべく発砲したところ、Ｘの弾丸だけが命中してＡが死亡し、Ｙの弾丸は命中しなかったという場合、Ｙは殺人罪の未遂にしかならないということである。

〔参照条文〕刑法

（共同正犯）

第60条　２人以上共同して犯罪を実行した者は、すべて正犯とする。

解説　本問は、共同正犯に関する問題である。

1．正しい。共謀共同正犯を否定する見解は、各共同者が刑法43条にいう実行行為を遂行しなければならないと解する。これに対して、共謀共同正犯を肯定する見解は、各共同者は必ずしも同条の実行行為を遂行する必要はなく、共同者の１人がそれを遂行すれば足りると解する。したがって、各共同者の行為は同条の実行である必要はないという意味で、刑法60条の「実行」は（共謀）共同正犯に固有の概念といえることになる。

2．誤り。過失犯の共同正犯を認めることができるか否かについて、大審院時代の判例は一般にこれを否定していたが、最判昭28・1・23刑集7・1・30によって肯定説が採用され、その後下級審において過失共同正犯を肯定する判例があらわれている。学説上、犯罪共同説によれば否定され、行為共同説によれば肯定されるという図式から、現在では、犯罪共同説からも、「共同義務の共同違反」という基準によって肯定説が導かれるようになっている（「共同義務の共同違反」を過失共同正犯の成立要件とした判例として、最決平28・7・12刑集70・6・411）。いずれにせよ、過失犯が含まれないわけではない。なお、結果的加重犯の共同正犯については、判例はこれを認めている。

3．誤り。同一構成要件の行為を共同しなければ共同正犯とならないと解す

　　る完全犯罪共同説はもはや過去の学説であり、現在では、異なる構成要件
　　に該当する行為であっても、構成要件的に重なり合う場合にはその限度で
　　共同正犯が認められると解するのが判例・通説である（部分的犯罪共同説）。
　　これに対して、異なる構成要件でも共同正犯を肯定するのが行為共同説で
　　あるが、これも構成要件的に枠づけをする実行行為共同説が有力になると
　　ともに、判例はこの立場であるとする見解もある。
4．誤り。共同正犯の法的効果は、一部実行の全部責任であり、各自は共同
　　の実行行為によって発生した事実の全部について正犯としての責任を負う
　　ことである。したがって、この場合、同時犯であれば、Xは殺人既遂、Y
　　は殺人未遂となるが、共同正犯であるならば、XもYも殺人罪の既遂とな
　　る。

正解　1

共同正犯

問題71　幇助犯に関する以下の記述のうち、判例がある場合には判例に照らして、正しいものの組合せを１つ選びなさい。
　ア．正犯を幇助した者には、正犯の刑を科する。
　イ．従犯とは、他人の犯罪に加功する意思をもって、有形、無形の方法によりこれを幇助し、他人の犯罪を容易にすることである。
　ウ．Ｘが、殺人行為をしようとする決意をしたＡを激励してその決意を強固にした場合、Ａがその決意を実行し殺人未遂罪を犯したとしても、Ｘには殺人未遂罪の幇助犯は成立しない。
　エ．幇助行為は、犯罪の遂行に必要不可欠な助力を与えることを必要としない。

〔参照条文〕刑法
（幇助）
第62条　正犯を幇助した者は、従犯とする。
2　（略）

1．アウ
2．アエ
3．イウ
4．イエ

解説　本問は、幇助犯に関する問題である。
ア．誤り。正犯を幇助した者は、従犯とする（刑62条１項）。従犯の刑は、正犯の刑を減軽する（刑63条）と規定されている。
イ．正しい。判例によれば、従犯とは、他人の犯罪に加功する意思をもって、有形、無形の方法によりこれを幇助し、他人の犯罪を容易ならしめることである（最判昭24・10・1刑集3・10・1629、最決平23・12・19刑集65・9・1380、最決平25・4・15刑集67・4・437）。
ウ．誤り。判例は、Ｘが、Ａから殺人行為をしようとする決意を聞き、Ａを激励してその決意を強固にし、Ａにおいてその決意を実行し殺人未遂罪を犯した以上、Ｘは精神的にＡの犯行を幇助したとして、殺人未遂罪の幇助犯の成立を是認した（大判昭7・6・14刑集11・797）。
エ．正しい。判例は、「幇助行為アリトスルニハ犯罪アルコトヲ知リテ犯人ニ犯罪遂行ノ便宜ヲ与ヘ之ヲ容易ナラシメタルノミヲ以テ足リ其遂行ニ必要不可欠ナル助力ヲ与フルコトヲ必要トセス」として、賭博場開張罪の幇助犯の成立を是認した（大判大2・7・9刑録19・771）。

正解　4

幇助犯

問題72　以下の事例のうち、刑法65条2項が適用されないものを1つ選びなさい。

　1．Xは、友人Yを教唆して、Yの実子A（1歳）を山に運んで遺棄させた。

　2．Xは、友人Yを教唆して、YがYの実父Aから預かって保管していた財物を横領させた。

　3．妊娠中の女性Aの依頼を受けたXは、医師Yと共謀のうえ、YにおいてAに堕胎手術を実施して堕胎させた。

　4．占有者ではないXは、他人の財物を業務上保管するYを教唆して、その財物を横領させた。

〔参照条文〕刑法
　（身分犯の共犯）
第65条　犯人の身分によって構成すべき犯罪行為に加功したときは、身分のない者であっても、共犯とする。
2　身分によって特に刑の軽重があるときは、身分のない者には通常の刑を科する。

解説　本問は、共犯と身分に関する問題である。

　判例・多数説によれば、刑法65条1項は真正身分犯（構成的身分犯）について身分の連帯的作用を規定したものであり、非身分者が身分者の行為に加功したときは、非身分者といえども身分犯の共犯として処罰される。また、同条2項は不真正身分犯（加減的身分犯）について身分の個別的作用を規定したものであり、非身分者が身分者の行為に加功したときは、非身分者は通常の犯罪の共犯として処罰される。

1．適用される。Yは幼年者であるAの実親であるから、保護責任者であり、山に運んで遺棄する行為は保護責任者遺棄罪（刑218条）を構成する。保護責任者遺棄罪は遺棄罪（刑217条）の加重類型である不真正身分犯であるから、保護責任者の身分のないXには、刑法65条2項により、遺棄罪の教唆犯が成立する。

2．適用されない。Yは実父Aの委託に基づく財物の占有者であり、Yの行為は横領罪（刑252条1項）を構成する。横領罪は真正身分犯であるから、占有者の身分のないXには、刑法65条1項により、横領罪の教唆犯が成立する。

3．適用される。医師Yは、Aの依頼を受けて堕胎をさせたのであるから、業務上堕胎罪（刑214条）が成立する。業務上堕胎罪は同意堕胎罪（刑213条）

の加重類型である不真正身分犯であるから、医師の身分のないXには、刑法65条2項により、同意堕胎罪の共同正犯が成立する。

4．適用される。他人の財物を業務上占有するYには業務上横領罪（刑253条）が成立する。横領罪は非占有者との関係においては真正身分犯であるから、刑法65条1項により非占有者であるXは横領罪の教唆犯となり、また、業務上横領罪は業務者でない占有者との関係においては不真正身分犯であるから、刑法65条2項により業務上の占有者であるYにのみ業務上横領罪が成立し、結局、Xには横領罪の教唆犯が成立する。なお、判例（最判昭32・11・19刑集11・12・3073）の考え方によれば、Xには刑法65条1項により業務上横領罪の教唆犯が成立し、刑法65条2項により横領罪の限度で刑が科せられる。

刑

法

正解 2

共犯と身分

問題73　以下の文中のカッコ内に入る語あるいは文の組み合わせとして、正しいものを1つ選びなさい。

　（　a　）とは、1つの犯罪事実につき適用可能にみえる罰条が複数あるが、各罰条の論理的な関係により、一罪とすべき場合をいう。たとえば、（　b　）。また、（　c　）とは、1個の行為が2個以上の罪名に触れ、構成要件該当性が2回以上認められる場合をいう。たとえば、（　d　）。

　1．a＝法条競合
　　　b＝横領罪と業務上横領罪の関係のような場合をいう
　　　c＝観念的競合
　　　d＝1発の弾丸で2人を殺したような場合をいう
　2．a＝観念的競合
　　　b＝横領罪と業務上横領罪の関係のような場合をいう
　　　c＝法条競合
　　　d＝1発の弾丸で2人を殺したような場合をいう
　3．a＝法条競合
　　　b＝1発の弾丸で2人を殺したような場合をいう
　　　c＝観念的競合
　　　d＝業務上占有する他人の物を横領したような場合をいう
　4．a＝観念的競合
　　　b＝1発の弾丸で2人を殺したような場合をいう
　　　c＝法条競合
　　　d＝業務上占有する他人の物を横領したような場合をいう

解説　本問は、法条競合と観念的競合に関する問題である。
　法条競合とは、1つの犯罪事実につき適用可能にみえる罰条が複数あるが、各罰条の論理的な関係により、一罪とすべき場合をいう。たとえば、殺人罪（刑199条）と同意殺人罪（刑202条）、横領罪（刑252条）と業務上横領罪（刑253条）の関係のような場合をいう。一方、観念的競合とは、1個の行為が2個以上の罪名に触れ、構成要件該当性が2回以上認められる場合をいう。たとえば、1発の弾丸で2人を殺した場合、2個の殺人罪が成立し、警察官に対して暴行による傷害を加えて、その職務の執行を妨害したときは、傷害罪（刑204条）と公務執行妨害罪（刑95条）が成立し、それぞれ観念的競合となる。
　よって、a＝法条競合、b＝横領罪と業務上横領罪の関係のような場合をいう、c＝観念的競合、d＝1発の弾丸で2人を殺したような場合をいう、が入り、正解は1である。

正解　1

🔑法条競合と観念的競合

問題74　以下の文中のカッコ内に入る語の組み合わせとして、誤っているものを１つ選びなさい。

　牽連犯とは、（　a　）罪に引き続いて（　b　）罪を犯した場合のように、数個の行為がそれぞれ構成要件に該当し、数個の犯罪を構成するが、各犯罪の間に、通常、手段と目的、または、原因と結果という１個の行為に準ずる密接な関係があることから、刑を科すうえで一罪として扱われる場合をいう。

1．a＝住居侵入　　　　　b＝窃盗
2．a＝殺人　　　　　　　b＝死体遺棄
3．a＝公文書偽造　　　　b＝偽造公文書行使
4．a＝偽造私文書行使　　b＝詐欺

解説　本問は、科刑上一罪に関する問題である。

　刑法54条１項は、科刑上一罪について定める。この規定は、「１個の行為が２個以上の罪名に触れ」、または「犯罪の手段若しくは結果である行為が他の罪名に触れ」るときは、「その最も重い刑により処断する」とする。「１個の行為が２個以上の罪名に触れ」る場合を観念的競合、「犯罪の手段若しくは結果である行為が他の罪名に触れ」る場合を牽連犯という。

　牽連犯であるためには、数個の犯罪が、犯罪の通常の形態として手段または結果の関係にあると認められることが必要であり、一般に、住居侵入罪と放火罪、住居侵入罪と不同意性交等罪、住居侵入罪と殺人罪、住居侵入罪と窃盗罪、住居侵入罪と強盗罪は、牽連犯の関係にたつとされている。また、文書偽造罪と偽造文書行使罪、偽造文書行使罪と詐欺罪も牽連犯の関係にたつとされている。これに対して、放火罪と保険金の詐欺罪（大判昭5・12・12刑集9・893）、殺人罪と死体遺棄罪（大判明44・7・6刑録17・1388）は、牽連犯の関係にあることが否定されている。

　したがって、牽連犯とならない組み合わせは肢2であり、本肢が正解となる。なお、かつて牽連犯とされていた監禁罪と恐喝罪（大判大15・10・14刑集5・456）は、判例が変更され、牽連犯の関係にはないとされた（最判平17・4・14刑集59・3・283）。

正解　2

科刑上一罪

> **問題75**　以下の記述のうち、正しいものを１つ選びなさい。
> 1. Ｘは、Ａの住宅に放火し、Ａ宅の他に近隣のＢ、Ｃの住宅も全焼させた。Ｘには３つの現住建造物放火罪が成立する。
> 2. Ｘは、Ａを毒殺する故意で、10月１日にＡの飲み物に毒物を入れたが失敗に終わり、それから３ヵ月のうちに３度毒殺を試みたが失敗し、最後に翌年２月にピストルでＡを射殺した。Ｘには４つの殺人未遂罪と１つの殺人罪が成立し、併合罪となる。
> 3. 賭博常習者Ｘは、高校野球やプロ野球の勝ちチームに金銭を賭ける賭博を１ヵ月のうちに10回にわたって行った。Ｘには10個の賭博罪が成立する。
> 4. ＸはＡから郵便貯金通帳を盗み、その通帳を郵便局で係員に提示して貯金の払戻しを受けた。Ｘには窃盗罪と詐欺罪が成立し、併合罪となる。

解説　本問は、包括一罪に関する問題である。
1. 誤り。放火罪の主たる保護法益は公共の安全であり、個人の財産は従たる保護法益にとどまる。したがって、１個の公共の危険を発生させたにすぎない場合は、実質的には法益侵害の危険性は１個であるから、包括して１個の現住建造物放火罪（刑108条）が成立する。
2. 誤り。同一の構成要件に該当する行為が時間的・場所的に連続しており、同一法益の侵害に向けられた単一の犯意に基づく場合を連続犯といい、各行為は包括して一罪とされる。したがって、同一の殺意に基づいて連続して行われた殺害行為の場合は、包括して１個の殺人罪が成立する（大判昭13・12・23刑集17・980）。
3. 誤り。常習賭博罪（刑186条１項）は、賭博行為をする者が常習性を有する場合に刑を加重するために設けられた構成要件であり、反復的賭博行為を予定する犯罪である。したがって、賭博常習者であるＸが複数回賭博行為を行っても、各行為は常習賭博罪の構成要件によって包括して評価され、１個の常習賭博罪が成立する。
4. 正しい。犯罪の完成後にその犯罪にともなう違法状態が継続する状態犯において、その違法状態のなかに通常含まれている行為であるために、すでに当該の構成要件によって評価し尽くされている行為を不可罰的（共罰的）事後行為という。この場合、事後行為は先行行為に包括されて別罪は成立しない。たとえば、窃盗犯人が盗んだ盗品を保管、運搬、有償処分のあっせんをしても、盗品関与罪（刑256条）は成立しない。不可罰的（共罰的）事後行為というためには、（１）事後行為が先行行為にともなう違法状態に通常含まれること、（２）新たな法益侵害をともなわないことが必要である。盗んだ郵便貯金通帳を用いて係員から貯金の払戻しを受ける行為は、郵便貯金通帳の窃盗罪に包含されるものではないから、別に詐欺罪が成立する。

正解　4

問題76　以下の文中のカッコ内に適切な語をあてはめたとき、cに入る語として、正しいものを1つ選びなさい。

　人の出生時期の問題は、どの時点から人は人として刑法的に保護されるのかの問題である。出生以前の（　a　）を殺しても（　b　）にしかならない。出生以後の人に対する加害行為については殺人罪、傷害罪等によって重くかつかなり包括的に処罰される。したがって、出生の時点を定めることは重要である。判例・通説は（　c　）をとる。民法上は、出産の過程の「完了」を要求する（　d　）が通説である。

1．一部露出説
2．分娩開始説
3．全部露出説
4．独立呼吸説

解説　本問は、人の出生時期に関する問題である。

　人の出生時期の問題は、どの時点から人は人として刑法的に（殺人罪、傷害罪等の処罰規定によって）保護されるのかの問題である。出生以前の「胎児」を殺しても「堕胎罪」にしかならないが（堕胎罪の法定刑は軽く、また、過失による堕胎は処罰されない）、出生以後の「人」に対する加害行為は殺人罪・傷害罪等を構成し、重くかつかなり包括的に処罰される。aには「胎児」、bには「堕胎罪」が入る。

　判例・通説は、胎児が母体から一部露出した段階で人が出生したとする「一部露出説」をとる。民法上は、出産の過程の「完了」を要求する「全部露出説」が判例・通説である。cには「一部露出説」、dには「全部露出説」が入る。刑法上は、一部露出の段階に至れば、外部からの攻撃が可能となるので、すでに人として攻撃から保護する必要性が生じるというのが、一部露出説の根拠である。また、全部露出説によると、すでに攻撃の時点で全部露出の段階に至っていたかどうかを事後的に確認する必要があるが、それは困難であるとの批判がある。

正解　1

人の出生時期

問題77　人の終期に関する以下の文中のカッコ内に入る語の組み合わせとして、正しいものを1つ選びなさい。

　従来の判例・実務は、①心拍停止、②呼吸停止、③瞳孔反応消失を総合的に判定して死亡の時期を認定してきた。この考え方を（　a　）という。これに対し、生命維持技術の発展にともない、人工呼吸器を装着することで、脳機能は不可逆的に停止しても、呼吸機能を維持させることができるようになり、したがって心臓にも酸素が送られ、動き続けるという事態が生じるようになった。そこで、このような場合には、脳機能全体の不可逆的停止を死の時点とする（　b　）を採用すべきではないかが問題となっている。

　1．a＝心臓死説　　　　b＝脳幹死説
　2．a＝三徴候説　　　　b＝全脳死説
　3．a＝臨床死説　　　　b＝大脳死説
　4．a＝総合判断説　　　b＝脳器質死説

解説　本問は、人の終期に関する問題である。

　人の終期に関し、従来の判例・実務は、三徴候説を前提としてきた。三徴候説とは、臨床の場における死亡の基準として以前から用いられてきたものである。aには「三徴候説」が入る。

　三徴候説は、従来からの慣行に合致するという強みがあるが、その法的根拠は必ずしもはっきりとしないという問題をもつ。血液循環による酸素の供給を重視するのかもしれないが、呼吸と血液循環の機能は機械と薬剤によって代替可能であることからこれを本質的なものとみることはできないし、将来、人工心肺が実用化されるようになったとき、ひとたび人工心肺が装着された以上、脳死の時点をはるかに過ぎてもそのまま死を確定できない状態が続く可能性が生じることにもなってしまう。

　生命維持技術の発展にともない、人工呼吸器を装着することで、脳機能は不可逆的に停止しても、呼吸機能を維持させることができるようになり、したがって心臓にも酸素が送られ、動き続けるという事態が生じるようになった。そこで、このような場合には、脳機能全体の不可逆的停止を個体死の時点とする脳死説を採用すべきではないかが問題となったのである。一般には、脳死とは全脳死、すなわち脳幹を含めた全脳機能が不可逆的に停止することをいう。bには「全脳死説」が入る。

　なお、1997（平成9）年に「臓器の移植に関する法律（臓器移植法）」が制

定され、本人の書面による同意等を要件に脳死者からの臓器摘出が合法化された。もっとも、そこでは、臓器移植の場合に限って脳死が人の死とされ、臓器移植の許容される要件がかなり厳格であり、また、15歳未満の脳死者からの臓器移植を認めないものであったため、国内における脳死者からの臓器移植の件数は必ずしも多くなかった。そこで、このような現状を改め、国内での臓器移植を促進するために、2009（平成21）年7月に同法が改正された。ここでは、本人の書面による意思表示の義務づけを止め、本人の拒否がない限り、家族の同意で臓器の提供ができるようになったほか、15歳未満の脳死者からの臓器移植も可能となった。もっとも、同改正で一律に脳死が人の死とされたわけではなく、臓器移植の場合に限って脳死を人の死とする点は修正されていない。

正解 2

🔑人の終期

問題78　以下の記述のうち、正しいものを１つ選びなさい。
　1．現行法上、自殺は不可罰とされているため、自殺の教唆および幇助も不可罰とされており、嘱託殺および承諾殺のみが同意殺人罪として処罰されている。
　2．同意殺人罪の未遂は処罰される。
　3．Ｘは、Ａから冗談で「殺してくれ」と言われたのに、Ａの言葉を本気にしてＡを殺害した。このとき、Ａに確認すれば容易にＡの真意に気づけたにもかかわらず、Ｘが安易にＡの言葉を信用したのであれば、同意殺人罪ではなく、通常の殺人罪が成立する。
　4．ＸがＡに脅迫を加えて、殺害に同意するしかないという精神状態にＡを陥らせ、同意を得てＡを殺害した場合、Ａが殺害されることに同意していた以上、通常の殺人罪ではなく、同意殺人罪が成立し、ＸがＡを脅迫して殺害に同意させた点は量刑において考慮されるにすぎない。

解説　本問は、自殺関与罪・同意殺人罪に関する問題である。
1．誤り。現行刑法は、嘱託殺および承諾殺（同意殺人罪）と、自殺の教唆および幇助（自殺関与罪）の両者を処罰することとしている（刑202条参照）。
2．正しい。同意殺人罪の未遂も可罰的である（刑203条参照）。
3．誤り。たしかに、客観的には通常の殺人罪（刑199条）が実現されているが、Ｘは、軽い同意殺人罪（刑202条）の事実しか認識していない以上、刑法38条２項により、通常の殺人罪の成立は認められず、構成要件の重なり合う軽い同意殺人罪の成立が認められる。
4．誤り。最決昭59・3・27刑集38・5・2064や最決平16・1・20刑集58・1・1は、殺人の意思をもって被害者に暴行・脅迫を加え、川や海に飛び込ませた事案において、自殺関与罪ではなく、殺人（未遂）罪の成立を認めている。こうした判例の趣旨からすると、脅迫により心理的に強制して被害者の同意を得て殺害した場合には、同意殺人罪ではなく、通常の殺人罪が成立する余地がある。

正解　2

🔑自殺関与罪・同意殺人罪

> **問題79**　暴行罪・傷害罪に関する以下の記述のうち、判例・裁判例に照らして、正しいものを１つ選びなさい。
> 　　1．暴行は、傷害の危険を有するものでなければならないから、人の頭部等に塩を数回振りかける行為は、暴行にあたらない。
> 　　2．暴行といえるためには、有形力ないし物理力が人の身体に接触することを要するから、狭い室内で人を脅かすために日本刀を振り回す行為は、暴行にあたらない。
> 　　3．傷害罪の成立には傷害結果の認識が必要であるから、人に暴行を加えて傷害を負わせたとしても、傷害結果の認識がなければ、傷害罪は成立しない。
> 　　4．傷害罪は、嫌がらせ電話をかけて神経衰弱症にした場合のように、暴行以外の方法で人に傷害を負わせた場合にも成立しうるが、この場合に傷害罪が成立するためには、傷害結果の認識が必要である。

解説　本問は、暴行罪・傷害罪に関する問題である。

1．誤り。判例は、有形力ないし物理力が人の身体に接触した場合には、傷害の危険がなくても、暴行にあたるとしている（大判昭8・4・15刑集12・427）。これによれば、人の頭部等に塩を数回振りかける行為は、傷害の危険を有するか否かを問わず、暴行にあたる（福岡高判昭46・10・11判時655・98）。

2．誤り。傷害の危険を有するものであれば、有形力ないし物理力が人の身体に接触することを要しない（最決昭39・1・28刑集18・1・31）。

3．誤り。判例・通説によれば、傷害罪には暴行罪の結果的加重犯が含まれるとされており（刑208条の文言参照）、暴行を加えて人に傷害を負わせた場合には、傷害結果の認識がなくても、傷害罪が成立する。

4．正しい。暴行以外の方法で人に傷害を負わせた場合にも傷害罪が成立しうるが、この場合は、暴行罪の結果的加重犯ではないので、殺人罪の成立に死亡結果の認識が必要であるのと同様、傷害結果の認識が必要である（最決平17・3・29刑集59・2・54）。

正解　4

暴行罪・傷害罪

問題80　刑法207条に関する以下の記述のうち、判例・裁判例がある場合には判例・裁判例に照らして、誤っているものを１つ選びなさい。

1．X、Yが、共謀のうえ、木刀でAを殴打し、数個の傷害を負わせ、その傷害がX、Yのどちらの行為によるものか不明な場合、刑法207条は適用されない。

2．X、Y、Zが、お互いに意思の連絡なく、Aに暴行を加え傷害を負わせ、その傷害がX、Yのどちらかの行為によるものであることは明らかであるが、そのいずれの行為によるものかは不明な場合、Zについては刑法207条は適用されない。

3．X、Yが、お互いに意思の連絡なく、Aに暴行を加え傷害を負わせ、その傷害がX、Yのどちらの行為によるものであるかは不明であるが、そのいずれかの行為による傷害が原因で、翌日Aが死亡した場合、刑法207条は適用されない。

4．X、Yが、お互いに意思の連絡なく、Aを殺害する目的で拳銃を発射し、弾丸がAに命中して傷害を負わせ、その傷害がX、Yのどちらの弾丸によるものか不明な場合、刑法207条は適用されない。

〔参照条文〕刑法

（同時傷害の特例）

第207条　二人以上で暴行を加えて人を傷害した場合において、それぞれの暴行による傷害の軽重を知ることができず、又はその傷害を生じさせた者を知ることができないときは、共同して実行した者でなくても、共犯の例による。

解説　本問は、刑法207条（同時傷害の特例）の適用範囲に関する問題である。

1．正しい。刑法207条が適用されるためには、共同者でないことが必要であり、２人以上の者が、意思の連絡なく同一人に故意に基づいて暴行を加えた事実が存在しなければならない。暴行の共謀がある場合には、本条の適用はなく、刑法60条の共同正犯が適用される（最判昭24・1・27裁判集刑7・109）。

2．正しい。刑法207条が適用されるためには、２人以上で暴行を加えて人を傷害した場合において、その傷害を生じさせた者を特定できないことが必要である。特定人の暴行によるものでないことが積極的に証明された場合には、その特定人に関しては本条の適用はない（札幌高函館支判昭26・1・19判特18・117）。

3．誤り。判例によれば、刑法207条は傷害致死罪にも適用される（最判昭

26・9・20刑集5・10・1937、最決平28・3・24刑集70・3・1）。本条の趣旨からすれば、傷害と、これが発展した傷害致死罪において差異はないというのがその根拠である。なお、このような結論に対して、学説においては、刑法207条が「人を傷害した場合」と規定しているところから、傷害以外に適用するのは類推になり、また、致死結果をもたらす程度の重大な傷害は立証が困難とはいえないとする見解もある。

4．正しい。刑法207条は同時傷害の特例であるから、殺人罪の場合には適用はない。この場合、同時犯となり、X、Yともに殺人未遂罪が成立するにとどまる。

正解　3

同時傷害の特例

問題81　以下の記述のうち、誤っているものを１つ選びなさい。
　　１．遺棄罪は、侵害犯ではなく、生命または身体に対する危険犯であり、遺棄により被害者において現実に死傷の結果が生じたときには、遺棄致死傷罪という結果的加重犯が成立する。
　　２．遺棄罪の客体は、「老年、幼年、身体障害又は疾病のために扶助を必要とする者」であるが、これはあくまでも例示であり、道に迷った者や手足を縛られて行動できない者等、何らかの危難に遭っている者を広く含む。
　　３．刑法218条前段の「老年者、幼年者、身体障害者又は病者を保護する責任のある者」が「遺棄」する罪は、身分犯であり、しかも、主体に制限のない遺棄罪と比べて刑が加重されているのであるから、不真正身分犯である。
　　４．刑法218条後段の「老年者、幼年者、身体障害者又は病者を保護する責任のある者」が「生存に必要な保護をしな」い罪は、真正不作為犯である。

〔参照条文〕刑法
（保護責任者遺棄等）
第218条　老年者、幼年者、身体障害者又は病者を保護する責任のある者がこれらの者を遺棄し、又はその生存に必要な保護をしなかったときは、３月以上５年以下の懲役に処する。

解説　本問は、遺棄罪に関する問題である。
１．正しい。判例・通説は、遺棄罪（刑217条）を、生命または身体に対する危険犯であるとする。遺棄により被害者において現実に死傷の結果が生じたときには、結果的加重犯としての遺棄致死傷罪が成立する（刑219条参照）。
２．誤り。遺棄罪の客体は、「老年、幼年、身体障害又は疾病のために扶助を必要とする者」であるが、これは限定列挙であり、道に迷った者や手足を縛られて行動できない者等は客体に含まれない。
３．正しい。保護責任者遺棄罪（刑218条前段）は、不真正身分犯である。
４．正しい。刑法218条の規定は、その後段において真正不作為犯である不保護罪を含んでいる。

正解　2

遺棄罪

> **問題82**　自動車で通行人をはねて重傷を負わせた運転者が、その事実に気づいた場合に関する、以下の記述のうち、判例・裁判例がある場合には判例・裁判例に照らして、誤っているものを1つ選びなさい。
>
> 　1．被害者を放置して逃走したが、被害者の負傷が生命に危険が及ぶ程度にまでは至らず、人通りも多く、救助される可能性が高い場合には、殺人未遂罪も保護責任者遺棄罪も成立しない。
>
> 　2．被害者が要保護状態にあることを認識し、いったん自動車に乗せながら、事故の発覚を恐れて、途中で被害者を放置して逃走した場合には、保護責任者遺棄罪が成立する。
>
> 　3．被害者が要保護状態にあることを認識し、いったんは病院に搬送しようと自動車に乗せながら、事故の発覚を恐れて気が変わり、すぐに救命措置を取らなければ被害者が死亡するかもしれないことを予見しながら、そのまま走行を続けている間に被害者が死亡した場合には、殺人罪が成立する。
>
> 　4．被害者を放置して逃走したが、被害者が、すぐに救命措置をとっても助からない致命傷を負い、まもなく死亡した場合、殺意があれば殺人罪、殺意がなければ保護責任者遺棄致死罪が成立する。

解説　本問は、ひき逃げと不作為による殺人・保護責任者遺棄致死罪に関する問題である。

1．正しい。負傷が生命に危険が及ぶ程度にまでは至らず、人通りも多く、救助される可能性が高い場合には、被害者の生命の安全が運転者の手にゆだねられているとはいえず、ただちに保護責任または作為義務が生ずるとはいえない。判例においても、保護責任者遺棄罪の成立が認められたのは、いずれも救助目的で被害者を自車に乗せた後に遺棄の意図が生じた場合であり、この種の単純なひき逃げの場合に保護責任者遺棄罪を適用したものはない。過失運転致傷罪および道路交通法上の救護義務違反罪が成立する（道交72条）。

2．正しい。いったんは救護を開始し、被害者を自己の支配領域内に置いたのであるから、生命に対する危険を支配する地位＝保護責任が発生したといえ、保護責任者遺棄罪が成立する（最判昭34・7・24刑集13・8・1163）。

3．正しい。先行行為、被害者の保護の引受け、被害者を自車に乗せるという支配領域性から作為義務が発生したといえ、すぐに救命措置を取らなければ死亡する危険性が生じた段階で、殺意をもって救護措置を取らないことにより、被害者を死亡させた場合には、不作為による殺人罪が成立する（東京地判昭40・9・30下刑集7・9・1828等）。

4．誤り。期待された作為を行っても結果回避が不可能である場合には、不作為と死亡結果との間の因果関係が否定されるから、殺人罪も保護責任者遺棄致死罪も成立しない（盛岡地判昭44・4・16判時582・110参照）。この場合、殺意があれば殺人未遂罪、保護責任者遺棄の故意があれば保護責任者遺棄罪が成立することになる。なお、この場合には、そもそも期待された作為による結果回避が不可能な場合には作為義務・保護責任は生じないと解する立場からは、実行行為性が否定され殺人未遂罪も保護責任者遺棄罪も成立せず、過失運転致死罪にとどまるとも考えられる。

正解 4

ひき逃げと不作為による殺人・保護責任者遺棄致死罪

問題83　監禁罪に関する以下の記述のうち、判例・裁判例がある場合には判例・裁判例に照らして、誤っているものを１つ選びなさい。
　　1．監禁罪の成立には、被害者が一定の区画から脱出することが著しく困難であるだけでは足りず、脱出がまったく不可能であることが必要である。
　　2．監禁罪の成立には、被害者が行動の自由を拘束されていることに気づいていることを要しない。
　　3．監禁行為そのものから死傷の結果が発生した場合だけでなく、被害者が監禁状態から脱出しようとした行為から死傷の結果が発生した場合にも、監禁致死傷罪が成立する。
　　4．監禁罪が既遂に達した後であっても、被害者の自由の拘束が続いている限り、その監禁に加担すれば監禁罪の共犯が成立する。

解説　本問は、監禁罪に関する問題である。
1．誤り。監禁というためには、被害者が一定の区画から脱出することがまったく不可能である必要はなく、脱出が著しく困難であれば足りる（最判昭24・12・20刑集3・12・2036）。
2．正しい。監禁罪の成立には、被害者の行動の自由が拘束されていれば足り、被害者が監禁されていることを認識していなくてもよいというのが、判例の立場である（広島高判昭51・9・21判時847・106、最決昭33・3・19刑集12・4・636）。
3．正しい。監禁行為そのものから死傷の結果が発生した場合だけでなく、被害者が監禁状態から脱出しようとした行為から死傷の結果が発生した場合にも、監禁致死傷罪は成立する。裁判例として、走行中の自動車から飛び降りて死亡した事案（名古屋高判昭35・11・21下刑集2・11＝12・1338）、監禁されていた3階の部屋から飛び降りて死亡した事案（東京高判昭55・10・7判時1006・109）等がある。
4．正しい。一般に、監禁罪は、継続犯であり、既遂に達した後も自由の拘束が続いている限り継続すると解されている。したがって、監禁罪の既遂後であっても、監禁罪が終了する前に監禁に加担した場合には、監禁罪の共犯が成立する。

正解　1

監禁罪

刑

法

問題84　以下の記述のうち、正しいものを1つ選びなさい。
　1．不同意わいせつ罪および不同意性交等罪は、個人的法益に対する罪ではなく、健全な性風俗を乱す罪である。
　2．不同意わいせつ罪および不同意性交等罪は、暴行、脅迫を用いてわいせつ行為や性交等を行った場合にのみ成立する。
　3．不同意性交等罪の被害者は女性に限られる。
　4．不同意わいせつ罪と不同意性交等罪は、13歳未満の者を客体とする場合には、たとえ同意があっても成立する。

解説　本問は、不同意わいせつ罪と不同意性交等罪に関する問題である。
1．誤り。不同意わいせつ罪（刑176条）および不同意性交等罪（刑177条）は、公然わいせつ罪（刑174条）やわいせつ物頒布等罪（刑175条）と異なり、性風俗に対する罪ではなく、個人の性的自由ないし性的自己決定（権）に対する罪として位置づけられている。
2．誤り。令和5年に刑法が改正され、暴行・脅迫のほか、虐待に起因する心理的反応や、経済的・社会的関係上の地位に基づく影響力による不利益の憂慮などを原因として、同意しない意思を形成し、表明し若しくは全うすることが困難な状態にさせ又はその状態にあることに乗じて、わいせつな行為や性交等を行った場合には、不同意わいせつ罪や不同意性交等罪が成立することとされた（刑176条1項・177条1項）。
3．誤り。男性に対し、同意なく性交等を行ったときにも、不同意性交等罪は成立しうる。
4．正しい。不同意わいせつ罪と不同意性交等罪は、客体が13歳未満の者である場合、または、客体が13歳以上16歳未満の者で、行為者が客体より5歳以上年長である場合には、たとえ同意があっても成立する（刑176条3項・177条3項参照）。なお、13歳以上であっても18歳未満の者であれば、たとえ同意があっても、児童買春罪（児童買春、児童ポルノに係る行為等の規制及び処罰並びに児童の保護等に関する法律4条）または地方公共団体の青少年保護育成条例（いわゆる淫行条例）違反の罪が成立する場合がある。

正解　4

不同意わいせつ罪と不同意性交等罪

問題85　住居等侵入罪に関する以下の記述のうち、判例に照らして、誤っているものを１つ選びなさい。

1．本罪の客体のうち「住居」は、「人の看守する」ものである必要がないが、その他の「邸宅」、「建造物」、「艦船」は、「人の看守する」ものである必要がある。

2．かつて住居権を有して他人と同居していた者が、離縁によりその住居から離脱した後に再びその住居に立ち入る行為は、「人の住居」への侵入にあたる。

3．「建造物」とは、屋根、壁、柱があって土地に定着し、人の起居出入りに適した構造をもった工作物のうちで住居と邸宅を除くものをいうので、囲繞地の周囲の塀等の囲障設備は建造物にあたらない。

4．マンション等の集合住宅の共用部分と敷地は、本罪の客体にあたる。

解説　本問は、住居等侵入罪の客体の意義について問うものである。

1．正しい。他人の侵入防止の観点からは、「人の住居」は人の日常生活に利用されるため一般的に侵入が禁止されているのに対し、邸宅・建造物・艦船は他人が事実上管理・支配していることが求められる（最判昭59・12・18刑集38・12・3026参照）。

2．正しい。最判昭23・11・25刑集2・12・1649は、住居権を有して他人と同居していた者が、離縁等により離脱後、その住居に立ち入った行為はすでに住居権を失っている以上、住居侵入にあたるとする。

3．誤り。最決平21・7・13刑集63・6・590は、警察署の庁舎建物とその敷地を外から明確に画する塀は、「外部からの干渉を排除する作用を果たしており、正に本件庁舎建物の利用のために供されている工作物であって、刑法130条にいう『建造物』の一部を構成する」としている。

4．正しい。最判平20・4・11刑集62・5・1217は、賃貸マンション等の「各号棟の１階出入口から各室玄関前までの部分は、居住用の建物である宿舎の各号棟の建物の一部であり、宿舎管理者の管理に係るものであるから、居住用の建物の一部として刑法130条にいう『人の看守する邸宅』に当たる」としている。なお、分譲マンションの共用部分に立ち入った場合には、最判平21・11・30刑集63・9・1765は、「刑法130条前段の罪が成立する」として、共用部が住居か邸宅かについては明らかにしていない。

正解　3

住居等侵入罪の客体

問題86　名誉毀損罪と侮辱罪とはいかなる点において区別されるか。以下の記述のうち、正しいものを１つ選びなさい。
　　1．公然性が要件とされるかどうかで区別される。
　　2．事実の摘示がなされるかどうかで区別される。
　　3．法人も主体となりうるかどうかで区別される。
　　4．親告罪であるかどうかで区別される。

解説　本問は、名誉毀損罪と侮辱罪に関する問題である。

　判例・通説によれば、名誉毀損罪（刑230条）も、侮辱罪（刑231条）も、いずれも「個人に対する社会的評価」（いわゆる外部的名誉）を保護法益とする。この２つの犯罪は、同じ法益に向けられたものであるが、条文にあるように、「事実の摘示」の有無によって区別される。すなわち、具体的事実を示して（すなわち証拠を出して）人の評価を害する名誉毀損罪のほうが、ただ抽象的に軽蔑の言葉をいう侮辱罪よりも、被害者に与えるダメージが大きいことから、名誉毀損罪の方がより重い犯罪とされるのである（肢２が正しい）。

　公然性は両罪に共通する要件であるし、両罪とも親告罪（刑232条）である。また、刑法典の罪については法人はその主体になりえない（特別刑法の罪で特別の規定がある場合に限られる〔→**問題15**およびその解説を参照〕。したがって、肢１、3、4は誤り）。

正解　2

名誉毀損罪と侮辱罪

問題87　以下の記述のうち、判例に照らして、正しいものを1つ選びなさい。

1．信用毀損罪における人の「信用」とは、人の支払意思または支払能力に対する社会的な信頼に限定される。
2．業務妨害罪における「業務」には、公務は含まれない。
3．威力業務妨害罪における「人」とは、自然人のみを指す。
4．威力業務妨害罪における業務の「妨害」は、現に業務妨害の結果を発生させたことを必要としない。

〔参照条文〕刑法
（信用毀損及び業務妨害）
第233条　虚偽の風説を流布し、又は偽計を用いて、人の信用を毀損し、又はその業務を妨害した者は、3年以下の懲役又は50万円以下の罰金に処する。
（威力業務妨害）
第234条　威力を用いて人の業務を妨害した者も、前条の例による。

解説　本問は、信用毀損罪と業務妨害罪に関する問題である。

1．誤り。最判平15・3・11刑集57・3・293は、大審院判例を変更し、「刑法233条が定める信用毀損罪は、経済的な側面における人の社会的な評価を保護するものであり、同条にいう『信用』は、人の支払能力又は支払意思に対する社会的な信頼に限定されるべきものではなく、販売される商品の品質に対する社会的な信頼も含むと解するのが相当である」と述べて、粗悪な商品を販売しているという虚偽の風説を流布して、コンビニエンスストアが販売する商品の品質に対する社会的な信頼を毀損した場合について、信用毀損罪の成立を認めた。

2．誤り。最高裁判例は、公務も「業務」にあたりうることを認めている。最決平12・2・17刑集54・2・38は、威力と偽計の両方を用いた場合に関して、公職選挙法上の選挙長の立候補届出受理事務について、「強制力を行使する権力的公務ではない」として、業務妨害罪の業務にあたることを認めている（ほかに、最決昭62・3・12刑集41・2・140〔県議会運営委員会の条例案採決等の事務について〕、最決平14・9・30刑集56・7・395〔都の動く歩道設置に伴う段ボール小屋撤去等の環境整備工事について〕）。

3．誤り。「人」とは、自然人であると、法人であるとを問わない（大判昭7・10・10刑集11・1519）。

4．正しい。業務を妨害するに足る行為があれば足りる（最判昭28・1・30刑集7・1・128。危険犯であると解している）。

正解　4

信用毀損罪と業務妨害罪

> **問題88**　以下の記述のうち、正しいものを１つ選びなさい。
>
> 1．窃盗罪（刑法235条）の法定刑は、不動産侵奪罪（刑法235条の２）の法定刑より、その上限において軽い。
> 2．窃盗罪（刑法235条）の法定刑は、詐欺罪（刑法246条）の法定刑より、その上限において重い。
> 3．窃盗罪（刑法235条）の法定刑は、横領罪（刑法252条）の法定刑より、その上限において重い。
> 4．窃盗罪（刑法235条）の法定刑は、盗品等有償譲受け罪（刑法256条２項）の法定刑より、その上限において重い。

解説　本問は、財産犯の法定刑に関する問題である。

　窃盗罪の法定刑の上限は、懲役10年であり、同じく、他人の財物についての占有を侵害することをその要素とする財産犯である不動産侵奪罪、詐欺罪と同じである（もっとも、窃盗罪は、50万円以下の罰金を科することができるから、法定刑の下限は、不動産侵奪罪や詐欺罪より軽い）。

　一方、占有侵害をその要素としない横領罪の法定刑の上限は、懲役５年であり、窃盗罪の法定刑の上限は、横領罪の法定刑の上限より重い（もっとも、刑法253条の業務上横領罪の法定刑の上限は、懲役10年であり、窃盗罪の法定刑の上限と同じである）。

　盗品等関与罪（刑256条）は、「盗品その他財産に対する罪に当たる行為によって領得された物」を客体とするものであり、被害者の財物に対する追求権の侵害をその要素とする犯罪である。もっとも、そのうちの盗品等有償譲受け等の類型（同条２項）は、法定刑が10年以下の懲役および50万円以下の罰金であり、財産を直接侵害する窃盗罪の法定刑より、その上限において重い。そこで、前提としての財産犯である本犯を行った者による盗品等の利用を事後的に援助し、財産犯を一般的・類型的に助長するという性格（事後従犯性・本犯助長性）があり、また、盗品等の処分に関与することによって、その利益にあずかるという性格（利益関与性）もあるとされる。

正解 3

財産犯の法定刑

問題89　以下の文中のカッコ内に入る語の組み合わせとして、正しいものを１つ選びなさい。

　財産犯は、行為態様の面から、（　a　）と毀棄罪とに区別され、（　a　）は、占有の移転をともなう奪取罪と占有侵害を内容としない横領罪、さらに間接領得罪ともいわれる盗品等に関する罪とに区別される。奪取罪は、被害者の意思に反して占有を奪う盗取罪（すなわち窃盗罪および強盗罪）と、被害者の瑕疵ある意思に基づいて占有を移転させる詐欺罪および（　b　）とに区別される。

1．a＝隠匿罪　　b＝恐喝罪
2．a＝領得罪　　b＝背任罪
3．a＝利得罪　　b＝背任罪
4．a＝領得罪　　b＝恐喝罪

刑

法

解説　本問は、財産犯の体系に関する問題である。

　財産犯は、その客体により、財物罪と利得罪とに分類され、行為態様の面から、領得罪と毀棄罪とに区別される（aには「領得罪」が入る）。

　通説によれば、領得罪は利欲目的という模倣性の強い動機によるもの、毀棄罪は破壊目的といういわば異常な動機に基づくものであり、だからこそ、一般予防的考慮に基づき、結果の重大性にもかかわらず毀棄罪のほうが領得罪よりも軽く処罰され（窃盗罪〔刑235条〕と器物損壊罪〔刑261条〕の法定刑を比較せよ。また、器物損壊罪については未遂は処罰されず、かつそれは親告罪である〔刑264条〕）、単に毀棄的動機に基づく利益侵害は背任罪（刑247条）にあたる場合を除いて処罰されないのである。

　領得罪のうち、被害者の瑕疵ある意思に基づいて占有を移転させる犯罪は、詐欺罪（刑246条）と恐喝罪（刑249条）である（bには「恐喝罪」が入る）。

正解　4

財産犯の体系

問題90　財産犯の客体に関する以下の記述のうち、誤っているものを1つ選びなさい。

1．「財物」は有体物に限られるとする見解によれば、企業の営業秘密などの情報は「財物」ではないので、営業秘密を自分のノートにメモして盗み出しても、窃盗罪は成立しない。
2．不動産は、横領罪の客体である「物」に含まれるが、窃盗罪の客体である「財物」には含まれない。
3．動物も「物」に含まれるから、他人の飼い犬を殺傷した場合には、器物損壊罪が成立する。
4．タクシーの乗車料金の支払を免れるためにタクシー運転手の首を絞めて一瞬気を失わせ、その隙に逃走したとしても、「財物」を奪っていないので、強盗罪は成立しない。

解説　本問は、財産犯の客体に関する問題である。

1．正しい。「財物」は有体物（固体・液体・気体）に限られるとする見解（有体性説）によれば、有体物でない情報は「財物」ではないので、情報を盗み出しただけでは窃盗罪（刑235条）は成立しない。ただし、情報が記載された書類など、情報の化体した媒体を盗み出した場合には、媒体が「財物」にあたるため、窃盗罪が成立する（東京地判昭59・6・28判時1126・6〔新薬産業スパイ事件〕）。営業秘密がメモされたノートは「財物」にあたるが、本肢の場合、自分のノートであり、「他人の財物」ではないため、それを持ち出しても窃盗罪は成立しない。

2．正しい。不動産も有体物であるから、横領罪（刑252条）の客体である「物」や詐欺罪（刑246条）の客体である「財物」に含まれる。しかし、不動産の窃盗については、これを処罰する不動産侵奪罪（刑235条の2）があるので、窃盗罪の客体である「財物」からは、不動産は除かれる。

3．正しい。なお、飼い犬などの動物の殺傷は、厳密には器物の「損壊」ではなく「傷害」にあたる（刑261条参照）。

4．誤り。強盗罪（刑236条）は、「財物」（同条1項）と「財産上……の利益」（同条2項）の両方を客体とする。タクシーの乗車料金の支払を免れることは「財産上の……利益」を得ることに他ならないので、本肢の場合、強盗罪が成立する。

正解　4

財産犯の客体

問題91　以下の文中のカッコ内に入る語の組み合わせとして、正しいものを1つ選びなさい。

　刑法242条の「占有」の意味について、（　a　）と解すると、窃盗犯人が盗んできた物を第三者が盗んだ場合、当然に窃盗罪が成立することになる。これに対して、（　b　）と理解すると、窃盗罪は成立しないことになるとも考えられる。しかし、（　b　）とする立場からも一度侵害された所有権を再度侵害すると考えて、この場合には窃盗罪が成立するといわれている。

　また、窃盗の被害者が窃盗犯人から盗まれた物を取り返す場合、（　b　）とする立場からは、窃盗罪が成立しないことになるが、これに対しては（　c　）財産秩序が著しく混乱するという批判がある。一方、（　a　）とする立場からは、窃盗罪が成立することになる。これに対しては、明らかに不法な利益を保護するのは刑法の目的に反するとの批判がある。もっとも、（　a　）とする立場からも（　d　）から窃盗罪は成立しないともいわれている。

〔参照条文〕刑法
（他人の占有等に係る自己の財物）
第242条　自己の財物であっても、他人が占有し、又は公務所の命令により他人が看守するものであるときは、この章の罪については、他人の財物とみなす。

1．a＝正当な権原に基づく占有　　b＝すべての事実上の占有
　　c＝正当防衛が多発し　　　　d＝違法性が阻却される
2．a＝正当な権原に基づく占有　　b＝すべての事実上の占有
　　c＝自力救済が多発し　　　　d＝構成要件に該当しない
3．a＝すべての事実上の占有　　　b＝正当な権原に基づく占有
　　c＝自力救済が多発し　　　　d＝違法性が阻却される
4．a＝すべての事実上の占有　　　b＝正当な権原に基づく占有
　　c＝正当防衛が多発し　　　　d＝責任が阻却される

刑

法

解説　本問は、奪取罪の保護法益に関する問題である。
　窃盗罪等の奪取罪の保護法益については、①事実上の占有とする占有説、②所有権その他の本権であるとする本権説、③一応適法な占有とする平穏占有説が対立している。①説からは、刑法242条の「占有」はすべての事実上

の占有を意味し、違法な占有も含まれることを注意的に明らかにしたものとされる。②説からは、刑法242条の「占有」は正当な権原に基づく占有を意味するとされる。③説からは、一応適法な外観を有する平穏な占有を意味するとされる。

　法益が問題となるのは、(1)窃盗の被害者が窃盗犯人から盗品を取り返す場合、(2)窃盗犯人から第三者が盗品を盗む場合、(3)禁制品を窃取する場合である。①説によれば、いずれの場合にも窃盗罪が成立しうる。ただし(1)については、窃盗罪の構成要件に該当するが、自救行為あるいは権利行使の要件を充足する限り違法性が阻却されるとする。①説に対しては、明らかに不法な利益であっても保護しなければならないことになり、刑法の目的に反する、また、共（不可）罰的事後行為の説明がつかないとの批判が加えられている。

　②説によれば、(1)については、本権侵害はないから窃盗罪は成立しない。これに対しては、自力救済が多発し財産秩序は混乱する、また、本権者と占有者が分離している場合、占有者を被害者とすることができないとの批判が加えられている。(2)については、所有権を再度侵害するとして窃盗罪の成立を認める。これに対しては、一度侵害された所有権を侵害するのは盗品関与罪のはずであり、直接領得罪と間接領得罪の区別をあいまいにするとの批判が加えられている。(3)については、禁制品といえども法律上の手続を踏まなければ占有を奪われないという正当な利益を有しており、私人による侵害に対してはなお保護に値するとして窃盗罪の成立を認める。

　このように、いずれの見解にも問題があり、近年では、「占有」とは一応適法な外観を有する占有、権利を主張することについて一応合理的な理由がある占有とする平穏占有説が有力に主張されている。

　aには「すべての事実上の占有」、bには「正当な権原に基づく占有」、cには「自力救済が多発し」、dには「違法性が阻却される」が入る。

正解　3

🔑 奪取罪の保護法益

> **問題92**　財産犯に関する以下の記述のうち、正しいものを1つ選びなさい。
> 1．Xは、500円硬貨を真似てそっくりに作った金属片を自動販売機に入れて、缶ジュースを入手した。Xの行為は自動販売機の所有者をだましていると考えられるので、Xには詐欺罪が成立する。
> 2．Xは、万引きするつもりで、大型書店で棚から文庫本を抜き取って手提げバッグの中に入れた。その瞬間、Xの行動を不審に思って注視していた警備員に逮捕された。Xの行為は窃盗既遂となる。
> 3．Xは、Aと旅行先で口論となり、かっとなってAを殺害してしまった。Xは、犯跡を隠蔽するため、殺害直後のAの死体を山林に埋めたが、その際、Aが身につけていた指輪と腕時計が欲しくなり奪った。判例によれば、Xの行為には占有離脱物横領罪が成立する。
> 4．Xは、レストランのウェイターであったが、他人名義のクレジットカードを偽造する目的で、客Aが支払の際に呈示したクレジットカードをスキマー（電子情報読取機）に通して、クレジット情報を読み取った。Xの行為には情報に関する窃盗罪が成立する。

解説　本問は、財産犯に関する問題である。

1．誤り。詐欺罪が成立するためには、人を欺く行為があり、相手が錯誤に陥り、その錯誤に基づく処分行為があって、財物が行為者の下に移転する必要がある。機械は錯誤に陥らないので、たとえ通貨類似の金属片であっても、それを自動販売機に入れて財物を入手する行為は人を欺く行為ではなく、他人の占有を侵害して財物を入手したものとして、窃盗罪となる。

2．正しい。窃盗罪における窃取とは、財物に対する他人の占有を排除して、当該財物を自己の支配下に置くことである。Xが万引き目的で、棚から文庫本を抜き取って自分のバッグに入れた時点でその文庫本に対する占有を設定したといえるので、店を出ていなくとも窃盗は既遂に達している（大判大12・4・9刑集2・330）。

3．誤り。人を死亡させた直後にはじめて犯人が領得の意思を生じて財物を領得した場合について、判例は、一連の行為を全体的に考察し、殺害行為と領得行為に時間的場所的一体性が認められる場合には、被害者が生前有していた財物の所持はその死亡直後においてもなお継続して保護するのが法の目的にかなうものというべきであるとして、窃盗罪の成立を認めている（最判昭41・4・8刑集20・4・207）。

4．誤り。窃盗罪の客体は財物である。「物」とは有体物（空間の一部を占める有形的存在）をいい（民85条参照）、情報は「物」ではないので、Xには窃盗罪は成立しない。なお、Xには、刑法163条の4第1項の支払用カード電磁的記録不正作出準備罪が成立する。

正解　2

🗝財産犯

問題93　以下の記述のうち、判例に照らして、正しいものを1つ選びなさい。

1. Xは、スーパーマーケットにおいて、万引きしようと思い、商品陳列棚のガムを手にとりポケットに入れようとしたが、他の客に見つかりそうになったため、思い直して、ポケットに入れずに陳列棚に戻した。Xの行為について、犯罪が成立する。

2. Xは、A所有の貴金属を持ち去ろうと思い、A宅のガラス窓を壊してA宅に侵入するため、ハンマーを持ってA宅に向かったが、Aに見つかったら怒られるため、思い直して時計を持ち去ることをあきらめ、A宅に向かうことをやめた。Xの行為について、犯罪が成立する。

3. Xは、A所有の絵画を窃取したBから「Aの絵画をただであげる」との申し出を受けたが、Aにみつかったら怒られるため、その申し出を断った。Xの行為について、犯罪が成立する。

4. Xは、A所有の壺を床に投げつけて壊そうと思い、その壺を手に持ったが、Aにみつかったら怒られるため、思い直して壊すことをやめた。Xの行為について、犯罪が成立する。

解説　本問は、財産犯における未遂処罰に関する問題である。

1. 正しい。Xは、ガムを手にとりポケットに入れようとしており、窃盗の実行の着手にあたる行為をすでに行っている。よって、窃盗未遂罪（刑243条・235条）が成立する。

2. 誤り。Xは、ハンマーを持ってA宅に向かうという住居侵入窃盗のための準備行為を行っている。しかし、住居侵入罪（刑130条前段）、窃盗罪（刑235条）に、未遂処罰規定は存在する（刑132条・243条）が、準備行為を処罰する予備罪は規定されていない。よって、Xの行為について犯罪は成立しない。

3. 誤り。Xは、Bからの申し出を断り、Bによって窃取された盗品をBから無償で譲り受けることはしなかった。盗品等関与罪（刑256条1項）は、現実の譲受けがない限り、成立しない。よって、Xの行為について犯罪は成立しない。

4. 誤り。Xには、不法領得の意思（大判大4・5・21刑録21・663）がないため、窃盗罪は成立しない。Xは、器物損壊罪（刑261条）の未遂にあたる行為を行っているが、器物損壊罪に未遂処罰規定はない。よって、Xの行為について犯罪は成立しない。

正解　1

🔑 財産犯における未遂処罰

> **問題94** 以下の記述のうち、正しいものを１つ選びなさい。
> 　1．Aの営むカメラ店に雇われている店員Xが、店内のカメラを盗んだ場合、業務上横領罪ではなく、窃盗罪の成立が認められる。
> 　2．AがBを殺害するのを物陰から見ていたXが、Aが立ち去った後に、すでに死亡しているBから財布を奪った場合、Xには窃盗罪の成立が認められる。
> 　3．窃盗罪は、他人の占有する財物について成立するが、ここでいう占有は、民法における占有と同一に理解されている。
> 　4．横領罪は、自己の占有する他人の物を横領した場合に成立するが、ここでいう占有は、窃盗罪の場合に問題となる占有と同一に理解されている。

解説　本問は、占有に関する問題である。

1．正しい。財物の占有に複数人が関与しており、それらの者の間に上下関係がある場合には、占有は上位の者に属すると考えられている（大判大3・3・6新聞929・28）。本肢の場合、店内のカメラはXが事実上管理しているが、それは占有の補助にすぎず、その占有は店主であるAに属している。したがって、Xには業務上横領罪（刑253条）ではなく、窃盗罪（刑235条）の成立が認められる。

2．誤り。判例は、殺人犯人が、殺人の直後に被害者の持っていた財物を領得する意思を生じ、それを領得したという場合には、殺人犯人に窃盗罪の成立を認めている（最判昭41・4・8刑集20・4・207）が、その殺人と無関係な第三者が死者から財物を領得した場合には、占有離脱物横領罪（刑254条）の成立を認めている（大判大13・3・28新聞2247・22）。

3．誤り。窃盗罪における占有は、財物を事実上支配している状態をいう。したがって、民法における占有（民180条）のように、「自己のためにする意思」は必要ではなく、他人のための占有も含まれるが、他方、民法で認められているような代理占有や間接占有（民181条）、占有改定（民183条）のような観念上の占有は含まれない。

4．誤り。奪取罪である窃盗罪とは異なり、横領罪（刑252条）は自己の占有する他人の物を処分する犯罪であるから、そこでいう占有は、他人の物に対する処分可能性があることを意味し、したがって、事実上の支配だけではなく、法律的な支配も含む。

正解　1

占有

問題95　以下の記述のうち、判例・通説に照らして、正しいものを1つ選びなさい。
　1．Xは、財物奪取の意思でAに暴行を加えて反抗を抑圧し、Aのポケットから財布を奪ったが、Aは財布を奪われたことに気づかなかった。Xには強盗罪が成立する。
　2．Xは、日頃の恨みからAに暴行を加えて意識を失わせた。その後、Xは、倒れているAの腕に高級時計がはめられているのが見えたので、これを奪取する意思を生じて、その時計を奪い去った。Xには強盗罪が成立する。
　3．Xは、財物奪取の意思でAの頭部を強打して意識を喪失させたうえで、Aのポケットから財布を奪った。Xには昏酔強盗罪が成立する。
　4．Xは、窃盗目的でA宅に侵入し、物色して見つけた貴金属をカバンに入れようとしたところを帰宅したAに発見されたため、Aを殴打してその反抗を抑圧し、貴金属をカバンに入れて逃走した。Xには事後強盗罪が成立する。

解説　本問は、強盗罪の成立要件に関する問題である。
1．正しい。強取というためには、暴行・脅迫により反抗を抑圧中に財物を奪取すれば足り、その奪取行為がたまたま被害者の気づかない間になされたものであっても、強盗罪が成立する（最判昭23・12・24刑集2・14・1883）。
2．誤り。強盗罪は、被害者の反抗を抑圧するに足りる程度の暴行・脅迫を手段として財物を奪取する犯罪である。したがって、財物奪取以外の目的で暴行・脅迫を加え、反抗抑圧状態を生じさせ、その後財物奪取の意思を生じて財物を奪取した場合には、新たに財物奪取の手段としての暴行・脅迫がない限り強盗罪は成立しない。
3．誤り。昏酔強盗罪における「昏酔させる」とは、睡眠薬、麻酔薬、アルコールなど、暴行・脅迫以外の手段によって、意識作用に一時的または継続的な障害を生じさせ、財物に対する支配をなしえない状態に陥れることをいう。したがって、財物奪取の意思でAの頭部を強打するという暴行により、Aの反抗を抑圧して財物を奪った場合には、昏酔強盗罪ではなく、刑法236条1項の強盗罪が成立する。
4．誤り。窃盗犯人が、実行に着手した後、財物の占有を確保する以前の段階で被害者に発見され、財物を確保するために暴行・脅迫を加えてその反抗を抑圧し財物を奪取したのであるから、いわゆる「居直り強盗」であり、事後強盗罪ではなく強盗罪が成立する。

正解　1

🗝️強盗罪の成立要件

問題96　詐欺罪（刑法246条）に関する以下の記述のうち、正しいものを１つ選びなさい。
　１．レストランで飲食をした後、所持金がないことに気がついたため、店員の知らないうちに、飲食代金を支払わずにそのレストランを立ち去った場合、詐欺罪が成立する。
　２．業者が設置した自動販売機に偽造した硬貨を投入して、商品である缶ビールを取り出した場合、詐欺罪が成立する。
　３．靴販売店において、購入の意思がないのにあるようにみせかけ、店員に店内での靴の試し履きを申し入れ、店員から渡された靴を履いた後、店員が後ろを見ている隙に、気づかれないようにそのまま店を立ち去った場合、詐欺罪が成立する。
　４．債務者が、すでに債務を弁済したと偽って、それを信じた債権者から債務弁済の要求を免れた場合、詐欺罪が成立する。

解説　本問は、詐欺罪の要件について問うものである。
１．誤り。注文するときにすでに代金を支払わない意思である場合には、注文して飲食する時点において詐欺罪が成立するが、そうではなく、飲食した後に、飲食代金の支払を免れる意思を生じた場合には、代金を免れるために人を欺くことが必要である。しかし、本肢の場合、店員の知らない間にレストランを立ち去っており、人を欺いたということができないので、詐欺罪は成立しない。
２．誤り。いわば機械をだますことは、人を錯誤に陥れるものではなく、人を欺くという要件を満たさない。よって、本肢の場合には、詐欺罪は成立せず、窃盗罪が成立する。
３．誤り。店員から靴を渡されたとしても、靴に対する事実的支配（占有）は、なお店員（店）にあるということができる。したがって、靴を履いたまま店を立ち去ることは、そのような占有を侵害するものであり、詐欺罪ではなく、窃盗罪が成立する。
４．正しい。人を欺いて債務の免脱という財産上の利益を得たということができ、財産上の利益を客体とする刑法246条２項の罪が成立する。

正解　4

詐欺罪の要件

問題97 以下の文中のカッコ内に適切な語をあてはめたとき、ｂとｃに入る語の組み合わせとして、正しいものを１つ選びなさい。

（　ａ　）における欺く行為とは、財産を交付・処分させる手段として、財産についての処分権限をもつ相手方に錯誤を生じさせる行為のことである。法文に「人を欺いて」とあるから、欺罔とか錯誤は「人」との関係でのみ考えられ、「機械をだました」としても（　ａ　）は成立しない。拾った他人のキャッシュカードを用いて、銀行の現金自動支払機から引き出した現金については（　ｂ　）となる。一方、甲駅から丁駅まで乗車する目的で、甲駅から最寄りの乙駅までの乗車券を自動改札機に通して乗車し、丙丁間の定期券を丁駅の自動改札機に通して出場し、乙・丙間の途中運賃の支払を免れたキセル乗車については、裁判例に照らすと（　ｃ　）となる。

1．ｂ＝遺失物横領罪　　　ｃ＝背任罪
2．ｂ＝窃盗罪　　　　　　ｃ＝電子計算機使用詐欺罪
3．ｂ＝１項詐欺罪　　　　ｃ＝２項詐欺罪
4．ｂ＝窃盗罪　　　　　　ｃ＝詐欺罪

解説　本問は、詐欺罪における「欺く」行為に関する問題である。
　詐欺罪（刑246条）における欺く行為（欺罔行為）とは、財産を交付・処分させる手段として、財産についての処分権限をもつ相手方に錯誤を生じさせる行為のことである。法文に「人を欺いて」とあるから、欺罔や錯誤は「人」との関係でのみ考えられ、「機械をだました」としても詐欺罪は成立しない（ａには「詐欺罪」が入る）。機械に対して詐欺的手段を用いた場合、財物を取得すればそれは窃盗となる。たとえば、パチンコの機械に細工して玉を出せば窃盗（既遂）罪（刑235条）であり、窃取したキャッシュカードを使って現金自動支払機から現金を引き出せばやはり窃盗となる。財産上の利益が客体であれば（たとえば、公衆電話機やコインロッカーに貨幣類似の金属片を入れて利用する行為）、利益窃盗として不可罰となる。機械を設置し稼働させている「人」の信頼を裏切ったという理由で「欺く行為」を肯定することもできない（ｂには「窃盗罪」が入る）。自動改札機を利用したキセル乗車については、事実と異なる入場情報の記録された乗車券を下車駅の自動改札機に読みとらせることにより虚偽の電磁的記録を人の事務処理の用に供したといえるため、電子計算機使用詐欺罪（刑246条の２）が成立する（東京地判平24・6・25判タ1384・363。ｃには「電子計算機使用詐欺罪」が入る）。

正解　2

🔑 詐欺罪における「欺く」行為

問題98　横領罪に関する以下の記述のうち、誤っているものを１つ選び
なさい。
1．横領罪の客体である「物」には、不動産も含まれる。
2．横領罪の客体である「他人の」物とは、他人の所有する物のこと
である。
3．判例によれば、横領罪の成立には、不法領得の意思が必要である。
4．横領罪の未遂は、処罰される。

解説　本問は、横領罪に関する問題である。
1．正しい。横領罪は、「自己の占有する他人の物を横領した」場合に、成
立する（刑252条１項）。「物」には、不動産も含まれる。また、「占有」には、
法律的支配も含む。たとえば、売買によって買主Aに所有権が移転した土
地について、登記簿上の所有名義がなお売主Xにあるとき、その土地をX
がさらにBに売却したときは、横領罪が成立しうる（最判昭30・12・26刑
集９・14・3053）。
2．正しい。
3．正しい。最高裁は、横領罪の成立に必要な不法領得の意思とは、「他人
の物の占有者が委託の任務に背いて、その物につき権限がないのに所有者
でなければできないような処分をする」意思であるという（最判昭24・3・
8刑集３・３・276）。
4．誤り。横領罪には、未遂犯処罰規定はない。なお、横領罪は、不法領得
の意思が確定的に外部に表現されたときに、実行の着手と同時に既遂に達
し、未遂は理論的にもありえないという見解もある。

正解 4

刑法

横領罪

問題99　Xは、Aに対する恨みを晴らすため、Aの大事にしている壺を壊す目的で、Aの家からその壺を持ち出し、自宅に持って帰った。しかし、その後壊すのが惜しくなり、その壺をBに、入手の事情を明かして５万円で売った。

以下の犯罪のうち、判例がある場合には判例に照らして、Xについて成立する可能性があるものを１つ選びなさい。

1．窃盗罪
2．占有離脱物横領罪
3．委託物横領罪
4．詐欺罪

解説　本問は、不法領得の意思に関する問題である。

1．窃盗罪の成立は認められない。

2．占有離脱物横領罪の成立が認められる。

3．委託物横領罪の成立は認められない。

4．詐欺罪の成立は認められない。

上記事例にしたがって説明すれば、以下のとおりである。

判例は一貫して、窃盗罪（刑235条）が成立するためには、故意とは別の主観的要件として、「不法領得の意思」が必要であると解し、その内容を「権利者を排除して、他人の物を自己の所有物として、その経済的用法に従い、利用し処分する意思」と定義している（大判大４・５・21刑録21・663、最判昭26・７・13刑集５・８・1437等）。XはAに対する恨みを晴らすため、壺を壊す目的でその占有を奪取しているから、その経済的用法に従い、利用し処分する意思を欠いており、肢１の「窃盗罪」の成立は認められない。欺罔行為はないから、肢４の「詐欺罪」（刑246条）の成立も認められない。また、Xのこの壺に対する占有は、所有者その他の権限者からの委託に基づくものでもないから、肢３の「委託物横領罪」（刑252条１項）も成立しない。この場合、Xは、毀棄目的で奪取した後に、領得の意思を生じ処分したのであるから、Xに肢２の「占有離脱物横領罪」（刑254条）の成立は認められる。なお、Xは、この壺を壊していないものの、壺を自宅に持ち帰った以降、隠匿したと評価することができる事案であるとするならば、器物損壊罪（刑261条）は構成しうる。

正解　2

🔑不法領得の意思

問題100　以下の記述のうち、判例に照らして、誤っているものを１つ選びなさい。

　１．Xは、10年ぶりに祖父Aの居宅を訪問した際、Aが所有し保管する高級腕時計を窃取した。この場合、窃盗罪は成立するが、刑が免除される。

　２．Xは、父親Aに包丁を突きつけて脅迫し、Aが所有し保管する宝石を強取した。この場合、強盗罪は成立するが、刑が免除される。

　３．Xは、息子Aから保管を依頼されたA所有の商品券を無断で買い物に利用して横領した。この場合、横領罪は成立するが、刑が免除される。

　４．刑法244条の特例は、親族間の一定の財産犯罪については、国家が刑罰権の行使を差し控え、親族間の自律にゆだねる方が望ましいという政策的な考慮に基づいている。

〔参照条文〕刑法
（親族間の犯罪に関する特例）
第244条　配偶者、直系血族又は同居の親族との間で第235条の罪、第235条の２の罪又はこれらの罪の未遂罪を犯した者は、その刑を免除する。
２〜３　（略）

解説　本問は、いわゆる親族相盗例（刑244条）に関する問題である。
１．正しい。刑法244条１項の「直系血族」とは祖父母、父母、子、孫などが該当するが、「同居の」という限定は付されていない。したがって、この事例では、特例が適用され、刑が免除される。もっとも、最高裁判所は、「その犯人の処罰につき特例を設けたにすぎないのであつて、その犯罪の成立を否定したものではない」（最判昭25・12・12刑集４・12・2543、同旨、最決平20・２・18刑集62・２・37）としており、窃盗罪の成立は認められる。
２．誤り。刑法244条は、「第36章　窃盗及び強盗の罪」に置かれているが、文言から明らかなように、強盗罪（刑法236条）には適用されない。
３．正しい。「第37章　詐欺及び恐喝の罪」、「第38章　横領の罪」の終わりに、刑法244条の準用規定が置かれている（刑法251条、255条）。よって、この事例では、刑は免除されるが、横領罪は成立する。
４．正しい。最高裁は、親族間の紛争に国家は干渉すべきでないという政策的考慮が刑法244条の特例の根拠であるとしている（前掲・最決平20・２・18）。

正解　2

親族相盗例

問題101　背任罪に関する以下の記述のうち、判例がある場合には判例に照らして、正しいものを 1 つ選びなさい。

1. 背任罪の主体は「他人のためにその事務を処理する者」（事務処理者）である。買主が代金を支払う事務は自己の事務であり、「他人の」事務ではないから、買主が売主に代金を支払わない場合、背任罪は成立しない。
2. 背任行為とは「任務に背く行為」（任務違背行為）をいう。株式取引は、取引の性質上一定のリスクは不可避であるから、ある組織の資金運用担当者が、裁量の範囲を逸脱し当該組織の内部手続規則に違反する冒険的な株式取引により「本人」たるその組織に財産上の損害を加えても、背任罪は成立しない。
3. 背任罪が成立するためには、故意の他に「自己若しくは第三者の利益を図り又は本人に損害を加える目的」（図利加害目的）が必要である。主たる動機は自己の保身目的であるが、それがひいては本人の利益にもなると考えた場合は、図利加害目的があるとはいえないから、背任罪は成立しない。
4. 背任罪が成立するためには「財産上の損害」が加えられることが必要である。無担保で回収の見込みのない貸付けをしたが、後に第三者が損害を補填した場合には「財産上の損害」はないから、背任罪は成立しない。

解説

1. 正しい。背任罪（刑247条）が成立するためには、行為者が「他人のためにその事務を処理する者」であることが必要である。他人の利益のためであっても、自己の事務を処理するに過ぎない場合には、他人の事務を処理する者とはいえない。債務の履行は自己の事務であって他人の事務ではない。したがって、買主が売主に代金を支払わないなど、単なる債務不履行は背任罪を構成しない。
2. 誤り。任務違背行為は、事務処理の通常性を逸脱していたかどうかによって決まる。当該事務処理が通常性の範囲を逸脱しない限り、「本人」たるその組織に財産上の損害を加えても背任行為にはならない。しかし、当該組織の業務執行に関する規定や定款、内部手続規則に違反し、裁量の逸脱が明白な場合は、事務処理の通常性の範囲を逸脱するといえるから、この場合、冒険的取引は任務違背行為といえる。したがって、裁量を逸脱し、内部規則に違反する冒険的取引は任務違背行為にあたり、背任罪が成立する。

3．誤り。自己または第三者の利益をはかる目的と、本人の利益をはかる目的が併存する場合は、主として自己または第三者図利目的で行為したときは、従として本人図利目的があっても図利加害目的が認められる。また、「利益」は、財産的利益だけでなく、地位の保全や信用の維持などの身分上の利益その他の非財産的利益を含む（最決昭63・11・21刑集42・9・1251）。したがって、主たる動機が自己の保身目的であれば、本人の利益を図ることが従たる目的であっても図利加害目的が認められ、背任罪が成立する（最決平10・11・25刑集52・8・570）。

4．誤り。財産上の損害は全体財産の減少を意味するから、一方で損失があっても、他方で反対給付がなされた場合には、財産上の損害はない。もっとも、不良貸付けの場合には、回収の見込みのない貸付けをした段階で財産上の損害が発生したのであり、この段階で背任罪が成立し、後に全額が回収されたとしても、背任罪の成否に影響はない（大判昭3・7・14刑集7・477）。

刑

法

正解　1

🔑背任罪

> **問題102**　以下の記述のうち、判例に照らして、誤っているものを1つ選びなさい。
>
> 1．盗品等関与罪には、追求権の侵害という性格だけではなく、盗品等有償処分あっせん罪などにおいては財産犯の本犯者による盗品の保持や換金行為を事後的に助長する性格（本犯助長的・事後従犯的性格）がある。
> 2．盗品等の同一性については、窃取した金員で購入した本をもらうなどした場合、その同一性を失うと同時に追求権も失われるが、横領した紙幣を両替して得られた金銭は、両替によっても一定の金額に対する所有権は失われないため、同一性も失われない。
> 3．追求権とは、厳密な意味での物権的返還請求権に限るべきではなく、被害者が法律上有する追求可能性をいうと解される。
> 4．盗品等関与罪における親族間特例は、親族関係が本犯の被害者と盗品関与罪の犯人との間にあることが必要である。

解説　本問は、盗品等関与罪の成否に関する問題である。

1．正しい。盗品等関与罪の性格については、追求権説が通説であるが（最決昭34・2・9刑集13・1・76）、刑法256条2項の類型については10年以下の懲役および50万円以下の罰金の併科という点で、本犯助長的性格があるといえる（最判昭26・1・30刑集5・1・117）。
2．正しい。大判大2・3・25刑録19・374は、横領した紙幣を両替して得られた金銭は、一定の金額に対する所有権が認められるとする。また、大判大11・2・28刑集1・82は、詐取した小切手を現金化して得られた金銭は盗品であるとする。
3．正しい。追求権の意義に関して、大判大10・7・8民録27・1373は、物権的返還請求権であると解している。しかし、追求権は、厳密な意味での物権的返還請求権に限定されず、判例も、追求権が物権的返還請求権である必要はないとしている（大判大12・4・14刑集2・336）。
4．誤り。盗品等関与罪における親族間特例について、最決昭38・11・8刑集17・11・2357は、本条の適用は本犯の犯人と盗品等関与罪の犯人との間で必要であると解する。そして、盗品等関与罪の犯人も本犯といえるかについては、同判決は、これを否定している。

正解　4

盗品等関与罪

問題103 以下の記述のうち、文書毀棄罪（刑法258条・259条）にも器物損壊罪（刑法261条）にもあたらないものを１つ選びなさい。
1. 他人の養魚池の水門板を外し、錦鯉を逃がしてしまうこと。
2. 権利義務に関する他人の重要書類を隠してしまうこと。
3. 料亭の鍋に放尿して使えなくすること。
4. 他人の住宅の天井板を取り壊すこと。

解説 本問は、「損壊」の概念と客体に関する問題である。

通説によれば、「毀棄」（刑258条・259条）、「損壊」（刑260条・261条）、「傷害」（刑261条）は、「物の効用を害する一切の行為」という点で同じ意味をもつ。「文書を損壊する」とはいえないので、より包括的な「毀棄」の概念が用いられ、「動物を損壊する」ともいえないので、「傷害」という概念が用いられている。いずれも物を物質的に毀損する必要はなく、物の効用を失わせる行為を広く含む。

1. 器物損壊罪にあたる。他人が飼養中の鯉を養魚池の外へ流出させる行為も「傷害」にあたり、器物損壊罪（刑261条）が成立する（大判明44・2・27刑録17・197）。
2. 私用文書等毀棄罪にあたる。「隠匿」（刑263条）とは、物の発見を妨げる行為をいう。ところが、「毀棄」の概念（刑258条・259条）には、物の発見を不可能にしまたは著しく困難にすることによって物の効用を害する隠匿行為も含まれるとするのが判例（最決昭44・5・1刑集23・6・907）・通説である。そこで、権利義務に関する他人の重要書類を隠してしまうことも私用文書等毀棄罪（刑259条）にあたることになる。
3. 器物損壊罪にあたる。料亭の鍋等の食器に放尿して使えなくすることも器物損壊罪（刑261条）にあたる（大判明42・4・16刑録15・452）。
4. どちらにもあたらない。住宅の天井板は、毀損しなければ取り外しができないものであるから、器物ではなく建造物の一部を構成し（大判大3・4・14新聞940・26）、これを取り壊すことは建造物等損壊罪（刑260条）である。

正解 4

「損壊」の概念と客体

> **問題104**　放火罪に関する以下の記述のうち、正しいものを１つ選びなさい。
> 　1. 現住建造物とは、犯人以外の者にとっての生活の本拠のことをいう。
> 　2. 居住者をすべて殺害してからその家に火をつける行為は、もはや現住建造物に放火する行為ではないので、非現住建造物等放火罪を構成するにすぎない。
> 　3. 現住建造物等放火罪は、居住者等の生命の保護を考慮して死刑に至るまでの重い刑が予定されているのであるから、人の生命に対する具体的危険が発生しない限り成立しない。
> 　4. 現住建造物等放火罪の実行行為は「火を放つ」行為であるから、これを不作為により実行することは不可能である。

解説　本問は、放火罪に関する問題である。

1. 誤り。「現に人が住居に使用」する建造物（現住建造物）とは、判例（大判大２・12・24刑録19・1517）・通説によれば、犯人以外の者が「起居（起臥寝食）の場所として日常使用」する建造物のことをいう。居住者の「生活の本拠」である必要はなく、建造物の主たる目的が他に存在してもよく、また昼夜間断なく人が現住することまで要求されない。宿直室のある学校校舎、楽屋に人が寝泊まりしている劇場、待合業を営む家の離れ座敷、社務所や守衛詰所に人が寝泊まりする神社社殿等について、判例により現住性が認められている（最決平元・７・14刑集43・７・641等）。

2. 正しい。居住者を殺害した後に、その家に放火したときは、殺人罪のほか、現住建造物等放火罪ではなく非現住建造物等放火罪（刑109条１項）を構成するとするのが判例（大判大６・４・13刑録23・312参照）・通説である。

3. 誤り。現住建造物等放火罪（刑108条）に対しては死刑を含む重い刑が法定されている。重罰の根拠は、行為が建造物の内部にいる人の生命・身体に対する危険をともなう一般的性質をもつところに求められるが、本罪は「抽象的危険犯」であり、人の生命に対し具体的危険が発生することは成立要件とはされない。

4. 誤り。実行行為の意義に関連して、不作為による放火がありうるかが問題となるが、消火措置を講じないという不作為も、自らの過失による出火や消火の容易性等の事情のあるときは、放火行為にあたると解するのが判例（最判昭33・９・９刑集12・13・2882参照）・通説である。

正解　2

放火罪

問題105　放火罪に関する以下の記述のうち、誤っているものを１つ選びなさい。

1．放火して、自動車を焼損し、公共の危険を生じさせた場合、自動車が「自己の所有に係る」ときに成立する罪は、自動車が「自己の所有に係る」ものでないときに成立する罪より、法定刑が軽い。

2．放火して、「現に人が住居に使用せず、かつ、現に人がいない」建造物を焼損し、公共の危険を生じさせた場合、建造物が「自己の所有に係る」ときに成立する罪は、建造物が「自己の所有に係る」ものでないときに成立する罪より、法定刑が軽い。

3．放火して、「現に人が住居に使用し又は現に人がいる」建造物を焼損し、公共の危険を生じさせた場合、建造物が「自己の所有に係る」ときに成立する罪は、建造物が「自己の所有に係る」ものでないときに成立する罪より、法定刑が軽い。

4．放火して、「現に人が住居に使用し又は現に人がいる」建造物を焼損し、公共の危険を生じさせる目的で、予備をした場合、放火予備罪が成立する。

解説　本問は、放火罪に関する問題である。

　放火罪は、焼損の客体が何であるかによって、条文が書き分けられ、その法定刑に相違がある。現住建造物等である場合が最も重く、つぎに、非現住建造物等である場合が重い。建造物等以外である場合が、最も軽い。また、非現住建造物等である場合と、建造物等以外である場合は、それぞれ、自己の所有に係るときであるか否かによって、さらに条文が書き分けられ、その法定刑に相違がある。

1．正しい。自動車は、建造物等ではなく、建造物等以外放火罪の成否が問題となるが、物が自己の所有に係るときに成立する罪（刑110条2項）は、そうでないときに成立する罪（同条1項）より、法定刑が軽い。

2．正しい。非現住建造物等放火罪の成否が問題となるが、建造物が自己の所有に係るときに成立する罪（刑109条2項）は、そうでないときに成立する罪（同条1項）より、法定刑が軽い。

3．誤り。現住建造物等放火罪の成否が問題となるが、これを規定する刑法108条は、建造物が自己の所有に係るか否かを区別して書き分けることはしていない。

4．正しい。刑法108条（または刑109条1項）の罪を犯す目的で、その予備をした者は、処罰される（刑113条本文）。

正解　3

放火罪

問題106　以下の記述のうち、判例・裁判例がある場合には判例・裁判例に照らして、誤っているものを1つ選びなさい。

1．Xは、Aの住居に放火しようとして、深夜にAの家の玄関に侵入し、1Lのガソリンを撒いたところで物音に気づいたAの家族が起き出したため、点火せずに逃走した。Xはまだ点火行為に着手してはいないが、現住建造物放火未遂罪となる。

2．Xは、Aの住居（木造一戸建て）に放火しようと思い、壁に火をつけたが、約1m四方が燃えただけで自然に鎮火した。まだ、「焼損」とはいえない状態なので、現住建造物放火未遂罪となる。

3．Xは、「悪霊を追い払う」ために自宅に火をつけようと考え、妻Yと同居する母親Zに相談すると、YもZも了解したので、自宅に火をつけて全焼させた。この場合、非現住建造物放火罪が成立する。

4．Xは、H神宮の人のいない祭具庫（倉庫）に放火して全焼させたが、その祭具庫は、多量の木材が使用されていた廻廊によって本殿・拝殿・社務所等の建物と接続されており、夜間も神職等が社務所等で宿直していた。この場合、全体が1個の現住建造物となるので、現住建造物放火罪が成立する。

解説　本問は、放火罪に関する問題である。

1．正しい。放火罪の実行の着手は、目的物である現住建造物等に直接点火した場合だけではなく、目的物の近くでライターの火花を散らしたり、マッチを擦って目的物に点火する姿勢をとった場合にも、具体的な危険性が発生しており、実行の着手が認められる。本肢のような引火性の高いガソリンや可燃性ガスなどを住宅内で撒布したり、放出した場合にも、その時点で結果発生の高度の現実的危険性がすでに発生していると認められるので、ライターなどによる点火行為がなくとも、実行の着手は肯定される（横浜地判昭58・7・20判時1108・138）。

2．誤り。判例は、「焼損」（以前は「焼毀」）の概念について、大審院以来一貫して、いわゆる独立燃焼説にたち、火が放火の媒介物を離れ客体に燃え移り独立して燃焼を継続する状態に達したことをいうとしている（大判明43・3・4刑録16・384）。たとえば、住宅の天井板約1尺四方を燃焼した場合（最判昭23・11・2刑集2・12・1443）、住宅3畳間の床板1尺四方および押入れ床板とその上段各3尺四方を焼いた場合（最判昭25・5・25刑集4・5・854）などの場合に既遂（焼損）を認めている。この見解は、放火罪が公共危険罪であることを強調し、建造物等の一部が独立に燃焼を開始した以上、公共に対する危険はすでに発生したものと解されるというこ

とを根拠としている。これによれば、本肢の場合には「焼損」は認められる。

　なお、学説では「焼損」の意義について、①効用喪失説（火力によって客体の重要部分が焼失、その本来の効用を失った状態）、②重要部分燃焼説（燃え上がり説）（客体の重要部分が炎を上げて燃焼を始めた状態）、③毀棄説（一部損壊説）（火力によって客体が器物損壊罪における損壊の程度に毀損された状態）などが主張されている。

3．正しい。現住建造物等放火罪（刑108条）の「現に人が住居に使用し」の「人」とは、「犯人以外の者」をいうが（最判昭32・6・21刑集11・6・1700）、居住者全員が放火に承諾した場合は、これらの者の生命・身体等の危険を考慮する必要はないので、非現住建造物等放火罪（刑109条）が成立する。

4．正しい。外観上複数の建物が廊下等で接続されている場合、建造物として一体のものといえるか否かは、物理的・機能的な観点から判断され、このうち物理的観点からの一体性判断に際しては、一部に放火されることにより全体に延焼する可能性があるかどうかも考慮要素となる。本肢の場合、祭具庫自体は現住建造物とはいえなくとも、廻廊等で全体が接続されており、現住建造物「の一部に放火されることにより全体に危険が及ぶと考えられる一体の構造であり、また、全体が一体として日夜人の起居に利用されていたものと認められる」程度の物理的・機能的な一体性が認められる（最決平元・7・14刑集43・7・641）。

刑
法

正解 2

放火罪

問題107　以下の文中のカッコ内に入る語の組み合わせとして、正しいものを１つ選びなさい。

　　（　a　）を処罰の対象とする（　b　）を採用した条文として、公文書偽造等罪（刑法155条）および私文書偽造等罪（刑法159条）があげられる。これらの条文における「偽造」とは、文書の（　c　）以外の者が、権限なく、その（　d　）を用いて文書を作成することであるというのが伝統的な定義である。もっとも現在では、特に（　e　）については、文書の（　c　）と（　f　）との間の（　g　）の同一性を偽ることであるという定義が、広く使われるようになっている。
　　文書の（　f　）とは、文書に示された（　h　）が由来する者のことであり、（　c　）とは、文書上（　f　）として認識される者のことである。たとえば、Ｘが、いやがらせをする目的から、提出者氏名欄にＡの氏名を記載した転居届を作成して郵便局に提出した場合、（　i　）が（　c　）であり、（　j　）が（　f　）である文書を作成したことになる。この場合、文書の（　c　）と（　f　）との間の（　g　）の同一性を偽った文書を作成したといえるため、（　e　）が成立するのである。

　　1．a＝有形偽造　　c＝名義人　　　　f＝作成者　　h＝情報
　　2．a＝無形偽造　　c＝作成者　　　　f＝名義人　　h＝意思・観念
　　3．b＝形式主義　　e＝私文書偽造罪　g＝人格　　　i＝Ａ
　　4．b＝実質主義　　e＝公文書偽造罪　g＝氏名　　　i＝Ｘ

解説　本問は、文書偽造罪における偽造の意義に関する問題である。
　文書偽造罪の実行行為として、偽造（刑155条、159条など）と虚偽文書作成（刑156条、160条など）が規定されているが、前者は有形偽造、後者は無形偽造とも呼ばれる。有形偽造を処罰する立場を形式主義、無形偽造を処罰する立場を実質主義という。判例上、特に私文書偽造罪における偽造の意義が争われることが多く、学説上も見解の激しい対立が見られる。
　伝統的な定義によれば、偽造とは、名義人以外の者が、権限なくその名義を用いて文書を作成することをいうとされている（最判昭51・5・6刑集30巻4号591頁）。もっとも、公文書の場合、当該の文書を作成する権限が誰にあるのか職務上明確な場合が多いのであまり問題は生じないが、私文書の場合、作成権限の有無を見るだけではクリアな形で問題解決しない場合がある。そのため、文書の名義人と作成者との間の人格の同一性を偽ることであ

るという定義が広く用いられるようになっている（最判昭59・2・17刑集38・3・336、最決平5・10・5刑集47・8・7など）。

　判例・通説の基本的な立場である意思説（観念説）によれば、作成者は、文書に示された意思・観念が誰に由来するかによって決まる。つまり、文書に表された意思や観念を実際に示した者が作成者である。名義人とは、文書上、作成者とみられる者をいう。たとえば、Aの氏名が提出者氏名欄に記載された転居届を見た場合、郵便物の転送を願い出る意思を示したのはAであると、ふつうは考えるであろう。したがって、Aが名義人である。ところが、問題文の事例では、XがAに断りなく転居届に記入したのであるから、実際にはXの意思が示されているといえる。よって、作成者はXである。そうすると、名義人と作成者との間の人格の同一性を偽ったといえるので、私文書偽造罪が成立するのである。

　aには「有形偽造」、bには「形式主義」、cには「名義人」、dには「名義」、eには「私文書偽造罪」、fには「作成者」、gには「人格」、hには「意思・観念」、iには「A」、jには「X」が入る。

正解　3

🔑 文書偽造罪における偽造の意義

問題108　文書偽造罪に関する以下の記述のうち、誤っているものを1つ選びなさい。

　1．判例は、原本のコピーも「文書」にあたる場合があるとしている。

　2．自分の履歴書に虚偽の経歴を記載したとしても、作成者が名義人と別人格であるといえない限り、私文書偽造罪は成立しない。

　3．判例によれば、通称を使用して私文書を作成しても、私文書偽造罪が成立することはない。

　4．医師が保険会社に提出する診断書に虚偽の記載をした場合、虚偽診断書作成罪は成立しない。

解説　本問は、文書偽造罪に関する問題である。

1．正しい。判例は、原本のコピーも原本と同様の社会的機能と信用性を有する場合には、「文書」にあたるとしている（最判昭51・4・30刑集30・3・453）。ファクシミリの書面を「文書」にあたるとした下級審判例もある（広島高岡山支判平8・5・22高刑集49・2・246）。

2．正しい。文書偽造罪における「偽造」とは、文書の名義人と作成者の人格の同一性を偽ること（作成権限のない者が他人名義の文書を作成すること）をいう。自分の履歴書に虚偽の経歴を記載した場合のように、作成権限のある者が内容虚偽の文書を作成しただけでは、「偽造」にあたらない。

3．誤り。芸名やペンネームなどの通称を使用して文書を作成しても、通常は、文書の名義人と作成者の人格の同一性を偽ることにならないから、「偽造」にあたらない。しかし、交通事件原票供述書や再入国許可申請書のような公的手続に使用される文書については、本名の使用が強く要求され、このような文書に通称を用いた場合には、本名の人格（すなわち作成者の人格）とは別の通称の人格が名義人として特定され、名義人と作成者の人格の同一性に齟齬が生じたとして、私文書偽造罪（刑159条1項）の成立が肯定されている（最決昭56・12・22刑集35・9・953、最判昭59・2・17刑集38・3・336）。

4．正しい。虚偽診断書作成罪（刑160条）の客体は「公務所」に提出すべき診断書等であるから、保険会社に提出する診断書に虚偽の記載をしても、本罪は成立しない。

正解　3

文書偽造罪

> **問題109**　風俗に対する罪に関する以下の記述のうち、判例に照らして、正しいものを１つ選びなさい。
>
> 　1．全体として見れば芸術的・学問的価値が高く、好色的興味に訴えるものとはいえない写真集であっても、その一部にわいせつな部分があれば、わいせつな図画にあたる。
>
> 　2．公然と不同意わいせつ行為を行った場合、不同意わいせつ罪が成立するので、公然わいせつ罪は成立しない。
>
> 　3．親が出産してすぐの子どもを殺害した後、その死体を放置して立ち去った場合、死体を移動させたわけではないので、死体遺棄罪は成立しない。
>
> 　4．その場で飲むコーヒーを賭けて敗者にその代金を支払わせた場合には、賭博罪は成立しない。

解説　本問は、風俗に対する罪に関する問題である。

1．誤り。わいせつ性の判断方法について、最高裁は、かつては本肢のように部分的に見て判断すべきとしていた（最大判昭32・3・13刑集11・3・997）が、その後、個々の部分のわいせつ性の判断は全体との関連においてなされるべきであるとの立場を示し（最大判昭44・10・15刑集23・10・1239）、現在では、全体として見たときに主として好色的興味に訴えるものか否かが重要な判断要素であるとする見解にたっている（最判昭55・11・28刑集34・6・433）。したがって、本肢の写真集は、判例によれば、わいせつな図画にあたらない。

2．誤り。公然わいせつ罪（刑174条）と不同意わいせつ罪（刑176条）とは保護法益を異にするから（前者は健全な性的風俗、後者は個人の性的自由）、本肢の事例の場合、両罪が成立し、観念的競合となる（大判明43・11・17刑録16・2010）。

3．誤り。親など葬祭義務を有する者が葬祭を行わず、死体を放置した場合、死体遺棄罪（刑190条）が成立する（大判大6・11・24刑集23・1302）。

4．正しい。「一時の娯楽に供する物」、たとえば、即時にその場で費消する飲食物を賭けたにとどまるときは、賭博罪（刑185条）は成立しない（同条ただし書）。判例によれば、金銭はその性質上「一時の娯楽に供する物」に含まれないが（大判大13・2・9刑集3・95）、本肢の場合のように、その場で即時に費消する飲食物を賭けて敗者にその代金を支払わせたにすぎない場合には、賭博罪は成立しない（大判大2・11・19刑録19・1253）。

正解　4

風俗に対する罪

問題110　公務執行妨害罪に関する以下の記述のうち、判例がある場合には判例に照らして、正しいものを1つ選びなさい。

1. Ｘは、交番に何度も無言電話をかけ、これによりその交番に勤務する警察官Ａの職務の執行に支障をきたした。この場合、Ｘには公務執行妨害罪が成立する。
2. 警察官Ａは、知人宅に身を隠していた脅迫事件の被疑者Ｘを発見し、逮捕状を示さず、被疑事実の要旨も告げずにＸを逮捕しようとした。そこで、Ｘは、Ａを殴って逮捕を拒んだ。この場合、Ｘに公務執行妨害罪は成立しない。
3. Ｘは、無許可のデモ行進を解散させようとしている警察官Ａを狙って石を投げたが、石はＡの頭部をかすめたにすぎず、現実にはＡの職務の執行に支障は発生しなかった。この場合、Ｘには公務執行妨害罪は成立しない。
4. 県立高校の校長Ａが、教育委員会からの通達の内容を同校の教諭らに説明しようとしたところ、その通達の内容に異論のあった同校の教諭Ｘは、Ａの説明を妨害するため、Ａを突き飛ばし、転倒させた。この場合、Ｘには公務執行妨害罪は成立しない。

解説　本問は、公務執行妨害罪に関する問題である。

1. 誤り。公務執行妨害罪（刑95条1項）が成立するためには、公務員が職務を執行するにあたり暴行または脅迫を加えることが必要である。本肢の事例では、暴行、脅迫が用いられていないので、Ｘには公務執行妨害罪は成立しない。
2. 正しい。判例（大判大7・5・14刑録24・605）・通説は、公務執行妨害罪における公務員の職務執行は適法でなければならないと解している。本肢のＡによる逮捕は明らかに違法であるから、Ｘには公務執行妨害罪は成立しない（東京高判昭34・4・30高刑集12・5・486）。
3. 誤り。暴行・脅迫は公務の執行を妨害しうる程度のものであることを要するが、公務執行妨害罪は抽象的危険犯であるから、現実に妨害の結果が生じたことは本罪の要件ではない。本肢のＸの行為は、Ａの公務の執行を妨害しうる程度のものであるから、現実にはＡの職務の執行に支障は発生しなくても、Ｘには公務執行妨害罪が成立する（最判昭33・9・30刑集12・13・3151）。
4. 誤り。判例（最判昭53・6・29刑集32・4・816、最決昭59・5・8刑集38・7・2621）は、公務執行妨害罪における職務には、広く公務員が取り扱う各種各様の事務のすべてが含まれると解している。これによると、県立高校の校長の職務のように非権力的な公務や現業的な公務も、公務員の行う公務である以上、公務執行妨害罪における職務にあたる（東京高判昭45・1・29高刑集23・1・72）。したがって、本肢のように、職務執行中の公務員に対して暴行を加えたＸには、公務執行妨害罪が成立する。

正解　2

公務執行妨害罪

問題111　犯人蔵匿等罪・証拠隠滅等罪に関する以下の記述のうち、判例がある場合には判例に照らして、正しいものを１つ選びなさい。
1．犯人蔵匿等罪は、「罪を犯した者」を蔵匿等した場合に成立するから、真犯人ではない者を蔵匿等しても、犯人蔵匿等罪が成立することはない。
2．証拠隠滅等罪は、「他人の」刑事事件に関する証拠を隠滅等した場合に成立するから、犯人が自己の刑事事件に関する証拠を隠滅等しても、証拠隠滅等罪は成立しない。
3．証拠隠滅等罪は、「他人の」刑事事件に関する証拠を隠滅等した場合に成立するから、犯人が自己の刑事事件に関する証拠の隠滅等を第三者に依頼し、第三者がこれを隠滅等しても、犯人に証拠隠滅等罪の教唆犯は成立しない。
4．参考人が、身柄拘束中の犯人の身柄を解放させるため、警察官に対し虚偽の供述をした場合、他人の刑事事件に関する「証拠」を「偽造」したことになるため、証拠隠滅等罪（証拠偽造罪）が成立する。しかし、虚偽の供述をしただけでは、犯人を「隠避させた」ことにはならないので、犯人蔵匿等罪（犯人隠避罪）が成立することはない。

解説　本問は、犯人蔵匿等罪・証拠隠滅等罪に関する問題である。
1．誤り。判例は、「罪を犯した者」には「犯罪の嫌疑によって捜査中の者」も含まれるとしており（最判昭24・8・9刑集3・9・1440）、「罪を犯した者」を真犯人に限っていない。これによれば、真犯人ではない者を蔵匿等した場合、犯人蔵匿等罪が成立することがある。
2．正しい。証拠隠滅等罪（刑104条）の条文参照。なお、このように自己の刑事事件の証拠の隠滅等が証拠隠滅等罪から除かれているのは、このような行為には類型的に期待可能性がないからであると説明されている。
3．誤り。判例は、犯人が自己の刑事事件に関する証拠の隠滅等を第三者に依頼し、第三者がこれを隠滅等した場合、犯人に証拠隠滅等罪の教唆犯が成立するとしている（最決昭40・9・16刑集19・6・679）。
4．誤り。判例は、参考人の虚偽供述自体は証拠偽造罪にあたらないとし（最決昭28・10・19刑集7・10・1945）、虚偽の供述内容が供述調書に録取されるなどして書面を含む記録媒体上に記録された場合であっても、そのことだけをもって、証拠偽造罪にあたるということはできないとしている（最決平28・3・31刑集70・3・58）。他方、判例は、身柄拘束中になされた参考人の虚偽供述が身柄の拘束を免れさせるような性質の行為である場合には、犯人隠避罪が成立するとしている（最決平29・3・27刑集71・3・183）。

正解 2

犯人蔵匿等罪・証拠隠滅等罪

問題112　以下の記述のうち、誤っているものを１つ選びなさい。
1．法律により宣誓した証人が、正直に証言すれば自分が刑事責任を問われかねない場合であっても、虚偽の証言をすれば偽証罪となる。
2．偽証罪の主体は「法律により宣誓した証人」であるが、虚偽の陳述の後に宣誓をした場合でも本罪を構成する。
3．偽証罪の犯人が、その証言をした事件について、その裁判が確定する前に自白したときでも、刑が減軽されることはない。
4．判例によれば、自己の記憶に反する陳述をしたときには、それが客観的に事実に沿うものであったとしても偽証罪となる。

解説　本問は、偽証罪に関する問題である。
1．正しい。証人が、正直に証言すれば自分が刑事責任を問われかねない場合でも（たとえば刑訴146条により）証言拒否権を行使できるのであり、それを行使せずに証言して積極的に虚偽の陳述をした以上、本条の成立が認められる。
2．正しい。偽証罪（刑169条）の主体は「法律により宣誓した証人」であるが、判例・通説によれば、宣誓は陳述の前になされると（事前宣誓）、後でなされると（事後宣誓）を問わない。
3．誤り。誤った審判を未然に防止するため、自白についての特例が認められている（刑170条）。既遂後でも、裁判の確定前に自白したときには、刑を減軽しまたは免除することが可能である。
4．正しい。「虚偽の陳述」の意義について見解が分かれるが、判例は主観説をとり（大判大２・６・９刑録19・687、最決昭28・10・19刑集７・10・1945等）、自己の記憶に反する陳述をする限り、それがたまたま客観的真実に合致した場合でも偽証罪が成立すると解する。主観説によると、虚偽の陳述とは証人の主観的記憶に反する陳述だということになる。

正解　3

偽証罪

問題113　賄賂罪に関する以下の記述のうち、正しいものを１つ選びなさい。
　　１．賄賂であるためには、公務員の個別具体的な職務行為との間に対価関係があることが必要である。
　　２．公立学校の生徒の父母から、その生徒の担任教員に贈答があったような場合、たとえそれが社交儀礼の範囲内であっても、理論上はすべて賄賂にあたるとするのが判例・通説である。
　　３．賄賂であることについて故意がなければ賄賂罪は成立しないが、公務員側に賄賂であることの認識が欠けるために収賄罪が成立しない場合でも、贈賄罪は成立しうる。
　　４．賄賂とは、公務員の職務に関する不正な報酬としての利益であるが、「物」でなければならないから、たとえば、就職のあっせん等は賄賂にはあたらない。

解説　本問は、賄賂罪に関する問題である。
　１．誤り。賄賂たる利益と職務行為との間には対価関係が認められることが必要であるが、この対価関係に立つべき職務行為とは、公務員が具体的に担当している職務であることは要せず、一般的職務権限に属するものであれば足りる（大判大９・12・10刑録26・885）。
　２．誤り。純然たる社交的儀礼（中元、歳暮、お見舞等）であれば、職務行為との間に対価関係はなく、たとえ職務との間に対価関係があるようにみえても、諸般の事情からなお社交的儀礼の範囲を越えないと認められる場合には賄賂性が否定されるとされている。最判昭50・４・24判時774・119は、父母から担任教師への小切手の贈答について、Ｘが「新しく学級担任の地位についたことから父兄からの慣行的社交儀礼として行われたものではないかとも考えられる余地が十分存するのであって、右供与をもって直ちに〔Ｘ〕が学級担任の教諭として行うべき教育指導の職務行為そのものに関する対価的給付であると断ずるには、……合理的な疑が存する」とした。
　３．正しい。収賄罪が成立するためには、行為者に賄賂性についての認識、すなわち、職務の対価としての不正な利益であることの認識が必要である。ただし、公務員に賄賂であることの認識が欠けることによって収賄罪が成立しない場合でも、贈賄側が賄賂の趣旨で供与した場合には、贈賄罪（申込罪）は成立する（最判昭37・４・13判時315・４）。
　４．誤り。賄賂とは、公務員の職務に関する不正な報酬としての利益である。有形のものであるか無形のものであるか、また、財産的なものか非財産的なものかを問わず、人の需要または欲望を満たすに足りる一切の利益を含むとされるから、たとえば、就職のあっせんや非経済的利益たる異性間の情交等も含む。

正解　3

賄賂罪

巻末付録

2024年 法学検定試験問題集

法学検定試験問題集

ベーシック〈基礎〉コース

Study Planner

～使用例は（6）ページにあります～

Study Planner

Date:　　　　／　　　　　　～　　　／

○今週の目標・テーマ

○今週の計画

Subject	Goal / Topic	To Do
法学入門		☐ ☐
憲　法		☐ ☐
民　法		☐ ☐
刑　法		☐ ☐

Subject	MON	TUE	WED	THI	FRI	SAT	SUN	**Total**
法学入門								
憲　法								
民　法								
刑　法								

○今週の実行

Subject	今週やったNo	間違えたNo	復習したい・正解でも曖昧だったNo
法学入門			
憲　法			
民　法			
刑　法			

○今週の達成率

目標　　　　問　　　→　　　結果　　　　問

50　　　　　　　　　　　　　　　　　　100

評価　　☆☆☆☆☆

▷Review Page

~復習すべき点や苦手だと思う点を書き留めておこう~

問題集No	復習	CheckPoint	My Text

▷よく読んでおくべき判例

問題集No	重要判例	My Text

▷来週の目標と計画

法学検定試験問題集ベーシック基礎コース　達成シート

巡目　~目指せ3巡！~

~使い方~
解き終わったところから塗りつぶして行こう。正解不正解で色分けするなど、工夫してつかってください。

法学入門

1	2	3	4	5	6	7	8	9	10	11	12	13	14	15	16	17	18	19	20
21	22	23	24	25	26	27	28	29	30	31	32	33	34	35	36	37	38	39	40
41	42	43	44	45	46	47	48	49	50	51	52	53	54	55	56	57	58	59	60
61	62	63	64	65															

憲法

1	2	3	4	5	6	7	8	9	10	11	12	13	14	15	16	17	18	19	20
21	22	23	24	25	26	27	28	29	30	31	32	33	34	35	36	37	38	39	40
41	42	43	44	45	46	47	48	49	50	51	52	53	54	55	56	57	58	59	60
61	62	63	64	65	66	67	68	69	70	71	72	73	74	75	76	77	78	79	80
81	82	83	84	85	86														

民法

1	2	3	4	5	6	7	8	9	10	11	12	13	14	15	16	17	18	19	20
21	22	23	24	25	26	27	28	29	30	31	32	33	34	35	36	37	38	39	40
41	42	43	44	45	46	47	48	49	50	51	52	53	54	55	56	57	58	59	60
61	62	63	64	65	66	67	68	69	70	71	72	73	74	75	76	77	78	79	80
81	82	83	84	85	86	87	88	89	90	91	92	93	94	95	96	97	98	99	100
101	102	103	104	105	106	107	108												

刑法

1	2	3	4	5	6	7	8	9	10	11	12	13	14	15	16	17	18	19	20
21	22	23	24	25	26	27	28	29	30	31	32	33	34	35	36	37	38	39	40
41	42	43	44	45	46	47	48	49	50	51	52	53	54	55	56	57	58	59	60
61	62	63	64	65	66	67	68	69	70	71	72	73	74	75	76	77	78	79	80
81	82	83	84	85	86	87	88	89	90	91	92	93	94	95	96	97	98	99	100
101	102	103	104	105	106	107	108	109	110	111	112	113							

2024年法学検定試験問題集ベーシック〈基礎〉コース

2024年4月1日　初版第1刷発行

編　者　法学検定試験委員会

発行者　石　川　雅　規

発行所　株式会社　商　事　法　務

〒103-0027　東京都中央区日本橋3-6-2
TEL 03-6262-6756・FAX 03-6262-6804〔営業〕
TEL 03-6262-6769〔編集〕
https://www.shojihomu.co.jp/

落丁・乱丁本はお取り替えいたします。　　　印刷／ヨシダ印刷㈱
© 2024　法学検定試験委員会　　　　　　　　Printed in Japan
Shojihomu Co., Ltd.
ISBN978-4-7857-3104-5
＊定価は表紙に表示してあります。

願書の記入要領

※願書郵送以外に、公式ウェブサイトやコンビニ店頭設置機械からも出願可能です。申込み方法の詳細は９月上旬より配布の「受験要項」をご参照ください。

★願書は黒のボールペン・万年筆等を用い、楷書ではっきりと丁寧に記入してください。

①氏名　カタカナで、濁点なども１マスを使ってください。漢字氏名も記入してください。

②受験地　下表から希望の受験地区番号を選び、地区名と番号をあわせて記入してください。受験地が未記入の場合は、適当と思われる受験地区が指定されますが、住所に至近の受験地区が指定されるとは限りません（指定された受験地区の変更はできません）。東京地区はA地区（23区内および23区に隣接する市）会場とB地区（東京西部）会場を設定していますが、ご希望の会場、住所に至近の会場が指定されるとは限りません（会場の変更もできません）。

| 地区 | 札幌市 | 仙台市 | 東京都 | | 愛知県 | 京都市 | 大阪府 | 岡山市 | 愛媛県 | 福岡市 | 沖縄県 |
			A地区	B地区							
番号	01	02	03	04	05	06	07	08	09	10	11

③生年月日　西暦で記入してください。

④住所　郵便番号、番地、アパート・マンション名、部屋番号（○○方）まで、はっきりと楷書で記入してください。出願後に転居された場合は、必ず郵便局に転送届を出してください。携帯電話、その他の電話をお持ちの方は、番号をご記入ください。

⑤職業・学校・専攻・学年　下表の該当の番号を選び記入してください。

　学生の方は職業欄に「１＝学生」を記入し、現在在学中の学校番号、学校名コード、学校名、専攻番号、学年番号を記入してください。「２＝公務員」〜「８＝無職・その他」に該当する方は最終学歴の学校番号、学校名コード、学校名、専攻番号、学年番号を記入してください。学校名コードについては巻末の【学校名コード一覧】をご覧ください。なお、学校名コードは、大学・大学院共通です。

職業番号

職業	学生	公務員 (除く教職員)	会社員	教職員	自営業	主婦・主夫	自由業	無職 その他
番号	1	2	3	4	5	6	7	8

学校番号

| 学校 | 大学院 | | 専門職大学院 | | 大学 | 専修・
各種学校 | 短大・高専 | 高校 | その他 |
	博士・後期 博士課程	修士・前期 博士課程	法科大学院	その他					
番号	1	2	3	4	5	6	7	8	9

専攻番号

学部 (専攻)	法律	政治	商 経営	経済	文学	教育	社会	自然科学 理工	その他
番号	1	2	3	4	5	6	7	8	9

学年番号

学年等	在学中				卒業・修了	中退
	1年	2年 既修1年次	3年 既修2年次 以上	4年以上		
番号	1	2	3	4	5	6

⑥**コースまたはセット選択** 受験するコース（併願する場合はセット）を選択してください。セットで申し込んだ場合にのみ併願割引が適用されます（別々に申し込むと割引となりませんのでご注意ください）。スタンダード〈中級〉コースとアドバンスト〈上級〉コースの選択科目は試験当日に選択していただきます。

⑦⑧ 団体もしくはグループで出願をされる方のみご記入ください（詳細は受験要項参照）。

⑨**身障者等受験特別措置を希望して申請書を添付している場合** 身障者等受験特別措置を希望される方は、身障者等受験特別措置についての「概要」をよく読み、願書と一緒に必ず「申請書」等必要書類一式を揃えてお送りください。なお、「概要」や「申請書」は9月頃より法学検定試験公式ウェブサイトからダウンロードできます。申請書の添付がある場合のみチェック欄にチェックマーク（☑）を入れてください。

〈**受験料の支払方法**〉

①書店でお支払の場合（書店での受付開始は、9月10日（火）〜）

書店で受験料を支払い、「書店払込証書」（A）と「領収書」を受領する（領収書は試験終了まで保管すること）。

②銀行振込みでお支払の場合

下記の指定口座に受験料を振り込み（ATM可・インターネットバンキング不可）、「払込受領書」または「利用明細書」（B）を受領する。

> 受験料振込先
>
> みずほ銀行　銀座支店（普通）2275905　口座名「法学検定試験委員会事務局」

〈**願書の郵送方法**〉

とじ込みの願書（9月上旬より公式ウェブサイト、一部の書店等でも入手できます）と支払の証明書（上記のAまたはB）を同封のうえ（願書は折らないでください）、下記住所までお送りください。　**10月11日（金）消印有効**

※願書等は、消印有効日までに必ず投函してください。消印有効日以降の消印のものは受理できません。

※受験料の書店への払込み、指定口座への振込みがなされても、願書および支払の証明書（AまたはB）が法学検定試験委員会事務局に到着し、正式に受理されない場合、申込みは無効となります。この場合、受験料の返金も次回受験への振替もできません。

※申込者都合の受験取止めの場合、受験料の返金も次回受験への振替もできません。

【**お問い合わせ**】

法学検定試験委員会事務局（https://www.shojihomu.or.jp/hougaku/index）

〒103-0027　東京都中央区日本橋3-6-2　日本橋フロント3F

TEL：03（6262）6730（受付時間　平日10：00〜17：00）　FAX：03（6262）6792

MAIL：houken_since2000@jimu-kyoku.net

【学校名コード一覧（国立大学、公立大学、私立大学別）】

※該当する学校が一覧にない場合は「3000」を記入してください。

コード	国立大学	コード	公立大学・私立大学	コード	私立大学	コード	私立大学
1001	岩手大学	1005	大阪公立大学※1	2119	駒澤大学	2404	南山大学
1002	愛媛大学	1104	北九州市立大学	2201	作新学院大学	2405	二松学舎大学
1003	大分大学	1110	高知県立大学	2202	札幌大学	2406	日本大学
1004	大阪大学	1205	東京都立大学※2	2203	札幌学院大学	2407	日本文化大学
1006	岡山大学	2001	愛知大学	2204	志學館大学	2408	ノースアジア大学※4
1007	小樽商科大学	2002	愛知学院大学	2205	城西大学	2501	白鷗大学
1008	茨城大学	2003	青森中央学院大学	2206	上智大学	2502	姫路獨協大学
1101	香川大学	2004	青山学院大学	2207	駿河台大学	2503	広島修道大学
1102	鹿児島大学	2005	朝日大学	2208	成蹊大学	2504	福岡大学
1103	金沢大学	2006	麻布大学	2209	成城大学	2505	福山平成大学
1105	九州大学	2007	亜細亜大学	2210	西南学院大学	2506	富士大学
1106	京都大学	2008	大阪学院大学	2211	清和大学	2507	平成国際大学
1107	熊本大学	2009	大阪経済大学	2212	摂南大学	2508	法政大学
1108	神戸大学	2010	大阪経済法科大学	2213	専修大学	2509	放送大学
1109	高知大学	2011	大阪国際大学	2214	創価大学	2510	北陸大学
1201	埼玉大学	2012	岡山商科大学	2215	四天王寺大学	2511	北海学園大学
1202	佐賀大学	2013	沖縄大学	2301	大東文化大学	2512	阪南大学
1203	静岡大学	2014	沖縄国際大学	2302	高岡法科大学	2513	北海商科大学
1204	島根大学	2015	追手門学院大学	2303	拓殖大学	2601	松山大学
1206	信州大学	2101	学習院大学	2304	中央大学	2602	宮崎産業経営大学
1301	千葉大学	2102	神奈川大学	2305	中央学院大学	2603	明海大学
1302	筑波大学	2103	関西大学	2306	中京大学	2604	明治大学
1303	東京大学	2104	関西学院大学	2307	帝京大学	2605	明治学院大学
1304	東北大学	2105	関東学院大学	2308	帝塚山大学	2606	名城大学
1305	富山大学	2106	関東学園大学	2309	東亜大学	2607	桃山学院大学
1306	東京学芸大学	2107	九州国際大学	2310	桐蔭横浜大学	2608	武蔵大学
1307	鳥取大学	2108	京都学園大学	2311	東海大学	2609	武蔵野大学
1401	名古屋大学	2109	京都産業大学	2312	東京経済大学	2701	山梨学院大学
1402	新潟大学	2110	京都女子大学	2313	同志社大学	2702	四日市大学
1501	一橋大学	2111	杏林大学	2314	東北学院大学	2801	立教大学
1502	弘前大学	2112	近畿大学	2315	東洋大学	2802	立正大学
1503	広島大学	2113	久留米大学	2316	獨協大学	2803	立命館大学
1504	福島大学	2114	慶應義塾大学	2317	同志社女子大学	2804	龍谷大学
1505	北海道大学	2115	甲南大学	2318	常葉大学	2805	流通経済大学
1601	三重大学	2116	神戸学院大学	2401	名古屋学院大学	2901	早稲田大学
1701	山形大学	2117	國學院大學	2402	名古屋経済大学	3000	その他
1702	山口大学	2118	国士舘大学	2403	奈良学園大学※3		
1703	横浜国立大学	※1…大阪市立大学		※2…首都大学東京		※3…奈良産業大学		
1801	琉球大学	※4…秋田経済法科大学						

願書提出は
2024年10月11日（金）
当日消印有効

願 書

2024. 11 「法学検定試験」

太枠内を記入のこと（記入要領を参照）

※　ベーシック〈基礎〉コースとスタンダード〈中級〉コース ⎱
　　スタンダード〈中級〉コースとアドバンスト〈上級〉コース ⎰は併願が可能です。

①　氏名はカタカナで記入

氏		②受験地
名		地区名
漢字氏名	（氏）　　　　（名）	番号

③　生年月日（西暦）

| 　年 | 　月 | 　日 |

＊下記、E-Mail・電話は出願書類等に不備があった場合にご連絡をさせていただきますので、必ずご記入ください。

④　住　　　所

〒　　　－

E-Mail

電話　　　—　　　—

都道府県名・市町村名・番地・アパート名・部屋番号まで記入

| ⑤ 職業番号 | 学校番号 | 学校名コード | 学　校　名 | 専攻番号 | 学年番号 |
| | | | | | |

⑥　受験するコースまたはセットを選択し、番号を○で囲んでください。

1	ベーシック〈基礎〉コース
2	スタンダード〈中級〉コース
3	アドバンスト〈上級〉コース
4	ベーシック・スタンダードセット
5	スタンダード・アドバンストセット

※下記は、該当する方のみご記入ください。

⑦　受験方法（該当する方を○で囲む）

| 団体受験 | グループ受験 |

⑧　団体名・グループ名

団体・グループ責任者への個人成績の通知を承諾します。

署名

⑨　身障者等受験特別措置を希望して申請書を添付している場合は右欄にチェック（☑）をしてください。

※申請書はウェブサイトからダウンロード・印刷してください。

取扱書店印（番線印）

●各項目はコンピュータに入力しますので楷書ではっきりと丁寧に記入してください。

〈キリトリ〉